廣東八大先賢評論集

廣東文獻叢書

臺北市廣東同鄉會編

文史哲學集成

文史哲出版社印行

國家圖書館出版品預行編目資料

廣東八大先賢評論集 / 臺北市廣東同鄉會
編. -- 初版 -- 臺北市：文史哲, 民 100.01
頁; 公分（文史哲學集成；589）
ISBN 978-957-549-921-1 (平裝)

1.傳記 2.廣東省

782.633 99016425

文史哲學集成 589

廣東八大先賢評論集

編　　者：臺北市廣東同鄉會
會　址：臺北市寧波東街一號三樓
電話886-2-2321-7541・傳真886-2-2351-3266
督印人：鍾如海
主　編：周伯乃
編　委：王會均 康保延 江正誠
出版者：文史哲出版社
http:// www.lapen.com.tw
e-mail：lapen@ms74.hinet.net
登記證字號：行政院新聞局版臺業字五三三七號
發行人：彭正雄
發行所：文史哲出版社
印刷者：文史哲出版社
臺北市羅斯福路一段七十二巷四號
郵政劃撥帳號：一六一八〇一七五
電話886-2-23511028 ・ 傳真886-2-23965656

定價新臺幣七二〇元

一百年（2011）元旦初版

ISBN 978-957-549-921-1 00589

廣東八大先賢評論集

目錄

廣東文獻叢書序

鍾如海

歷史是一條綿延不斷的崎嶇之路，文化是一座亙遠不滅的金字塔，它涵蓋著人類的智慧、知識、藝術、信仰、風俗習慣、律法和道德規範等等。人類學家認為只有人類才有文化，所以異於其他動物，就是因為他有文化，有歷史認知。司馬遷寫《史記》，給後人留下了不可磨滅的歷史認知，這是不可否認的事實。歷代先賢所開創文化基業，是多麼的豐碩而不朽。

台北市廣東同鄉會，自民國三十九年九月十四日，在台北市成立，歷經六十個春秋，若再往前追溯，該是民國三十五年冬，已有台灣省廣東同鄉會之組織，在這漫長的歲月裡，全賴前輩鄉賢的卓越領導和海內外鄉親出錢出力，以及歷屆理監事的慘淡經營，始有今日的輝煌基業。

如今，中華民國將邁入百年歷史，我同鄉會亦步入花甲之年。本會為了彰顯先賢的豐功偉業，對人類文化的偉大貢獻，乃決定蒐集歷來在《廣東文獻》所刊載之先賢評論，彙編成冊，付梓面世。

廣東自秦漢以降、趙佗與南越國的締造，即形成廣東獨特文化，再經過數千年來北方族群的南遷、融合，它便不再是艱險與荒涼的偏遠一隅，而是充滿著睿智發展的現代化的廣袤大地，它引領著整個中國，乃至世界的經濟攀昇、商業繁榮、科學與人文的進步。

回顧先賢在歷史長河裡，創造嶺南人的傳奇，和豐功偉業，此等澤流子孫，德被萬世之盛德大業，身為粵籍之後世子孫，能不著文頌歌、刻金石以傳世嗎？在我接任第十三屆理事長之初，即著力整理會務、清理圖書等工作。在清理圖書館時，發現遠在六十九年三月間出版之《廣東文獻》裡有歷史學家費海璣先生所著《廣東八大鄉賢之推選》一文。自唐代至清末，推選出張九齡、陳白沙、湛若水、霍韜、薛侃、海瑞、朱次琦、康有為等八大鄉賢，認為八大鄉賢，無論在政治、文學、哲學、教育、經濟、財政……方面都對國家、民族有其偉大的貢獻，功勳彪炳，足以振鑠古今，是廣東人愛國愛民精神之表率。

因此，我於九十八年六月廿五日，本會第十三屆廣東文獻第三次社務委員會議中提出出版「廣東文獻叢書」方案。認為「廣東文獻」自發行以來，對傳承發揚中華文化、嶺南文化貢獻至鉅，為使鄉親對廣東文化有深一層了解，有必要出版叢書，作有系統介紹。獲得與會者一致肯定、通過。同時，即席成立編輯小組，大家推舉王會均、江正誠及康保延三位先生，由「廣東文獻」季刊總編輯周伯乃先生定期召開叢書出版會議，共同研商出版事宜。

於今，「廣東八大先賢評論集」，已彙編完竣，共納入四十二篇，均為「廣東文獻」歷年來所刊登過有關八大先賢的評論文章，且已付梓。因限於「廣東文獻」季刊選材，難免有遺珠之憾，惟史料之保存、延續，均賴於一代一代的傳承與發揚，但願我這塊成城之磚能給廣東人文歷史，稍盡一絲綿力，是為序。

中華民國九十九年四月

廣東八大鄉賢之推選

費海璣

最近我已看完湖南通志、福建通志、廣東通志、山東通志，感慨萬千。我想起四十年前，蔣公介石在南昌選出江西八大鄉賢的故事來。治國要學蔣公，我們去把各省的鄉賢圈選好嗎？每省選出八人，使各省的人知道敬愛他的鄉賢，似乎是該做的事。

我先邀廣東省的朋友來圈選鄉賢。候選人名單有七百一十二位鄉賢的姓名。我們要從中選出八位來。

為什麼這樣做呢？因為沒有必要把七百多位鄉賢的事蹟灌輸給同鄉少年。而又不能不加強廣東的少年的精神教育，使知效法我們的先賢。八位鄉賢要有代表性，選出來頗不容易，我們不能因難而不做。

我提出做這件事，所以我首先圈選，現在把我如何圈選記了下來。

第一步，我把漢唐廣東鄉賢二十人的小傳仔細研究，選出一人來了。我選的是張九齡。捨棄的是：

趙佗、趙明、陳元、楊孚、郭蒼、姚文式、寧原悌、陳集原、張恕、張隨、張仲方、張琛、姜公輔、趙德、劉軻、韋昌明、鄭愚、劉瞻……

為何圈選張九齡呢？原來從漢代迄唐代，廣東人很少登上政治舞台。張九齡是首先被全國注目的大政治家。他打通大庾嶺，是歷史上一件大事。德國史學家藍克曾說：「沒有羅馬帝國，則西歐史沒有光彩。而打通阿爾卑斯山是第一等大事。」

我們可以說：「沒有大唐帝國，則世界史沒有光彩，而打通大庾嶺是第一等大事。」故張九齡當選為廣東八大鄉賢之一。

再看五代及宋的廣東鄉賢五十四人，選誰為好呢？我仔細想，竟一個也不圈選。

元代有九人，我也一個也不選。

明代有三百人，我想可以選七位。這七位要能代表廣東精神，並且要能使所有清代廣東鄉賢失色。因為選出他們之後，此書中的清代鄉賢便都得放棄當選資格了。

我在掠過孫蕡、何子海、梁敏、黎光、黃子平、陳璉、鄧林、梁致育、唐豫、廖謹、羅亨信、李齡、袁衷、盧祥、鄭敬的小傳之後，立刻圈上陳獻章。

為何圈上他呢？這是因為陳獻章先生為廣東大哲學家，他的哲學和美國大哲懷德海是一致的。香港的大儒簡又文先生曾吩咐我表揚陳白沙先生，白沙先生就是他。

接著，我掠過王佐、邢宥、羅顯詔、邱濬、邱敦、陳政、黃瑜、黃織、謝廷舉、祁順、張善昭、林光、黎暹、蕭龍、梁儲、鄭稽、張詡、胡濂、蘇葵、陶魯、張褧、倫文敘、劉存業、陳文甫、而注目於湛若水。

我想邱濬和湛若水均可圈，但是邱駿和陳獻章不和，邱濬在今人眼目中仍是劇作家，而且他的戲曲是很拙劣的說教劇。至於他的大學衍義補固是名著，運用過此書的卻很少，此書的用處只是補充我寫的明代北京生活而已，其他全是廢話。我是要把學究變成英豪的學者，既圈了陳白沙，便只好放棄邱濬了。

湛若水當選了。他為何當選呢？他是和王守仁唱對台戲的大哲學家。王陽明說格物，他認為說錯了。守仁以致良知為宗，若水以隨處體認天理為宗。當時，青年朋友不知誰說的是對的。有人始從守仁遊，而終畢業於若水，有的始從若水遊，而畢業於王門，不盡守湛說。如今，我以陽明學大師的地位來圈選廣東鄉賢，卻圈定湛若水。為什麼呢？原來王守仁的說法不合真理。他說存天理，而事實上隨處體認天理之有無，則根本無天理存在。無天理存在如何不去致？故當言致天理。守仁說致良知，而事實上良知是人人所固有，既有了，何必致之於外，故不當言致良知，只要說存良知就好了。守仁之把致知和良知合併起來，還有點學究氣。不是英雄！

接著，我考慮是否選王守仁的弟子梁焯和薛侃，考慮後，我想兩人舉一人便夠了，我放棄了梁焯。為了安慰梁焯，我選了他的摯友霍韜。而湛門的張潮，也捨棄了。因為已舉乃師，便不必舉他了。

霍韜當選，廣東人士一定很詫異，他憑什麼當選？他的個性褊狹，與楊一清，夏言皆相齟齬，帝亦心厭之，不果大用。但是大家別忘了寫他的傳的人並不是有史識的人。偉大人物之認定，不可看他是否曾大用，而要看昏君不用他的建言有什麼後果，事實證明，他的奏議高明透頂，他是亞當斯密以前最偉大的理財家哩。我在巴黎大學時，把霍韜的財政學說破天荒講出來，法國財政學泰斗驚呼中國竟有此等人物，廿世紀財政學家約有五百人是知名人士，沒有人的學說超越了霍韜的！我此一故事國人只有顧翊群先生知道，他是國際知名的貨幣學家，他認為我推揚霍公之名於世界很足快慰。此事在日本史學界也傳揚著，他們約有二百人致力研究明代的財政史，一致同意我所說的話。他們的論文影響深遠，他們對鹽政和稅制及幣制的關係，均宗霍韜學說哩。

薛侃是王陽明之學派在嶺南擴張的大功臣，他是潮州八賢之一，如今無潮不成僑。選了他，全世界的潮州僑民均會興奮。

接著我考慮選不選黃佐，他是泰泉學派的鼻祖。此派以學行交修自飭，梁有譽、黎民表、歐大任均是他的學生。當時有南園後五先生之目，及梁、黎、歐加上吳旦和李時行。梁有譽與李攀龍、王世貞等又稱五子，另加徐中行、吳國倫，號稱七子。黃佐的學生的行為越來越背師教了。可惜得很，因為他的學生不肖，我只得放棄黃佐了。

從廣東文獻作者考卷四的名單中，我選了海瑞。理由卻不是他的罷官被世人注目，他的奏疏諫世宗勿事齋醮，並不值得大事渲染。他在隆慶致元時已復官。他巡撫應天，墨吏望風斂戢，便比嬰逆鱗，更直得重視。後來在萬曆時期，他官擢右都御史，掌南院，議革有司諸冗役冗費，尤值得大書特書。

卷五的名單中，我選了袁崇煥。他一身繫國家安危。因朝廷中清反間，他被害，而明以此亡。他之重要，自非其他鄉賢可比。

明代三百廣東鄉賢只選出陳獻章、湛若水、霍韜、薛侃、海瑞，不足七人之數。故可以留二名的名額給清代廣東鄉賢。

我先選出八位，然後從八位中除去六位。這八位皆是嘉慶以後之人物，因為清代的漢人，氣象均不佳，嘉慶以後，漢人的地位方漸漸抬頭。這八位是吳榮光、陳澧、朱次琦、黃遵憲、梁鼎芬、楊裕芬、凌步芳、康有為。

吳榮光造就人才，著歷代名人年譜，影響甚遠。陳澧學行冠晚清。朱次琦氣象在曾國藩之上，惜功勳不逮。黃遵憲為外交家、梁鼎芬為政論家、楊裕芬為經學家、凌步芳為數學家、康有為為思想家。

除去六位甚難。勉強決定留朱次琦及康有為。緣當時如用朱次琦平洪楊之亂，則滿清史將大大改改。如康有為之新政不遭挫折，將無袁世凱之禍。其他六位在學術史上雖有其地位，然不如此兩位重要。

踏著上述廣東八大賢的足印前進，怎樣方是有廣東人的愛國愛民精神呢？

第一、沒有路時，或路越走越窄時，知道殺出一條康莊大道來！

第二、天下大亂，人人胡鬧時，知道靜坐，從靜中體認出端倪來。

第三、沒有天理，上下交征利，知道致天理，存良知，把天理找回來。

第四、在民窮財罄時，遍地災黎時，拿得出辦法，用貨幣租稅鹽政關政的大學問，使國用足而民生得甦！

第五、在思想落伍，守舊時，知往全世界各地演說、講學，並鼓動風潮，造成時勢。

第六、學問日新，並進而新民，具體的在法制上有創新之本領。

原刊於《廣東文獻》十卷一期

張曲江論述

吳任華

一、導言

廣東在我國南境，當粵江流域之東部，故又稱粵東。古為蠻夷所居之鄉，自漢族移殖於此，土著遠徙他方，因得盡有其地。山川秀麗，氣候溫和，土壤肥沃，物產饒足，中古以後，靈氣所鍾，挺生聖哲，代不乏人，若唐新州盧惠能，曲江張子壽，明新會陳白沙，以及 國父孫中山先生，均其尤著者！惠能為中國佛教開山祖，與儒之孔、道之李，並稱中國三大聖哲，余於本刊第一期已有專文論述。白沙不但矯正朱學流弊，且為陽明學術前導，卓成江門學派，為明代理學大師。中山則締造中華民國，集中國學術思想大成，尤為傑出聖哲。二公學術事功，容當別立專傳，茲篇所述，則為曲江張公文獻也。

張公名九齡，字子壽，名博物，謚曰文獻，粵之曲江人。身歷高宗玄宗數朝，其間屢有宮廷之變，然公尚未出身。至武后柄政，大崇文章之選，公乃於長安二年進士及第，未授官職，景龍元年，中材堪經邦科，授校書郎，位處閒散。先天元年，再舉道牟伊呂科，遷左拾遺，始得參預政事、厥後歷官拜相，以迄貶謫荊州，至於病卒，前後戮力王事，二十有四年，皆在玄宗之世、而開元之治，公實與有襄助之力！有唐三百年賢相，前稱房杜，後稱姚宋，胡明仲謂「姚非宋比，可與宋齊名者唯公。」殆可謂知言矣！

開元之治，由於玄宗信賢任能，勵精圖治，曲江負王佐才，躬逢其會，參決大事，多所獻替，用致中興大業。迨玄宗年事已高，倦勤耽樂，寵信奸慝，放逐曲江，致召後日安史之禍，理亂由此而分。然則曲江之去留，不亦繫天下之安危乎？

曲江以文學致仕，以才能任相，以直言見逐，身繫國家安危，凜凜乎千載之望！迹其生德行、政事、文章，均足流芳，儀型後世，實為古今第一流人物，亦即本篇所由作也。

二、曲江之風操

大舜終身思念父每，稱大孝，若曲江之事親，亦為純孝之至者，徐浩撰文獻張公碑銘有云：

「居太常府君憂，柴毀骨立，家庭甘樹，數株連理。」新唐書公列傳略同

又云：

「不協時宰，方屬辭病，拂衣告歸，太夫人在堂，承順左右，孝養之至，閭里化焉。」

舊唐書公列傳云：

「尋出爲冀州刺史，九齡以母在鄉，而河北道里遼遠，上疏固請換江南一州，望得數承母音耗。」新唐書公列傳，徐撰公碑銘略同。

新唐書公列傳云：

「遷工部侍郎，知制誥，數乞歸養，詔不許，以其弟九皐、九章，爲嶺南刺史，歲時聽給驛省家。」徐撰公碑銘略同

徐撰公碑銘云：

「丁内憂，……毀無圖生，嗌不容粒。」新舊唐書公列傳略同

觀其父歿則「柴毀骨立」，毋在則「數乞歸養」，孝之所感，「甘樹連理」，「閭里化焉」，則知公之大孝，出乎至情至性，殆可以風末俗矣！

資治通鑑有載公欲救孝子張瑝、張琇一事，其略曰：

「殿中侍郎楊汪，既殺張審素，更名萬頃，審素二子瑝、琇皆幼，坐流嶺表。尋逃歸，……手殺萬頃於都城，繫表於斧，言父冤狀，……至汜水，爲有司所得，議者多言：『二子父死非罪，稺年孝烈，能復父仇，宜加矜宥。』張九齡亦欲活之，……上……謂九齡曰：『孝子之情，義不顧死，然殺人而赦之，此塗不可啓也。』乃下敕『……付河南府杖殺。』」

事雖勿濟，然其推情孝行，灼然可見，則又如詩所謂「孝思不匱，永錫爾類」者乎？

夫篤於事親，必能敦於交友，舊唐書公列傳有云：

「與中書侍郎嚴挺之，尚書左丞袁仁敬，右庶子梁昇卿，御史中丞盧怡，結交友善，挺之等有才幹，而交道始終不渝，甚爲當世之所稱。」新唐書公列傳略同

曲江集亦有答嚴給事——即挺之——書曰：

「情義已積，昆弟無踰，人生相知，可謂厚矣。」

他如集中贈答友朋諸作，情義之厚，時時流露於字裏行間，周日燦謂其「書答之文，婉而摯；酬贈之詩，深而篤。」夫形於外者，皆發乎中，公之交道，不又於詩文見之乎？

曲江敦篤孝友，固出自天性；若其忠鯁性格，更為獨特風操！資治通鑑載：

「上欲以李林甫爲相，問於中書令張九齡，九齡曰：『宰相繫國家安危，陛下相李林甫，臣恐異日爲廟社之憂！』上不從。」

新唐書公列傳曰：

「會范陽節度張守珪以斬可突干功，帝欲以爲侍中，九齡曰：『宰相代天治物，有其人然後授，不可以賞功！國家之敗，由官邪也！』帝曰：『假其名若何？』對曰：『名器不可假也！有如平東北二虜，陛下何以加之？』遂止。」徐撰公碑銘略同

舊唐書公列傳曰：

「時范陽節度使張守珪，以裨將安祿山討奚、契丹敗衂，執送京師，請行朝典，九齡奏劾曰：「穰苴出軍，必誅莊賈；孫武教戰，亦斬宮嬪、守珪軍令必行，祿山不宜免死！」上特捨之，九齡奏曰：『祿山狼子野心，面有逆相，臣請因罪戮之，冀絕後患！』上曰：『卿勿以王夷甫知石勒故事，誤害忠良。』遂放歸藩。』新唐書公列傳，通鑑，徐撰公碑銘略同

資治通鑑曰：

「上之爲臨淄王也，趙麗妃、皇甫德儀。劉才人皆有寵，麗妃生太子瑛，德義生鄂王瑤，才人生光王琚，及即位，幸武惠妃，麗妃等愛皆弛。惠妃生壽王瑁，寵冠諸子、太子與瑤琚會於內第，各以母失職有怨望語。駙馬都尉楊洄，尚咸宜公主，常伺三子過失以告惠妃，惠妃泣訴於上曰：『太子陰結黨羽，將害妾母子，亦指斥至尊。』上大怒，以語宰相，欲皆廢之，九齡曰：『陛下踐垂三十年，太子諸王，不離深宮，日受聖訓，天下之人，皆慶陛下享國久長，子孫蕃昌。今三子皆已成人，不聞大過，陛下奈何一旦以無根之語，喜怒之際，盡廢之乎？且太子天下本，不可輕搖！昔晉獻公聽驪姬之讒，殺申生，三世大亂。武帝信江充之誣，罪戾太子，京城流血。晉惠帝用賈后之譖，廢愍懷太子，中原塗炭。隨文帝納獨孤后之言，黜太子勇，立煬帝，遂失天下。由此觀之，不可不愼。陛下必欲爲此，臣不敢奉詔！』上不悅。」

新唐書公列傳曰：

「武惠妃謀陷太子瑛，九齡執不可。妃密遣宦奴牛貴兒告之曰1『廢必有興，公爲援，宰相可長處！』九齡叱曰：『房幄安有外言哉？』遽奏之，帝爲動色。故卒九齡相，而太子無患。」徐撰公碑銘，舊唐書瑛傳，通鑑略同

新唐書公列傳曰：

「將以涼州都督牛仙客爲尚書，九齡執曰：『不可！尚書古納言，唐家多用舊相，不

然歷內外貴任妙有德望者爲之。仙客，河湟一使典耳，使班常伯，天下其謂何？』又欲賜賞封，九齡曰：『漢法非有功不封，唐遵漢法，太宗之制也。邊將積穀帛，繕器械，適所職耳，陛下必賞之，金帛可也。獨不宜裂地以封！』帝怒曰：『豈以仙客寒士嫌之邪？卿固有門閥哉！』九齡頓首曰：『臣荒陬孤生，陛下過聽，以文學用臣。仙客躍胥吏，目不知書。韓信，淮陰一壯夫，羞絳灌等列，陛下必用仙客，臣實恥之！』帝不悅。明日，林甫進曰：『仙客，宰相材也，乃不堪尚書邪？九齡，文吏，拘古義，失大體。』帝由是決用仙客不疑。」通鑑，徐撰公碑銘略同。

凡諸史傳通鑑所述，足見公為人忠鯁正直，千載下讀之，猶仰其節操！呂溫謂其「以生人為身，社稷自任，抗危言而無所避，秉大節而不可奪，小必諫，大必諍，攀帝檻，歷天陛，犯雷霆之威，不霽不止，」尤足刻畫其人！史稱其「謇謇有大臣節」，誠篤論也！若其獨奸如神，觀變不爽，誠能鑑物，識定機先，則又以見公之才識敏慧，度越千古，惜夫玄宗不省公言，放歸胡將，尋且逐公，於是荊州一貶，讜論絕響，寧待馬嵬血濺，幽薊烽傳，始識天下事不可為哉？

曲江立朝謇諤，作唐一代直臣，再考其居官廿餘載，清約自守，亦足以風範後世，姚子彥撰公行狀有云：

「公所得俸祿，悉歸鄉園，先得賜物，上表進納，其清約如此」

公集有讓賜宅狀云：

「臣生蓬蓽，所居淺陋。……臣現在家累，僅十餘人，臣之俸祿，實爲豐厚，以此貿遷，足辦私室。今崇甲第，更使增修，或恐因緣，多有費損，上則虧耗國器，下則招集身尤，縱陛下時垂寬容，而臣苟爲貪冒，其如物議何？其如公道何？」

觀其進納賜物，安貧自守，及甘居淺陋，讓賜官宅，真足以勵薄俗，以式群僚！以視後之貴要，大崇甲第，貪得無厭，席豐履厚，窮奢極侈，其人品懸殊，奚啻霄壤耶？

典江秉鯁直，然其風度甚佳，新唐書公列傳曰：

「九齡……有醞藉，……後帝每用人，必曰：『風度能如九齡乎？』」

唐語林亦曰：

「明皇早朝，百官趨班，上見張九齡風儀秀整，有異於眾，謂左右曰：『朕每見張九齡，精神頓生！』」

曲江風儀秀整，醞藉異眾，甚得明皇愛念，若以今語言之，則公固一濁世美丈夫也！

抑舊唐書公列傳有云：

「性躁急，動輒忿詈，議者以此少之。」

與新唐書公列傳所云「有醞藉」，義相牴牾，未知何所據云爾。按舊唐書公列傳，亦有玄宗問「風度得如九齡乎」之語，則曲江既饒醞藉而著風度，自不應有躁急之性。若其諫相、誅賊、叱奴，小必諫，大必諍，無一不關係社稷安危之大，則其抗言犯顏，正以見其蹇諤匪躬之誠，豈得以「動輒忿詈」之辭擬之哉？故知舊唐書云云，必是傳聞失實，而新唐書未載，是其卓識！

三、曲江之政事

玄宗於先天元年壬子即位，至開元四年丙辰之歲，已歷五載，未行郊祀，曲江乃上疏曰：

「伏以天者百神之君，而王者所由受命也。自古繼統之主，必有郊祀，蓋敬天命報所受也。不以德澤未洽，年穀未登，而闕其禮。昔者，周公郊祀后稷以配天，謂成王幼沖，周公居攝，猶用其禮，明不可廢也。漢丞相匡衡曰：『帝王之事，莫重乎郊祀。』董仲舒亦言：『不郊而祭山川，失祭之序，逆於禮，故春秋非之。』臣謂匡衡、仲舒，古之知禮者，皆以郊之爲祭所以先也。陛下紹休聖緒，于今五載，而未行大報，考之於經，義或未通，今百穀嘉生，群類咸若，戎狄內附，兵革用弭，乃怠於事天，恐不可爲訓。願以迎日之至，升紫壇、陳采席，定天位，則聖典無遺矣。」

按漢書郊祀志：「帝王之事，莫大於承天：承天之序，莫大於郊祀。」公固儒學出身，以致君堯舜為己任者，而於繼統之主，未行郊祀大典，自應導之以禮，以光聖德，宜為玄宗嘉納也。

時曲江已遷左拾遺，拾遺、言官，故得出位奏事。嘗於論行郊祀前一歲，封章上事，力陳興革要務，直聲滿天下！其文曰：

「臣聞乖政之氣，發爲水旱，天道雖遠，其應甚邇，昔東海枉殺孝婦，天旱久之，一吏不明，匹婦非命，則天昭其冤，況六合元元之衆，懸命於縣令，宅生於刺史，陛下所與共治尤親於人者乎？若非其任，致旱之由，豈惟一婦而已？今刺史京輔雄望之郡，猶少擇之，江淮隴蜀三河大府之外，稍非其人。由京官出者，或身有累，或政無狀，用牧守之任，爲斥逐之地。或因附會以忝高位，及勢衰謂之不稱京職，出以爲州。武夫流外，積資而得，不計於才，刺史乃爾，縣令尚可勝言哉，甿庶，國家之本務，本務之職，乃爲好進者所輕，承弊之民，遭不肖所擾，聖化從此銷鬱，由不選親人以成其弊也！古者刺史入爲三公，郎官出宰百里，今朝廷士人，入而不出，其於計私，甚自得也。京華衣冠所聚，身名所出，從容附會，不勞而成，是大利在於內而不在於外也。智能之士，欲利之心，安肯復出爲刺史縣令哉？國家賴智能以治，而常無親人者，陛下不革以法故也。臣愚謂欲治之本，莫若重守令，守令既重，則能者可行，宜遂科定其資，幾不歷都督刺史雖有高第，不得任侍郎列卿；不歷縣令雖有善政，不得任臺郎給舍。都督刺史守令雖遠者，使無十年任外。如不爲此以救其失，恐天下猶未治也！又古之選士，惟取稱職，是以士修素行，而不爲僥倖，姦僞自止，流品不雜。今天下不必治於上古，而事務日倍於前，誠以不正其本而設巧於末也。所謂末者，吏部條章，動盈千百，刀筆之人，溺於文墨，巧吏猾徒，緣隙而奮，臣以謂始造簿書備遺忘耳，今反求精於案牘，而忽於人才，是所謂遺劍中流，鍥舟以記者也！凡稱吏部能者，則曰自尉與主簿，由主薄與丞，此執文而知官次者也，乃不論其賢不肖，豈不謬哉？吏部尚書侍郎，以賢而授者也，豈復不知人？如知之難，拔十得五，斯可矣。今膠以格條，據資配職，爲官擇人，初無此意，故時人有平配之誚，官曹無得賢之實，臣謂選部之法，弊於不變，今若刺史縣令，精覈其人，則管內歲當選者，使考才行，可入流品，然後送臺，又推擇焉，以所用眾寡，爲州縣殿最，則州縣愼所舉，可官之才多，吏部因其成，無庸入之繁矣。今歲選乃萬計，京師米物爲耗，豈多士哉？蓋冒濫抵此爾！方以二詩一判，定其是非，適使賢人遺逸，此明代之闕政也！天下雖廣，朝廷雖眾，必使毀譽相亂，聽受不明，事則已矣，如知其賢能，各有品第，每一官缺，不以次用之，豈不可乎？如諸司要官，以下等叨進，是議無高卑，惟得與不爾！故清議不立，而名節不修，善士守志而後時，中人進求而易操也。朝廷能以令名進人，士亦有修名獲利，利之出眾之趨也。不如此，則小者得於苟求，一變而至阿私，大者許以分義，再變而成朋黨矣。故用人不可不第其高下，高下有次，則不可妄干，天下之士，必刻意修飾，而刑政自清，此興衰之大端也。」

蓋以縣令刺史，為親民之官，國本所繫，職責綦重，乃反為時俗所輕，居是職者，又率非才，承弊之民，每遭所擾，流品既雜，姦偽日生，積習為常，國何能治？然則嚴定州令資歷，並採辟舉之法，精覈其人，授以職事，勉其所行，用振頹風，以維邦基，封事之上，其在斯乎？其在斯乎？至於書中極言得失利弊，貞鯁蹇諤，不少自貶抑，是亦古大臣因事納言，臣鯁弼直之意，新唐書公列傳，載錄公文，知所重矣！

曲江忠鯁成性，撫時感事，不能已於言，因有封之上，直言諷諫，幾遭不測，觀其答嚴給事書有云：「巧言潛構，期僕傾危，」又與李讓侍御書，有「忠信獲戾」之語，則其上書獲戾，自無疑義、惟其所謂「潛構」者誰？考諸徐浩所撰公碑銘有云：

「遷左拾遺，封章直言，不協時宰，方屬辭病，拂衣告歸。」

按其時，姚崇為紫微令，居首輔，則知所謂「不協時宰」者，殆即姚崇其人，以崇之賢，竟作譖構，其氣量之陜隘，直失大臣風度，賢相云乎哉？姚相之後，張說秉政，曲江有諫推恩不及百官之言，說不聽，甚失眾望，舊唐書公列傳記載其始末曰：

「（開元）十三年，車駕東巡，行封禪之禮，說自定侍從升中之官，多引兩省錄事、主書、及己之所親，攝官而上，遂加特進階，超授五品。初令九齡草詔，九齡言於說曰：『官爵者，天下之公器，德望爲先，勳舊次焉，若顚倒衣裳，則譏謗起矣。今登封霈，千載一遇，清流高品，不沐殊恩，胥吏末班，先加章紱，但恐制出之後，四方失望。今進草之際，事猶可改，唯令公審籌之，無貽後悔也！』說曰：『事已決矣，悠悠之談，何足慮也？』竟不從，制出，内外甚咎於說。」新唐書公列傳，通鑑略同。

文貞不顧悠悠之談，獨行其是，躊躇滿志，其言可謂驕矣！而曲江則勸以官爵之超遷，應先德望，次勳舊，與其日後諫相張守珪，諫封牛仙客，謂宰相尚書，必選有德望者為之，不可以賞功，亦不宜裂地以封，皆所以重名器，慎爵賞，豈得以「拘古義，失大體」譏之哉？

曲江尋遷中書令，復有奏廢循資格，按循資格行於開元十八年以後，為裴光庭所奏用，通鑑載其事曰：

「先是選司注官，怪視其人之能否，或不次超遷，或老於下位，有出身二十餘年不得錄者。又州縣亦無等級，或自大入小，或初近後遠，皆無定制。光庭始奏用循資格，各以罷官若干選而集，——即註：謂罷官之後，經選凡幾，各以多少爲次，而集於吏部。——高官者選少，卑者選多，無問能否，選滿即注，限年躡級，毋得踰越，非負譴者，皆有升無降。其庸愚沈滯者皆喜，謂之聖書，而才俊之士，無不怨歎。宋璟爭之不能得。光庭又令流外行署，亦過門下省審。」

夫不問賢愚，必使與格合，乃得銓授，實非獎勸之誼，宋璟之不能得，而曲江竟能奏請罷之，可謂異數，事見通鑑所載開元二十一年六月發亥制曰：

「自今選人，有才業操行，委吏部臨時擢用，流外奏用，不復引過門下。」則多年積弊，至是蠲廢，才俊之士，苟能自奮，自可脫穎而出，不致有白首為郎，而興不調之感矣！

曲江前上封事，請重州令之選，及其拜相伊始，復奏置十道採訪使，掌察州縣善惡，以資黜陟，用叶大猷。並於諸使回京述職赴任時，必歷舉為政要務，俾作遞相勸勉，以期「縣得良宰，萬戶息肩；州有賢牧，千里解帶。」——公語——今就其所撰勑詞，摘錄數則於後：

「凡今政要，略有四端：衣食本於桑農，禮義興於學校，流亡出於不足，爭訟由於無恥。故先王務其三時，將以厚生也；修其五教，將以惇俗也、有國有家，同知此義！」

「浮逃客户，所在安輯，征鎮人家，每事憂恤，倉儲唯實，賦役唯均，眾寡撫存，盜賊禁止，郵驛無弊，姦訛不生，念茲八事，……可不用心？」

「相其物土之宜，務以耕桑之本，時無妨奪，吏不侵漁，既富而教，奚畏不治？至若征鎮役重，孤弱命窮，將須哀矜，以遂仁恕！其餘常科所禁，自可舉而行之。」

「至如禮義不興，耕桑不勸，孤寡不恤，徭役不均，不肅吏人，不清盜賊，不懲侵暴，不糾姦訛，有一於此，是誰之過？其游僧幻者，誑誘愚人，窮其根萌，特須禁絕！諸軍征鎮，每遣優矜，如聞比來，未免辛苦，特宜撫恤，使得安存！今農扈戒期，耕夫在野，事悲急切，不得追呼！」

「邵縣所理，黎庶是切，善爲政者，防於未然，均其有無，省其徭役，事事有豫，早爲之所，雖遭歲惡，固亦人安，況在豐年，不能招緝，遂使户多虛掛，人苦均攤，務欲削除，更成詭故，已逃者未必爲削，爲姦者因此便除，一啓其端，豈勝其弊，向若州有明牧，縣有良宰，而精心緝治，豈若是乎？」

「今甘澤以時，農桑爲重，不急之務，先已勒停，宜更申明，勿妨春事！諸處百姓，貧寠者多，雖有隴畝，或無牛力，勸率相助，令其有收！所繫囚徒，速令倍須撫存，勿有科喚！」

右所錄勑文，雖屬代作，然實為公之政見，其所謂修五教、興禮義、重農桑、實倉儲、均有無、省徭役、通郵驛、矜征鎮、恤孤寡、肅吏人、清盜賊、懲侵暴、糾姦訛、息爭訟、緝浮逃、禁誑誘、決囚徒諸要政，約言之，則以修教、厚生、惇俗為本務，亦即無一不以仁恕為心，蒼生為念，而致其殷望！蓋公來自田隴，深知民間疾苦，故能針對癥結，揭示興革要政，其言不僅「實際時用」即今主政地方長官，亦應書作座右銘也！

曲江執政三年，先後諫封李林甫、張守珪、牛仙客，請誅安祿山，諫廢三子，斥武惠妃使者，風裁節概，尤著芳烈，具見前節引述，茲不贅及。

曲江因諫封牛仙客而罷相，朝士自是多持祿養資，不復聞忠讜言！嘗值天長節，百僚上壽，多獻珍寶，公以為「以鏡自照見形容，以人自照見吉凶」，乃上千秋金鏡──鏡或作鑑──錄，具陳帝王興衰，以申諷諭。書凡十章五卷，惜已佚，今曲江集所收，乃贋作。善夫周日燦之言曰：「金鑑不必真，而獻金鑑之心，則一出於血誠之噴薄！」則公之呈獻是書，忠讜鯁亮，孤懷獨往，其心至苦，其情彌切，類同伊訓、皐謨、說命，雖明知皆為偽造，然既託名古聖先賢，文詞又復淵懿可觀，自應併存而讀之，何必斤斤計較其真偽哉？

曲江前拜左拾遺，獻狀詔委開鑿大庾嶺新路，曾不浹時，夷為平道，不但便利商賈行旅，促進南方貿易發達，且又溝通中原文化，肇啟嶺南學術昌明，其於刱造之功，尤不可沒！嗣遷左輔闕，齡精藻鑑，嘗與選部品第人才，每厭眾望！後改洪州都督，轉桂州，攝御史中丞，兼嶺南按察、選補使，及坐貶荊州長史，皆精明吏治，遺愛在民！又嘗導君行古禮，慎爵賞，重守令，進智能，俱識明大禮，知所先務！迨參知政事，徐浩稱其「去循資格，置採訪使，收拔幽滯，引進直言，野無遺賢，朝無缺政！」又謂「公三歲為相，萬邦底寧！」嗚呼！公負王佐才，以道弼君，燁致太平，作唐一代相業，揚名天下後世，豈不偉歟？

四、曲江之文章

曲江幼聰穎，七歲知屬文。年十三，上書廣州刺史王方慶，大嗟賞之，曰：「此子必能致遠！」弱冠鄉試，考功郎沈佺期，尤所激揚，旋又擢進士，會張說謫嶺南，一見其文，厚為禮遇，後與徐堅論近世文章，謂「九齡如輕縑素練，實濟時用。」嗣再兩舉制科，因得以立章致通顯。嘗從上北狩，對御撰文，凡十三紙，並不具草，故玄宗甚為歎賞，謂「九齡文章，獨步本朝，朕日夜師之，不得其一二，真文壇之元帥也！」燕公且稱為「後出詞人之冠！」則公之文章，實有足稱者，請為論述之。

新唐書文藝傳云：

「唐有天下三百年，文章無慮三變：高祖、太宗，大難始夷，沿江左餘風，絺句繪章，揣合低昂，故王、楊爲之伯。玄宗好經術，群臣稍厭雕琢，索理致，崇雅黜浮，氣益雄渾，則燕許擅其宗。是時唐興已百年，諸儒爭自名家。」

此言唐興百年文風，出雕琢轉向雅正，燕許固擅其宗，而曲江實造其勝！周日燦曲江集序稱其「詔誥之文，典以則；奏對之文，莊以肅；碑頌之文，詳以贍；書答之文，婉以摯。」皆典實雅正，不矜才，不使氣，粹然儒者之言，所謂「文以載道」者非歟？

燕公雖稱其文「如輕縑素練，實濟時用」，然謂其「窘邊幅」，實有未當，紀文達公嘗論之曰：

「九齡守正嫉邪，以道匡弼，稱開元賢開，而文章高雅，亦不在燕許諸人下。新唐書文藝傳載張說之言，謂其文「如輕縑素練，實濟時用，而窘邊幅。」今觀其感遇諸作，神味超軼，可與陳子昂方駕，文筆鴻博典實，有垂紳正笏氣象，亦具見大雅之遺。說局於當時風氣，以富艷求之，不足以爲定論。至所撰制草，明白切當，多得王者之體。」

紀公此論，實獲我心。現存曲江集，多為朝廷製作，從事此類文章，必須綜貫機宜，明題適用，更運以高雅之筆，雄渾之氣，乃臻上乘作品。曲江固獨擅勝場，無論其代製或自作，均能「詞高理妙，」「度越前輩，」——均玄宗贊公語——一代大手筆焉！

竊嘗論之：曲江出身儒學，崇雅黜浮，文如輕縑素練，昭實濟用，轉移一代風氣，實為後此韓柳諸家所師承，而開古文運動之先聲，其於復古及啟來之功偉矣！昔顧亭林有云：「文之不可絕於天地間者，曰明道也，紀政事也，察民隱也，樂道人之善也。」梅伯言嘗曰：「文章之事，莫大乎因時立言。」今觀公文，濡涵經史，充咽百家，因時立言，淑世明道，高雅鴻博，兼美眾善，風教所繫，彝倫攸關，是謂之經世匡時之作，天地間有數文字，歷萬古而常新者也！

曲江不僅為文壇元帥，且復以詩名家，古今諷誦，稱一代魁傑！

新唐書杜甫列傳曰：

「唐興，詩人承陳、隋風流，浮靡相矜，至宋之問、沈佺期等，研揣聲音，浮切不差，而號律詩。」

明高棅唐詩品彙曰：

「律體之興，集自唐始，蓋由梁、陳以來儷句之漸也。唐初，王、楊、盧、駱四君子，以儷句相尚，美麗相矜，終未脫陳、隋之氣習。神龍以後，陳、杜、沈、宋、蘇頲、李嶠、二張——說、九齡之流，相與繼述，而此體始盛。」

清施補華峴傭說詩曰：

「唐初五言古，猶沿六朝綺靡之習，惟陳子昂、張九齡，直接漢、魏，骨峻神竦，思深力遒，復古之功大矣！」

清劉熙載藝槩曰：

「初唐四子，沿陳、隋之舊，故雖力才迥絕，不免致人異議，陳射洪、張曲江，獨能超出一格，爲李、杜開先，人文所肇，豈天運使然邪？」

觀上所述，律詩之興，至沈宋為開先，迄曲江而體始盛；古體至子昂為復古，迄曲江乃得獨尊！沈、宋、子昂，一馬當先，終因名位未彰，不足以鼓動風氣，迨曲江以相位之隆，接踵後繼，登高一呼，天下景從，遂為李、杜之前驅，開盛唐以大成！猗歟休哉，厥功偉矣！

今進而論公詩，公詩現存於世者，凡二百十餘首，七言殊少，或非所長，五言尤富，古體近體皆備，除應酬之什，感發不深，可勿置議外，餘皆為言志、抒情、寫景之作，高雅委婉，植詣閎深，今錄數首，以見一斑：

感遇第一首云：

「蘭葉春葳蕤，桂華秋皎潔，欣欣此生意，自爾爲佳節，誰知林棲者，聞風坐相悅，草木有本心，何求美人折？」

望日懷遠云：

「海上生明月，天涯共此時：情人怨遙夜，竟夕起相思，滅燭憐光滿，披衣覺露滋，不堪盈手贈，還寢夢佳期。」

秋夕望月云：

「清迥江城月，流光萬里同，所思如夢裏，相望在庭中，皎潔青苔露，蕭條黃葉風，含情不得語，頻使桂華空。」

西江夜行云：

「遙夜人何在，澄潭月裏行，悠悠天宇曠，切切故鄉情。外物寂無擾，中流澹自清，念歸林葉換，愁坐露華生，猶有汀洲鶴，宵分乍一鳴。」

湞陽峽云：

「行舟傍越岑，窈窕越溪深，水闇先秋冷，山晴當晝陰，重林間五色，對壁聳千尋。惜此生遐遠，誰知造化心。」

感遇一首，自寫其清高節操，風格絕佳。望月兩首，清澹委婉，是謂抒情能手。西江夜月，湞陽峽兩首，靈心妙筆，造境均臻奇妙。湞詩末二句，胡震亨且謂「讀此欲笑柳子厚一篇小石城山記，蚤被此老縮入十個字中矣！」柳記雖別有佳處，而公詩精詣多類此，具載曲江集，弗克備錄。

再觀公詩，精於鍊字，如前所引諸詩中之「葳蕤」、「皎潔」、「生意」、「佳節」、「本心」、「竟夕」、「遙夜」、「露滋」、「清迥」、「流光」、「澄潭」、「秋冷」、「遐遠」，皆所謂「選言清冷」，而增其風致者。又善用虛字，如「所思如夢裏，相望在庭中」二句，所用「所」、「如」、「裏」、「相」、「在」、「中」，凡六虛字，亦所以見其疏澹者。又他詩喜用「幽」、「芳」、「蘭」、「蕙」等字，更足以顯其婉美者。然則公詩風儀秀整，情致遙遠，興史稱公「饒醞藉」，「美風度」，不又酷肖其人乎？

次述諸家之論公詩，姚子彥撰公行狀云：

「公以風雅之道，興寄爲主，一句一詠，莫非興寄。」

胡震亨唐音癸籤評彙亦云：

「張曲江五言，以興寄爲主，而結體簡貴，選言清冷，如玉磬含風，晶盤盛露，故當於塵外置賞。」

又云：

「張子壽首創清澹之派。」

高棅唐詩品彙卷二引本集序曰：

「曲江公詩，其言造道，雅正沖澹，體合風騷。」

翁方綱石州詩話曰：

「曲江公秀婉深秀，遠出燕許諸公之上。」

嚴羽滄浪詩話曰：

「以人而論，則有……張曲江體。」

諸家所論，皆稱確評，要以言之：公詩以興寄為主，雅正高古，委婉深秀，首創清澹之派，自成曲江一體，與其經世大文，並稱一代宗師焉！

五、結　論

曲江少讀儒書，尚文守禮，忠孝植身，匡濟自任，立朝正直，以道弼君，勳業燦乎開元，風操炳在史冊，文章垂於天壤，秉忠良著為令謨，作唐朝一代相業，為後世詞人之冠，品望既隆，天下稱曲江公而不名，卒謚文獻，所以著其文而表其賢！嗚呼！公之德行、功業、文章，風開嶺南，業昭唐史，三代以後之直臣，大江南北之詞宗，斯其所以名高千古，垂美百代，為古今第一流人物也乎？

原刊於《廣東文獻》一卷二期

略談張九齡二三事

陳沅淵

張九齡，字子壽，韶州曲江人。七歲知屬文，景龍（中宗年號）初擢進士。玄宗在東宮，舉天下文藻之士親加策問，九齡對策高第。歷官皆表現卓絕。開元二十一年，徵拜為中書侍郎，同中書門下平章事（副相），明年遷中書令（正相），二十四年罷政事，李林甫繼為相，自是奸臣當道，唐運江河日下矣。九齡為有唐名相，諤諤有大臣節，議論必極言得失，所推引皆正人。開元後，天下稱曰「曲江公」而不名云。事跡詳新舊唐書本傳，不辭費，今但略談其三事：

一、建言選智能之士任刺史縣令

中國古代政體雖是君主專制，但已知以民為本，即所謂民本思想。如《古文尚書，五子之歌》：「民惟邦本，本固邦寧」。《尚書．大禹謨》：「禹曰……政在養民」。《孟子．盡心下》：「民為貴，社稷次之，君為輕」。如此之類，不可勝舉。這種民本思想，認為統治者要造福人民，去民所苦，遂民所欲，亦即「視民所謂利者行之，所謂害者去之」（此二語見《新唐書．李惠登傳》）。專制時代，君主深居九重，耳目蔽塞，即朝廷官吏亦大多與民隔閡，須賴地方官為耳目為觸角，以了解民情風俗，據以製定政策；而實際執行政策，為民解決困難者，亦為地方官。故民心之向背，端視地方官良莠而定；循良之吏，民必愛之如父母，同時亦必擁護中央政府；反之，若是貪官酷吏，民必疾之如寇仇，同時必叛離中央政府。案唐朝地方行政最低級為縣，縣的長官為令，天寶初全國凡一千五百七十三縣。縣以上為州或郡，州長官為刺史，郡長官為太守。隋唐刺史，則猶後代之知府及直隸知州，與太守僅為互名，已無分別。全國州府凡三百五十八。州縣以上尚有按察使等（參錢穆《國史大綱》23章）。所以，刺史縣令是親民近民之官。

唐太宗深知刺史縣令得人與否，影響國家政治至鉅，選擇極為審慎。《新唐書．循吏傳敘》：「唐興，承隋亂離，剗祓荒荼，始擇用州刺史縣令。太宗嘗曰：『朕思天下事，丙夜不安枕，永惟治人之本，莫重刺史，故錄姓名於屏風，臥興對之，得才否狀，輒疏之下方，以擬廢置』。又詔內外官五品以上舉任縣令者，於是官得其人，民去歎愁」。太宗既選賢能為刺史縣令，故是時吏治蒸蒸，黎民艾安，有所謂「貞觀之治」。經高宗、武后、中宗、睿宗幾朝，太宗重視刺史縣令的良法美意，似乎漸被忽視。《國史大綱》26章謂：「中央政府規模擴大，政權集中，官僚充塞，階次增多；地方官權位日落，希求上進的自然群趨中央，遂連帶引起重內輕外之習」。這種「重內輕外」風氣形成後，京官多不願外任，刺史大多是武夫流外，積資得官而充任，或京官不稱職始補外。至於縣令就更不必說。《新唐書．倪若水傳》：「倪若水……出為汴刺史……時天下久平，朝廷尊榮，人皆重內任……班景倩自揚州採訪使入為大理少卿，過州，若水餞于郊，顧左右曰：『班公是行若登仙，吾恨不得為騶僕』」。時開元四年也。若水，當時刺史中佼佼者，猶自卑若此，足見一般士大夫重視京官之心理。是以張九齡慨乎言之（本傳）：「今刺史，京輔雄望之郡，猶少擇之，江、淮、隴、蜀、三河大府之外，稍非其人。繇京官出者，或身有累，或政無狀，用牧守之任，為斥逐之地……」。並認為欲矯正此多年積習，須提高刺史縣令資歷之重要性，明訂科條，規定某些重要京官之任用，非具有都督刺史或縣令之經歷不可。其言曰：「宜科定其資：凡不歷都督刺史，雖有高第，不得任侍郎、列卿；不歷縣令，雖有善政，不得任臺郎、給、舍」。如此則賢能之士爭為刺史縣令矣。此外，復詳論如何選士，以文長不縷述。九齡發此諤諤之論，以救治當時政治上之沈痾宿疾，可謂有卓識遠見之大政治家。

二、知人之明——識安祿山有逆相

知人之難，世所公認。《尚書·皋陶謨》：「禹曰……知人則哲」。蔡沈注：「知人，智之事」。蓋謂知人乃智慧之事，亦即惟智者能知人。《昭明文選·馬汧督誄一首》：「知人未易，人未易知」。注引《史記》：「侯嬴曰：人固未易知，知人亦未易」。蓋謂無論知人或為人所知，均非易事。智者所以能知人，蓋智者見微知著，詳察其人之身世、言行、本性等，加以客觀精密分析，所得結論常視非智者為精確也，今舉管仲、劉備兩例以明之：《史記·齊太公世家》略謂，管仲病危，桓公問：「群臣誰可相者？」管仲曰：「知臣莫若君」。

桓公隨舉易牙、開方、豎刁以問，管仲以為易牙殺子以適君（烹子以滿足桓公食慾）、開方倍（背）親以適君（父死不敢歸哭）、豎刁自宮以適君（閹割自己親近桓公），此三人皆非人情，不可近用。管仲死，桓公卒用三人，以致五公子爭立，宮廷內亂。桓公死六十日。尸蟲出于戶而不收（《呂氏春秋．知接》《說苑．權謀》並載此事，大同小異）。管仲便是據此三人過去行事不近人情，以推知其日後必為亂。又如《三國志．蜀書馬謖傳》：「謖……才器過人，好論軍計，丞相諸葛亮深加器異。先主臨薨謂亮曰：《馬謖言過其實，不可大用，君其察之！》亮猶謂不然，以謖為參軍，每引見談論，自晝達夜。建興六年，亮出軍向祁山，時有宿將魏延、吳壹等，論者皆言以為宜令為先鋒，而亮違眾拔謖，統大軍在前，與魏將張郃戰于街亭，為郃所破，士卒離散」。此必先主深知馬謖平日大言不慚，故推知其不可大用。然亮亦智者，豈智者千慮，有時亦難免一失歟？

張九齡豫知安祿山必反，除徹底了解安祿山身世、言行……等外，似別有鑒識人的本領，只一見其人外表（現象），而其人之本相（固有性質）即難逃法眼。祿山之押解進京，九齡一見其外表氣質，即直言其「有逆相」，其時祿山權位未重，非有造反實力，逆跡猶未形也。安祿山，營州柳城雜胡種也。其母阿史德為女巫，禱子於軋犖山而生祿山，故名軋犖山。生時有光照穹廬，野獸盡鳴。少孤，隨母嫁虜將安延偃，乃冒姓安，更名祿山。通六蕃語，為互市郎，後幽州節度使張守珪收為養子，任他與史思明俱為捉生將。開元二十四年春，安祿山為左驍衛將軍，以討奚契丹冒進失敗，張守珪將之執送京師發落，宰相張九齡署其狀曰：

「穰苴出師而誅莊賈（齊景公時，穰苴為將，莊賈為監軍，遲到，穰苴即依軍法誅之），孫武習戰猶戮宮嬪（孫武演習戰法，吳王闔廬命宮女一百八十人分為兩隊，指定兩寵姬為隊長，讓孫武操演，操演時宮女嬉笑，孫武即戮兩隊長示眾），守珪法行於軍，祿山不容免死」。玄宗惜其才勇，敕令免官，以白衣領軍作戰，帶罪立功，九齡堅持己見道：「祿山狼子野心，有逆相，宜即事誅之，以絕後患」。時玄宗正銳意開邊，思得良將，勸九齡勿枉害忠良，卒赦免祿山。

祿山狡詐多謀，善迎合玄宗旨意討其歡心，故玄宗對之寵信不疑，隆隆升遷，約十年之間，由營州都督，擢兼河東、范陽、平盧三鎮節度使，幾乎統轄今遼寧、熱河、河北、山西諸省地，擁兵十八萬。玄宗晚年已老朽昏庸，沈迷聲色，不理政事，雖是時祿山窺竊神器之心日彰，仍未察覺。初，祿山猶懼李林甫術數三分，不敢遽發。迨李林甫死，楊國忠為相，因處置失當，遂激使安祿山於天寶十四載十一月反於范陽．史思明亦隨之反。以奉密旨討楊國忠為名，揮軍南下，所向披靡，連陷洛陽、長安兩京，玄宗不顧朝廷百官、京城百姓，只求苟全性命，倉皇西遁，白居易（長恨歌）所謂：「漁陽鼙鼓動地來，驚破霓裳羽衣曲。九重城闕煙塵生，千乘萬旗西南行」。當他逃抵蜀地時，祇剩扈從千餘人，太子李亨即位靈武，帝位亦失。

昔齊桓公不聽管仲言致釀大患，玄宗宜作前車之戒，卻蹈其覆轍，鑄成大錯。《新唐書．魏盧李杜張韓列傳》贊曰：「觀玄宗開元時，厲精求治，元老魁舊動所尊憚，故姚元崇宋璟，言聽計行……及太平久，左右大臣皆帝自識擢，狎而易之，志滿意驕，而張九齡爭愈切，言益不聽……終之，胡雛亂華，身播邊陬。非曰天命，亦人事有致而然」。評論痛切允當。此時，玄宗心境淒涼落寞，可以想見，纔悔恨未聽九齡忠告，不禁涕泗滂沱且遣使祭於韶州，厚幣卹其家云。

三、初唐詩壇閃亮巨星

九齡在有唐不但是名相，並且是詩壇熠熠明星。原來，六朝至隋古詩，大抵綺麗浮艷，缺乏興寄，但有漸趨律絕傾向。唐興，律絕近體接近成熟，古體則力主復古，擯除六朝至隋華靡習氣。此種轉變，以陳子昂、張九齡二人倡導之力為多。茲舉幾家說法以證之。羅香林《中國通史》第四十六章（隋唐之學術文藝）：「唐興，詩人輩出，所謂古詩，已有律絕意味，至是乃始分之為二，以律絕為今體，力求工洗，而古體則力避六朝至隋之弊，陳子昂、張九齡實為之倡」。沈德潛謂：「唐初五言古，漸趨於律，風格未進，陳正字（子昂）起衰，而詩品始正；張曲江繼續，而詩品乃醇」（《唐詩別裁》卷一）。劉熙載《藝概》：「唐初四子紹陳隋之舊，才力迥絕，不免時人異議。陳射洪（子昂）、張曲江獨能起一格，為李杜開先，豈天運使然耶？」案羅氏說明唐初古詩復古及近體詩演進，深得其要，並推陳張倡導之功。沈劉二氏則力讚陳張二人對推進近體詩之貢獻。稱許者甚多，不遑具舉。

《全唐詩》收錄張九齡詩凡二百一十六首。選詩家多視張詩如至寶，爭相選錄。如蘅塘退士所編《唐詩三百首》（實數三百一十首）選錄五言古詩四首、五言律詩一首。沈德潛編《唐詩別裁》選五言古詩四首、五言律詩一首。沈德潛編《唐詩別裁》選五言古十四首、五言律四首、五言長律四首、五絕二首，凡二十四首。王堯衢編《古唐詩合解》選取五言古風三首、五言律絕各一首。以上三種選本，選錄標準綦嚴，所選莫非精金美玉，千古絕唱。能入選一首，如登龍門，聲價十倍。而三家選錄張詩，少則五首，多至廿四首，其受重視如此。今錄其〈感遇〉詩二首，以見其古詩風格：

蘭葉春葳蕤，桂華秋皎潔。欣欣此生意，自爾爲佳節。誰知林棲者，聞風坐相悅。草木有本心，何求美人折。

孤鴻海上來，池潢不敢顧。側見雙翠鳥，巢在三珠樹。矯矯珍木巔，得無金丸懼。美服患人指，高明逼神惡。今我遊冥冥，弋者何所慕。

上舉二首古詩，渾樸古雅，直逼魏晉，全無六朝綺麗習氣。沈德潛謂：「感遇詩，正字古奧，曲江蘊藉，本原同出嗣宗（阮籍），而精神面目各別」。信然。再舉他五律〈望月懷遠〉一首：

海上生明月，天涯共此時。情人怨遙夜，竟夕起相思。滅燭憐光滿，披衣覺露滋。不堪盈手贈，還寢夢佳期。

全詩層次井然，情景交融，寄意遙深。就格律言，已為相當成熟律詩。或謂頷聯在字面上，似對得不甚工切。姑無論初唐是由古體到近體轉型期，即盛唐大家如李杜等，其律詩對仗亦不乏此現象。

總之，張九齡不但在初唐詩壇是一顆閃亮巨星，即在中國詩歌發展史上，亦有其不可磨滅地位。

原刊於《廣東文獻》廿九卷四期

明儒陳白沙先生其人其學

簡又文

一、導言

在明代，宋儒五子——周敦頤（茂叔、濂溪、一〇一七—七三），張載（橫渠、一〇二〇—七七），程顥（伯淳、明道、一〇三二—八五），程頤（正叔、伊川、一〇三三—一一〇七）及朱熹（元晦、晦庵、考亭、一一三〇—一二〇〇），同被尊為儒學正統，而邵雍（堯夫、康節、一〇一一—七七）及陸九淵（象山、一一三九—九二）不與焉。朱子更因發展理學，注解古經，且因與皇室同姓，尤被特別尊崇，成為儒學正統的正統。永樂而後，成祖編集宋儒的學說及注解，印行御製的三種書——「性理大全」、「五經大全」、及「四書大全」宛似欽定「教科書」。天下士子凡欲應考者必須熟讀，實際上變為「獲得功名的兌換卷」（繆天受：宋儒學案選註），頁九—十）。不特此也，程朱的理學竟成為一元化的哲學思想及標準的倫理道德，是為唯一獨尊的「正學」、「官學」。寖假流為形式主義、教條主義、與權威主義，一味尊經泥古，保存傳統制度，墨守前人遺訓。此正是專制的統治階級利用儒學為規範言行、壟斷學術、箝制思想、牢籠士人之工具，以實行鞏固其治權也。比之漢武之崇儒學，黜百家，為害尤烈。馴至的奴隸人心，桎梏性靈，使全國人民尤其讀書人，莫敢或背離其成規矩矱焉。從此以後，精神之獨立與自由一併喪失了。

然而人心究不能常受遏抑的；自然的趨勢是要爭取精神獨立與自由的。在朱子生時，已有陸子（九淵、象山）遠宗孟子，近法明道、大倡「尊德性」之心學，以對抗其「道問學」之理學，屢相辯論，朱子至晚年，亦漸悟一己學說之不健全，及修養功夫之不成功（看「朱子晚年定論」，載「王陽明全書」四冊，正中版。以後，兩派門人、繼續爭論，斤斤不休。朱學雖常得政治支援，獨佔優勝，而在爭取精神與自由之人心中，則陸學日漸抬頭爭勝。至元、明時，智識界人士漸覺宋學——實是朱學——惟事讀書箋注的功夫之支離繁雜，多有傾向於陸學之簡易直捷的、側重人心造道途徑。在元初，吳澄（草廬，一二四九—一三三三）以陸學嫡系而非朱，固無論矣。其源出程朱之許衡（仲平、魯齊、一二〇九—八一）亦嫌朱學注重讀書箋注之煩，竟有「也須焚書一遭」之語（白沙先生引，見「道學傳序」，卷一頁十七）；且表示與程朱之理氣二元論立異，折衷朱、陸，兩家而主張心、性、理、三者合一；又不重求知但重實踐，此其骨子裏已脫離宋學之矩矱矣。

至明初，思想界傾向分歧，仍有不甘受「官學」之羈絆者，故反宋學之趨勢，繼續表現，且日益發展。當時，有兩派壁立。一為薛瑄（敬軒、一三九九—一四六三）之「河東學派」嚴守朱子正統之學。次為吳與弼（康齋、子傅，一三九一—一四六九）之「崇仁學派」。康齋之學，上無所傳，自習而得，惟系統上仍宗程朱，尤其服膺伊川之學，但亦厭夫宋學之繁，且以為有害無益（見黃宗羲「明儒學案」）。其學，內重心體、外重實踐，實接近明道為多。其心學更顯出陸學之影響，有曰：人須整理心下，使教瑩淨常惺惺地方好，此敬以直內工夫也。」又云：「靜時涵養、動時省察、以加克己復禮之功，以作虛明其心之用。使本心不為事物所撓、否則心愈亂、氣愈濁。」此保持心體之獨立自由，而不羈不撓於事物或外在的權威之說法，自有異於程朱之傳統的權威主義者矣。

康齋門下三人，傾向各異。胡居仁（敬齋、心叔、一四三四—八四）則恪守程朱之學。婁諒（一齋、克貞、一四二二—九一）一似乃師之未完全脫離正統派但亦側重心體。其子王守仁（陽明、一四七二—一五二九）得其薪傳，兼遠宗孟子、陸子，而下開「姚江學派」公然直與朱學抗衡矣。

出康齋之門而有突出的優越的成就者，為陳白沙（獻章）先生。然其學，初時雖得力於乃師之激發與啟迪，其後卻能青出於藍，自樹一幟，下開「江門學派」。章炳麟曰：「明代學者、和宋儒釐然獨立，自成系統，自陳白沙始」（章炳麟講曹聚仁述「國學概論」頁六六）。其學，不特對程朱正統派理學起了革命，而且將朱陸異同、爭論多時之大問題，陳出合理的答案。

白沙學說雖優異而有獨到之見，但數百年來，傳流不盛不遠，其故何哉？「明史」之儒林傳序」：學術之分，則自陳獻章始，宗獻章者，曰『江門之學』，孤行獨詣，其傳不遠。宗守仁者，曰『姚江之學』，別立宗旨，顯與朱子背馳，門徒遍天下，流傳逾百年，其弊滋甚」（卷二八二）。黃宗羲曰：「有明之學，至白沙始入精微，……至陽明而後大。」又論「白沙學派」曰：「出其門者，多清苦自立，不以富貴為意，其高風所激遠矣」（「白沙學案」）。以上所引兩書寥寥數語已明顯確定「白沙學說」舍舊創新之貢獻與地位，同時亦指出其未能流傳遠久之一大原因。緣白沙先生終身不過僻處南疆海濱一隅以教學為生之「老學究」耳。自其歿後，詩文遺作既未得普遍流行，門弟子又多數淡薄名利，不樂仕進，靜養鄉間，或從事教學，所謂「孤行獨詣」、清苦自立」者是也。以故先生令名不大顯，學說不大彰。其間，雖有宗子湛甘泉久居高官，講學南北，與王陽明分庭抗禮。終因陽明功高爵尊，著述宏富，且桃李遍天下，多居顯職，闡揚其學，名滿仕林，以故「江門學派」乃為「姚江學派」所掩。況當時程朱流派攻訐陸、王，並及江門；誠如衛金章一語道破：「當日宗象山者，援白沙以為同；攻象山者自不得不排白沙以為異」（見「白沙要語補」載「全集」卷末）。尤不幸者，姚江末流亦有攻擊江門之學者，演為學派之爭。於是白沙學說同時受正統派與姚江派之夾攻，勢愈孤而愈晦矣。入清而後，程朱之學得有皇朝維護仍雄據儒林，而學風已變；學者漸棄宋明之學而復興漢學。雖北有王（夫之、船山、最服膺白沙子之學），黃（宗羲、甘泉四傳），南有胡（大靈、金竹）、陳（遇夫、廷際）之嗣響，而大勢所趨，宗風不振。三百年來，傳白沙之學者竟寥寥矣。至近代各種中國學術史、文化史、思想史、或哲學史，對白沙學說非絕不提及則語焉不詳或誤解真義。（獨有吳康：「宋明理學」於白沙學說有系統的概說，洞中肯綮，比較上可當人意。）至於外國出版之中國文化及哲學書籍中，則白沙學說，甚至先生姓名，竟罕見焉。

茲篇之作，係據個人多年研究所得，白沙先生之傳記及其學說・全部思想，試作系統的編組與申述。顧以篇幅所限，仍未能詳盡發揮。（余另撰「白沙子研究」專著十三章，民五九年刊行。）此不過提綱挈領之簡略介紹而已。（以下全篇所引先生詩文，俱用乾隆本「白沙子全集」）各注明題目及卷頁號數。）

二、傳　記

陳先生、諱獻章、字公甫，號石齋。（別號尚多，茲不錄。）以明宣宗宣德三年戊申十月二十一日（陽曆一四二八年十一用二十七日）生於廣東新會縣之都會鄉。髫齡，舉家徙居本邑距江門墟十二里之白沙鄉。故學者尊稱為「白沙先生」。

先生系出河南太丘（今永城西北）。先世仕宋，因金人南侵，避居粵北南雄珠璣巷。度宗九—十年，復因政治壓迫，其高祖乃南遷至廣東新會，定居都會鄉。（見「行狀」）

是時，全縣幅員遼闊（明清分設州廳，且劃地歸他邑，見譚鑣：新會鄉土志），人口稀少（見黃淳：「新會縣志」），土地肥沃（全境多河流，毗洋海，近水田疇與沿岸沙田尤多沃壤），出產甚豐（穀米而外，以柑、橙、鮮果及葵扇最著）。移民初來，得地甚易；男耕女織，生活饒裕。至先生時，猶有先代遺田二百畝（見「與鄧督府」，卷三頁二）。全家男女從事耕織，故先生輒以半耕半讀自況。有膾炙人口、久傳東粵之詩云：

二五八日江門墟。又買耡頭又買書。
田可耕兮書可讀。半爲農者半爲儒。

先生大半生在鄉間教學，每年所得束脩無多。養家及雜費有賴田租，觀其遺詩屢提及家人出門收租事可知。其個人數赴京師，又嘗遣門人范規遠出為摯友治病及遣子北上，復在鄉屢建樓房，自置江門釣臺，且不時款待嘉賓，可見家境小康，故無需躬耕畎畝而能終身從事學術。此其家庭及個人之經濟背景也。

祖永盛，始能創耕讀傳家之家風。「好讀老氏書，嘗慕陳希夷之為人」（見「行狀」）。父琮，字懷瑾，號樂芸，好讀書，能文章，工吟咏，「樂芸詩集」面世（黃「縣志」，卷十一）。尤究心理學，身體力行，以明道淑人為己任。然體羸善病，年二十七而卒。逾月，先生始出生。（以上綜合黃「縣志」，潘楳元：「廣州鄉賢傳」，及「行狀」）兄獻文，字公載，號古愚，先四年生。母氏林，年二十四即孀居，撫育孤兒，身守節。先生幼時，體弱多病，「至於九歲，以乳代哺」（「乞終養疏」自述）。其後，一生事母至孝，蓋感於母氏自然的仁慈與特殊的劬勞也。

先生自幼慧敏好學，記憶力尤強。弱冠，補邑弟子員。翌年（英宗正統十二年，一四四七，二十歲），中式鄉試。又翌年赴北京春闈，中副榜進士，入國子監讀書。景帝景泰二年（一四五一），會試復下第，乃南歸（見「行狀」、「年譜」）。時，年二十四歲。

大概返粵後，先生設絳帳於鄉間。自修文學而外，志於道學。年二十七（景泰五年），如江西臨川，從學名理學家吳與弼（號康齋）。每日，晨光纔辨，吳氏手自簸穀，而先生未起。乃大聲曰：「秀才若為懶惰，即他日何從到伊川門下，何從到孟子門下」（見黃「崇仁學案」）？治田之外，「朝夕與之講究」（見「行狀」）。其後，先生自言其臨川求學所得云：「聞其（康齋）論學，多舉古人成法，由濂、洛、關、閩，以上達洙、泗，尊師道，勇擔荷，不屈不撓」（見「書玉枕詩畫後」，卷二頁一八）。又曰：先生（康齋）之教，不躐等，由涵養以及致知，先據德後依仁。下學上達，日新又新。若勿忘勿助之訓，則有見於鳶魚之飛躍；悟無聲無臭之妙，則自得乎太極之渾淪」（見「祭先師康齋墓文」，卷五頁十二）。由此可見白沙先生所得者為刻苦振奮的精神，與儒道學之精華，實具有激勵奮發之功能（見「行狀」）而奠定其個人學術造詣之基礎。

翌年春，先生歸白沙，足跡不到城市，閉門讀書，益窮古今載籍，旁及佛老經典（部份大概由先人遺下者），甚至稗官野史，無所不窺，徹夜不寢。少困則以水自沃其足。然雖苦學博學而究無實益，蓋其向所得於康齋者，於古聖先賢垂訓雖多，「然未知入處」（「與趙提學」？卷三頁二二自言）。此其初時緊守程朱「道問學」之讀尋理的方法之無效的結果也。久之，忽悟前非，自闢新路，乃嘆曰：學貴自得也，自得之，然後博以載籍，則典籍之言，我之言也。否則典籍自典籍而我自也」（見「儒林傳」本傳）。是為其離開程朱路線、捨舊從新的新覺悟之始。

於是，築「春陽臺」，日事靜坐其中，實行其新式的方法，以期澈悟有得。「用功或過，幾至心病，後悟其非」（林光語，載「白沙學案」）。乃有所改善，而日夕用功於臺中如恆。「家人穴壁饋餐」（見「雒閩源流錄」）。如是者十年無間（由一四五五至一四六五，二十八——三十八歲）。長期的苦心苦行，卒獲愜意的成就。據其自述當年之經驗與內心之自得云：

僕才不逮人。年二十七，始發憤從吳聘君學。其於古聖賢垂訓之書，蓋無所不講，然未知入處。比歸白沙，杜門不出，專求所以用力之方。既無師友指引，日惟靠書冊尋之。忘寢忘食，如是者累年而卒未得焉。所謂未得，謂吾此心與此理未有湊泊脗合處也。於是，舍彼之繁，求吾之約，惟在靜坐。久之，然後見吾此心之體，隱然呈露，常若有物。日用間種種應酬，隨吾所欲，如馬之御銜勒也。體認物理，稽諸聖訓，各有頭緒來歷，如水之有源委也。於是渙然自信曰：作聖之功，其在茲乎！（「復趙提學」，卷三頁二二——二三）

在此大覺悟中，先生發現人心之自然真體，藉以得見真理，由是開始恢復心體之自由、獨立，而明定人心是宇宙與萬物之主宰。此為最有重要意義的一個新階段。在以後一生極端注重此點，而繼續發展之於其新創的自然哲學體系——白沙學說中。

嗣後，先生仍講學授課於鄉間，聲名洋溢，人所欽仰，甚且目為聖人焉。入其門者，都為成年之士而學問頗有根柢者。廣東提學亦選優秀士子來學。弟子輩有登高第，任顯職，或成為文學家、思想家、各有建樹者。順德梁儲（叔厚、鬱洲）其著焉者也。先生授課，於經、史、文學之外，更傳以中心所得之哲學奧秘。關於道學之教育方法，不在灌輸以前賢或自己的概念，而惟在啟迪、鼓勵、激發、引起、各人自見真理而自得之於心。嘗對入室弟子李承箕（世卿）言之，足為其教授法之說明，曰：朝夕與名理。凡天地間耳目所聞見，古今上下載籍所存，無所不語。所未語者，此心通塞往來之機，生生化化之妙，非見聞所及，將以待世卿深思而自得之。（「送李還嘉魚序」，卷一頁二二）

至憲宗成化二年（一四六六，三十九歲），忽有不如意事發生。緣先生講學之暇，時與門人習射禮。此古六藝之一，本無可非議者。無奈譽高毀來，流言四起，竟誣為聚兵謀叛焉。眾皆為其危，而先生則處之泰然，行若無事。順德縣令錢溥夙敬重先生，乃以誠懇友誼態度函勸其亟入京，毋貽太夫人憂，亦明哲保身之道也。先生然之，遂襆被北上，重遊太學。一日，國子監祭酒邢讓試先生，以「和楊龜山『此日不再得』韻」為題。先生之作，自述努力求道之經過及所得。詩曰：

能飢謀藝稷。冒寒思植桑。少年負奇氣。萬丈磨青蒼。
夢寐見古人。慨然悲流光。吾道有宗主。千秋朱紫陽。
說敬不離口。示我入德方。義利分兩途。析之極毫芒。
聖學信匪艱。要在我心臧。善端日培養。庶免物慾戕。
道德乃膏腴。文辭固粃糠。俯仰天地間。此身何昂藏。
胡能追軼駕。但能漱餘芳。持此木鑽柔。其如磐石剛。
中夜攬衣起。沉吟獨徬徨。聖途萬里餘。髮短心若長。

及此歲未暮。驅車適康莊。行遠必自邇。育德貴含章。
邇來十六載。滅迹聲利場。閉門事探討。蛻俗如驅羊。
隱几一室內。兀兀同坐忘。那知顛沛中。此志竟莫強。
譬如濟巨川。中途奪我航。顧茲一身小。所繫乃綱常。
樞紐在方寸。操舍決存亡。胡爲漫役役。斲喪良可傷。
願言各努力。大海終回狂。（卷六頁二）

此時，先生仍服膺程朱之「心學」，得力於「主敬」，故稱朱子為「宗主」。雖已側重心為主體，卻未能完全脫離宋儒窠臼。其新學說之要義多未表達，殊不能視此詩為白沙學說之代表作。故湛甘泉云：「此篇乃四十歲以前事。後來所造之高，所得之深，尚未及言，然即此可想矣」（見「古詩教解」，卷上頁二）。所謂「即此可想」者，意指即就其時之造詣論，已足睥睨中原，當代無儔矣。邢讓讀而不禁大驚曰：「龜山不如也」。明日，颺言於朝，謂「真儒復出」，由是名震京師。一時，公卿賢士輩，多折節與為友，且有辭官師事者焉。（見「行狀」、「年譜」）

未幾，先生由國子監撥送吏部，受職歷事，侍郎尹旻聞其賢，遣子從學。先生力辭，凡六七往，竟不納焉（見本傳、「年譜」）。在先生操行純潔，秉心耿介，不憚矯情力卻，所以防避媚上鑽營之譏，而尹旼則以體面盡失，視為侮辱，積恨於心矣。

翌年（成化三年，一四六七）春，先生辭官南歸。又翌年，復入京師。成化五年，禮闈再下第。群公往慰之，則大笑（見「年譜」）。此自得之效，不因成敗得喪而戚戚於心之表現也。其後，都中傳言，先生此次下第，殆因其試卷失落之故，實出於尹旻洩憤陰謀所致也。

先生前此十五年不赴會試，至近年忽屢北上。論者僉謂其與進退出處之道德觀念有關。如東粵大儒朱次琦（子襄）先生論曰：「明英宗北狩，弟景帝立。及英宗歸，景帝錮之。英宗太子，皇太后所立也。景帝廢之而立己子，人倫蔑矣。於是虖文恭（白沙先生諡號）不赴禮闈；憲宗即位後赴焉。此其出處之大誼也」（見簡朝亮：「朱九江先生年譜」。惲敬：「陳白沙先生祠堂記」，載「大雲山房文稿」，推究先生以前不出之故，亦同此論。）先生之道德觀，最重儒家出處進退之大節，故出必以時，此論真知其深心者。

是年秋，先生既返里，益潛心道學。日與弟子輩論文講學。四方來學者愈眾，譽滿天下。顯吏數人以次各遺白金，欲新其居，卻之，乃以所餽營「小廬山書屋」以處遠方從遊者。又有欲為其建「道德坊」以風士類者，益謙辭，但改建「嘉會樓」以為喜賓盍簪之所。然不論中官釋道士農工商來謁悉傾意接待，有叩無不告，深得仲尼「有教無類」之旨焉。往來東西兩藩部使以及藩王島夷宣慰亦常來敬禮。先生日以飲食供賓客，了不知其囊之罄也（見「行狀」、「年譜」）。門人中，有自築書舍於白沙以便留居從學者。

至成化十一年（一四七五）四十八歲時，先生學養所得「以自然為宗」之新學說全部體系已完成。有復友人張東白書，將其至學綱要披露（卷三頁十一）。後復會括其要義成五古一首，詩曰：

古人棄糟粕。糟粕非眞傳。眇哉一勺水。積累成大川。
亦有非積累。源泉自涓涓。至無有至動。至近至神焉。
發用玆不窮。緘藏極淵泉。吾能握其機。何必窺陳編。
學患不用心。用心滋牽纏。本虛形乃實。立本貴自然。
戒愼與恐懼。斯言未云偏。後儒不省事。差失亮釐間。
寄語了心人。素琴本無絃。（「答張内翰廷祥」，卷六頁二）

此古風涵義新穎，多為創見；「立本自然」、「至無至動、至近至神」之句，堪視作先生之見道語。其對傳統思想，尤其宋儒理學，具革命性，實為先生遺作中最重要、最佳妙之一。比之十年前「和楊龜山」之作，其聖學心得、求道造詣，顯見更有長足的進步，蓋已進入最精微之階段矣。（看湛甘泉：「古詩教解」，卷上頁十——十二）

成化十七年（一四八一），江西有司等修復朱子昔年講學所在之廬山「白鹿書院」，遣使至粵敦請先生出任山長，以為十三郡士者師（「行狀」）。此本一介儒士最高貴之榮譽也。先生報書力辭，理由如下：

諸公欲興白鹿之教，復考亭（即朱子）之舊，必求能爲考亭之學者，夫然後可以稱諸公之任使。乃下謀於予，是何異借聽於聾，求視於盲也？……居廬山以奉之諸公教，非予所能也。（「贈李劉二先生還江右詩序」），卷一頂一一）

其所謂「不能」者，回應上句，當指不能「為考亭之學」也。斯時，先生已自得真理，

「獨開門戶」（劉宗周評語）、對宋學已起革命性的分流而下開新派，固自知一己新學之異，而於程朱傳統學說如聾者之不聽，盲者之不視。是故良心之主張、智識的誠實斷「不能」容其紹續己所不從之「白鹿之教」也。（看下文）

成化十八年（一四八二），廣東左布政使彭絕疏薦先生於朝，謂「國以仁賢為寶……獻章醇儒，乃未見收用，誠恐國家坐失為賢之寶」云云。憲宗可之，命有司以禮勸駕。迭經省使趣行，先生不得已，於九月再起就道，時年五十有五歲矣。初欲奉老母北上其兄獻文一力抗議曰：「吾弟為人子，吾獨不為人子耶？」兄弟泣爭，孝義感人，母卒留粵。先生道出羊城，到處觀者如堵，至擁馬不得行。（以上見「行狀」、「年譜」。）圖其像以誌景仰者甚夥（見屈大均：「廣東新語」）。其名譽、道德、學術之得人敬重如此。

翌年三月杪，抵京師。公卿大夫日造其門者數百人，咸謂「聖人復出」（見「嶺南名勝白沙釣臺記注」、「年譜」引）。吏部尚書尹旻乘機修夙怨，先則藉辭先生向聽選京師非隱士比，故違憲宗禮聘之詔而檄召之，至是復令就試吏部（「年譜」，頁二一—二二。會先生因久勞道路，舊疾復作，不能應。延至七月中，扶病赴部聽試，而筋力朽弱，步履維艱，未堪筆硯，乃續具報。其後，病勢轉增。至八月下旬，又得家書，以老母憂念成疾，待子之歸，以日為歲。於是具本陳情，乞歸養母，兼理宿疾。略曰：

臣母別臣以來，憂念成疾。臣病中得此，魂神飛喪。仰思君命，府念親情，輾轉鬱結，終夜不寐。……臣生五十六年，臣母七十有九。視臣之衰如在襁褓。天下母子之愛雖一，未有如臣母憂臣之至、念臣之深者也。……顧臣母以貧賤早寡，俯仰無聊，殷憂成疾，老而彌劇。使臣遠客異鄉，臣母之憂臣日甚。愈憂愈病，愈病愈憂。憂病相仍，理難長久。臣夕以病軀憂老母。年未暮而氣已衰。心欲爲而力不逮。……夫內無攻心之疾，則外不見從事之難。上有至仁之君，則下多曲全之士。……（願乞歸治病終養云云。）（載卷一頁一——三）

疏文愷切，純孝真情活現楮上。憲宗親閱再三，大為感動，特授翰林院檢討，俾親終疾癒，再來供職，誠異數也。明儒蔡虛齋（清）嘗論其疏云：「鈔讀之餘，揭蓬一視，維北有斗，其光爛然，可仰不可近也」（「明儒學案」，卷四）。李密之陳情表不是過焉。「明史」「選舉志」大書其事云：「廣東舉人陳獻章被薦，授翰林檢討而聽其歸，典禮大減矣」。於以見為之婉惜之朝議。

歸鄉後，先生家居傍母，講學不倦，絕意仕進，屢薦不起。其學固孔孟真傳，一生所服膺、實行、與講教者，皆儒家正宗。蘭谿姜麟至以「活孟子」稱之。章懋（楓山）月旦評曰：「當時人物，以陳白沙為第一」。尊崇之辭，蔑以加矣。茲將先生行誼犖犖大端，略述於后，以見其示範千秋之人格道德。（不按下期）

先生持身正直，操守廉潔，其屢屢婉辭粵吏餽贈，已見上文。知縣某，遺金為壽，數卻不獲，受而藏之。其後，某以贓案去職，先生追還原贈金，封識如故也。高風亮節，可傳矣。

先生收育太夫人兄弟之子，後且割田廬以樹其家。又家中嘗買婢，既而察知為良家子，則待如己出，卒擇婿嫁之。此其仁愛之心與同情之感之表現也。（以上見「行狀」）

嘗舟行遇盜，同舟財物盡被劫。先生據舟尾呼曰：「我有行李在此，可取去」。比知為白沙先生，盜訝曰：「小人無知，驚動君子。舟中人即公友也，忍取其財乎？」悉還而去（見劉宗周：「人譜之「類記」，卷五」。堪稱「以德服人」矣。

先生之對各門人，熱情真摯，視同子弟，其施用之啟發式的教授法已見上文，然所責於徒眾則綦嚴且正，不為過分之獎借，以免導入歧途。輒直白指出各人學問修德之短處而一一矯正之，是深得教育學個別訓育之最高原則者。

據故老傳聞：先生有族人生二子。長子業農，居鄉事親，歲入不豐。次子經商於外，獲大利，使父母多得享受。父母以為長子不孝，擬訴諸父老。先生忽撰書長聯高懸祠外。群讀之，釋然於心，其事乃寢。聯語曰：

> 百行孝爲先，論心不論事，論事家貧無孝子。
> 萬惡淫爲首，論事不論心，論心天下少完人。

（按：梁章鉅：「楹聯叢話」云係某處城隍廟楹聯想輾轉流傳。）

先生之孝行，至足矜式。謹事孀母數十年如一日。其特別可紀者：自老母七十歲後，以長兄先死，先生每夕必具衣冠，秉燭焚香，露禱於天，求後母而死，蓋惟願克盡飾終之責，且免使孀居數十年之節婦，再有喪明之痛也。此非任何聖賢、任何經籍所教，惟由衷自生自發之自然愛親的真情，洵千古奇偉之純孝也。其後，林太夫人享壽至九十一歲而歿，而此遺腹孝子亦六十有八矣。私願得償，自是絕不衣錦繡，曰：「向者，為親娛耳」（上見：：「行狀」）。是無異終身居喪也。此種孝行為其基於自然哲學的倫理道德之最好的例證。

先生雖不出仕，惟其淑世救民、致治愛國之心，最為顯著。其致粵中大吏及各縣宰書與所為碑記等文，無時不慇慇以治道為念，甚且願執筆為作循吏傳以鼓勵邑令努力為人民地方造福（見「與左知縣」，卷四頁三）。如新會縣令丁積，向先生執弟子禮，恪遵其正風俗，成人才之教導，以至四禮大行於一邑，人民愛之如父母。先生有句曰：「士不居官終愛國」（「命孫田」卷八頁八），是自抒其抱負亦言道其實也。

至於先生之服膺及提倡春秋民族大義更彰彰可覩，而為歷來道學家所鮮見者。據故老傳聞：昔張宏範帥師入粵，逼死宋末君臣後，即勒石於厓門奇石上曰：「張宏範滅宋於此」。先生深惡之，為加「宋」字於其上，乃成「宋張宏範滅宋於此」。於是大漢奸出賣國家、禍害民族之罪惡暴露無遺。可謂春秋筆法、「一字之貶，嚴於斧鉞之誅」。有後人磨去此石刻，以惡張故）。詳看「白沙子研究」頁二十四又親書提學趙瑤絕句刻於厓山石上云：

忍奪中華與外夷。乾坤回首重堪悲。
鐫功奇石張宏範。不是胡兒是漢兒。（拓本見陳應燿編：「白沙先生遺蹟」。）

先生又主動在厓門建「慈元廟及「大忠祠」以祀抗元殉國之楊太后及文天祥、張世傑、陸秀夫、三大忠臣，始終主持其事以底於成；於忠貞浩氣，發揚蹈厲，不遺餘力。其釋「大忠」祠額之主義云：

國滅臣死，歷代之常。堂堂華夏，夷狄據而有之，非常之變也。遇變而死，爲君義也。爲中國死，内夏外夷春秋大義也。大之者，謹之也。文山與張、陸，同祀，扁曰『大忠』，謹書法也。（「與王樂用」，卷三頁三三）

並題詩曰：

有廟於此昭臣節。吾昔大書吾腦熱。（按：「大書」指上言「大忠」匾額。）天冠地履華夷別。萬古不使綱常滅。（「與世卿同遊厓山作」，卷六頁三五）

又有五言古詩首四句云：

夷狄犯中國。妻妾凌夫君。此風何可長？此恨何由申？（「寄賀柯明府」，卷六頁二五）

其他詠宋末厓門史蹟之詩尚多。凡此皆發揚保家衛國之民族大義者。黃鐘大呂之音，石破驚天之論，為「春秋」以後所罕聞罕見，真「麟筆」之嗣響也。其有功於民族精神與文化者大矣。（謹案：清初王夫之發揚春秋民族大義，提倡華夷之別最力。考其「薑齋詩集」之「柳岸吟」，和白沙先生之作及與先生有關者過半，是最服膺先生之至學者，則其民族大義之思想當是受先生詩文之影響為大為多。）

先生日常生活，除講學，撰文吟詠外，喜與友朋及門人通書翰。暇時，則撫琴、弄艇，垂釣、小酌、會友、靜座、放歌、遨遊、賞花、望月娛親、弄孫等等，又能與人說笑，和善可親，故有「不妨餘事略詼諧」之句（「雨中偶述效康節」，卷八頁五〇）。其詩、高夐絕俗，風格超凡，且多假物明道，深涵義理，本乎自然，宛成詩教。尤難得者，其論道之詩，出於性情，麗以詞藻，言有物，味之成理，而卻無一點腐儒之頭巾氣。故俞長城評其文學謂「道學絕者兼風流」（卷末頁六二）。書翰、短文、類皆發揮其絕學之作；擇其嘉言彙編之，即可作論道論文之語錄讀。至其書法，則上追晉人，最善草書。早年仍用毛筆。中年以後，自東茅草為筆，又稱「茅龍」，削峭奇勁，自成一家，古今來，人極寶之。其文、其詩、以至書法，亦一是本諸「以自然為宗」之大旨，此先生之學之一貫性也。（謹按：有謂先生兼習績事，善畫梅者。據阮榕齡：「白沙叢考」之考證，此蓋陳憲章畫梅之誤傳也。）

弘治七年（一四九四），增城湛雨（一四六六—一五六〇，原名若水、字元明、又字民澤、號甘泉，先二年中式舉人）棄舉子業赴白沙從學，直迄先生下世後廬墓服衰三載始去。為及門中最能透澈了解乃師絕學之精義真諦者，先生嘗以江門釣臺付與，等於衣鉢之傳焉。其後，甘泉成為明代卓越之思想家，宦遊南北，到處鼎刱「白沙書院」以宏揚乃師學說。既歿，其後人恪遵尊師祖訓，歲時其牲醴至新會展墓。師生恩誼，歷數百年弗衰，可云奇蹟。

弘治十三年庚申（一五〇〇），有京官再疏薦於朝。命及門而先生已於二月初十日（陽曆三月十日）病歿鄉中。春秋七十有三。元配張氏早逝。生二子：長、景雲，歲貢；次、景陽，邑庠生，先卒。女二。孫三：曰田、曰畹、皆邑庠生；曰豸、尚幼。繼室羅，無所出。

神宗萬曆二年詔建「白沙家祠」，復命翰院撰文以祭，稱為「一代醇儒，足為儒林矜式」。萬曆十三年乙酉（一五八五），詔以先生從祀孔廟。後復賜謚「文恭」。二千年來，粵人得從祀文廟者，先生一人而已。

三、遺　著

先生生平絕意撰作長篇巨著，蓋以道之顯晦在人，而不在言語也（見「行狀」）。嘗有句曰：「他時得遂投閒計。只對青山不著書」（「留別諸友」，卷八頁五〇）。又曰：「莫笑老慵無著述。真儒不是鄭康成」（「再和示子長」，卷八頁四五）。所遺於世之書翰，詩文（詩共約二千首），其門人搜集輯錄，刊行專集。歷來共有版本十二種，表列如下：

㈠最先有詩約四百首、在山東刊行。

㈡另有詩約二百首，在廣西梧州刊行。（按：以上兩種，編者、刻者、及刊行年期均未詳。）

㈢弘治九年丙辰（一四九六），「白沙先生詩近稾」十卷，為吳獻臣所錄，李承箕序（丙辰），共得六百八篇，為詩集之最初刻本。北平圖書館藏。

㈣弘治十八年乙丑（一五〇五），「白沙先生全集」，詩文各十卷，新會縣令江西吉水羅僑刊於廣東，張詡序，為「全集」初刊本。

㈤正德三年戊辰（一五〇八），「白沙先生全集」，福建莆田林齊重訂弘治本，而補刻於廣東。

㈥嘉靖十二年癸巳（一五三三），「白沙子」八卷，西蜀內江高簡（湛甘泉門人）重刻於江蘇維揚（揚州），於前本有所增削。（按：此即「商務印書館」之影印本。）

㈦嘉靖三十年辛亥（一五五一），「白沙先生全集」九卷，內江蕭世延重刻。

㈧另有嘉靖刊本詩文全集（年期未詳）二十一卷，張詡編。

㈨萬曆二十九年辛丑（一六〇一），「白沙先生集」（卷數未詳），閩林裕陽刊行。

㈩萬曆四十年壬子（一六一二），「白沙子全集」九卷，新會何熊祥據湛甘泉藏本覆刻於廣東。

㈪康熙四十九年庚寅（一七一〇），「白沙子全集」六卷，新會何九疇（熊祥孫）重刻，比以前各本增編詩文二百廿一首。（按：此即民國五十六年香港「白沙文化教育基金會」影印本。）

㈫乾隆三十六年辛卯（一七七一），「白沙子全集」十卷，新會陳俞能重編，陳氏祠堂刻本，（即乾隆本，或稱「碧玉樓本」，據康熙本附加湛甘泉：「白沙子古詩教解」，及附錄。此為歷來內容最豐富及最流行版本，亦即本篇所用者。

此外尚有遺作多首，散見「白沙叢考」及多種真蹟手卷或他處者，可知遺珠尚夥矣。

四、學說背景

今欲透徹了解白沙學說，先當明瞭地理與社會背景，此與其新學之崛起大有關係者。廣東僻處南方，為距中原最遼遠之沿海邊省。一般言之，中原文化之移植比較落後。其中路廣州，雖因水上交通利便與外洋接觸最先，但又因陸路交通不便，中原文化之發展反比北路韶州、東路潮州為後。明代初置省治，政教敷布，全省文化乃得大昌。徒因中路人民經濟條件優異，人才集中，故文化進展尤速，比之東路、北路，迅即有後來居上之勢。

至新會縣，夙為土著越族盤據。漢屬南海郡。吳、晉迭置平夷、新夷縣。晉元熙二年另立新會縣，而新夷之名至隋始全廢。其後，中原人民移殖日繁，中華文化乃漸興，自比他處尤為落後。因此，中原傳統文化之維繫力不強。大凡僑寓他方之移民，具有兩種相反的性情。一是極端守舊，蓋其每移到新地方，必緊緊抱持所帶來的原有文化，不輕易棄去。次是進步創新，蓋其處於新異的環境中，生活上在在遇到種種客觀條件之要求與壓迫，舊時安身立命之道既不能適用，於是不得不本著青年奮發、冒險進取的精神，另求生活適應的新方法、新思想了。所以一般僑民，每於三數代之後，一方面很頑固地保存祖宗帶來的舊文化，但其軀殼與形式對於人生之束縛力已是強弩之末，頑弱更甚，殊不能禁阻新環境之要求。又因僑裔漸與新舊土人在血統上、文化上互相混合，復因交通利便、接觸及吸收外洋文化之機會為多為大，是故自然的趨勢便是折衷舊文化，尋而創造新文化，甚且對於傳統的制度、思想、宗教、藝術等等倡導革命，也是自然而然的。廣東得有「革命策源地」之稱，儻亦有此地理與社會背景歟？

白沙先生正是這新環境所產生的寧馨兒。其遠祖由北方遷居於新關的新會縣僅有百餘年的歷史耳。由宋及明以迄先生時代，全粵研究宋儒理學者寥寥無幾人。程朱正統派約束精神、規範人生的強盛權威，猶未普遍樹立於全省。即佛、道、兩家之思想亦不大普及，僅普通的宗教迷信流行於人民生活間而已。因是，先生早歲固未嘗感受宋學與佛道的深刻影響。雖乃祖乃父於道家及理學有所涉獵，顧先生未嘗身受庭訓，亦不至受先天遺傳之束縛。職是之故，其一生得有充分的精神獨立與自由，真有「大海從魚躍，長空任鳥飛」的景象。（按：上聯係白沙「碧玉樓」門聯，原用釋元覽句，見「與林郡博」，卷四頁十一，另見「與張廷實」卷三頁三六。）一經名師（吳與弼）之啟迪，復由個人天才之感悟，遂能自闢蹊徑，構成新學說，開創新宗派。自「江門學派」出現，正如異軍突起於吾國思想界，在學術史中進入一個劃時代的新階段，呈出繼往開來的新貢獻了。蓋這新沃壤，經過千數百年中華文化、孔孟真傳的嘉種之播植，至是始產出此奇異的果子。新會城正南門楹聯曰：「嶺南理學無雙士。封內山川第一城」（據說，廣封邇東邑城、以斯最大），誠堪自豪矣夫！

抑有進者，研究白沙學說者，又須明瞭其時代知識界的背景。先生慨乎自漢以後，孔子真道之陵夷，歷代儒士之日趨於「陋」，惟尚訓詁、辭章、科舉，戚然憂之，故其為學，隱然有重振宗風，復興絕學之志（見「古蒙州學記」，卷一頁二九），此其大要也。其次，明自憲宗成化間制定以八股取士後，於「官學」而外，對於士人又加上一重精神上、才能上之羈籠。舉國士子沉溺於利祿科舉之途，一生惟功名是慕是求，所習制藝詩文，形式是尚，盡靡靡之音，無益於世道人心，無補於學術義理；學風頹壞，陋俗移人，至是而極。此所以先生有「交道陵夷，士習頹壞莫甚」及「今人溺於利祿之學深矣」之嘆也（「與張廷實」，卷三頁四，及「對章楓山懋語」）。復次其有不受「官學」羈束、桀驁不馴之士，則又趨於他極端，放蕩浮囂，聲華互競；尤甚者，則任性縱慾，傷風敗俗，道德淪喪，世道堪悲。凡此皆其時代知識界流行的病徵也。先生提倡新學，居恆教人收斂近裏，踐履篤實，「勿為時所欺」（「移居」，卷六頁十三），以針對時病而改革及挽救士風。此所以其學對於傳統的儒學固有創造性、革命性、而要歸於人文主義與淑世主義的孔孟正宗也。繆天綬論曰：「在這個因循蹈襲的空氣瀰漫一時的時候，而白沙擺脫一切，前無古人，後無來者」（「明儒學案選註新序」）。可謂知言。

以下，試將白沙學說之幾大原則，次第申述。綜合起來，思想貫通，理論順序，自成一完整的、圓融的哲學新體系。

五、學宗自然

白沙先生全部學說之中心思想，一言以蔽之曰：「以自然為宗」，即學術之宗旨也。嘗對弟子輩言之屢矣（「與湛民澤」，卷三頁六三）。其見諸吟詠者尤多，有如：

昭昭聖學篇。授我自然度。（「讀張地曹偶拈之作」，卷六頁二三）

誰會五行眞動靜？萬古周流本自然。（「枕上漫筆」，卷十頁三九）

萬化自然。太虛何說？（「示湛雨」，卷二頁一）

劉宗周（蕺山）曰：「先生學宗自然」（「明儒學案」卷首「師說」），誠洞中肯棨、得其宗旨之的論。

歷來服膺及了解先生自然之學至為深切者，莫如確得其薪傳之湛甘泉。嘗作透闢之論曰：「夫自然者，天之理也。理出於天然，故曰自然也。……夫先生詩文之自然，生於自然之心胸。自然之心胸、生於自然之學術。自然之學術、在於『勿忘勿助』（引孟子）之間，如日月之照，如雲之行，如水之流，如天葩之發，紅者自紅，白者自白，形者自形，色者自色。孰安排是？孰作為是？是謂自然。」（「全集序」，卷首頁六）

換言之，「自然」者、「自然而然」，一切「有」之真實的存在，不仗他力而然也。其涵義是指宇宙全體之本質，兼及人生心體之本性，與夫人倫之關係亦在其中。白沙先生此一中心思想，為支配其全部哲學體系──宇宙論、本體論、認識論、道德論（倫理學），與乎全部實際生活──包括行誼、文章、詩學、甚至書法──之一貫宗旨。宇宙之自然真體是整個的、一元的、無始無終的，故其中不能有「形上」與「形下」之分，或「形式」與「器材」，「精神」與「物質」（即「心」與「物」）之別焉。

古儒家不言「自然」，只言「天」或「天地」。道家始用「自然」以表達哲學概念。見諸莊子「內需」二次，如「德充符」之「常因自然而不益生也」，及「應帝王」之「順物自然」，但皆作形容詞解，所以狀天之本性及作用而已。另見諸老子五次，如「道法自然」等，則為名詞，作為整個的宇宙解。漢儒揚雄視生死為「自然之道」（「法言」），王充盛倡「天道自然，自然無為」之說（「論衡」之「自然」篇），則兼採老子之說矣。至魏、晉、以後之玄學家均侈談莊老而盛倡「自然」之說。寖假發展為道家自然道家自然主義的宇宙論與本體論，郭象是其卓著之代表也。自是而後，「自然」名詞幾全為道家所專用者。

獨有白沙先生站在儒家立場，而標出「自然」宗旨。此顯是採自道家，然其源頭是間接的而非直接的，而且其涵義則與道家相同者僅是局部的而非全部的，試分述之。

白沙學說之「自然」，原是直接由程明道「明覺自然」之說而來。明道又曰：「一陰一陽之謂道，自然之道也」，「言天之自然者，謂之天道」（「程氏遺書」）。明道在嘗出入於釋道垂十年，此說當得自道家，而白沙先生乃受其影響，故云來源間接也。湛甘泉是首先看出「先生自然之說本於明道『明覺自然』之說，無絲毫人力之說」（「自然堂銘序」），然仍未看出於此一名辭外，白沙學說尚有其他源出道家思想之概念。

至於白沙先生自然之說之涵義，則有與道家相同，但大部份是與其相異，而根本上仍為儒家正宗者。其得於道家者以莊子為多，得自老子與玄學家者鮮（後者在「全集」絕少引用）。先生既以「自然」為宇宙之本體，同時亦常稱之為「道」。「道」者，蓋儒、道、兩家通用之名辭，所以狀「自然」之本體也（卷二頁一、二）。其「自然」概念大概與玄學家所見相符，以宇宙萬有是自有、自生、自成、自存，及自行繼續其存在的。而且「自然」萬象之運行與程序，不特是無因的與無限的，兼是偏在的與永恆的。如此之「自然」觀是真實主義的，是故，先生不談宋時「新儒學」各家之種種空想——玄之又玄的理論，如五行、八卦、數象、陰陽、太極、無極、太虛、太和、形上、形下等等。其學說接近古儒家荀子「天論篇」之天觀，惟荀子未言「自然」；亦頗合於慎子（名到，戰國百家之一）逸文鳥飛魚游一任自然之說，然慎子未嘗以「自然」為本體名詞也。

除了「自然」名辭與「自然」之運行兩點外，白沙先生對於道家「自然」之認識與詮釋，卻不贊同，蓋「白沙學說」中「自然」之涵義根本上完全是儒而非道的，故上云其對於道家之「自然」只是局部的擷取。

第一、莊、老、及歷來道家的「自然」宇宙觀，雖一致承認其變動不居，但究竟是「虛」、「無」、「靜」、與「反」（即退化）的。即如莊子「齊物論」中「天鈞」、「兩行」、「天倪」之說．是以宇宙本體如環、如輪、如磨、如圈，雖自行轉動不停，至終還是原來靜物、歷久仍在原處。老子論「道」云：「大曰逝，逝曰遠、遠曰反」。又曰：「至虛極，守靜篤，萬物並作，吾以觀其復」。更有歸根返樸之概念，均以宇宙本體之根本性質永常變化，但只是動而不進之靜物，終至復歸於原始狀態也。此與儒道大異而為白沙先生所不接納者（詳下文）。

其次，老子曰：「天下萬物生於有，有生於無」。又曰：「道常無為而無不為」。是其以「無」為「體」，而「有」為「用」。所以萬「有」雖常變動，而終歸於「無」，一切的「實」亦返於「虛」，返於「靜」。莊子「雜篇」之「庚辛楚」有「萬物出乎無有。有不能以有為有，必出乎有無」之言，蓋發揮老子虛無之義者也。此說，歷代儒家以至白沙先生均非之。

復次，老子之「自然」，根本是物質主義的，或可稱為純機械化的；「自然」一切的變化動靜皆無目的、無意志、無義理的；換言之，即是非道德的，與無善無惡的。故曰：「天地不仁，以萬物為芻狗。」即是，以宇宙之化生萬物，出於無心，人人物物，皆如芻草與狗畜（此釋義據河上公註，是二物也）。後來，王弼註莊，亦師其意而言：「天地任自然，無為無造，萬物自相治理，故不仁也。」此非唯心論，實唯物論也，亦大與儒道異。

再有一點，道家之「無為」觀念，由天道自然以至人道自然，一是流為放任主義，而不以人為而改善自然，不事彌補其缺憾，不謀減除與消滅人生之痛苦與禍害而增進其幸福，更不努力於發展文化及促進進化，是大違儒家創造的進化之天觀及參天地、贊化育之積極的淑世主義者，白沙先生絕對反對之。

先生所認識的宇宙本體之自然性質，基本是儒學正宗，直接源出於儒經的。孔子的天觀雖主要上是人道與人格化的，亦未嘗無「自然」的概念。「論語」記其見川水而興嘆：「逝者如斯乎，不捨晝夜！」由此表出宇宙之運行與進動有如活水之長流不息；「逝」矣，「遠」矣，而終不「反」。又曰：「天何言哉？四時行焉。」此又說明宇宙運行不息而化生萬物。僅此兩語，差已標出儒家自然的天觀之涵義矣。「易傳」益事發揮此義，有曰：「變動不居，周流六虛」，「天行健、君子以自強不息」，「天地之大德曰生」，「大哉乾乎！剛健中正，純粹精也」。於以見「自然」是乾乾不息，流動前進，化育萬物，生生不已的真體。「易卦」於「既濟」之後，終有「未濟」，又以見宇宙進化之未曾完成，猶有待吾人之努力不息、繼續創造也。「中庸」更闡明此至健至剛之天道曰「至誠無息」，「天地之道，可一言而盡也；其為物不貳（一即至誠），則其生物不測（即無窮）」，「誠者天之道，誠之者人之道」。（按：「誠」者，真實無偽也。）是故自然的宇宙本體是至實至有」至健至誠」進動不息、繼續化育、無窮無疆的。如此的「自然」，涵有「大德」，實為「至善」，亦即是「仁」。由此更生出道德主義與淑世主義之積極的動力的人生觀，催迫吾人不斷努力以作參天地、贊化育的神聖工作。此是儒家經典之一貫宗旨，至與道家之靜虛、無為、退化、及「天地不仁」之消極的、靜定的自然觀與人生觀完全相反者也。

大概白沙先生有感於仲尼逝水之嘆，最愛用川流逝水等字樣以狀宇宙之自然本體；例如：「萬古周流本自然」（「枕上漫筆」，卷十頁三九），「元氣塞天地，萬古常周流」（「五日雨霰」，卷六頁二三），「回頭望東川，流水無古今」（「夢後作」，卷九頁七），「不知天上水，東逝幾時停」（「雨座」，卷七頁十），「無窮幽澗水，日夜注東川」（「江川晚望寄世卿圭峰」卷七，頁二二）等句是。再有「夫子當時見逝水，一聲浩嘆不知年」句（「次韻送林大參」，卷十頁二六），則更明明自道其得自孔子之真傳矣。

白沙學說之「自然」，其來也無始，其去也無終，即是兩頭無極。故曰：「至無至動」（「答張內翰」，見上引古詩）。此之所謂「無」，是無極之「無」，本形容詞，而異於道家之「無」之為名詞。兩頭無極中間之一切是至有的、至實的、亦是至動的。何也？「由無而有」，「本虛形實」，「靜而後動」故也。至於自然本體之「健」與「誠」，及其「通塞往來之機，生生化化之妙」，所見均是「中庸」與「易傳」一脈相傳之至理。（分見卷二「安土敦乎仁論」，「無後論」及「送李世卿還嘉魚序」）

然「易」有「來復」及「循環」之說，故先生亦言「乾之象，天行健。天之循環不息者健而已」（「安土敦乎仁論」，卷二頁三）。此與上文所言「自然」本體並無矛盾，蓋其意是指宇宙進化之途徑或程序，不是走直線而卻是走曲線的——往復、循環、時或停滯，經長時期而後再前進。如在時間上有春、夏、秋、冬、四時屈伸，永恆往復，但今年豈是去年？明年更異於今年。又如：個人之生死，草木之榮枯，所謂循環，不過是新陳代謝，世代相繼，但推陳出新，後代大異於前代。是故自然之運行，雖其間，人人、物物、事事、時時、有來有往，或循環轉動，而宇宙全體仍是向前慢慢進動。歷史永不回頭。宇宙真體根本是創造的進化。何嘗返樸還醇？何嘗由動返靜？是故白沙先生之「自然」，基於儒道，不是道家之圓線形之靜定的，也不是平行多線形之不進步的，卻是斜傾螺絲形、兩頭無極、而轉動不停兼向上向前、進化無已的。

至於先生對於老子之唯物的宇宙觀見解如何？答案可分兩截：不同意於「天地不仁」而同意於「以萬物為芻狗」之說法。蓋以天地為仁或不仁說明自然運行之現象，本無善惡的道德心存乎其間，只是造化之無情無意的、確如機械般的程序，而吾人一切的遭遇，無論賢愚不肖，在生命過程中是人人所必要經歷的，普遍同樣，絕無差等。所以先生不言「天地不仁」但改說其「無心」，尤其對於生死問題之態度如此。如云：「大塊無心，孰夭孰壽？消息自然，匪物有咎」（「祭黃君樸」，卷五頁一六），「大塊本無心」（「詠颶風詩多溺死者」，卷六頁二二）。先生且屢引老子語，如云：「死生晝夜，萬物芻狗」（「奠表兄何」，卷五頁一九），「即死無所憐，乾坤一芻狗」（「夢觀化詩」，卷六頁七）。此是看透人之生死，即如時間之晝夜與草木之榮枯，是為自然之消息，造化之程序，而為人人物物所必經之階級，於人無尤，於物無咎，於天無怨者也。此種達觀，所受之影響以莊子與邵康節為大。莊子「大宗師」云：「死生、命也，其有（猶）夜旦之常。天之所有不得與（參與）……皆物之情（即自然物理）也。」邵子則有「以物觀物」之說，與此同調。

然在主觀上，先生一本正宗儒學，仍然承認「主宰之天」與「義理之天」，特別主張「自然」是至仁至善的，能體認「天地好生之仁」（「復陶廉憲」，卷三頁二一）。於此，所受程明道「識仁」，「存仁」之啟迪為大。其對「天」對「仁」兩大原則有云：

一生生之機，運之無窮。無人無我古今，塞乎天地之間，夷狄、禽獸、草木、昆蟲一體（以上是客觀）。惟吾命之（即命意，是主觀），沛乎盛哉！程子（明道）謂切脈可以體仁。仁，人心也。充是心也，足以保四海。不能充之，不足以保妻子。可不思乎？（「古蒙州學記」，卷一頁二九）

先生於自然之仁心外，更體察其道德善惡之心。如曰：「吾之心正，天地之心亦正」（「肇慶府城隍廟記」，卷一頁三八）。凡此皆以人道詮釋天道，以人生界透入宇宙界，故以生生化化、創造無己之自然天心為具有至正、至善、至仁的「大德」之人心者，殊非可以語乎道家之純唯物的天觀者矣。此則儒家把「天」拉來與「人」合一之程序也。

以上申述白沙學說之「自然」宗旨，完全是屬哲學範疇，而不涉宗教神道。在宗教方面，先生承襲吾國傳統的上帝鬼神觀念，如親書城隍廟碑，倡建大忠祠及慈元廟，與祭奠死者等是。至在現代則此學說與宗教關係如何，但憑各個人對「自然」之概念以為斷，亦可容各種相異的詮釋，如無神論、有神論、多神論、汎神論，甚至一神論。倘相信自然界有獨一神——上帝——如基督教，則在神學內是為「內在論」也，於茲不及詳論。

六、「理」與「心」

白沙先生以「自然」的本體不是紊亂無秩序的，亦不是混沌不通如「黑漆一團」的（語出吳敬恒，於民國初年在北京「科學與玄學論戰」中所發表之唯物的自然主義），而卻是秩序井然、有條不紊、自有「理」支配其間的。在物質界與人生界，甚至人生之肉體與精神兩方面，均受「自然律」之嚴格的規定焉。

遠古的儒家鮮言「理」，均以「道」字表達宇宙全體——天——之總原則。其偶言「理」者（如孟子、荀子、小戴「禮」、「樂記」，「易傳」），涵義無非指精神界道德與性命中事事物物之法則而已。漢儒董仲舒之「春秋繁露」雖言「理」，且有自然主義的傾向，然非儒道正宗也。儒家之外墨子亦屢言「理」，但涵道德的意義。道家之莊、老、仍常用「道」字，惟莊子之「養生主」乃有「依乎天理」一語，始涵宇宙自然的原理之意義。至三國、魏、晉、期間之玄學家則侈言「理」。其中，王弼與郭象兩家發展「自然之理」觀、至精微階段，使成為構成及支配整個宇宙自然界以及人生界之抽象的大原則。寖假道家之本體論演成形而上完整的哲學體系。是故在吾國思想史中，自然主義的「理」觀實起源於道家，以至影響於宋儒理學之展。

然而白沙學說之「理」觀所受的影響，只是間接由於道家、玄學家而直接是由於宋儒理學。大抵宋儒關於「道」之概念，仍一本古儒學，惟關於作為宇宙原則之「理」觀，則詮釋各殊。「道」與「理」之別，據朱子言：「『道』字包得大，『理』是『道』字裏面許多理脈」（「語類」六「性理」）。吳康釋曰：「理是許多原理或形式，道是諸原厘或諸形式之總體或統一體」（「宋明理學」頁二〇九）。白沙先生之論「道」也，所言無多，涵義大致與前代儒家相同，一致承認其為整個宇宙之總原則，如曰：

> 道至大，天地亦至大。天地與道若可相侔矣。然以天地而視道，則道爲天地之本。以道視天地，則天地者太倉之一粟，滄海之一勺耳，曾足與道侔哉？天地之大，不得與道侔，故至大者道而已。（「論前言……」，卷二頁一）

然其「理」觀則與前代諸家大異，而自己創造一個完整的、全部的哲學體系。

第一、先生與釋家之分野，蓋在「事」與「理」。有句云：

> 人不能外事。事不能外理。二障佛所名。吾儒寧有此？（「隨筆」，卷九頁五）

此其直接反對佛氏不承認「理」之存在及其對「事」之意義，至足以塞一般詆譭其為禪學者之口。蓋其篤信人事中必有客觀的道德法則，洵儒學正宗也。

其次，先生之「理」學與宋學大異。道學五子中，周敦頤（濂溪）倡「人極」而未言「理」。邵雍（康節）與張載（橫渠）言「理」，但不以其為思想重心。白沙學說誠有所得於濂溪與康節之心學及橫渠之倫理學，惟其理學則未受三人之影響。至程顥（明道）、程頤（伊川）兄弟始確定「理」在道學中之地位，以其為全部學說之中心原則，惟重點與詮釋則又各殊。明道首先以「天理」作為一專稱名辭，而為其道學之總原則。伊川繼之，亦沿此名稱。從此，「天理」便得了深遠秘奧的意義，而成為宇宙之終極本體。於是乎宋代學之發展，已進到哲學上「唯理主義」之階段了。在二種的概念中，「天理」的本，性，是獨一整個的、普遍宇宙的（人生界在內）、永久常在的、不增不減的、不變不動的、自然而有的（即是不待人之「安排」）、具備於人心的，而且有客觀性之獨立存在的（即是：實有的，不待人主觀上之知與不知，亦不須事實上有無實例）、無善無惡的（非道德性的）。

然而二程的見解中卻有相異之處。明道不以「天理」為抽象的及形而上的真體及離物而自有超越的單獨存在者；理在物中，亦即在宇宙內，無形上、形下之分，只是一種自然的趨勢而已。伊川則以「天理」為一件形而上的、離物獨立而自存之抽象品質（東西），與乃兄之說大異矣。

由於明道見得形上與形下均有道存焉，故兩者合一不可分，而一之者則「仁」也。是謂之天人合一（即是主觀與客觀合一），故曰：「學者須先識仁，仁者渾然與物同體。義、禮、智、信、皆仁也。識得此理，以誠敬存之而已」。其間之樞紐，在乎一心。「學者須敬守此心，不可急迫。當栽培深厚，涵詠於其間，然後可以自得。」由識仁、存仁、識理、存理、明理、以至順理，皆在此心。是乃明道道學之至要及精華，允稱「心學」之祖師，實下開陸九淵（象山）一派者也。白沙先生之心學亦大受其啟迪者。然明道雖注重心一方面，而在未識此「理」之前，仍須向外「窮索」始得存之明之於內，此則又有重外輕內之傾向而下開伊川、晦庵（朱熹）一派之「理學」矣。以一學者而能為兩大相異的學派之祖師，誠吾國文化史中之佳話與特彩也。

伊川之學，雖源出明道，而於「理」觀則自有發展，有幾個要點是大異於乃兄者。其一、「理」是一種形而上的品質，本來固有而存在於「性」中者。其次、「理」外有「氣」為其對待的本體，在其哲學中地位重要，於是形成宇宙界二元的本體論——形上的形式與形下的物質互相對峙。其三、形上的「理」是純善全善的而形下的「氣」則或善或惡的。此論是首次將「自然之理」與「道義之理」合而為一；人欲為惡、天理為善者，而道德界的二元論亦由此形成，所謂「不是天理，便是私欲。」「理」「欲」對敵遂為以後此派理學家之主要的與絕對的道德原則。其四、修養方法稱為「雙翼」；即是：「涵養須用敬，進學則在致知」。「致知」之功夫乃在「窮理」與「集義」。蓋伊川以「理」在心外，亦離物而獨存，且凡物各自有其形上的「理」，必須逐一窮索而後得而知之也。故「致知」在「格物」；「致知」既得其義，乃集之於心。如此，又將見聞之知與道義之知混而為一。同時，伊川復好以「靜坐」為輔助的修養方法。最後，其五、「理」雖在「性」中，而均為古聖賢所得而載之經籍。

所以窮理者必須讀之尋之於古經，由此成為權威主義者。

晦庵宗其說，幾盡納上言諸概念，復以個人之創見重整之、闡明之、及補充之，而成為獨立的哲學體系，達到至精微階段，而「理學」遂演成為一種完備的極嚴格的唯理主義。第一、朱子以濂溪之「無極」與「太極」即是「理」。是故宇宙的全體與人人物物的局部皆有「有極」、即「理」在其中為一種形而上的品質——元素。「新儒學」之完全的與特定的本體論由是形成了。第二、「理」、「氣」對立，「理」在「氣」先。「理」為形式——形上的、抽象的、普遍的、永恆的、先天的、且超越時間、空間的，而「氣」則為物質，盡反乎是。第三、朱學之至要義乃在「理即性也」。「性」本在「氣」中為人人物物之固有的、獨立的與客觀的品質。人心為主觀的，是「性」或「理」之對待品，是故「心」「物」對峙，成為二元的本體論之又一表現。第四、由伊川之以自然之理與道義之理混合為一，朱子更為注重，演成益為嚴格之倫道德理的二元論。「天理」為絕對的與完全的善，「性」為其通名而仁、義、禮、智、則為別名。由是「天理」對抗「人欲」——即是善與惡之道德的鬥爭，益為緊張強烈，而在人的道德生活中成為永不停止、永不妥協的「內戰」，蓋「心」與「性」為敵，永不能相容，亦不能並存者也。人心猶水，一旦汎濫，人欲乃興。人欲為惡，天理為善，故終極的目的乃在「去人欲，存天理」。第五、人心只是一身之主宰。「性是心之所有之理，心是理之所會之地」。故「理」高於心，在人身居於上一層；心乃在下一層，其功能只為窮理之工具及存理之乘器而已。「心」既如水之易於汎濫而流為惡，則人當努力「收拾此心」使勿流為放逸。終極的目的乃在使「心」常在「天理」絕對管治之下。「天理」者，蓋宇宙與人生（身心）之至高無上的主宰也。第六、其修養方法，大致恪守伊川之「雙翼」，但於「窮理」之事則延展至全宇宙之理。其「格物」也，注重「堆積」；每事每物，漸得其義，集之既久，將一旦豁然貫通而了解其全部了。如此方法，若徒施於聞見之知，則未嘗不接近現代的科學方法。然其實施僅在哲學、義理、道德的真理、而非自然界、真實的科學真理，故其學仍為唯理主義而已矣，第七、最後、朱子亦相信一切義理與道德真理均載於由古聖賢所傳之經籍，故極端注重讀書，尤甚於伊川。雖一心之所得亦必以聖賢經傳一一校覈，不能有一字之差。是故朱子乃成為雙重的權威主義者——拘囿於聖賢及經藉之權威之下。然朱子整理註釋經籍之工作雖極優異，而其哲學及道德的成就卻不能？意。「心」與「理」終未能湊泊合一，而「天理」與「人欲」之不停的內戰，亦終不能使善勝惡，蓋人欲為人之自然的本能，縱有流為惡者，必不能以消極剋制方法以絕對盡滅之去之也。至於晚年，晦庵自己也有悔悟，塲白承認前非，曰：「熹亦近日方實見得向日支離之病。雖與彼中證候不同，然其忘己逐物、貪外虛內之失，則一而已」（「答呂子約」，尚有許多悔悟語，見王陽明彙錄之「朱子晚年定論」，載「王陽明全書」）。

第一位指出朱子之錯誤，及自行創造完全相異的哲學體系、自立心學一派者，為與其同時之陸九淵（象山）。陸子亦承認宇宙有普遍的、固有的、永恆的「理」，尤其在道德界中。

然不別形上、形下，不言「理」「氣」對立，不言「心」「性」對立，否認「理」為抽象的與獨立的原則而為物質或「性」所固有之客觀的品質。依其見解，「理」在於「心」而不可由外「把捉」。其學、遠則祖述孟子，近則得自明道，故主張「先立大體」，「求其放心」，即是「存心」、「養心」以「復其本心」，蓋以「理」在「心」，故「心即理也」。而且象山亦不以「天理」與「人欲」互相對敵。凡此皆與朱學根本相異之至要點也。從現代哲學觀之，此即絕對的唯心論與唯理論之別也。因此，陸子之修養方法，不是不讀書，只是視典籍為次要，至以「六經為注腳」，即是以聖賢之遺訓及古代一切遺傳，皆所以與一心之所得相印證者。人當以「辨志」為先務，即注重個人行為的念慮之初萌處——動機。動機正則其心必正，而行為正矣。換言之，為學者當法聖賢之本心而不泥於其遺訓、制度等等，是一反形式主義與權威主義而側重精神獨立與自由之心學精華也。陸子自以其方法是「易」經之「易」、「簡」，而以朱學為「支離」——路線迂迴、時間長久而終不能達到得「理」之目的者。

此即「朱陸異同」之論戰，由兩人會面論辯、通訊起，至以後數百年，兩派學者繼續爭辯而不息（王陽明之姚江學派亦宗陸而反朱者），成為吾國文化思想史中之至大的學術戰爭。直至白沙先生，始獻出一個新穎的與合理的哲學體系，以解決這學術爭辯的大問題。

先生同意於宋儒各家，承認宇宙間有「理」，於自然界有永恆的與普遍的存在，居極重要地位，但其「理」觀則大異於他家——尤其程朱與陸子兩派。依其見解，「理」是一種規定全部自然界的法則；換言之，即是宇宙間物質界與人生界（道德的、精神的）之「自然律」，同時是抽象的與真實的。全部自然界之運行程序，均依據此。故曰：

> 終日乾乾，只是收拾此理而已。此理干涉至大，無內外、無始終、無處不到、無一息不運。會此則天地我立，萬物我出，而宇宙在我矣。得此欛柄入手，更有何事？往古來今，四方上下，都一齊穿紐，一齊收拾，隨時隨地，無不是這充塞。……此理、包羅上下，貫徹始終，滾作一片，都無分別，無盡藏故也。（「與林郡博書」，卷四頁一二）

此說與程朱的唯理論之以「理」為一種形而上的品質（東西），或獨立自存的、絕對的、客觀的元素，大大不同，而且先生又不言「理」「氣」相對的二元論。他的「自然」是一元的，而自然的「理」是動力的。是故他不能同意於朱子「性即理」——即是「理」居於「心」之上之說。他堅信「心」是天地萬物——全體宇宙（包括物質界與人生界）之至高無上主宰，其地位居於全部創化與「理」之上。所以朱子主張以「理」來「收拾此心」，先生則主張以此心「收拾此理」（見上引語）。此是白沙學說與程朱學說最要最大之異點也。抑且先生每涉及自然界之理則言「物理」，是守指其無善惡的道德性者，而只是自然運行程序之法則而已，但一涉及人生界的有道德倫理性者乃言「天理」。此又異於程朱之專用「天理」而將自然之「理」與道德倫理之「理」混而為一。是亦與兩學說之自然本體論及倫理道德論相異之見有關者。

在他方面，先生又不同意於陸子「心即理」之說，以陸子根本否認自然有客觀真實的「理」也。不過，先生之心學亦有與陸學相同者，此蓋由兩說之論「心」，大致同出一源——孟子，如「先立大體」，「求其放心」與「四端」等是。同樣，白沙學說與陽明學說亦相異，以王學遠宗陸子亦不承認「理」之客觀的存在也。其後，湛甘泉與陽明辯論此問題甚久，批評王學為「有內無外」，一力堅守乃師內外合一之說。

白沙先生於中國哲學史又有一絕大的貢獻——「新認識論」。此亦大異於前儒之說而足以解決朱陸關於「理」與「心」之爭辯問題者。如上文（傳記）所載，先生之為學造道，最初本由程朱正統派之門而入，以為「理」果在外物而由聖賢典籍遺傳下來者，故日夜讀書，窮理集義，而終無所得，謂此心此理不能湊泊吻合，即內外不能貫通，主觀客觀未能合一也。尤弊者，讀書愈多，雜亂支離愈甚，迨迂迴既久，前進之路尤為紛歧，目的則愈去愈遠，終不得達，宛似迷失於歧路中。經過長久的痛苦經驗，有如苦行，乃覺悟前非，轉向新路線，棄書靜坐。於是捨外在的權威與源頭，而惟求內心之領悟，卒得見心體開放而呈現。從此，以「心」而不以「理」造道之主體，故曰：

> 使心常在內；見理明後，自然成就得大。（「枕上漫筆」），卷二頁十四）

然則此「理」果何在？此「心」又何以見之、明之、而得之耶？先生之答案曰：「體認物理」。其涵義乃以「理」不在外物（如程朱之說），亦不在內心（如陸學），而端在「心」與「物」交感的經驗間。夫如是則惟從「體認」中得之。「體認」云者，即吾心仔細觀察、參考、思索、明辨事物而領會其內容，澈悟其條理或法則，是即近代哲學所謂「認識」也。此猶有所未足，還須「稽諸聖訓」，即以聖賢經藉所傳所為輔助作用，以為「體認物理」之參證，務使所得者確為真理焉。吾心直叩自然，體認物理，領悟於心，溶化於心，乃成為個人之信仰，是謂之「自然」。「自得」之理，纔是真理。是故真理是相對的而非絕對的。認識的過程，既由「心」主動「體認」出來，則「心」為主體，事物為對象。此非有內無外也，非有外無內也，亦非「心」「理」同一（各如程朱及陸）；實乃「心」「理」一貫也，內外、主觀客觀、知者與被知者合一也；此即先生之所謂「湊泊脗合」也。「心」與「理」，或「心」與「物」，不能各自有獨立的存在，而必須相賴相感。無論如何，個人內心之經驗為得理之源，為獨立自由的、至高無尚之權威，遂盡取聖賢與經典之雙重權威而代之矣。

此「新認識論」，以現代哲學名辭出之可稱為「程序上的二元論」（dualism of process），即是：在一元的自然中承認心物程序——即主觀與客觀——兩方面，然由兩者之交感作用、相互影響，復統歸一元。（此是借用美國哲學家 James Pratt, Matter and Spirit, p. 409 所用之名辭及釋義。）由此，儒家「天人合一」之理想得以完成，而白沙先生乃可作勝利的呼聲「我在道矣」，或，「道在我矣」矣。（「復張東白」，卷三頁十一）

究言之，白沙先生此說實源出於「中庸」：「喜怒哀樂之未發謂之中，發而皆中節謂之和」（「禮記」，卷十六）。乃宣示大旨曰。

六經盡在虛無裏。萬理都歸感應中。

> 若向此邊參得透。始知吾學是『中庸』。（「與湛民澤」，卷十頁三七）

此不過是極簡單的說法，而至理存焉。究其涵義，即是心物感應之交互作用，有如現代哲學與心理學關於認識程序之說法：大凡主觀的心體一受客觀的現象之印象或刺激，自然的感覺隨被引起，而自然的乃適當的反應即表達於外。由這樣的交互作用，「理」與「心」，或客觀與主觀，或外與內，合而為一，所謂湊泊脗合，而「認識的圈」於以完成了。

由以上所述關於「理」與「心」之新學說，白沙先生之心學乃得一新的大結論——心靈至上。此屢見諸詩文，有如：

> 身居萬物中。心在萬物上。（「隨筆」，卷九頁五）
>
> 高明之至（即心體）。無物不覆。反求諸身。欛柄在手。（示黃昊，卷六頁一）
>
> 有剛氣者，常伸於萬物之上。（「壽張撫州六十一詩序」，卷一頁二四）

人具有七尺之軀，除了此心此理，便無可貴。（「禽獸說」，卷二頁九）此超然獨立、自由、自主、自動的心，也是宇宙進化直到現在之極峰——最高、最貴、最大的價值，而人之所以異於禽獸者以此。不特此也，此心「體認物理」，貫通物理，是則心體為主，物質為奴，由此而將一切所得的外部印象組織為觀念，復由此而發現及創造新事物以促進世界與人生之進步。是故「心」不獨是身之主宰（如朱子之說），而且是宇宙的真主宰。所以者何？因為人之知識的、道德的及精神的努力，實為形成人與非人的事物之進程及命運之具有決定性的主要分子，故可以說全部宇宙之將來，皆繫於人之方寸間，即是「心」。先生早年已有

「樞紐在方寸」之句（上錄「和楊龜山」），至是「心靈至上」之心學益為確定而完備矣。

抑有進者，人生界最重「權威」，於法治、宗教、道德、學術上無不然，此即斷定真偽、是非、善惡、美醜、優劣之最高的權力是也。歷古以來，人多以權威是在外的，如神道、偉人、制度、傳統、經籍、法律等等是矣。白沙先生則奉內在心體為至尊、至大、至高的權威，不啻在精神、道德、學術界起大革命；將疇昔儒家，尤其程朱一派所奉之古聖賢、經籍、及制度的權威，一齊貶低其價值，地位、與權力。讀下錄諸句可信。

古人不必賢於今，今人不必不如古。（「與張廷實」，卷三頁五一）

此心自太古。何必生唐虞？（「贈羊長史」，卷六頁一四）

豈無見在心？何必擬諸古？（「偶得寄東所」，卷六頁二六）

斯理也（指涵養事），宋儒言之備矣，吾嘗惡其太嚴也。（「復張東白內翰」，卷三頁十一）

此新概念無疑是對古人及宋儒而發之人心自由獨立宣言，這時對歷代儒家之權威主義、武斷主義、制度主義與形式主義之大革命，而恢復孔子動力的、創造的、與進化的教道者。蓋自漢以後歷代儒家中聞所未聞者也。真「自我作古」、「自成一家」矣夫！其門人張詡是第一個看見乃師之革命精神者，有曰：「誦其詩，讀其書，當有以知其人。卓卓哉孔子道脈之正傳，而伊洛之學蓋不足道也」。（「行狀」，卷末頁十八）

夫人之心體既為宇宙之主宰與人生界之權威，宜乎其為自然界之至高無上的、至神至聖的價値矣。吾人應如何保存其永恆功用耶？於是，先生又作「磨心」「洗心」之論曰：

永願磨此心。恢恢快劍如。（「和劉柴桑」，卷六頁一四）

一洗天地長。政教還先王。再洗日月光。長令照四方。洗之又日新。百世始堂堂。

（「夢作洗心詩」，卷六頁三）

磨洗此心為先生保存心體之工夫，所以使其常如鏡之新，如劍之快，如水之清，如金之堅剛力，而常能向真、向善、向美、以見理、明理、與得理也。

謹按：先生之「磨心」、「洗心」，與共產黨之「洗腦」大大不同，蓋後者實是「挖腦」，「換腦」，將心腦中原有久存之概念、思想、盡去之，而硬塡入「馬列主義」，大異於磨洗心體使常虛明靜一以體認眞理也，不可不辨。然共產黨徒，雖名爲唯物主義者，其實則絕對的唯心主義者也。不然何故要「洗腦」乎？豈非承認腦——即心——本爲一切思想行爲源乎？至少至少，馬克斯主義——唯物主義、經濟定命論、階級鬥爭等概念，皆由馬克斯心內產生的，而一切黨、政、軍之組織，亦皆由人心產出的。因此皆陷於歷來絕對唯心主義者有內無外之弊病——主觀客觀終不能「湊泊吻合」，徒亂天下而害人民，原夫馬克斯的哲學，實承黑格爾與格林（Hegel, T. H. Green）二氏之唯心論之餘緒，故終落其窠臼也。願白沙學說「體認物理，稽諸聖訓」之教得而矯正之，補救之。

七、虛為基本靜為門戶

夫心體既居至高無上之地位，復有至大無倫之權威矣，將如何培養之使其得常保持其至尊貴、至重要的本性，且可生長不息，時時俱新，見理、明理、得理日多耶？於此，白沙先生再有一特大的貢獻——提出培養心體之方法學兩大原則，曰「虛」，曰「靜」。黃宗羲曰：「先生之學，以虛為基本，以靜為門戶」（「白沙學案」），可謂深得其奧義矣。是故「虛」與「靜」皆非修德造道之目的，僅為手段，或門路而已。

致虛之義「虛」者，即坦白的、忘己的、無我的、容納的、客觀的、無先入之見或物（未經霸佔的）的態度或心體是也。有如素白的紙張，可寫字或繪圖於其上；又如空洞的盃可注水酒於其中。是故「虛」是接受之條件，而接受則是滿盈之條件。求真知識、真學問、真進步與永恆不已的生長，「致虛」實為至要。此先生言之屢矣：

至虛元受道。（「題小圓屋圖詩」，卷七頁三四）

本虛形乃實。立本貴自然。（「答張內翰」，卷六頁二）

夫動，已形者也，形斯實矣。其未形者虛而已。虛，其本也。致虛之所以立本也。（「復張東白」，卷三頁十一）

大抵虛己極難。若能克去有我之私，當一日萬里。（「與張廷實」，卷三頁三八）

昔孔子所絕者四：毋意、必、固、我。蓋「意」者、任己意也，即主觀也；「必」者、專執者、執拗也；「固」者、陋也，執一不通也；「我」者、私意私見也，即自私也，自我主義也（參張其昀之詮釋，見「中華五千年史」肆、九九）。「易」、「乾坤」曰：「滿招損，謙受益」。耶穌所教「八福」之首曰：「虛心者福矣，以天國乃其國也」（「馬太福音書」第五章）。是皆「致虛」之精義，而先生特別注重之，以為進德、求知、進步、與從客觀體認而得真理之必要修件。是為其新學說之基要原則，此其特別的貢獻也。

儒家言「虛」，多言「虛明」，有如明鏡；其心虛乃能反影所照之外物，故虛為得理之基本也。若道家則言，「虛無」，是以「虛」為目的也。至於佛家則言「虛空」，是以萬有為幻覺，一切空無所有，亦以「虛」為目的也。此大異於儒家以及白沙先生「致虛」之教者也。抑且白沙學說中「致虛」之說，是有哲學基礎的，蓋與其自然本體論一貫者。先生不云乎？「至無至動」。由自然之「至無」而體察到自然心體本性之「至無」，必如是而後能「有」，而後得「實」，故云「本虛形乃實，立本貴自然」；簡言之，即先虛後實，由虛而實是也。故又與「中庸」「未發謂之中，發而中節謂之和」心物感應之旨相符者也。何也？蓋心體當常保持其未發之中，——即是一本自然的「虛」心（「至無」）以待自然的「感」，乃有自然中節的「應」（「至動」），而自然的「和」——即「實」，斯得矣。

「致虛」之基要工夫，首在除去心體之一切障蔽。先生教言曰：

有蔽則暗，無蔽則明，況人易於蔽乎？……知其蔽而去之，人欲日消，天理日明。

（「東曉序」，卷一頁六—七）

> 世味移人者不少，大者文章、功業，然亦爲道之障，爲其溺也。（「與鄧球」，卷四頁二〇）
>
> 斷除嗜欲想。永撤天機障（「隨筆」，卷九頁五）
>
> 從前欲洗安排障。萬古斯文看日星。（「偶成」，卷八頁三二）

上文（傳記）已敘述先生經過多年苦行修養，始得大覺悟，盡除一切內外障蔽，而恢復自然的虛明的心體，凡去蔽虛己者，必使心門常開，慧眼不閉，不囿於成見，不蔽於前知，不安於小成，不封於故步，不滿於已得，不窮於嗜慾，不縛於典籍，不泥於傳說，不拘於陋俗，不惑於雜說，不塞於邪思，不羈於制度，始能時時明見真理、新理、而常得謙受之益，永恆的進步實繫乎此。

至於除去障蔽之要圖，是在懷疑——要對於根深蒂固、盤據人心、先天存在、先入為主的種種傳說、陋習、成見、偏見、私見、一切主觀成分，以至古人遺傳之經籍與教訓，一致起疑，而凡一切事理與現象，皆要自己重新察驗其真實性、重新估定其真價值——即是「體認物理」，然後信以為真。先生之教曰：

> 前輩謂學貴知疑。小疑則小進。大疑則大進。疑者、覺悟之機也；一番覺悟，一番長進。（「與張廷實」，卷三頁四）
>
> 疑而後問，問而後知，知之眞則信矣。故疑者、進道之萌芽也。信則有諸己矣。（「與謝元吉」，載「白沙學案」）

若以此「貴疑」之說與程朱之墨守傳說、拘泥舊教、盲從古人之權威主義比較，不能不許白沙學說為思想革命也。

然懷疑之作用雖似消極，手段雖似破壞，而究其實則是滿具積極性、建設性、與創造性者。其目的與功用蓋在尋求與發現真理。是故先生之教必以疑為進步之階梯。抑且疑之功效，僅是臨時的與暫時的，而非恆久的與實證的。故先生亦必以疑求真知，復由個人體認得來之真知而生信仰；既得強大有力的信仰而後生出偉大與崇高的宗旨與行動。此又是「致虛形乃實」之終極的表現也。如此求知立信之階段，與現代實驗科學之精神與方法符合無間，直至今日仍足為吾人師法者。昔明儒羅洪先（念庵，陽明私淑弟子）有推崇語曰：「白沙致虛之說，乃千古獨見」（「與吳書」，載阮榕齡：「白沙叢考」）。誠哉斯言！

此外，「致虛」亦為心靈（心理）健康之要圖。蓋吾人苟感受一種強烈的印象，或一種濃厚的興味，過深或過久，則此印象或興味每至緊緊黏貼而牢繫於心中；寖假成為膠著的觀念，常川縈繞而不能脫離；寖假日夜思念、不由自主地自動出現；寖假摒除其他印象或興味而獨自及永久霸佔心體，於是成為「固定觀念」，即「強迫觀念」，亦即單一的、吸性全心的「固執觀念」（見 Wm. James, Psychology, II P. 545）。其為害輒帶有濃烈的情感而至扭歪記憶與曲解事實者，此則精神病（或瘋狂）之標識也。故白沙先生又有「人心上容留一物不得」及「常令此心在無物處」之訓。善養心者，當體會其深意，運用「洗心」原則，以保持心靈健康。「洗心」有一妙法；即是：施用堅強意志，操縱心體，養成良好的、健全的心靈習慣，勿使單獨一種東西（「物」、印象、或興味）常常膠著心中；務須時時變換興味，轉移注意，有意識地、有計劃地、接收新印象，或感到新興味，使進佔心體，以代替舊印象。舊興味；務令舊者一時脫離心境而不能長久獨佔。夫如是則心體常虛、一物不留，過了一個日期，雖舊印象復現（再事記憶），舊印象復興，差已轉成新者，周而復始，無害於心靈之健康矣。所謂「苟日新，又日新，日日新」，可作此解。大凡有志或從事於一種長期的、終身的、單調的工作者，更宜特別注重此點，不特有關「心理衛生」，而且可以保持其工作興味之永恆性、持久性，使不至因厭倦之極，失去趣味，而中途廢棄，至前功盡棄、大事不成也。

最後，「致虛」尚有一重要意義；即是：忘卻從前之我——「忘我為大」（「送張序」，卷一頁二三）——此亦先生遺教也。吾人每每於既往之經驗——成功或失敗——牢記在心，纏縛自己。失敗的痛苦與恥辱，令其灰心喪志。成功的榮耀與快意，令其自滿驕傲。是皆為條德建業之大障礙。獨有由已往的失敗經驗得獲教訓，不至再蹈覆轍，及由已往的成功得有自尊、自貴、自信之心情，與知道更進一步之途徑與方法，斯為記憶往事稍有建設性的價值者耳。此是「致虛」之教所給吾人之正確的與健全的人生觀。昔者，古聖有「日新」之遺教。「易經」載「洗心」「革面」之至言。耶穌有「悔改」「重生」之教義。保羅垂訓曰：「忘記已往，努力於現在，向著目標往前走」（「新約」「腓立比書」第三章十三、十四節）釋家注重「懺悔」。清初李顒（中孚、二曲）亦有在傳統儒學中至為突出的學說，以悔改、改過、自新、復原、為宗旨（見全祖望：「二曲先生窆石文」）。凡此，皆與「忘我」「虛己」之白沙學說相發明、相印證者，誠精神界、道德界，中西古今一致承認之至理也。

習靜之義　白沙學說中培養心體之方法學之第二大原則曰「靜」。先生曰：

去煩入靜。（「與謝伯欽」，卷四頁三五）

人心上容留一物不得。纔一著物，則有礙。且如功業要做，固是美事。若心心念念，只在功業上，則此心便不廣大，但是有累之心。是以聖賢之心，廓然若無，感而後應。又不特聖賢如此，人心本體皆一般。只要養之以靜，便自開大。（「與謝元吉」，載「白沙學案」）

學者須自度如何？若不至爲禪所誘，仍多靜方有入處。若平生忙者，此尤爲對症藥也。（「與羅一峰」，卷三頁八二）

所謂「靜」者何？即正常的與健康的心境，不散亂、不煩擾、不憂慮、不緊張、不糊塗、不昏憒、不混雜、不慌張及不累（即不受羈束）於外物，而在積極上，寧謐、鎮定、鬆弛、平衡、及清醒（頭腦）之心體狀態是也。「靜」是精神貫注（注意集中）、意志專一、至誠不貳之必要條件。此所以白沙先生有「至誠則金石可開」，「置之一處，無事不辦」（舉莊子語）之教也。（上見「與張廷實」，卷三頁三八。）夫惟心靜而後可思想清楚，有條不紊。惟心靜而後可考慮透徹、以至有新發明或新發見。惟心靜而後可任精細巧妙、準確無訛的工作。惟心靜而後可觀察事物而明見真相。惟心靜而後可有內在的大智慧源源湧出。惟心靜而後可注意對象、多收印象，而記憶力強。惟心靜而後可培育及儲備有餘的神經能力，由是而可有自治力、大志力、及堅毅力。惟心靜而後可得平衡的頭腦而言行中節、合乎矩度。惟心靜而後可任事有恆·做成大事。惟心靜而後可得有平靜·鎮定·鎮定·穩重·從容的意態與頭腦以應付事變，而不至張惶無措·忙亂僨事。凡此均修養人格及成就功業之至要也。

白沙先生當然非「靜」的概念之始創者。歷來儒學均有此傳統的義理。遠自「書」「大禹謨」之「惟精惟一」，孔子之「仁者靜」，「易」之「其靜也專，其動也直」，「禮記」「樂記」之「人生而靜，天之性也」，「大學」之「知止而後有定，定而後有靜，靜而後能安……」，荀子之「虛壹而靜」，以至宋儒周、邵、程、程、張、羅（從彥）、李（侗）、朱、陸、諸家無一不言之。道家莊、老、管、淮南、諸子亦均有是說。惟白沙學說之言「靜」則儒學正宗也。據其自承，其源頭本直接出自周敦頤論學為聖之道，曰：『一為要。一者無欲也。無欲則靜虛動直（源出於「易」）。靜虛則明，明則通。動直則公，公則溥』（卷三頁二五）。至如伊川之靜坐·晦庵之說敬，亦不無影響。

最不幸者，自明以來，白沙學說常被不少誤解或曲解為「主靜」——即以「靜」為目的，故很容易被誤會為道家或禪學。然其學說承認自然的心體，即如自然的宇宙，本性根本是動的，尤其全部心靈作用本來是動的，此自然定律也。此亦儒學本體論之要義，以自然是乾乾健剛、生生化化、進動不已、創造不息也。試觀其一生行誼恁地活動（見上文傳記）！又試咀嚼其詩文所涵之義理，無不見其一主於動者，如「體認物理」，「至無至動」，「隨柳傍花」，「鳶飛魚躍」，「雲行水流」等等均是主動的、自動的、積極的動態；甚至對於社會政治之治道亦以動為本，如云：「天下不動不治；動以治之，聖人與學者一耳」（「復彭方伯」卷三頁八）。其實，先生固言「靜」但一究其義，絕對不以「靜」為目的及修德造道之止境，只是達到目的之手段、或路途而已。此所以黃宗羲認識其「以靜為門戶」，即不是堂奧明甚。白沙學說實以「靜」為「動」之前奏與準備而已。既培養得靜心，則誠如先生所言「隨吾所欲，如馬之御銜勒」，而一切事為、動向、進退、行止、均由心體完全發動、控制、與指揮，蓋無往而不如意矣。所謂「先靜後動」，「靜以待動」，即謂「動」為「靜」之自然後效而「靜」則「動」之先決條件也。陳榮捷曰「蓋白沙先生之能開明代之新門面者，實在其創作也。不只在靜中見動，且在靜中創出動來。此於周子、二程、與象山均大進一步矣」（見「白沙之動的哲學與創作」，載「白沙學刊」二期頁二九），誠為的論。

不甯唯是，「靜」實為時代良藥。在現代大都市之複雜社會中，尤其是物質文明之發展超過精神文明之地方，部份人民因需要及追求物質利益過甚，欲望過奢，煩忙時甚，而且患得患失，日夜經營，神經常常緊張，心境無時寧靜而當受過度之煩惱與刺激。或則縱情窮慾，恣意享樂，肆求刺激，使精神系統過度活動，無時休息。結果：精神痛苦與疾病，隨而增加，以故種種精神病在大都市尤為流行，甚至使人悲觀厭世，輕生自殺，於是精神（心靈）療治之專科醫士大行其道，需要亦日甚。時人乃有心理衛生及精神鬆弛之提倡。五百年前白沙先生已提出習靜為心靈健康之要方，稱為平生忙者之「對症藥」矣（上引與羅書）。又曰：

心寓於形而爲主。主失其主，反亂於氣，亦疾病所由起也。今人惟知形體之爲害，而不知歸罪其心者多矣。心之害大而急者、莫如忿爭。夫有所不平而後爭。爭至忿，斯不平之至，而氣爲之逆，逆則生病矣。（「與伍光宇」，卷四頁二九）

除忿爭外，他如憤怒也、悲傷也、鬱抑也、憂慮也、恐懼也，等等極端的強烈情感，以及神經過度疲勞，在在足以影響到心靈之健康與身體之健康（身心合一、互相關繫），可不涵養靜心哉？

尚有兩點所應注意者。首則先生深悉人本體即如自然本體之本性原是動的，故不必過事提倡。不過，人心易趨於妄動，或過動，乃強調提倡「靜」以養心，藉資調劑及節制也。次則過靜亦有弊害，易生心病。此先生所以教湛甘泉者（見「甘泉語錄」）。又先生初時用功靜坐過久，「幾至心病，後悟其非」（見上文傳記引）。至此，又須治之以動。動靜相濟，乃克有成。凡心靈憂鬱、煩悶、無聊過甚至不可自制者，當以身體之動作救濟之，此又保持心靈健康之不二法門也。

綜合以上之研究，可知白沙先生之「致虛」與「習靜」，不過是培養心體之方法學，大異於佛、道、二家之以其為目的。其所謂「虛」，非「虛空」。所謂「靜」亦非「靜寂」而為「靜一」。夫心能虛而不能空，能靜不能寂，此心體之自然現象亦心理學之原理也。此虛明靜一之心境，實為心靈健之象徵，而確是凡人為學造道、進德成業之要素焉。且也，虛既是「基本」而靜亦僅為「門戶」，則由虛而實，先靜後動，即是虛以求實，靜以待動，誠心學不二法門，將由此基本以建造層樓大廈，由此門戶以登堂入室，將以此虛明靜一之心而求得真理、直達天道之巔峯焉。此白沙學說所明示之正確途徑，允推為有永恆價值之絕大的簇新的貢獻也。

八、靜坐與讀書

「靜」是一種心體狀態，而「靜坐」則是靜養心體之一種動態。「靜坐」出自佛家之「跏趺」。然莊子亦有「坐忘」之語（「大宗師」）。道家亦向有「打坐」之功夫。宋儒多習靜坐。白沙先生在「春陽臺」修道之初，即事靜坐，其後日常行之，如曰：「老拙每日飽食後，輒瞑目坐竟日」「與何子完」，卷三頁三四）。又有兩詩言「跏趺」（卷九頁二一，頁三二），而且教其門人實行之，以為修養之重要功夫。大抵行此者，目的在使心體呈現，藉得聚精會神而思索及得見真理也。

然而不可不知：先生雖注重靜坐，卻不以其為學道造道之獨一法門；此外仍教人讀書。不過，兩者比較，則以靜坐重要於讀書而已。嘗以此方法昭示門賀欽曰：

> 為學須從靜中坐養出個端倪來，方有商量處。林緝熙（光）此紙是他向來經過一個公案，如此是最不可不知。錄上克恭黃門，歲首已託黃瑛轉寄，未知達否。今再錄去。若未有入處，但只依此下工夫，不至相誤，未可便靠書策也。（「與賀克恭」，卷三頁十二—十三）

最為不幸者，後人多誤引及誤解此數語，遂以其學一味「主靜」，流為禪學或道家焉，不可不辯。考其首句所謂「靜中坐」，是行為，是一種動態，不是靜一的心境。而所謂「端倪」，即微始或開首之義（據朱駿聲），即謂聖學之微始也。其本意當是以靜坐功夫而養出為學之好的開首也。先生固有「善端日培養」之句（和楊龜山詩），而林光亦記曰：「先生教人，始初必令靜坐以養其善端」（「南川冰蘗全集」）。可見此為學者入門之初級程序矣。然五百年來，幾無人不以此為其全部學說之關鍵語，誤會以生。更有將此句減去數字而縮寫作「靜養端倪」者，是將「靜」與「靜坐」混而為一。尤弊者，則輒引全文首句而略去其中間之連貫語，更完全忽略了「未可便靠書策也」之結尾語，遂陷於誤會原意與斷章取義之雙重錯誤。試將此數語一口氣讀下去，顯見全文所發表者為整個觀念，文義上下連貫，首尾呼應，一氣呵成；萬不容割裂而取上略下。苟孤立了「靜坐」一事，幾何不被誤會為為學之道不要讀書而只須靜坐耶？況復減去「坐」字而獨剩「靜」字，又幾何不被誤會「主靜」代表其全部學說，更以「靜」為究竟目的而流為佛、道耶？譬如：研究營養的科學專家教人「要食蔬菜……不可專食肉類」；苟斷章取義，取上略下，則必被誤會為提倡專吃蔬菜而戒絕肉食者矣。再讀以下教言，其真意益顯：

> 爲學者當求諸心，必得所謂虛明靜一者爲之主，徐取古人緊要文字讀之，庶能有所契合，不爲影響依附，以陷於徇外（即外在的權威）自欺之弊，此心學法門也。（「書自題大書屋詩後」，卷二頁一六）學勞擾則無由見道。故觀書、博識，不如靜坐。

（「與林友」，卷三頁七九）

夫人所以學者，欲聞道也。苟欲聞道也，求之書籍而道有焉，則求之書籍可也。求之書籍而弗得，反而求之吾心而道存焉，則求之吾心可也，惡累於外哉？……夫養善端於靜坐，而求義理於書冊，則書冊有時而可廢，善端不可不涵養也。（「與林光」：「南川冰蘗全集」卷末）

由此可見此新方法是於讀書之外，須於「靜中坐」以作聖學開始功夫，藉以涵養虛明靜一之心體，使此心體可以「體認物理，稽諸聖訓」（即經書所載）。此新方法是替代專靠書冊之傳統的舊方法，更從而補救之、改正之者也。先生之言，每將靜坐與讀書對舉互作比較以衡其重輕、別其先後而已。

再咀嚼其言之精義，實亦含有革命性。何則？從前程朱正統派之為學——尤其朱子——一味教人讀書，至奉經籍為絕對權威，如曰：「為學之道莫先於窮理；窮理之要必在於讀書。欲窮天下之理而不即經訓史冊以求之，則是正牆面而立爾」（見甲寅「行宮便殿奏劄」，載「朱文公全集」貳、十四）。先生新方法則將經籍的絕對權威打倒了、貶低了，使其歸還到原有的、應有的、及相對的地位而呈出相當的功用，即是以供參考（資料），以資引導，以作啟發，以為輔助，以備比較。歸根，學者仍須自己運用內心以作得理造道之主體，蓋其能看透真理之源泉還在自我，必須此心直向自然作體認之功夫；苟有求助於書冊者，又必須誦其言而求其味於字裏行間，以期自得於心。入主出奴，其義至顯。本體與工具，一旦倒置，有不桎梏性靈，奴隸人心，以至障蔽真理者乎？故先生又曰：

千卷萬卷書。全功歸在我。吾心能自得。糟粕安用那？（「藤蓑」，卷六頁九）

聖人與天本無作。六經之言天注腳。百氏區區贅疣若。汗牛充棟故可削。……讀書不爲章句縛。千卷萬卷皆糟粕。（「題梁先生芸閣」，卷六頁三五）

夫子（仲尼）之學，非後世人所謂學。後之學者記誦而已耳、詞章而已耳。天之所以與我者，固懵然莫知也。夫何故？載籍多而功不專，耳目亂而知不明，宜君子之憂之也。……抑吾聞之，六經、夫子之書也。學者徒誦其言而忘其味，六經一糟粕耳。……學者苟不但求之書而求之吾心，察於有無動靜之機，致養其在我者，而勿以聞見亂之。去耳目支離之用，存虛圓不測之神，一開卷盡得之矣。非得之書也，得自我者也。蓋以我而觀書，隨處得益；以書縛我，則釋卷而茫然。（「道學傳序」，卷一頁一八）

不甯唯是，先生之教，更有甚於糟粕六經之言者，即對聖賢之教也要一體起疑，而重新估定其價值，如曰：

聖賢之言，具在方冊。生（指容生）取而讀之，師其可者，改其不可者。直截勇往，日進不已，古人不難到也。（「贈容一之歸番禺序」，卷一頁一九）

往古今來幾聖賢。都從心上契心傳。孟子聰明還孟子。如今且莫信人言。（「次韻張廷實『讀伊洛淵源錄』」，卷十頁三七）

此實獨尊自己內心自得之權威而對聖賢與經籍同時宣布獨立之革命宣言，在儒家二千年歷史中聞所未聞者也。

然而先生關於讀書之教，又不容誤會，蓋其主張以心觀書，不為書冊所障蔽，非謂盡廢書而不讀也。其再論讀書事有云：

> 四書與六經。千古道在那。願汝勤誦數。一讀一百過。（「勗景易」，卷六頁二八）
>
> 讀書非難，領悟作者之意，執其機而用之，不泥於古紙之難也。（「與胡提學」，卷三頁三〇）

此非自相矛盾之論。不過，善讀書者，須得其善法，保持平衡；當捨誦言忘味、拘泥文字之灌輸式的方法，而仍本虛靜之心，體察書籍所言，細味之、咀嚼之、消化之，以期心體得悟至理。又當選擇緊要文字與專精學問，從而悉心研究之、善用之，使由書中所得與吾心契合，復經內心精神之鍛鍊以造道焉。無論如何，以心為主、為體，書籍為奴、為用。此則先生之讀書法大異於程朱正統派尊經篤古、盲信書籍之權威主義者也。

最後，疇昔程朱之將自然之理與道義之理混合為一者，先生分別判為兩種學問，有曰：

> 夫學，有由積累而至者；有不由積累而至者；有可以言傳者，有不可以言傳者……大抵由積累而至者，可以言傳也。不由積累而至者，不可以言傳也。（「與張東白」，卷三頁一一）（參看上文「與林光」）

前一種學問是屬於知識範圍，即見聞之知，除直接由個人經驗而得者外，大都由人類文化多年「累積」而來，載之書冊，是「言傳」者，當然須靠讀書得之。例如：自然科學、歷史、或法律之真知識斷不能由靜坐沉思、或惟俟頓悟而得。另一種學問則屬於精神範圍，即德性之知、或義理之學，關於道德倫理、心性、哲學、宗教之至理者，則不能專靠書冊，而必須由人心之自悟自得，而不能「積累而至」，書籍之功僅在啟發耳。程朱「道問學」之誤、蓋在於兩種學問同用窮理集義之一方法也。究言之，無論如何，即以現代科學方法論，亦不能專靠書冊之「累積」，仍要虛明靜一之心去觀察、搜集、分析、實驗、審核、甄別、比較、綜合、假定、證實、說明，種種重要功夫。是故，主張心靈至上，心為主體之白沙學說，固不特在精神道德界，即在科學知識界亦為真理。總而言之，為學者至要功夫，厥在涵養心體。

九、浩然自得

白沙先生之學之道，固「以自然為宗」，然不是空洞、迂腐、抽象的玄理，「惟以體諸身心，見諸行事」（陳世澤語，見卷末頁八一）。故其性質根本是實證的、實際的、與實用的。其功效乃在人生之兩方面：在內為內心自得，在外為倫理生活。是皆精神界與道德界之至高至大之造詣也

「自得」為古代儒、道、兩家通用的名辭，原有兩種意義：一是意氣自覺得意、揚揚然自其樂的歡悅心境。次是自得真理及自得安樂於心中，是心學也。此即常言「理得心安」是也。先生之「自得」是其心學的精華、心學的結晶、與心學的效驗。其淵源遠出自「中庸」：「君子無入而不自得焉」，及孟子：「君子深造之以道，欲其自得之也」；近則契合於周濂

溪「見大心泰」之恉。（所謂「見大」者亦出自孟子先立大體之言。）故其「胸懷灑落，有如光風霽月」（黃魯直評周子語）。此外，亦大受邵康節觀物觀化、瀟灑安樂，所謂「學至樂時方謂學」（邵子自號「安樂先生」）之影響。程明道直指內心之心學，有「萬物靜觀皆自得」句。至伊川雖亦有「學莫貴於自得，非在外也，故曰自得」之語，但因其以理為主，內心縱有所得，不外傳統的理而已，殊非先生由自由、獨立的心體直接體認所得之真理也，故名同而實異焉。

先生暢論「自得」，見之文翰詩句者多矣。如曰：

士從事於學，功深力到，華落實存，乃浩然自得，不知天地之爲大，死生之爲變，而況於富貴、貧賤、功利、得喪、屈信、予奪之間哉？……徐考其實，則見其重內輕外，難進而易退，蹈義如弗及，畏利若懦夫，卓乎有以自立；不以物喜，不以己悲，蓋亦庶幾乎吾所謂浩然而自得者也。（「李文溪文集序」，卷一頁五）

雖無古聖賢爲之依歸，我亦住不得，如此方是自得之學。（「與賀克恭」，卷三頁八〇）

今世學者，各標門牆，不求自得；誦說雖多，影響而已。（「與湛民澤」，卷三頁六三）

忘我而我大，不求勝物而物莫能撓。孟子云：『我善養吾浩然之氣。』山林朝市一也，死生常變一也，富貴、貧賤、夷狄、患難、一也，而無以動其心。是名曰自得。自得者，不累於外物，不累於耳目，不累於造次顛沛。鳶飛魚躍，其機在我」。（「贈彭惠安別言」，見「白沙學案」）（另有「吾心能自得，糟粕安用那？」等句，已見上文。）

然而此無擾於內、不累於外，安樂寧謐的心境，仍不過是自得之消極的效驗耳。在實際生活，其積極作用為尤大尤要，使生命之意義更大、樂趣更饒，且更為豐富美滿而快樂。蓋自得於心者，必「自信」、「自樂」、與「自貴」，此先生所自言者也。

「自信」者，既「自得」自然的真理，確知自己已得了直達目的地之正確路徑——正道，由是自信心油然而生，不自卑、不自怯、無憂無懼，勇往直前，安然進行，泰然生活於真理之中，則其所得誠大矣要矣。此先生所以有「渙然自信」之言（「復趙提學」，卷三頁二），及「自信自養」（「送張序」，卷一頁二三），與「吾自信吾」（「與林時矩」，卷四頁三三）之教也。

「自樂」者，自得真理於心，適應環境，隨遇而安。凡自然所賦有因、所給與者，若自然之美、之善、之偉大——隨時隨地均能充分欣賞，復能時時享受生命之真樂趣，有顏回陋巷與曾點舞雩之高風。先生於詩文中，表現此精神造詣者最多亦最顯，如曰：

除卻東風花鳥句。更將何事答洪鈞？（「辛丑元旦戲筆」，卷八頁八）

進到鳶飛魚躍處。正當隨柳傍花時。（「次韻姜仁夫留別」，卷十頁六〇）

江山魚鳥，何處非吾樂地？（「與胡提學」，卷三頁三二）

江門亦是東門地。我獨胡爲不種瓜？（「種樹」，卷八頁四六）

自然之樂，乃眞樂也。（「與湛民澤」，卷三頁六三）

其自得之樂，亦無涯也。（「湖山雅興賦」，卷二頁三八）

先生「自得之樂」源出於心，故曰：

周子、程子、古賢也。其授受之旨曰：『尋仲尼、顏子、樂處。所樂何事？當是時也，弟子不問，師亦不言。……嗚呼！果孰從而求之？仲尼飲水曲肱，顏子簞瓢陋巷，不改其樂。將求之曲肱飲水耶？求之陋巷耶？抑無事乎曲肱陋巷而有其樂耶？……仲尼、顏子之樂，此心也。周子、程子、此心也。吾子亦此心也。得其心，樂不遠矣。（「尋樂齋記」，卷一頁五〇——五一）

眞樂何從生？生於氤氳間。氤氳不在酒。乃在心之玄。行如雲在天。此如水在淵。靜者識其端。此生當乾乾。（「眞樂吟」，卷六頁二七）

先生又有句曰：「次韻通府」，卷八頁五三）。是以生為樂也。又於「製布裘成偶題寄黎雪青」古風一首，則以樂生「自得」之樂與釋氏比較，有奧妙絕倫之曰：

黃昏披此裘。坐望梅村月。美人遺我酒。小酌三杯烈。半酣發浩歌。聲光眞朗徹。是身如虛空，樂矣生滅滅。（卷六，頁一六）

湛甘泉解釋此詩，最為精闢，曰：「然謂之如虛空，則非真虛空。蓋釋氏以寂滅無聞為虛空，吾儒則以隨事順應、不滯於物為虛空，相似實不相同也。釋氏之樂，在於滅，是以滅

而滅生。若夫望月、飲酒、放歌、樂由此生。則先生之樂在於生，是以生而滅滅。」（「古詩教解」，卷下頁十）

「自貴」者，自尊自重——尊敬一己的人格、地位、個性、才能……等等，及重視自己一切所賦於天者與夫自己所成就者，卓然自立，昂然自存，歡然自足，既不自卑自賤、自暴自棄，亦不怨天尤人，或羨慕與憎恨他人，亦不驕諂，但吾行吾素。先生以人為萬物之靈——以人有此心此理、貴於禽獸，已見上文。又曰：

位雖極卑，道貴無忝，蓋自有樂地也。（「與蔣教諭」，卷四頁四八）

人一身與天地參立，豈可不自知貴重，日與逐逐者伍耶？（「與董子仁」，卷四頁二三）

卑棲一枝足。高舉入雲層。大鵬非斥鷃。斥鷃非大鵬。（此釋莊子「逍遙遊」鯤鵬蜩鳩、性分各適、尊貴無異之義。）卑高各有適。小大不相能。歸去木蘭溪。溪魚美可罾。（「送鄭巡檢休官還莆」，卷七頁一六）

俯仰天地間，此身何昂藏！（「和楊龜山」，見上引）

誰謂匹夫微？而能動天地。（「天人之際」，卷六頁十）

綜而言之，「自信」、「自樂」、「自貴」、之三者，是人格修養至高的精神造詣。而其貫徹三者之條件則為「內足」。先生曰：

具足於內者，無所待乎外。（「風木圖記」，卷一頁五一）

此即謂「自得」者，內心真理充沛，對於事事物物、理解通透，適應無間，故不必等待外在的條件而後滿足於心也。昔韓愈謂「足乎己無待於外之謂德」（「原道」），張橫渠有「渙然自信曰：吾道自足，何事旁及？」之言（「宋史」「張載傳」）。此即先生無待之旨也。所謂無待」云者，即自得則內足於心，無需外求也。

然而當有兩點所當注意及慎防者。其一、「自得」者，非徒遂以樂天樂生、泰然自樂為止境，而優悠暇逸、虛度歲月而已。無論造詣如何，時時必當居安思危，寸陰是惜，乾乾不息，孳孳努力，奮發有為，前進上進，立大志，做大事（國父遺教），方得為完人。故先生曰：

嗚虖！人所得光陰能幾？生不知愛惜，漫浪虛擲，卒之與物無異。造物所賦於人，豈徒具形體喘息天地間與蟲蟻並活而已耶？浮屠氏雖異學，亦必以到彼岸爲標準。學者以聖人爲師，其道何如彼？文章、功業、氣節、世未嘗乏人。在人立志大小，歲月固不待人也。（「漫筆示李世卿湛民澤」，卷二頁二五」

是則君子之安於其所，豈眞泰然而無所事哉？蓋將兢兢業業，惟恐一息之或間、一念之或差，而不敢以自暇矣。……『乾』之象曰：『天行健』，天之循環不息者健而已。君子執虛如執盈，入虛如有人，未嘗少懈者，剛而已。天豈勞哉？君子何爲不暇乎？（「安土敦乎仁論」，卷二頁三）

其次，先生之「自得」，非自驕、自誇、自炫、自滿之意。蓋纔有此意，便與虛己靜心之旨相悖，便不能再見理、明理、得理，而轉成為謙受與進步之大障礙矣。總之，「自得」為一種得理明道、悠然泰然、無憂無累之精神自由、自樂樂天之心境，其為虛以求實，靜以待動之作用如故也。明乎此，方得了解「致虛」「習靜」與「自得」之一貫性。

最後，「自得」者，對於人生之不由己意、突如其來、或必不可免、或無能為力之橫逆境遇，應如何應付耶？白沙先生又有四種至善、至妙、至為合理的法門。

其一，忘之於心，即所謂置諸度外是。此原出於莊子「大宗師」之「坐忘」。先生答胡某之自以得卑官喜云：

古之善處困者如是。雖然，未若忘之愈也。忘之都無事也。（卷三頁四一）

又聞陳某死於道路訓示門人云：

此於天命，亦何所增損，而使人動念耶？是豈無害於生？終不如『坐忘』之愈也。（「與張廷實」，卷四頁三）

吾人苟運用現代心理學以訓練心體，分辨事物價值之輕重大小，而善於控制及操縱自己的記憶與注意，自能實行忘卻所不欲記念、不必記念的事物。先生此教確合乎現代科學者。

其次，順受強忍。對於人生之自然程序中之必須經過的、無可奈何的、莫能挽救的種種不幸的遭遇——惡運，在痛苦悲哀之下，切要節制情感，把握心體，不甘戰敗而屈服於環境的逼迫，仍然屹立不倒而繼續生存，再接再厲，為實現大志而奮鬥。故先生教其門人曰：

否、泰、數也。勿過爲隕越。人不幸所遭有甚於此者，無可奈何，且安心順命，善將

攝爲禱。（慰門人陳德徵無辜入獄，卷四頁二五）

好子不育，將如之何！置之天命，不可知也。（「與張廷實」，卷三頁五三）

今病如此，恐未爲的斷，如何如何？只得順受而已。（因自己病重，乃委之於「數」，見「與張廷實」，卷三頁四九）

其三、比較的達觀。每遇惡境，人我相比，便覺「比上不足、比下有餘」，理解自通，其心自安矣。如曰：

吾子得數之奇，孰與孟郊？孟郊產三子，哭之連日。今吾子之哭凡幾？（慰馬某喪子，卷四頁三七）（上引慰門人陳語即有此意。）

其四、利用橫逆。若曰：

視平生不得意處、如秋風之振木葉，零亂脱落，無復芥蒂之跡。因敗成功，此又策之奇者也。（「與謝伯欽」，卷四頁三五）

此不是「失敗主義」，實是教人每遭惡運或失敗，仍然把握其心，不屈不撓，反而由經驗所得的教訓、刺激、與挑戰，增強心志，振發精神，紓展機智，集中一切所可能運用的力量，利用橫逆為踏足石，復興奮鬥，務期得到最後的成功。此誠道學家在精神道德界之越的觀念，及成功之高優戰略也。

十、活潑潑的倫理學

白沙學說之效驗，非徒見諸「自得」之內在的心境而已，其外表更彰彰可見諸人格道德。蓋先生之學，不是玄理，不尚空談，其倫理學固實踐的至學也。故教人曰：

知廣大高明，不離乎日用。（「復汪提舉」，卷三頁七三）

不離乎日用，而見鳶飛魚躍之妙。（蓋「懼學者淪於虛無寂滅之偏也」，見張詡：「行狀」，卷末頁一八）

心地要寬平。識見要超卓。規模要闊遠。踐履要篤實。能此四者，可以言學矣。（「與賀克恭」，卷三頁八一）

然而先生並未有新創的、特異的倫理學，只恪守及實行倫家之全部倫理教訓。不過，所以別於諸家庶足稱為新貢獻者，則對於傳統的道德概念，並非服從古人古經之權威而盲目接受、卻由自己體認真理而自得於心，復予以自然哲學的新根據，及予以推動實踐的新活力。其倫理道德觀念之基礎，仍是一貫的自然哲學，如曰：

出處語默，一本乎自然。（「與順德吳明府」，卷四頁五）

天下未有不本於自然，而徒以智收顯名於當年、精光射來世者也。（「題吳瑞卿采芳園記後」，卷二頁一九）

由此推論，凡人之思想、態度、行為、風度、心境、意何、動作、操業、以至七情之感應，亦當「一本乎自然」，了無安排、詐偽、矯強、與違反真誠之痕迹。甚至婦人之保守貞節，亦當「發於其性之自然」（「書韓莊二節婦事」，卷二頁二三）。簡言之，人之一生須依乎自然律，此即是道德；違反自然律之必要條件者，即是不道德。夫人倫本為人類自然的關係，而家庭、社會、民族、與國家、則為人倫之自然的結合與組織，故人之道德，無有大於及高於盡其人倫本分與責任、而忠於以人倫為基礎之種種自然的結合與組織。此蓋倫學正宗、抑亦符合現代倫理學者，真天經地義也。然先生之學，不流於形式主義、權威主義、與教條主義。其倫理學自有新面貌、新意義、新活力，此所以仍允稱為新倫理學。

白沙學說之新倫理學，是有以異於釋、道二家及宋儒程朱之學者。茲分別說明之。

第一、先生致虛習靜之說，及間有詩文內句義，似近禪矣，歷來亦有人以此譏之矣，然其學說骨子裏是與佛學有不可妥協之原則在。先生明白宣示云：

> 禪家語，初看亦甚可喜，然實是儱侗，與吾儒似同而異，毫釐間便分霄壤。此古人之所以貴擇之精也。……但（禪家）起腳一差，立到前面無歸宿、無準的、便日用間種種各別，不可不勘破也。（「與林時矩」，卷四頁三四）

其所指為「儱侗」者，蓋謂禪學主空虛寂滅，違反自然，脫離人生，故結果流為「無歸宿、無準的」之非倫理的生活也。其闢佛尤甚、至心惡痛絕者、更見諸下錄律詩：

> 青天白日照無垠。我影分明傍我身。自古眞倫皆闢佛。而今怪鬼亦依人。蟻蜂自識君臣義。豺虎猶聞父子親。賢輩直須窮到底。乾坤回首欲傷神。（「答陳秉常詒倫佛異同」，卷八頁五〇。尚有其他闢詩文，茲不備錄。）

總之、儒、釋、兩思想體系之根本相異處，端在目的之各趨極端——儒是積極的，而佛則是消極的。歷來儒家各派，無不以人生倫理為究竟目的，均抱淑世主義，永不能脫離人生界。先生「學宗自然」，是以自然界包括人生界為實有、為至要。其言心言理，言靜言虛，而歸結處仍在倫理之積極的目的。但佛氏之虛空與靜寂則是無歸宿之歸宿，無準的之準的，故云消極也。先生固承認「儒與釋不同，其無累同也」（「與釋太虛」，卷四頁一九）。「無累」云者，即前文所言「不累」是，謂無羈束、無牽纏也；不受外物與形骸之凝滯與桎梏，不受客觀條件之拘束而保持精神上心靈之自由、獨立也。然而既得此自由與獨立之後，又將焉往？先生本於儒家宗旨，以自得樂生為準的，以人格倫理為歸宿。若佛家則侈言出世，止於寂滅，歸於涅槃。縱有大慈大悲之心、普渡眾生之願、與捨生救人之行，然苟渡之救之同至無準的、無歸宿之寂滅幻境，所謂「彼岸」，則對於人類後代與前途，其影響尚堪言哉？實際上雖云「出世」，無論如何總不能離去此整個真實永恆存在的大自然，包括人生界。如是，出來出去，無非仍在此世耳。若強行否認之、逃避之，益見「安排」之迹，違反自然莫甚焉。此白沙先生之所以不取也。

其次，先生對於道家之自然本體論根本不同，已見上文，因而關於倫理　觀念亦自相異，惟未有特別對一般道家辯難之辭，只於詩句中曾以佛、老並舉，表示反對之見解，如曰：

丹青不是江門影。又畫瞿曇又畫仙。（「對影」，卷十頁八）

禪家便說除生滅。黃老惟知養自然。……吾儒自有中和在。誰會求之未發前？（「夜坐」，卷八頁一八）

前一首指江門（自己）之影非佛非道也。後一首則以佛家之務除生滅與道家之徒養自然同為消極的人生觀，有違儒家「中庸」未發、既發之「中」「和」說者。

此外，先生之學，本受古道家莊子之影響頗深，然對於其脫離現實的人生觀、倫理觀，亦有嚴厲的批評，不表同意，如曰：

大舜卷婁之。莊周竟奚取？（「贈陳秉常」，卷六頁八）

湛甘泉解曰：「莊周以大舜為卷婁者，欲以遺落世事，其言不足取」（「古詩教解」，卷上頁二六）。白沙先生又曰：

有物萬象間。不隨萬象凋。舉目如見之。何必扶窮遙？（「偶得寄東所」，卷六頁二六）

甘泉解曰：「此道初不離物，故舉目若或見之，何必如莊子所謂扶窮搖而求之於高遠哉？」（同上、卷下頁三七）由以上兩詩，可明見白沙學說之超越的達觀與合理的人生觀；雖有取於莊子，而又不盡依其說，蓋已揚棄其遺世離群、忽略人事之出世觀念，而歸根仍是儒學正宗之不脫離人生界之淑世主義也。先生至學、以人生於世，但當不屬於世，不屬於世者，不出世，但超世耳。此即「身居萬物中，心在萬物上」之奧旨歟！

復次，白沙學說之倫理道德觀，與宋儒程朱之判別，亦甚明顯。前文已提出伊川將自然之理與道義之理，混而為一，統稱「天理」。此與「人欲」對峙，一善一惡，因而造成道德界二元論。晦庵宗其說而發揮益為詳盡，以「理」為完全至善的，而「欲」則為惡的，故云

「天理人欲，決不兩立」；人務須「去人欲，存天理」。凡修道進德者之修養工夫，端在內心中作絕不妥協的、永久不息的善惡鬥爭；務須禁遏、克除、以至消滅「人欲」。然此不是正宗儒家之見解。告子曰：「食、色，性也」；「禮運」：「飲食、男女，人之大欲存焉」。夫人欲，原是本性（本能）也，即自然之理也，亦即「天理」也；不能以善惡衡之。強而禁遏、克除、消滅之，違反自然矣，反而傷「天理」矣。且「人欲」既是本性，無論如何，不能盡除全滅者。故正宗儒學尊重人之自然本性（本能），只教人節制大欲，勿使過度，如孔子言飲酒「不及亂」，孟子言「寡欲」，荀子言「道（導）欲」，甚至「樂記」亦言不「窮欲」，足見儒家之真正的道德觀。陸象山是第一位反對「天理」「人欲」相敵之論者，對於「樂記」「天理」與「人欲」之對待辭，竟斷為根據老子裂天人為二之說，而非儒學正宗（見其「全集」語錄），故仍注重正心；其心正則欲亦正矣、善矣。

白沙學說既「以自然為宗」，則對於自然的「人欲」當不能同意於程朱滅欲之說。先生雖仍沿用「天理」「人欲」兩名辭，但涵義不同，故曰：

> 一掬之力，不勝群蔽，則其去禽獸不遠矣。……知其蔽而去之，人欲日消，天理日明……溺於蔽而不勝，人欲日熾，天理日晦。（「東曉序」，卷一頁七）

> 學止於誇多鬥靡，而不知其性爲何物，變化氣質爲何事，人欲日肆，天理日消，其不陷於禽獸者幾希矣。（「書韓莊二節婦事」，卷二頁二三）

細味以上兩言，則同是以人與禽獸之別為主題。但教人以己心體認「天理」（道義之理）

除去「人欲」之障蔽、而使「天理」日明日熾而已，未嘗有禁遏、克除、滅絕「人欲」之義，仍是不縱欲、不窮欲、不使過度之說法也。讀其「寡欲安心老合知」之句（「和答林方伯」，卷十、頁三五），可信矣。上引兩語不過善惡兩獨立的道德概念，一消一長之常理，更未見有其他以「天理」與「人欲」相敵之道德二元說法如程朱學說也。先生又曰：「夫人之情欲在於生，故聖人即與之生」（「仁術論」，卷二頁五）。其不以人之自然情欲為惡可知矣。試觀其胸懷灑落，見解超逸，言笑自由，詼諧不禁，操存與行誼「一本乎自然」，有如雲行水流，鳶飛魚躍，豈能同意於彼迂腐、泥古、不近人情、違反自然之倫理道德觀乎？

最後，先生貢獻倫理學之新原則，曰「至近至神」（「答張內翰」，見上文）。淺釋之，此即謂凡最親近吾人者，就是最有神聖價值的。湛甘泉解曰：「夫婦居室之間，無非鳶飛魚躍妙理，活潑潑地，非至近至神乎？」由是推想，其與人生最接近、最親切之心術、動機、人格、日用百行、及倫常關係，正是最真實之神聖品，而具有最崇高的精神價值者也。先生另有詩曰：

兩腳著地此何關？白雲與爾去同還。正當海闊天高處。不離區區畦步間。（「次韻張廷實」，卷十頁三一——二二）

「書」曰：「上帝臨汝，毋貳爾心」。「中庸」曰：「道不遠人」。耶穌曰：「天國近矣」，「在地若天」，及「上帝國就在你們中間」。凡此涵義皆以迺神迺聖屬精神界之天道、不是高高在上，或遠遠在外，而卻是就在每個人方寸之間，如操心、人格、行為、尤其在人與人種種自然倫理關繫之中——父母、夫妻、子女、兄弟、朋友、師弟、賓主（即舊之君臣、上司下屬，今之東家西家，資本家勞動者），以及家庭、社會、民族、國家，推而至全人類——舉凡人與人相處必以敬、以愛、以忠，以同情、以互助，使人生、社會、或國際間一切關係得到和平、公道、友愛、合理、歡樂、諧洽的生活焉。夫如是，天上地下還有可比這境界更為神聖者乎？（謹案：余更以為此一大原則誠可作為溝通儒耶真道、即東西兩大文化體系之樞紐；於此未及詳陳。）

先生畢生實行所教、言行一致，對於自己正心，修身，對於人生倫理，咸盡職責。吾見夫其仁愛的善心、禮義的懿行、廉潔的操守、清高的品格；又見其出處之有節、治家之有道、待人之和厚、孝親之誠篤、愛國之忠誠、及民族精神之表現矣（看上文傳記）。先生之一生，就是他的活潑潑的倫理學。

十一、與天地同體

由來，「天人合一」是吾國思想界之傳統的觀念與終極的理想。道家如莊子本有此概念，但是以人合天——要人離開世界而推往天上去，而儒家則注重人生界，以天合人，把天拉下來到人間。宋儒多有此理想。其尤著者，程明道曰：「仁者渾然與物同體」（「遺書」卷二），是以人道之仁而合天人於一。白沙先生更發揮其真諦。有曰：

人與天地同體，四時以行，百物以生。若滯在一處（即謂天自天，人自人，兩相限隔，不能合一）？安能爲造化之主耶？（「與湛甘泉」，卷三頁六二）（按：此謂天人合一，而人爲樞紐，主宰萬物，握造化之機。）

月行在青天。月影沉碧水。誰爲弄影人？吾與黎生耳。（「贈黎秀才」，卷六頁二三）

甘泉解曰：「道形於天地之間，為四時、為萬物、為逝水、為鳶魚、為風月、皆與道為體者。若能俯仰觀察，則見充塞流行，與我同體，而自強不息矣。」（「古詩教解」，卷下頁二八）

夫吾人既於心中體認自然進化之真理，悉依此心此理以生活焉，即是將自己小我與宇宙大我溶合我間，化為一體。從此，心體與物理既得湊泊，精神與物質（即靈與肉）亦得統一，於是內外湊泊，天人合一，了無限隔，了無衝突，是之謂「順應自然」（卷三頁五〇），即是適應自然、契合自然、與同化自然。白沙先生之自然本體論，以宇宙是進動無已、創化無已的。故「與天地同體」云者，即是投身宇宙進化之大程序中，參加其創造之工作，所謂參天地、贊化育（中庸），是乾乾不息、剛健中正（「易」）之儒家至理也。

至於先生「異體骨肉親，有生皆我與」之妙句（「偶得寄東所」，卷六頁二六），即是張橫渠「民吾同胞」之義（先生最服膺張子「西銘」，屢見諸詩句），所以實現天人一體及人生界「一貫」者。此又與今人之所謂「社會一體」、「社會意識」之理同調。夫既覺悟人我實為同胞骨肉之親，社會既如四肢五官之同體，則人類休戚相關，福禍與共，苦樂同受，利害均等，吾人自當與超惻隱慈悲之同感，養成仁愛同情之美德，尤當本著犧牲與服務之精神，努力於捨己為人、互助合作之工作，則大同世界、人間天國，豈不可期歟？

十二、關於生死

先生對於生死的觀念，亦有所表示，如有句云：

所以慰我情，無非畹與田（兩小孫名）。提攜眾雛上。啼笑高堂前。此事如不樂，他尚何樂焉？……聊以悅我頃，焉知身後年？（「漫題」，卷六頁一二）

由此可知其似乎只是功在修身，樂在人倫，得在此生，而不遑顧及生死與死後的問題。然而在其他詩文則有句曰：

死生若晝夜。當速何必久？即死無所憐。乾坤一芻狗。（「觀夢化書六字曰『造物一場變化』」，卷六頁七）

人生如朝露。死亦同蜕蟬。（「輓群夫人詩」，卷七頁一一）

生之謂來。死之謂往。往來之間，奚得奚喪？（「奠何教授文」，卷五頁二一）

一痕春水一條煙。化化生生各自然。七尺形軀非我有。兩家寒暑任推遷。（「觀物」，卷十頁六七）

先生對於生死如此之觀念，大概得自莊子：「死生為晝夜，且吾與子觀化而化及我」（「至樂」），「死生命也，其有（猶）夜旦之常，天也。人之所有不得與（參與也），皆物之情也。……不如兩忘而化其道」（「大宗師」），「以死生終始，將為晝夜，而莫之能滑」（「田子方」），等語。如是，以理化情，由化觀物之達觀，洵能看透一生一死本是自然界生生化化之一鐶、為人生必然現象及過程、莫能或免者，又何必憂生畏死而戚戚於心哉？兩忘之可也！

然儒家亦有與此相同之觀念。「易」繫辭曰：原始要終、故知生死之說」。楊雄曰：「有生者必有死，有始者必有終，自然之道也」（「法言」卷十二，「君子」）。王充曰：「人之死，猶火之滅也」（「論衡」「論死篇」）。可見此達觀為吾國古代哲學家共有的通常的思想，非道家創新及獨有者也。至張橫渠更有超越的觀念曰：「存吾順也，沒吾寧也」；「聚亦吾體，散亦吾體。知死之不亡者，可與言性矣」；「盡性、然後知生無所得，則死無所喪」（「西銘」）；則是高優於道家之觀念矣。白沙先生於喪親、喪妻、喪子、喪友之哀痛逾恆，是自然之情、發而中節者，然深得莊子及儒家合理化之達觀，故能減少痛苦，消除怨天尤人之心理及對世界與生命之悲觀，而終能繼續保持其積極的、道德的、「自得」的、樂天樂生的人生觀。

不甯唯是，先生對於生死問題於以理化情之達觀外，更有進一步的創新的大貢獻；即是：死後永生的希望。蓋以其深信吾人的生命程序，不遂停止於區區數十年即便完了的死亡，而實繼續不斷、連貫下去，永永不滅的。此是由「渾然與天地同體」之觀念發展出來，而與張橫渠「知死之不亡」同調者，屢屢表現於詩句，如云：

不亡吾道在，萬萬歲相連。（「寄東所」，卷七頁四〇）

天地無窮年。無窮吾亦在。（「曉枕」，卷六頁二六）

夫造道之士既知「天地人之一體」（甘泉語），即進而悟到我之生命是與道同化、與天地同體者，將必超乎夭壽之算而與自然宇宙同壽者矣。此是倫理化的與理性他的永生論，誠高出吾國傳統的理想——立德、立功、立言、三不朽（「左傳」襄二十四年），古猶太之形而下的永生論，與佛家之寂滅論（涅槃）之上者。懷此希望，得此精神的鼓舞，學者得不愈為努力於進學、修德、愛人、救國、淑世之大業乎？孔子云：「不知生、焉知死？」而白沙先生之學更有死後永生的思想。此則非孔道之革命、實儒學之進一步之闡揚也。

總而言之，白沙學說確為孔子道脈真傳，運用自然哲學、融會各家精義、集其大成、以發揚光大儒學之奧義真諦。於全部體系中，此宗旨一貫。茲再錄先生一律以為徵，並以結束全篇。

六經如日朝出東。夫子之教百代崇。揆之千聖無不合。施之萬事無不中。水南新抽桃葉碧。山北亦放桃花紅。乾坤生意每如是。萬古不息誰爲功？（「次韻莊定山謁見孔廟」卷八頁七一）

民國五十七年六月脫稿於龍猛進書屋

民國六十年六月修正

原刊於《廣東文獻》一卷一、二、三期

陳白沙在明代詩史之地位

饒宗頤

一、詩家正脈

明代理學家多能詩，名高者前有陳白沙，後有王陽明，而白沙影響尤大。此一路乃承宋詩之餘緒，推尊杜甫、邵雍二家，取道統觀念，納之於詩。白沙有句云：『子美（杜甫）詩之聖，堯夫（邵雍）又別傳，後來操翰者，二妙少能兼。』此在詩論上可謂別闢蹊徑。杜為詩中聖人，此宋代詩人之公論；邵之「擊壤集」，理趣至深，以詩論道，因其詩可以窺道學之妙（註一），白沙取杜與邵相配，稱為「二妙」。其後唐荊川之徒選「二妙集」，即以白沙及（莊）定山、（唐）荊川三家詩，繼草堂、擊壤之後，以為「詩家正脈，即在乎是」（註二）。然白沙此說頗引起後人之反對，錢謙益云：

『子美堯夫之詩，其可得而兼乎？東食西宿，眞英雄欺人之語。』

又譏「二妙集」之編選謂：

『豈惟令少陵攢眉，亦當笑破白沙之口（註三）。』

按金時段克己、成己、二家總集合曰「二妙集」（註四）。此用其名，而取義「二妙」，則出自白沙句：『二妙少能兼』。詩之與道，本如南轅北轍，今乃合而為一，故牧齋譏其為東食西宿。荊川之徒，提出「詩家正脈」四字，主張詩以載道，此則明代道學家之文學觀點，未始非出於白沙之啟迪也。牧齋曾將白沙陽明二家詩作一比較云：

『以世眼觀之，公甫（白沙字）何敢望伯安；以法眼觀之，伯安瞠乎後矣。』

從俗諦而論，陽明自有千秋，以道諦而言，則白沙當在陽明之上，以此定兩家之優劣，則白沙鴻地立之高，可以見矣。

二、白沙詩學淵源與吳康齋詩之比較

白沙師事吳康齋（與弼），楊希閔撰吳康齋年譜云：『宣德三年戊申三十八歲居水陂，白沙來從學（註五）。』康齋問喜吟詠，有詩集七卷，不下千首。康齋集今存有萬曆刊本，前七卷皆為詩集，其中有洪都，遊金陵，金臺，適閩，東遊，饒州等稾。其即事一首起永樂庚寅，時年十九。其詩題如「讀中庸」，「變他氣質消磨習俗」，學究氣甚重，有誦晦庵詩次韻，頗學朱子之風格。懶吟又近邵雍。劉蕺山言康齋之學，刻苦奮勵，多從五更枕上汗流淚下得來，及乎得之而有以樂，則又七十年如一日，憤樂相生。今觀其詩：

乙巳正月十九夜上作

樂以忘憂理渾然，後生豈易造斯言，歙然下學無他法，一味深功見性偏。

具見其發憤克己之精神。其佳製如：

山中見梅花

茅庵深處路縈斜，老樹遙看近臘花，何事幽人吟未到，遊蜂先已得春華。

輕靈閒暇，無半點烟火氣。康齋於詩，好之甚篤，如錄詩稾一首云：

晴日鳥相喚，輕風花亂飛；紅塵休入戶，次第正抄詩。

又絕句云：「新詩盡日恣冥搜」，雅興逸致，理學家而兼為詩人者也。白沙從學康齋，於詩之有深契，藉吟詠以發越情性，似受康齋之薰陶，然白沙於詩成就，實在乃師之上，故牧齋列朝詩集丙，以康齋詩用白沙之後，自非無故。康齋與白沙精神上，根本大有逕庭。康齋從胼手胝足中修養得睟面盎背，由苦中得樂，一團渾樸氣象，可追太古（顧涇陽語），工夫處全在「憤」「樂」相生；白沙則任自然，與蒙莊相滲透，深得至樂篇山林皋壤之趣；不徒樂山樂水，作仁智之體會。康齋全是道德境界，白沙則為藝術境界，此其異耳。

三、陳莊體白沙與莊泉

白沙與莊泉（註六）齊名，時號陳莊體（朱彝尊靜志居詩語）。兩人互相推重，白沙有『百鍊不如莊定山』語，而定山贊白沙則云：『非謝非陶莫浪猜，了無一字出安排。』定山集有明嘉靖刻本（十行十八字），北平圖書館舊藏者，殘存四卷二冊，陳常道所編，周子滿校正，劉子縉刻於定山書院。前有喜靖十四年湛甘泉序略謂：

周子劉子告於甘泉子曰：子於白沙先生詩教詩旨則既有述矣；於定山先生之詩，其獨能無言乎？二公蓋同首者也。故定山題白沙詩有曰：「才力凡今我與翁，百年端許自知公，橫渠老筆須終勁，周子通書自不同。」

陳莊二人為同道，所作詩可謂同調。定山集卷四有讀白沙先生詩集四首，其他唱和之作尤夥。定山對於白沙門人，亦時有贈答（如送白沙門人容彥昭，陳秉常回南海和杜句云：『可久亦可大，自抱賢人業。』）交情之深，可以概見。

定山成化中與章懋，黃仲昭以諫元夕張燈而被杖（陔餘叢考十七「唐時簿尉受杖」條），以行人歸不復出山，其將致仕，白沙寄以詩云：『欲歸不歸何遲遲，不是孤臣託疾時，此是定山最高處，江門漁父卻能知。』江門漁父即白沙自謂也，語中有諷，或云定山為瓊山閣學所責，以祖訓有不仕之刑，定山不得已遂入京補官，白沙賦此詩，且謂人曰：『定山豈以久病昏其出處耶？』清全祖望為此而撰「莊定山論」（鮚埼亭集二十九）。白沙出處不苟，於平生大分，絕不為利害所怵，此為定山所不及。兩性情之異，王船山於「俟解」記其佚事云：

> 陳白沙與莊定山同渡，舟中有惡少，知爲兩先生而侮之，縱談淫媟，至不忍聞。定山怒形於色，回視白沙，神色甚和，若不見其人，不聞其語者，定山以此服白沙爲不可及。（古籍出版社印本第八頁）

白沙喫緊工夫全在涵養，涵養則「心常在內」。其書漫筆後云：『文章功業氣節，困皆自吾涵養中來。』其純為經驗之談，即此一端，已可見其日常之涵養功深矣。

定山遊茆山詩有句云：

『山教太極圈中闊，天放先生帽子高。』

而白沙寄定山詩云：

『影響馳驅等是勞，風流今古幾人豪，但聞司馬衣裳古，更見伊川帽桶高，岩菲無風松子落，翠屏終古白雲交。定山樣子從來別，詩變堯夫酒變陶。』

是詩頗為人傳誦，「帽桶高」句與定山之「帽子高」，互相沿襲，亦不免為人詬病，明人所謂陳莊體者，蓋多指此類也。

四、白沙詩與禪明人之評論

白沙之學，人或譏其近禪，於詩亦然。宏治間安磐撰頤山詩話稱：『公甫自是禪學，如「道人本自畏炎炎，一榻清風卷畫簾，無奈華胥留不得，起憑香几讀華嚴。」又「天涯放逐渾閒是，消得金剛一部經。」（歷代詩話本），舉出白沙誦讀佛書之證據。

揚升庵丹鉛總錄十九謂，「（白沙詩）七言近體，效簡齋，康節之渣滓，如禪家呵佛罵祖之語，殆是傳燈錄偈子，非詩也。若其古詩之美，何可掩哉。然謬解者，皆篇篇附於心學性理，則是癡人說夢矣。」此特譏湛甘泉為白沙詩妄加箋釋，將白沙之詩「經義化」起來，而目為詩教，錢牧齋亦深予詆誚，此一責任不在白沙本人，而在其門人輩為之曲解。王世貞藝苑巵言云：

『陳公甫如學禪家，偶得一自然語，謂爲遊戲三味……晚節始自會心，偶然詩之，或倦而躍然以醒，不飲而陶然以醉，不自知其所以然也。』

蓋弇州至晚年始能了解白沙詩之妙處。周亮工書影記弇州臨歿手坡集不釋，例亦同此。輕詞華而涉理趣，嗜好之變更，自與年事不無關係焉。

白沙之詩雖間授用佛書，不能以此遂謂其為禪。猶邵堯夫繫壤集有「學佛吟」七律句云：『怕死老年親釋迦。』（卷十四）吾人不能以此遂謂堯夫為禪家也。清陸世儀論陳（白沙、王（陽明））之學，謂：

『白沙曾點之流，其意一主於洒脱曠閒，以爲受用，不屑苦思力索，故其平日亦多賦詩寫字以自遣，使與禪思相近。或強問其心傳，則答之曰：「有學無學，有覺無覺」，言未嘗有得於禪也。』（清全祖望撰陸桴亭先生傳）

其言良是。今讀白沙詩，如云：

『託仙終被謗，託佛豈多修；弄艇江門月，聞歌碧玉樓。』

能放乎自得之場，仙佛皆非安身託命之地。其隨筆詩云：

『人不能外事，事不能外理，二障佛所名，吾儒寧有此。』

宇宙即已分內事，故云不能外事，事行而理生，故云不能外理。佛家戒事理二障，滯於事則為事障，滯於理則為理障。白沙皈依儒術，儒家真機活潑，隨事體認天理，根本無此二障可言。或云「蘇黃事障程邵理障」（胡元瑞詩藪內編）。讀白沙詩者，實當破此二障，如強為說教，即是橫添上理障，雖甘泉亦不免貽譏焉。其示湛雨：

『天命流行，眞機活潑，水到渠成，鳶飛魚躍。得山莫杖，臨濟莫喝，萬化自然，太虛何說。』

活潑潑地之真機，絲毫不滯礙，連杖與喝可以不要，是超越禪家了。此真機大有異於禪機，已非佛家之藩籬所能拘囿矣。

五、「不安排」之義

莊定山贊白沙詩「了無一字出安排，安排是一種障礙，」白沙句云：『從前欲洗安排障，萬古斯文看日星。』要每一字自然流露出來，須先洗滌心靈，澡雪五藏。易傳言：『聖人以此洗心，退藏於密。』故白沙有夢作洗心詩，又題心泉句云：『不將泉照面，白日多飛塵。』泉比本性，塵喻外物，去障則能不為塵所染。又句云：

『斷除嗜欲想，永撤天機障，身居萬物中，心在萬物上。』

莊子云：「其嗜欲深者，其天機淺。」欲使天機免於障蔽，須斷卻嗜欲，真機既出，一念超乎萬物之上。白沙所造為極高明之境界，得力中庸之精髓。其言自然與忘我，精神尤接近莊子。

㈠自然：白沙：『自然之樂，乃真樂也。宇宙間復有何事？』此猶莊子之至樂。又云：『宇宙內更有何事，天自信天，地自信地，吾自信吾，自動自靜，自闔自闢，自舒自卷。』此與莊子大宗師「自本自根」義略同。

㈡忘我：白沙云：『忘我而我大，不求勝物，而物莫能撓。』猶莊子之「至人無己」及「物物而不物於物」之義。又云：『飛雲之高幾千仞……若履平地，四顧脫然，此其人內忘其心，外忘其形，其氣浩然，物莫能干，神遊八極。』此直是莊子坐忘之論。

白沙夢後作句云：『幻迹有去來，達觀無古今。』而莊子云：『見獨而後能無古今。』白沙言「從靜中養出端倪」。養其真機無往而不自適，自得之趣，發於詩文，亦自復爾。或問著述，白沙答曰伏羲數畫耳。易簡而天下之理自得，又何待乎安排耶？示黃昊句云：

『高明之至，無物不覆，反求諸身，欛柄在手。』

故知不安排是其作人之欛柄，亦為其作詩之欛柄。

六、白沙詩集之初刻本

白沙集板本，其嘉靖本曰「白沙子」者，影印於四部叢刊三編，張元濟為跋，論述最詳。略謂其「全集吉水羅僑始刊於弘治乙丑，詩文各十卷；越三年至正德戊辰，莆田林齊重訂而補刻之；嘉靖癸巳西蜀高簡又刻於維揚，有所增削，無為八卷，即此本也。至嘉靖辛亥，內江簫世廷又刻之，增為九卷，其後萬曆辛丑，閩林裕陽，壬子同邑何熊祥先後覆刻，大率取材是本」。（涉園序跋二四二頁）弘治全集本，今不可見，惟北平圖書館有弘治刻本「白沙先生詩近稾」十卷，為府同知吳獻臣（廷舉）所錄，自成化甲辰至弘治乙卯正月，得六百八篇（見弘治丙子嘉魚李承箕序），起甲辰春中雜詩三首，與他本之起和龜山「此日不再得」

韻，編次不同，此「詩近稾」九行，行十五字，二冊，為詩集初刻本，可謂瓌寶。至嘉靖刊本，白沙全集有二十一卷本者，門人張詡編，詩起於卷十一至卷二十一（有七言絕句補遺。）此二種均有足記，故略述之，用俟專究白沙集者之考覽焉。

七、白沙之餘響

詩有性情與風韻兩條件，理學家之詩，有時亦風神獨絕。白沙見解謂：『論性情先論風韻，無風韻則無詩矣。』仍以風韻為重，故牧齋直目之為詩人，不敢斥其詩為偈語，誠為知言。白沙云：『學詩須先理會古人性情。』又謂：『黃涪翁（山谷）大雅堂記……正詩家大體所關處，不可不理會。大抵詩貴平易洞達自然含蓄不露。』（批答張廷實詩）又示李孔修近詩云：『或疑子美聖，未若陶潛淡，習氣移性情，正坐聞道晚。』則又未曾外性情而言詩。其詩遠慕陶公（集中有和陶十二首），而近與江西接武。故說者謂其間襲后山、半山佳句（註七）。尤見白沙吟詠，雖主循乎自然，仍不廢警策及鑪錘也。

白沙謂定山：『詩變堯夫酒變陶』，其自作詩亦多田堯夫變來，塗轍未異。白沙門人新淦蕭子鵬，同時豐城楊廉皆好陳莊體，廉有月湖集，至被目為月湖詩派（註八）。定山「溪邊鳥訝天機語，擔上海挑太極行」句，楊廉以為高出杜子美，安磐頤山詩話乃深加訾議，四庫提要（詩文評類二）以為公論。錢牧齋云：『此等謬種流入後生八識田中，真所謂下劣詩魔，斷送詩家多生慧命。』可謂極詆諆之能事矣。唐順之詩本學初唐，中年為詩乃涉理路，至有

「味為補虛一試肉，事求如意屢生嗔」一類惡句，藝苑巵言譏其不減定山擔挑太極為詞林笑端。理學家詩之為人訕笑，往往如此。

王船山於白沙詩最為服膺，薑齋詩集卷四過半為和白沙之作，摘句如次：

莫道我狷彼狂，共弄暮天空碧（書陳羅二先生詩後之一）。

天下古今幾許，梨花春雨黃昏（見狂生詆康齋白沙者漫題）。

又夕堂戲墨（卷六）倣體詩（仿明代諸家體），仿陳獻章晚酌云：

芒鞵是處尋春好，不揀蒼苔與沁泥。

薑齋文集三讀李大崖墓誌銘書後，於江門風月，黃公臺披衿相對，扶疏葱蔚，挂青天而蔭滄海，境界之高起，深致景慕。船山最能體會白沙高夐之真精神，曠世相感，尤值得抉發者也。

粵人之蒙白沙之教者，甘泉而下，實繁有徒。至清而胡方大靈（學者稱金竹先生）和天然和尚梅花詩百二十首，假物明道，寓言講學，誠白沙之嗣響。何夢瑤有絕句詠之曰：『觀於海者難為水，若問源頭天上來；識得江門為正派，始知金竹是高才。』自注云：『詩至白沙，高出千古，胡金竹繼之，此非予阿好之言，後世自有定論耳。』乃作海花四體詩箋。屈大均云：「粵人以道為詩，自白沙始。」（註九）何氏之於金竹，亦猶湛氏之於白沙，正一脈相承也。（註一〇）

註釋：

註一：見成化乙未希古擊壤集引。

註二：列朝詩集。

註三：列朝詩集。

註四：現存北平圖書館有元刊明修九行本二妙集。

註五：見白沙集書玉枕詩後。

註六：衵江浦人。事蹟詳明史一七九，明儒學案四五。

註七：錢氏談藝錄一百六十六頁，指出后山題宗室（趙士陳）明發高軒過：「晚知書畫真有益，卻悔歲月來無多」句，而白沙寄林虛窗句「開眼已知真有益，後來歲月悔無多」，即襲用之。

註八：見竹坨詩話。一鵬嘗演天地自然圖，參皇明世說新卷七。楊廉見明史二八二。陳田明詩紀事丙籤九只收楊廉題畫一首。

註九：陳顒讀嶺南人詩絕句三百〇一頁。

註一〇：本文為一九六六年十一月白沙先生紀念會演講稿，作者附誌。

原刊於《廣東文獻》一卷二期

陳白沙與崔菊坡

陳本

一、緒言

予隨諸君後，組設白沙文化教育基金會，嘗以復興文教之主旨，揭告於邦人，去冬，白沙先生誕辰，而同人曾假香港大會堂，舉行祀禮，藉申祝敬，並徵求詩文，以揚嶺學，複刊布白沙語要，用廣流傳。蓋純本白沙先生「此心此理」之微意。竊白沙之教，自吾鄉湛文簡甘泉（若水）起，已發揚光大，迨清黃黎洲明儒學案出，亦已揭其精蘊。近代學者，如梁任公、張君勱、鍾泰、熊十力、謝無量、吳敬軒、簡又文、黃華表諸前輩，各有闡述，互有發明，詳矣備矣！似可無庸費辭，徒貽續貂之陋。惟愚者一得，或可見許於通人。故不揣淺薄，爰以吾粵間出之二先賢為題，略誌其行以為世範，且以寄所慕爾。

二、白沙學旨索源

白沙先生之學，以虛為基本，以靜為門戶；以四方上下往古來今，穿湊泊為匡郭；以日用常行分殊為功用；以勿忘勿助之間為體認之則；以未嘗致力而應用不遺為實得；以無所動其心為自得。

白沙先生本列崇仁（吳康齋）門墻，然自謂所得不由康齋。蓋先生於斯道致力二十餘年之久，始則杜門掃室，靜坐冥思，繼則孤嘯清歌，忘形骸，去心知，自信自樂，乃大悟廣大高明不離日用。一真萬事，本自圓成，動靜大小精粗，一以貫之，由博反約，遂微乎道體（自然）之妙，而極乎自得之深，故能超爾不凡獨立門戶。其弟子以湛甘泉（若水）為最深契，以李承箕（世卿）張東所（詡）為最莫逆，以林緝熙為最久處，以賀醫閭為最忠實，派衍流長，世稱嶺學。

究其學源，則先生乃受吾鄉崔清獻公菊坡（名與之、字正子、增城人、）之言行所感召，有以導之。蓋其生平私淑菊坡老而彌篤，至形諸夢寐，發為詩歌，贊之不已，且圖像配祀，事之如師焉！（據廣州人物傳，羊城古鈔）

茲再列舉白沙先生之詩文數篇以證：

崔清獻公題劍閣詞曰：

右調水調歌頭，乃吾鄉先輩先生崔清獻公鎮蜀時，題劍閣，即此詞也。曩夢拜公，坐我于牀，與語平生仕止久速，偶及之，仰視公顏色可親，一步趨開，不知其已翱翔於蓬萊道山之上，欲從之上下而無由，因請公手書，公忻然命其紙筆。嗚呼！古今幽明一理，人之所見，則有同異，感而通之，其夢也耶？其非夢也耶？

白沙之夢見菊坡，是猶孔子之夢見周公也。其私淑嚮往之誠，可謂至矣！其所謂「幽明一理」「感而通之」，可見存誠之功著矣！抑亦昌黎所云「士有曠百世而相感者」也。則白沙之學問思想，是受菊坡精神之啟發，於此文可徵矣。

又紀夢詩曰：

清獻堂堂三百春，夢中眉宇見大人。報君西蜀青油幕，老我東籬白葛巾。萬里歸心長短賦，九天辭表十三陳。南風欲理增江棹，也借青山卜墓鄰。

詩中以「堂堂」二字贊菊坡，高矣！以「天人」許菊坡，至矣！結以「南風欲理增江棹，也借青山卜墓鄰」二語，大有古人「死猶穿塚傍要離」之想。可見白沙私淑菊坡，而生死以之精誠，脗合無間。

又謁清獻公真容詩曰：

羊石臥古佛，仙遊照福星。清風瀰宇宙，白首拜丹青。

又詩並序同日客有遺紫菊者，遂以薦之。曰：

高風千古振浮華，擬酌寒泉薦菊花，江上一株紅帶雨，丹青同日到山家。

又祭菊坡文曰：

先生宋代之名臣，吾鄉之先哲。卷舒太空之雲，表裏秋潭之月。淮蜀委之而有餘，疑丞尊之而不屑。故能効力於當時，全身於晚節。猗歟先生！挺生南粵。廣厚深沉，清通郎徹。藐予區區，心馳夢謁。稽首丹青，聲欬若接。取彼神丹，點茲頑鐵。庶幾百年，不遠塗轍。秋菊之芳，寒泉之冽，奚以薦之，用表貞潔。

文中「稽首丹青，謦欬若接。」二語，大有孔子法堯，見堯於羹，見堯於墻之狀。是亦中庸「誠則明矣」之功也。至於「取彼神丹，點茲頑鐵。庶幾百年，不遠塗轍」四語，有孔門諸子之事仲尼，孔步亦步，孔趨亦趨，予率以正，孰敢不正之意。故明黃泰泉廣州人物謂：「陳文恭奉先師孔子於碧玉樓，而迎清獻公（菊坡）畫像配祀，事之如師。」信不誣也。

三、白沙心學源於菊坡

竊考菊坡書疏諸篇，及其出處作用，悉據六經，發為昌言。而同時知名之士，如洪咨夔(不齋)稱之曰：

「尚書志正而氣一，養熟而道凝。惟其視宇宙之大，無一物足以動其心，所以安分義之閑，雖萬種不能奪其志。」——（見洪忠文平齋與菊坡尚書書）

又洪氏在朝遺與之書，有曰：

「縉紳間謂凡在制閫，莫有終譽，獨吾菊坡，不待躡足之疑，便引掉頭之興，綽然餘裕，久而彌安。蓋其胸中，浩乎而淵，盎乎而春，富貴貧賤不能移吾之所樂，（按即白沙先生所謂自得）惟先生有之。」（見平齋文集）

又洪氏在蜀跋與之書翰，有曰；

「以績栗緯恢博，以簡靜翼方嚴。……用能起久憊之俗，弭紛集之變」。

又洪氏記與之在淮重修城濠文，有曰：

「公以正大學問，發爲政事，所至聲迹彰灼。擊楫東來，恩信孚洽，軍民歸命，恃爲長城。」（俱見平齋文集及李肖龍崔清獻公言行錄）

游似（克齋）稱之曰；

「故丞相清獻崔公，居今行古，每以前哲之微言懿行自度，大書深刻，環列齋房，朝夕顧瞻，周旋罔墜。及啓手足前數月，乃復取王文正、邵康節語，合而書之，以示其心之所存。然則公平日之學，蓋以治己之嚴，形爲恤民之寬也。」（游克齋跋菊坡所書自克格言，見崔清獻公言行錄）

文天祥（文天）稱之曰：

「菊坡翁盛德清風，跨映一代。今觀兩帖所稱，規模、意向、局面、話頭者，則文武之道具是矣！」（文山跋菊坡二帖，見文文山集）

明人梁異稱之曰：

「公以王佐經濟之才，負正大淵源之學。」「讀書務通大義，不事章句；爲文務得大體，不事靡細。」（見梁異撰重修崔清獻公墓誌）

明人李肖龍（叔膺）曰：

「清獻崔公，以嶺海間氣，爲聖代偉人。出仕也，得尹（伊尹）之任；應物也，得惠（柳下惠）之和，遯世也，得夷（伯夷）之清。仕止久速，各當可也，其庶幾聖之時！」（見李肖龍跋崔清獻公言行錄序）

綜觀宋明諸賢論列，則菊坡之學，乃遠承孔孟，近紹程朱，並融會堯夫（邵康節）象山（陸九淵）之心學，蔚成真實大學問，下開白沙先生之江門學派，為嶺學之先河。茲條舉菊坡書疏要語如次，以資印證。

其除祕書監時，嘗遺其弟書，有曰：

「官職易得，名節難全，及茲末路，正要結果分明，有如翱翔蓬萊道山之上，平生夢寐所不到，尚復何求。」

是即白沙所謂：「斯理無內外，無終始，無處不到，無息不運。會此，則天地我立，萬化我出，而宇宙在我矣。得此把柄，更有何事？上下四方往古來今，渾是一片。」又「隨時屈伸，與道翱翔，固吾儒事，吾志其行乎！」又「名節者，道之藩籬，藩籬不守，其中未有能獨存者也。」之教所從來。

其除祕書監詩陳奏，有曰：

「內外之情不通，最爲今日之大患，人才之進退，言言之通塞，國勢之安危繫焉！」

可謂深得孔子傳泰否二彖所言，上下交通，君子小人消長之戒也。是猶白沙所謂「旁引善類，以扶天地之元氣；大明公道，以壽國家的命脈。」又謂：「君子一心，足以開萬世，小人百惑足以喪家邦。何者？心存與分存也。夫此心存則一，一則誠；不存則惑，惑則偽，所以「開萬世」「喪家邦」者不在多，誠為之間而足矣。」可與菊坡奏語相發明者矣。

其答理宗詢政事之當行罷，及人才之當用舍箚子，有曰：

「忠實而有才者，上也，才雖不高而忠實有守者，次也，用人之道，無逾於此矣。」又云：「用人聽言，爲立國之本，自任則用人不廣，自是則聽言不專，而用人聽言之本，又皆歸之清心寡欲。」

是得孔子與子貢論士，貴才守而賤斗筲之義也。所謂「皆歸之清心寡欲」者，即白沙以「自然為大，無欲為至，即心觀物，以揆聖人之用，行乎日用事物之間」也。又謂「自任則用人不廣，自是則聽言不專。」即白沙云：「有蔽則暗，無蔽則明。耳之蔽聲，目之蔽色，蔽口鼻以臭味，蔽四肢以安佚；一掬之力，不勝群蔽，則去禽獸不遠矣！知其蔽而去之，人欲日消，天理日明。」者也。

至其易簀前遺表，有曰：

「事有萬變而隱乎微，人惟一心而攻者眾。」

是得孔子繫易豫六二之戒，及尚書「危微精一，人心惟危，道心惟微，惟精惟一，允執厥中」之訓也。亦即白沙所謂「變之未形也，以為不變，既形也，而謂之變，非知變者也。」所在重在「靜中養出端倪。」

又曰：

「毋不敬，則內敬常存；思無邪，則外邪難入。」

是得孔子刪詩訂禮之要。敬字，又為聖學之心傳。即白沙所謂忘我而我大，不求勝物而物莫能撓。「善端日培養，庶免物欲戕」

又曰：

「天下以身爲本，惟聖人以禮自防。」

是得大學「終身為本」，論語「非禮勿動」之旨也。蓋即白沙謂「人身與天地參立，豈可不知貴重，日與逐逐者任耶？」又謂「禮無所不統，有不可須臾離者，克己復禮，是也。」

又曰：

「凡興居食息之間，無非恐懼修省之地。此則修身之要者，在乎恪行。」

是即大學所謂「慎獨」，而論語所謂「無終食之間違仁，造次必於是，顛沛必於是」者也。與白沙之學，常言「日用間隨處體認天理」，而重在「終日乾乾，只是收拾此理而已。」之旨同義。

又曰：

「出而大小忠良之臣箴規之日少，入而左右倿倖之徒承順之時多。」

亦即白沙所謂「一掬之力，不勝群蔽，則去禽獸不遠矣」之戒也。

又曰：

「倘戒謹之意稍衰，則清明之躬易怠。」

是則白沙所謂「人心本末體段皆一脈，只要養之以靜，便自開大」之意。

又曰：

「握君子小人之機，而辨之在早，審中國外夷之勢，而防於未然。」

明人萬潮（進賢）謂：「此數言者，廣大精微，殆與「伊訓」「說命」相表裏，誠千古心學之樞」。（見廣西重刻崔清獻公後錄序）信然！即白沙所謂「使此心常在內，則見理明後，自然成就得大」之義也。

其疾將革時，猶力疾手書曰：

「東南民力竭矣！諸賢寬得一分，民受一分之賜。」

是同乎司馬溫公（司馬光）病革，猶諄諄夢語，皆國家事也。亦即白沙所謂「以一念之仁，代血戰數萬之兵」之意。

其改處士劉皋之語，以為座右銘曰：

「無以嗜欲殺身！無以貨財殺子孫！無以政術殺民！無以學術殺天下後世！」

此四語，實為菊坡一生立德、立言、立功之大把柄，故能成就開大。與白沙教人「心地要寬平，識見要超卓，規模要闊遠，踐履要篤實」之訓，異辭同義。

與之常謂其門人曰：

「聖人之道，得周（濂溪）程（明道，伊川）朱（晦菴）張（橫渠）而大明，無庸後人妄作。」

是得孔子「予欲無言！天何言哉」之微旨，此乃菊坡「無以學術殺天下後世」之義也。亦即白沙謂「學者以自然為宗，不可不著意理會。」又曰：「予不事著述，而欲歸於無言。」故謂：「此理之妙不可言，吾或有得焉。心得而存之，口不可得而言之，此試言之而已，非吾所存矣。」與菊坡所言同義。

我國五千年傳統文化思想，以儒家學說為主流。而儒家之學，實由孔子集其大成。孔子稱唐堯，曰：「巍巍乎！惟天惟大，惟堯則之。」以故堯法天，舜受堯，禹受舜，廣之以「危、微、精、一」之理，此天人合一之儒家心學所肇端歟？文武之道，未墜於地，周公因之，孔子大之，曾（曾參）思（子思）承之，孟子續而昌之。自後儒家派衍雖緊，要以孔門心性之學為正傳，乃開宋儒性理，明儒心學，所以遂為歷代學深研窮討而至今勿替也。

其實儒家修己安人，動循仁義，反觀心性，其學自意誠心正，以致國治天下平。散為萬殊，合為一理。此菊坡白沙之學，異代同符，此心同，此理同。迹其微言，亦復可徵。故謂白沙之學，源於菊坡也。

四、白沙行事法自菊坡

崔陳二公之志事，有相同者，莫如出處大節，講學傳道。茲就其事蹟，並考諸賢論著，分別述之。

菊坡之屢辭理宗除命，或謂其高節，或謂其雅量，或謂其知幾，皆淺乎知菊坡也。惟莆陽李儀端（明宏治中廣東按察司）序清獻集之言，獨窺見隱蔽。其略曰：

「宋人立國繼統正，傳受明，奈黯后權臣，相倚爲姦利，子竑廢，而理宗立，旋又擠竑於死地，三綱論，人紀壞，國之所仗以爲精神氣脈者，斵喪無遺，大賢君子，確知其不可。思欲求無作於心，以扶植乎人紀。南康李公燔，莆陽陳公宓、南海崔公與之，沒齒不輕拜理宗除命，其意固有所主。然李曾露諸言論，人得而知。陳崔二公，則未嘗片言以著形迹。是以淹淹三百餘年，其事弗彰。予初讀宋史陳公傳，揆公所以不起，實有在，來南海乃得崔公言行錄觀之召帥湖南、帥江西、不起。再除吏部尚書又不起。值摧鋒軍士作亂，不忍鄉郡荼毒，黽勉一出，既平賊，遂謝閫寄，已而除參降麻，前後至十三疏，此公微意之所寓也。豈有倫絕晦蝕之人，而可與成大業者哉？

（按）宋氏此序，陳遇夫正學續傳論，亦極稱之。

白沙先生之辭赴吏部試，疏乞終養，豈受菊坡辭相之風所感發歟？是亦此心同此理同也。

據清人惲敬（子居）大雲山房文稿論白沙之不赴召，有曰：

「有明以來，言學人人殊矣，未有不致慎五倫者，先生（謂白沙）自正統十二年舉於鄉，十三年赴會試，景泰二年亦赴會試，後更十五年，至成化二年始赴會試，此何爲哉？蓋景帝之立，所以守社稷也，義本甚正。然英宗歸而錮之南內，則君臣之禮廢，而兄弟之恩絕矣！易太子則父子之道舛矣！至英宗復辟，輔之者幾同於篡，於是君臣父子兄之倫，不可復明，遂成一攘奪之天下。嗚呼！此先生所以不出也。人倫明而後道學正，故先生爲大儒。」

綜觀宋惲二氏之論，則菊坡白沙之能進以道，退以義，俱以倫常為重，白沙詩曰：「一囊包宇宙，到手問綱常」其志事之相契有如是者。然則儀端子居之發明，其論甚確，可謂深得孟子「論世知人」之微旨。此菊坡白沙之出處大節，有相同者，此其一。

至於崔陳二公之退居講學，門庭亙盛，以言教，以身教，不事著述，不傳語錄，所志亦同。且二公之教育門人，經所裁導，無不大成。菊坡之徒，如李昂英（字文溪。今廣州長堤海珠，舊有李宗簡祠，相傳是其讀書處址）溫若春輩，處為名儒，出為名宦。白沙之徒，如湛若水、李承箕、張詡輩，或為真儒，或為名理學家。此菊坡白沙之講學傳道，有互同者，又其一也。

至於日用常行，而白沙先生亦多取法菊坡。蓋菊坡自鎮蜀歸自羊城，嘗築室於故居之西偏（公之故居，在元曰蒲澗菊湖，今日倉邊路崔府街）扁「菊坡」刻韓魏公（琦）「老圃秋容淡，寒花晚節香」之句於門塾，居寢署曰「晚節堂」。蓋慕韓魏公「保初節易，保晚節難」之戒也。而白沙自京歸里，亦築碧玉之樓，以寶家傳之物，用揚先芬；築春陽之臺，以資藏修靜佳坐，體認天理。然而「晚節」「春陽」，互饒生意，曰春曰秋，隱寓相運相成之化，且春溫秋肅，亦各如其人。白沙固得春之盎，菊坡亦稟秋之嚴。而菊坡白沙之志趣相同者，此又其一也。

菊坡性愛菊花，好畜白雞，而白沙亦性愛梅花，好觀游魚。故菊坡貞潔，白沙瀟灑，志行斯同，是亦此物此志也。此其日用常行有相契者，斯又其一也。

菊坡嘗歸其子婦之奩田，（公子叔似，有資奩田六百畝，公命歸之）而白沙亦嘗封還縣令壽其母之餽金。此日用取與之間，有相同者，復又其一也。

右所舉凡五，可見白沙先生日用常行，多以菊坡為法，深得尚古友人之義。且更有奇合者，菊坡以功業著，白沙以講學顯，皆實至而名歸，為時賢後學所景仰，或廣建祠堂，以崇德報功；或遍建書院，以尊師重道。嘗考菊坡宦轍所至之地，若淮東，若西蜀（蜀人繪與之像於仙遊閣，配祀張詠趙忭，名曰三賢祠）若廣西，皆有祠，其祠吾粵者有四，宋淳佑間，廣帥方大琮，祠菊坡與張文獻（九齡）於學，（廣州學宮）名二獻祠。至宋咸淳間，經略劉應龍，以菊坡曾捐地建學，因於南海學（宋時南海縣學，在西城高桂坊）之左，祠之，其一則在蒲澗菊湖，即菊坡之故第也（按與之題劍閣詞，有「梅嶺綠陰青子，蒲澗清泉白石，怪我舊盟寒，烽火平安夜，歸夢到家山」之語）元大德間，其鄉人及其子孫，就其增城故居鳳凰山麓祠之，曰：鳳山書院，至清末猶存。生沒俱有祠堂崇祀，何莫非菊坡德業之所致哉！

白沙先生講學於里門，雖未嘗廣設庠序；顧其門人增城湛若水（甘泉）志於傳道，則凡講學所到之處，為先生建白沙書院，遍於南方各通都大邑；而大巡蕭友山，亦修廣城書院，崇祀白沙，可謂已極尊師重道之誠，何莫非白沙教澤有以致之哉！

然菊坡以祠堂稱，白沙以書院稱，後先輝映，百世猶興，此關於人心之慕賢向善有同然者，非倖致也，故並論及之。

五、菊坡白沙言行彙評

崔陳二公之言行，純矣！至矣！已略如上述，曷敢贊一辭。竊予自齠齡受學，知所景仰，尤最慕菊坡「無以嗜欲殺身，無以貨財殺子孫，無以政術殺民，無以學術殺天下後世」之四無銘語，及白沙「心地要寬平，識見要超卓，規模要闊大，踐履要篤實」之四要訓言，拳拳服膺久矣，常用以自克，輒欲纂編「菊坡年譜」「白沙學譜」，以就正世之有道君子，奈中更喪亂，家藏圖書散失迨盡，已感文獻之不足徵，而宿彥耆儒及故鄉父老，亦日漸凋謝，無從問道，是以遲遲未敢妄事述作，耿耿私衷，不無悵恨焉！茲值紀念白沙先生誕辰之會，本崇儒重道之夙志，特撰此文以揚吾粵二大賢之美，惟慮邦人猶未深知其在我國儒家正統地位，佔有極崇高極正大之一席，故再略舉崔陳二公同時諸賢及後世諸儒之論贊，分別陳之，庶或有補「知人論世」之助，可起「見賢思齊」之心。

（甲）宋、元、明、清諸名儒，對菊坡言行之述評

宋家大酉（家氏是蜀知名之士）稱之以詩曰：

「東海北海天下老，亦有盍歸西伯時。白麻不能起南海（菊坡封南海郡開國公），千載一人非公誰！」（見宋史本傳，李昂英崔清獻公行狀）

宋魏了翁稱其「洪度雅量」而真西山（德秀）自箴，亦曰：

「學未若臨邛（自注謂魏了翁）之邃，量未若南海（自注謂菊坡）之寬。」（見王伯厚因學紀聞）

宋李昂英（文溪）稱之曰：

「公之貧，有人不堪其憂者，處之安焉，所以富貴不淫，而清高照世。」（見李跋菊

坡太學生時書稿）

宋劉後村稱之曰：

「公之所立，百世猶興。」（見劉氏祭菊坡文）

宋文天祥稱之曰：

「菊坡翁盛德清風，跨映一代。」又曰：「文武之道具是矣！」（見文跋菊坡二帖）

元何成子（大德年間人）稱之曰：

「自端平（宋理宗年號）更化，當宁虛轄，白麻造門，中使終繹數千里，公（謂菊坡）辭至十數，竟不起。其胸中熟知進退存亡得喪之節，尚江曲江（張九）之出爲戒，夫豈富貴利達其心。」（見何氏崔清獻錄序）

明萬潮（字進賢，嘉靖廣西布政使）稱之曰：

「宋太師崔清獻公，英毅夙成，清介絕俗，文猷武略，身繫天下安危者四十年，進以禮，退以義，屹然大臣之風。（按宋史本傳謂屹然有大臣風）昔人謂公勁峻似張安定（張詠）廉約似趙清獻（趙汴），又謂公與張文獻（張九齡）爲嶺海五百年間出之賢。」（見萬氏清獻集序）

明陳紹儒（南海人，萬曆五年尚書）稱之曰：

「後之評公（謂菊坡）者曰『公之出處如子房（張良）』予曰公之忠貞如諸葛，公蓋漢二氏之流亞也。」。又曰：「士之輿論，則曰崔（菊坡謚清獻）張（九齡謚文獻）

二獻，嶺南百代文獻之宗。」（見陳撰南海學清獻公祠碑）

明李肖龍稱之曰：

「清獻崔公，以嶺海間氣，爲聖代偉人。」（見李撰崔清獻言行錄序）

明唐胄（琼山人，明都御史）稱之曰：

「公生平以博大精純之學，而勵之以嚴霜烈日之標，故清明在躬，日底深造而不可量。」（見唐撰崔清獻公言行錄序）

明陳璉（東莞人）稱之曰：

「劉文節光祖謂公勁峻似張安定，廉約似趙清獻，宋史謂公屹然有大臣風，蓋無愧也。」（見陳撰清獻公祠堂記）

明崔兆元（與之十三世孫，明崇禎舉人）述之曰：

「公之學問淵源，一本朱文公（朱熹）衣鉢，務期正心誠意，底至深醇。出而整世匡俗，吐論則經國之謨，振躬則帝佐之業。」（見崔撰崔清獻公集序）

清陳遇夫（台山人，康熙解元）稱之曰：

「儒生而具撥亂濟世之才者，於漢則盧尚書植，於唐則陸宣公贄，於宋則崔清獻公與之，其事業之正大光明，足相伯仲。讀公遺表一篇，而公之學可識矣，豈可以解經輯傳而後謂之儒哉。」（見陳著正學續傳論）

（乙）明、清諸名儒，對白沙言行之述評

明李遷（豫章人，西蜀布政使）稱之曰：

「浮丘之峰，桂海之碣，靜中端倪，作聖眞訣，獨契本心，超然融徹。」（白沙象贊）

明羅洪先（吉水人）稱之曰：

「南斗金書，當時已莫測其神變，長空大海，流風猶足繫乎綱維！」

明張詡（南海人）稱之曰：

「先生之學，何學？古聖賢相傳之正學也！」（白沙全集序）又曰：「了成性之存存，致妙用之無方；所以能回洙泗千百載垂絕之正脈，投宇宙無紀極續命之眞湯！」（白沙像贊）

明黃淳（新會人）稱之曰：

「千聖萬聖，所傳者心，大涵天地，精貫古今，博約交致，必力其根。碧玉有樓，春陽有臺，學非不博，惟根是栽」（白沙像贊）

明高簡（蜀人）稱之曰：

「若白沙先生者，其周（敦頤）程（熹）之徒歟！」（刻白沙子序）

明羅僑（吉水人）稱之曰：

「公甫陳先生，生於新會白沙里，數十年來，嶺南士風一變者，先生啓之也！凡今天下莫不知有白沙先生，得其片言隻字，訶以爲榮。嗚呼先生！豈但風一方而已哉，實足以風天下風後世也。」（書白沙集後序）

明湛若水（增城人）稱之曰：

「先生聖人徒也，先生之詩文，其中古之制作！其詩歌如風、雅、頌，其文詞如謨、訓、誥。」（見甘泉集及高簡附論白沙子一則）又曰：「先生之量，廣矣！大矣！盍觀之天地之廣大乎？天無不覆，地無不載，而妍媸無所不容。」（重刻白沙全集序）

明項喬（永嘉人）稱之曰：

「觀白沙先生全集，先生心術之光大具見矣！」（重刻白沙集後序）

明林裕陽（福建人）稱之曰：

「予爲兒時，則聞白沙先生以道學起嶺南，爲海內儒宗。」又「俾由先生之言，而上溯洙泗之統，異端可拒，而世道終必賴之。」（重刻白沙集序）

明林待用稱之曰：

「立之甚峕，嚮道甚勇，涵養甚熟，獨超造物牢籠之外，而寓言寄興於風煙水月之間，有舞雩陋巷之風焉！」（見重刻白沙集黃士俊序）

明聞軒稱之曰：

「予讀陳子行狀，知其論治道，以正風俗正人心爲急。千古吏事，一言而盡，予慕之！愧之！」（重刻白沙集序）

明林會春（惠安人）稱之曰：

「白沙先生之學，從精一之功而來者也。書曰『惟精惟一』；言精則純，純則不雜，不雜則心便一」

明區大倫（高明人）稱之曰：

「先生之學，以「自然」爲宗，以「無欲」爲至，而其要在「致虛」。虛者，無欲之謂也；致虛之功，必有事焉，勿忘勿助！（孟子語）故稱「自然」也。三言若一，而「致虛」要焉！」（區氏遊江門記）

綜上歷代諸儒之論評，皆實錄也。

六、結　論

總之，白沙心學思想，與菊坡同出一源，存誠主敬，道本周（濂溪）、程（明道、伊川）、朱子，反觀自得，學兼堯夫（康節）、象山（九淵）。至於菊坡一生言行，影響及於白沙者，尤至深且鉅。今日吾粵人士漸知趨重白沙之教，並注意白沙學之研究，故特就白沙與菊坡之儒家正統思想，及其日用常行之實學，略敘其梗概。

須知白沙之學，約而言之，平實兩字而已。（白沙謂至近至神，可以今語譯為平實）類皆簡易易行，見微知著，所以語白沙學說，必須體會其「平實」之內涵真義。（按：「心地要寬平，識見要超卓，規模要闊遠，踐履要篤實」四要語，可為全部白沙學說思想提要。）惟有見得真切，做得真切，步步踏實，事事認真，有一句講一句，做一件事算一件。亦即是說，必須用行為代替口號，要在平實之日用常行上做去，決不存有虛妄作偽之心，亦不做自欺欺人之事，乃能實現做人之崇高目標，發揚道德，昌明文教。如此，則社會日臻繁榮，國家復興強盛，白沙平實精神之大用在此，亦即其平日教人之入手把柄。如何「得此把柄入手」？則必須「靜中養出端倪」。（按即白沙為學第一步功夫）

所謂「端倪」，在天則為「元」，乾元之氣，萬物所以由生；在人則為道，（孟子所謂四端）仁義之效，萬物所以長養。淺言之，即孔孟所謂「仁義」、「良心」或「良知」；佛家謂之「覺」、與「自在」；道家謂之「真」、或「本真」，俗謂「天良」、「天性」，異名同義，其實一也。惟如何「靜」？是屬於方法論，如何「養」？是視乎功夫深淺，實堪吾人深思猛省！

請更徵諸異國學者之論——如俄國托爾斯泰（世界大文學家）在五十年前，已倡言：「人類行為亟當徹底革新，而此種革新，又須由中國人領導邁進，而後能與人性切相適合矣。」托氏並謂：「吾人生命之目的，不在效勞於低級之獸性，而在發揚高級之人性。」彼「以為人類，先天原賦有向善之願望，吾人必實踐此向善之願望，方不愧稱之為人。」所謂向善之願望，將非我先民所稱「民之秉彝（常也），也是懿（善也），德」者歟？孟子云「人之所以異於禽獸者，幾希！」荀子勸學亦云「為之，人也；舍之，禽獸也。」然則我國所謂道德，抑亦有何奧妙？蓋亦欲學者成其所以為人，而不致為禽獸而已。

托氏尤有一警闢之論，即：「進步云者，是否應以技能與科學之成就，為唯一之標準，以相衡量？現代文明，又是否向更佳之途徑邁進？大是疑問。」彼更斷言：『僅僅智識之日新月異，並不能謂為理想之進步，理想之進步，惟有在人生根本問題，作更進一步之瞭解。所謂人生根本問題，蓋即「道德」是也已。』故又曰：「在無善惡，無是非，不以愛人為務，惟以利己為得之鄙惡社會中，而一味迷信科學，誇張電力蒸氣，種種機械火藥，其為危險，直無異以殺人刀槍為玩具，而付之孩童之手。故遍求進步於智識技能一方，而蔑棄精神道德一方，實世界一大隱憂！」云云。此論與我國菊坡白沙之說尤不謀而同契。

梁啟超氏在中國學術思想變遷大勢之論，有曰：

「吾竊信數十年後之中國，必有合泰西各國學術於一爐而冶之，以造成我國特別之文明，以照耀天壤之一日。吾頂禮以祝，吾跂踵以俟！」

抑猶有言，在此太空時代，科學高潮，達於極點，吾人何為而提倡儒家之道——白沙之學，豈非憫於國魂淪渙，人心陷溺而然。功利物質之趨日亟，仁義禮讓之風幾絕。近如臺灣寶島，盛行「凌波」之曲，今之視昔，寧無「隔江猶唱後庭花」之感？又如最近越，美軍民，濫戕元首，作亂犯上，已極傷天害理之奇變，全球人士，為之震驚，駭汗不已！將必相仇相敵，循環報復，禍伊胡底？是則彼邦徒重「唯物」之觀，不究「正心」之道，有以使然歟？抑科學文明之果乃如是耶？可深長思矣！

大抵人生利害之見日深，而忠信仁愛禮義和平之道弗明，俱足使人目盲心魔，舉國逐狂，此孔子所以有「滄海橫流之嘆！」孟子所以有「率獸食人」之嗟，天地若死，人間何世？將何以道濟天下之溺？文（指文化）起一代之衰？

惟望能由有心人士之一德同趨，發揚儒家傳統文化，實踐白沙先生遺教，將其影響所及，使人人自反、自覺、自動、自發，進入「真知力行」之境界。則將異端邪說之排除，將世界道德之重整，將必收到「實事求是」之宏效。即如宏揚白沙學之李二曲（關中李顒）所云「救得人心千古在，勛名直與泰山高」，蓋國家之新文明現代化，是在德性上，使全體國民向聖賢之道邁進！

誠以此為立場，則予雖不敏，敢揭數義，以殿此文之末，幸有道裁正焉！

第一，吾人必當確認孔孟是堯、舜、禹、湯、文、武、周公以來之正統學說，為我中華文化之主幹，而白沙之學是遠承孔孟之道，近接程朱之傳，亟須發揚光大，以厚風俗，以正人心，以匡世道。

第二，聖賢立身行己之道，要皆人心同然之理。故吾人提倡白沙遺教，對其學說斷不宜視為近禪近道之哲學，而以求知之心情出之，而必當切己反求，體之身心，乃能收取美滿之實效。

第三、所謂儒家之道，白沙之學，絕無高不可及之處。為便記誦力行，可就菊坡「無以嗜欲殺身！無以貨財殺子孫！無以政術殺民！無以學術殺天下後世！」之「四無」銘語；及白沙「心地要寬平！識見要超卓！規模要闊大！有如佛門日課，只念一句佛號，（阿彌陀佛）念念從心起，何等直捷便當！行之苟有恆，久久自芬芳，日新又新，一言蔽之，在「明明德」！乃能「明於庶物，察於人倫」，庶臻白沙「至近至神」與「自得」之境。

白沙與菊坡之學術思想淵源，及其關係，已略如以上所述，且前人已先我而言之，惟近代學者多未注及。

予今再以清人翁方綱登清獻祠拜菊坡先生詩，錄以為證，其辭曰：

「綠陰青子（崔菊坡題劍閣詞，有梅嶺綠陰青子，蒲澗清泉白石句。原詞見廣東通志、增城縣志、屈大均廣東文選、朱竹垞詞綜、張惠言詞選、朱祖謀宋詞三百首）海關路，文獻遺蹤清獻祠。更得槎枒古岡筆（按新會古稱古岡州。蓋指白沙崇拜菊坡，有祭文一、跋文一、詩四篇。）認來一一雪霜枝。」

此編所述，存其人，信其學：明其原委，要其旨歸而已，未之能詳也。

原刊於《廣東文獻》二卷一期

陳白沙由自然歸於自得之教及其對王陽明之影響

羅香林

一

往者旅居香港諸學人，為紀念明儒陳白沙先生獻章公甫對理學之偉大貢獻，嘗有白沙文化教育基金會之組織，（註一），除募集基金，以備致力於教育事業外，更於每年農曆十月二十一日即白沙先生誕辰，必舉行紀念大會。（註二）。並編印白沙學刊，以研討白沙先生之學說，並及於嶺學、理學、與孔孟之學，乃至中西學術思想之滙通等，悉為闡揚。（註三）。關於白沙先生之學說闡述，已有林仰山先生、與錢賓四先生、簡又文先生、陳榮捷先生、唐君毅先生、劉百閔先生、李榕階先生等之講詞，（註四），及張君勱先生、簡又文先生、王韻生先生、林繼平先生、姜漢卿先生、陳幹卿先生、黎晉偉先生、高仲華先生、陳崇興先生等之論著，（註五），其成就已為世人所熟知矣。簡先生旋更綜合先後所作關於闡揚白沙先生學說之論文，刊為『白沙子研究』一書，（註六），凡二十餘萬言，其富贍更為世人所艷稱矣。余因人成事，亦嘗參與基金會工作，（註七），諸君子之熱心文化教育事業，及諸論文之淵博，即景佩無極。惟回憶黃棃洲先生宗羲所著明儒學案，謂『有明之學，至白沙始入精微，……至陽明而後大，兩先生之學，最為相近』（註八）。因思學術之所謂精者，當指其造詣而言，學術之所謂大者，當指其發展而論。而要之必皆有其一貫之旨，（註九），白沙先生與陽明先生所以最為相近，亦必有其關聯所在。（註一〇）。諸君子論著之高深，誠須更為贊一詞矣。然凡所闡述，究以何者為一貫之道，則似皆尚未，暇即為明文指出，意其中或仍有可補充者。爰不揣淺陋，試為簡述如次狐尾續貂，誠知必貽譏於大雅宏達也。

二

蓋嘗考之，陳白沙先生自述其師吳康齋與弼之教，及其教門人治學，必皆舉『自然』與『自得』為言，是『自然』與『自得』，必為其一貫之旨也。如影印明嘉靖刊本白沙子（註一一）卷四祭先師康齋墓文云：

『……先生之教，不躐等，由涵養以及致知，先據德而後依仁，下學上達，明新又新。啓勿助勿忘之訓，則有見於鳶魚之飛躍；悟無聲無臭之妙，則自得乎太極之渾淪。……』

又如同書卷五古選，讀張地曹偶拈之作云：

「拈一不拈二，乾坤一爲主。……濂洛千載傳，圖書乃宗祖。昭昭聖學篇，授我自然度。」

又如同書卷八四言詩，示湛雨云：

『有學無學，有覺無覺。……天命流行，眞機活潑。水到渠成，鳶飛魚躍。……萬化自然，太虛何説。……』

又如同書卷二書簡，與張廷實主事之三云：

『…。雖拙作之淺陋，能以是法求之，恐更有自得處，非言語可及也。……』

所謂『有見於鳶魚之飛躍』，即謂由『自然』也，所謂『悟無聲無臭之妙，則自得乎太極之渾淪』，即謂歸『自得』也。康齋之學，雖以實踐為主，然本接洛學程頤所主『涵養用敬』而來。而白沙先生即由是引入於由『自然』歸於『自得』之教，故曰『昭昭聖學篇，授我自然度』也。而湛雨即湛若水，張廷實即張詡，皆白沙先生大弟子。是白沙先生自始即以由『自然』歸於『自得』之學教授弟子也。

陳白沙先生由『自然』歸於『自得』之教，其所謂『自然』，實有相互關聯之二義。其一為參與『造化』之本體的『自然』。如同上白沙子卷二書簡，遺湛民澤（按即湛若水）云：

『……人與天地同體，四時以行，百物以生，若滯在一處，安能爲造化之主耶？古之學者，常令此心在無物之處，便運得轉耳。學者以自然爲宗，不可不著意理會。……』

又如同書卷五古選，答長內翰廷祥書括而成詩呈胡希仁提學云：

『……本虛形乃實，立本貴自然。戒愼與恐懼，斯言未云編。……』

是即本體之『自然』也。

其二謂對此本體須『勿忘勿助』自然應之『自然』。如同書卷三書簡，與順德吳明府之二云：

『出處語默，咸率乎自然，不受變於俗，斯可矣。……』

又如同書卷二書簡，與張廷實主事之三十三云：

『……隨時屈信，與道消息，若居東微服，皆順應自然，無有凝滯。』

又如同上與張廷實主事之九云：

『……古文字好者，都不見安排之跡，一似信口說出，自然妙也，其間體制非一，然本於自然不安排者，便覺好。……』

是即『順應自然』也。

至歸於『自得』之『自得』，亦有相互關聯之二義。其一為自我獲得之『自得』。如同書卷一贈容一之歸番禺序云：

『……聖賢之言，具在方丹，生取而讀之，師其可者，改其不可者，直截勇往，日進不已，古人不難到也。……生方銳意以求自得。……』

又如同書卷道學傳序云：

『……去耳目支離之用，全圓虛不測之神，不開卷盡得之矣，非得之書也，得自我者也。蓋以我而觀書，隨處得益，以書博我，則釋卷而茫然。此野人所欲獻於四方同志者之芹暴也。……』

其二為『浩然自得』於『道』之『自得』。如同書卷一李文溪集序云：

『……士從事於學，功深力制，華落實存，乃洗然自得，則不知天地之爲大，死生之爲變，而況於富貴貧賤，功利得喪，詘信予奪之間哉。……』

又如同書同卷論前輩言銖視軒冕塵視金玉上云：

『……天地之大，不得與道侔，故至大者道而已，而君子得之，君子所得者有如此，則天地之始善之始也，而吾之道無所增，天地之終吾之終也，而吾之道無所損。……天下之物盡在我，而不足以增損我。故卒然遇之而不驚，無故失之而不介。……』

蓋凡能由我獲得者，以『道』為最大，『道』既由自我獲得，則我與本體會合，『至近至神』故能『浩然自得』也。

三

陳白沙先生由『自然』歸於『自得』之教，其由『自然』為取境，歸『自得』為明理，由『自然』為『格物』，歸『自得』為『致知』，由『自然』為省察，歸『自得』為入道。其關於取境與『格物』及省察之意見，每即於其所作詩歌及贈與門人之序文或書簡見之。如同上白沙子卷六、七言絕句，觀物云：

『一痕春水一條煙，化化生生各自然。七尺形軀非我有，兩問寒暑自推遷。』

又如同書卷二書簡，遺言湛民澤之四云：

『民澤足下：去冬十一月發來信，甚好。日用間，隨處體認天理，著此一鞭，何患不到古人佳處也。……』

又如同書卷七、五律寄張進士廷實云：

『是詩難入俗，正坐不雕鎸。水滿魚爭躍，花深蝶喜穿。日高雲臥處，春在鳥啼邊。不及陳無己，能無賞自然。』

又如同書卷一送張進士廷實還京序云：

『鄉後進吾與之游者，五羊張詡廷實，…。自始歸，至今六年，間歲一至白沙，吾與之語，終日而忘疲，……蓋廷實之學，以自然爲宗，……其觀於天地，日月晦明，山川流峙，四時所以運行，萬物所以化生，無非在我之極，而思握其樞機，端其銜綏，行乎日用事物之中以與之無窮。然則廷實固有甚異於人也。……』

凡此所謂『一痕春水』，所謂『隨處』，即取境也。所謂『觀物』，所謂『觀於天地』，即『格物』也。所謂『形軀非我有』，所謂『無非在我之極』，即省察也。

而其明理與『致知』及入道之意見，亦克於其所作各文見之。如同書卷一送李世卿還嘉魚序云：

『弘治元年戊申、夏四月，湖廣嘉魚李承箕世卿，自其鄉裹糧，南望大庵嶺，沿途歌吟，入南海，訪予白沙，一見語含意。……朝夕與論名理，凡天地耳目所見，胡今上下，載籍所存，無所不語。所未語者，此心通塞往來之機，生生化化之妙，非見聞所及，將以待世卿深思而自得之，非敢有愛於言也。……」

又如同書同卷論前輩言銖視軒冕塵視金玉中云：

『……君子一心，萬理完具，事物雖多，莫非在我，此身一到，精神具隨，得，吾得而得之耳，失，吾得而失之耳。……。』

又如卷三書簡與林邵博之五云：

『承諭進學所見，甚是超脫，甚是完全。……終日乾乾，只是收拾此而已。此理干涉至大，無內外、無終始，無一處不到，無一息不運。會此則天地我立，萬化我出，而宇宙在我矣。得此欛柄入手，更有何事，往古來今，四方上下，都一齊穿紐，一齊收拾，隨時隨處無不是這個充塞，色色信他本來，何用爾手勞腳攘。……』

凡此所謂『將以待世卿，深思而自得之』者，與所謂『吾得而得之』者，即謂『自得』而克明其理也，亦即所謂『致知』也，所謂『會此則天地與立，萬化我出，而宇宙在我』者，即所謂入道也，亦即所謂『君子得之』之道也。

而此能『自得』而明理與入道之關鍵，則白沙先生以為乃全在於『覺』。故如同書卷三書簡，與時矩云：

『宇宙內，更有何事，天自信天，地自信地，吾自信吾，自動自靜，自闔自闢，自舒自卷，……感於此，應於彼，發乎邇，見乎遠，故得之者，天地與順，日月與明，鬼神與福，萬民與誠，百世與名，而無一物奸於其間，烏乎大哉。……人一個覺，纔覺，便我大而物小，物盡而我無盡。……』

又如同書同卷與湛民澤之三云：

『……學無難易，在人自覺耳。才覺，退便是進也，才覺，病便是藥也。……』

白沙先生之所謂『覺』者，乃指『心體』之大『覺』，非僅如視覺聽覺之『覺』，必有其所以致『覺』之方，是即所謂『於靜中養中養出端倪』之方也。如同書卷二書簡，與賀克恭黃門之二云：

『爲學須從靜中坐，養出個端倪來，方有商量處。林緝熙此紙，是他向來經歷過一個功案如此，是最不可不知，錄上克恭黃門。……若未有入處，但只依此下工，不至相悮，未可便靠書策也。……』

所謂『只依此下工』之法，當即指『從靜中坐，養出個端倪來』之法，此觀於同書同卷復趙提學僉憲所言其本人之得力於靜坐，以獲致『心體』之『覺』，即可知之。其文云：

『……僕才不逮人，年二十七，始發憤從吳聘君學，其於古聖賢垂訓之書，蓋無所不講，然未知入處。比歸白沙，杜門不出，專求所以用力之方，既無師友指引，惟日靠書冊尋之，忘寢忘食，如是者亦累年，而卒未得焉。所謂未得，謂吾此心與此理。未有湊泊脗合處也。於是舍彼之繁，求吾之約，惟在靜坐，久之，然後見吾此心之體，隱然呈露，常若有物，日用間種種應酬，隨吾所欲，如馬之御銜勒也。體認物理，稽諸聖訓，各有頭緒來歷，如水之有源委也。於是渙然自信曰：作聖之功，其在茲乎。

有學於僕者，輒教之靜坐，蓋以吾所經歷粗有實效者告之，非務爲高虛以誤人也。……』

至白沙先生所謂『從靜中坐，養出箇端倪來』之『養』與『端倪』，則殆指於靜坐中隔斷一切芥蒂，以引致『心體』之『覺』，以為入道之端而言，故黃梨洲明儒學案白沙學案二引林緝熙（光）述白沙之學（註一二）：

『先生教人，始初必令靜坐，以養其善端。嘗曰：人所爲學者，欲聞道也。求之書籍而弗得，則求之吾心可也，惡累於外哉？……詩文末習，著作等路頭，一齊塞斷，一齊掃去，毋令半點芥蒂於我胸中，未然後善端可養，靜可能也，終始一境，不厭不倦，優悠厭飫，勿助勿忘，氣象將日佳，造詣將日深，所謂至近而神，百姓日用而不知者，始迸出體面來，……此之謂自得。』

可知白沙先生之教人，所以必令其『從靜中坐，養出箇端倪來』者，亦即其所以教人求『自得』之道也，要之不離乎由『自然』歸於『自得』之一貫之道者，近是。

四

白沙先生之學，乃儒家學說中之自為系統之理學，非襲取之於道家與釋氏之餘緒者。道家如老子，雖早言『自然』與靜虛，然實未嘗舉『自然』與『自得』相應合。佛家如禪宗，所言『即心即佛』之長義，雖亦可引申為『即心即理』，然與白沙先生所言之『自得』有殊，白沙所言之『自得』，乃指自我得理，或自心明理，與禪宗所言，乃貌似而實際則異。白沙先生恐門人或生誤會，故亦嘗言其與禪家之別，如同上白沙子卷三書簡與時矩之三云：

『禪家語，初看亦甚可喜，然實是儱侗，與吾儒似同而異，毫釐間分霄壤，此古人所以貴擇之精也。如此辭所見，大體處了了，如此聞者安能不爲之動？但起脚一差，立到前面，無歸宿，無準的，便日用間種種各別，不可不勘破也。……』

唯白沙先生由『自然』歸於『自得』之教，為純粹之儒家理學，而其生平，又不逐聲華，樂於傳道授業，故當日凡有志致力儒學以立身行道之士，多樂為受業，弟子成材者，凡數百人，而尤以增城湛若水甘泉、（註一三）番禺張詡廷實、東莞林光緝熙、（註一四）、順德梁儲叔厚、（註一五）、南海李孔修子長、（註一六）、嘉魚李承箕世卿（註一七）等為最著。而湛若水更所至必傳揚白沙之學，而又與王守仁伯安即學子所稱為陽明先生者相友善，（註一八）註而嘗與之論學，故白沙先生由『自然』歸於『自得』之教，對陽明先生亦有相當影響。白沙先生於明孝宗弘治十二年（西元一四九九年）去世，時湛若水已三十三歲，王陽明已二十八歲。其後六年即弘治十八年（十五〇五年），白沙子集初刊行世，而湛若水已先為翰林院庶吉士，陽明先生於是年與之相值，一見定交，共以昌明聖學為事，則陽明先生之曾自湛若水處得見白沙子集，當無疑者。越年即武宗正德元年（一五〇六年），陽明先生以抗疏營教為太監劉瑾所陷繫獄之截銑薄彥微等，受責下獄。尋謫貴州龍場驛丞，（註一九）越二年始抵龍場，以僻處夷地，日夜惟端居澄默，以求揮一，久之遂悟『格物致知』之學，（註二〇），是亦殆受白沙先生學說之啟發，而歸於『自得』者也。（註二一）。

今世所傳王文成公全書卷七，有正德六年（壬申、一五一一年）陽明先生所作別湛甘泉序，自述所資於甘泉所得『自得』之教者，甚深。其文云：

『……夫求以自得，而後可與言學聖人之道。某幼不學問，陷溺邪僻者二十年，而始究心於老釋，賴天之靈，因有所覺，始乃沿周程之說求之，而若有得焉。顧一二同志之外，莫予翼也。岌岌乎仆而後興。晚得而友於甘泉湛子，而後吾之志益堅，毅然若不可遏，則予之資於甘泉多矣，甘泉之學，務求自得者也。……如甘泉者非聖人之徒歟？……吾與甘泉友，意之所在，不言而會，論之所及，不約而同，期於斯道，斃而後已。今日之別，吾容無言。夫惟聖人之學，難明而易惑，習俗之降，愈下而益不可回，任重道遠，雖已無俟於言，顧復於吾心若有不容已也，則甘泉亦豈以多言為綴乎！』

陽明先生既深受白沙先生『自得』之教之影響，故於白沙先生之名，亦頻頻提及，非如唐伯元曙臺所謂守仁『生平論著滿車，曾不掛口獻章一語』者。（註二二）如同上王文成公全書卷二十五所載正德十四年（甲戌，一五十四年）所作湛賢母陳太孺人墓碑云：

『湛子之母卒於京師，葬於增城，陽明子迎而弔諸龍江之滸已。湛子泣曰：若水之辱於吾子，蓋人莫不聞，吾母歿而子無一言，人將以病子。陽明子曰：名者為銘矣，表者為表矣，某何言？雖然，良亦無以紓吾情。吾聞太孺人之生，七十有九，其在孀居者餘四十年。端靜嚴潔如一日，既老，雖其至親卑幼之請謁，見之未嘗踰閾也，不亦貞乎！績麻手舂粱，教其子以顯，嘗使從白沙之門，曰：寧學聖人而未至也，不亦知乎！恤其庶姑與其庶叔，化厲爲順，撫孤與女，愛不違訓，不亦慈乎！已膺封錫，祿養備至，而縞衣疏食，不改其初，不亦儉乎！貞知慈儉，老而彌堅，不亦賢乎！請著其石曰湛賢母之墓。湛子拜泣而受之。……』

又如周書卷七所載正德十五年（乙亥，一五一五年）所作謹齋說（註二三）云：

『君子之學，心學也。心，性也，性，天也。聖人之心純乎天理。故無事於學，下是則心有不存，而汨其性，喪其天矣，故必學以存其心。學以存其心者何求哉？求諸其心而已矣。求諸其心何爲哉？謹守其心而已矣。……吾友侍御楊景瑞，以謹名其齋，其知所以爲學之要矣。景瑞嘗遊白沙陳先生之門，自以爲有見，又二十年，而忽若有得，然後知其向之所見猶未也。一旦告病而歸，將從事焉，必底於成而後出，君之篤志若此，其進於道也孰禦乎？君遣其子思元從予學，亦將別予以歸，因論君之所以名齋之義以告思元，而遂以爲君贈。』

惟陽明先生於聞知白沙先生由『自然』歸於『自得』之教後，未幾即以僻居龍場·於澄默中而自我獲得心體之大覺，而轉入為『致知』之學，由白沙先生所言『自得』之即心得理，而轉入於『致良知』之『即心即理』，尋而展開理學上之又一發展，遂與白沙先生由『自然』歸於『自得』之教，成為分道揚鑣之勢焉。

陽明先生由『自得』之旨而轉入於『致良知』之教，其痕亦克於同上王文成公全集卷七所載自得齋說見之。其文云：

『孟子云：君子深造之以道，欲其自得之也，自得之，則居之安，居之安，則資之深，資之深，則取之左右逢其原，故君子欲其自得之也。夫率性之謂道，道，吾性也，性，吾生也，而何事於外求，世之學者，業辭章，習訓詁，工技藝，探賾而索隱，弊精極力，勸苦終身，非無所謂深造之者，然亦辭章而已耳，訓詁而已耳，技藝而已耳，非所以深造於道也，則亦外物而已耳，寧有所謂自得逢原者哉？古之君子，戒愼不睹，恐懼不聞，致其良知，而不敢須臾或離者。斯所以深造乎是矣。是以大本立而達道行，天地以位，萬物以育，於左右逢原乎何有？黃勉之省曾氏以自得名齋，蓋有志於道者，請學於予，而蘄爲之說，予不能有出於孟氏之言也，爲之書孟氏之言。嘉靖甲申六月朔。』

按孟子以『君子深造之道』為『欲其自得之』，以達於『左右逢其原』，其所謂『自得之』者，乃即白沙先生送李世卿還嘉魚序所云『將以待世卿深思而自得之』之『自得』，而陽明先生則解之為君子以戒慎恐懼『致其良知』，深造於是，以立本行道，而不直釋『自得』之本義，則其由『自得』之教而轉入於『致良知』之學，實甚明顯。而此『致良知』之『知』，依陽明先生之意，乃即『心』之根本，亦即為『理』，故徐愛所記與陽明先生問答之傳習錄上（註二四）乃云：

『……知是心之本，體心自然會知。見父自然知孝，見兄自然知弟，見孺子入井自然知惻隱，此便是良知，不假外求。若良知之發，更無私意障礙，即所謂充其惻隱之心，而仁不可勝用矣。然在常人不能無私意障礙，所以須用格物致知之功，勝私復理。……』

又云：

『愛問：至善只求諸心，恐於天下事理，有不能盡。先生曰：心即理也，天下又有心外之事，心外之理乎？……心即理也，此心無私欲之蔽，即是天理，不須外面添一分。以此純乎天理之心，教之事父，便是孝，教之事君，便是忠，教之交友治民，便是信與仁。只在此心去人欲存王理上用功便是。……』

陽明先生既由歸『自得』之教，轉而入於『致良知』之『即心即理』，則學者只須求其心體之自覺，即可為多方之肆應，故聰穎敏進之士，多爭趨之，以相與高談心性之學，而門庭自日以廣大；以視白沙先生之教，『觀天人之微，究聖賢之蘊，充道以為富，崇德以為貴』，（註二五），雖以『精微』見稱，而再傳則榮嗣寖尠者，自為發展多矣。斯則白沙與陽明二先生之學，雖最為相近，而發展則各有不同之原因所在也。

五

至白沙先生大弟子湛若水，因主張『隨處體認天理』，陽明先生之轉入於『即心即理』之學者，嘗為互論辯，而二人始終交好之史實，（註二六），則時賢已為言之，此不詳及焉。

要而言之，陳白沙先生之學，其一貫之旨，為由『自然』歸於『自得』，由『自然』為取境，歸『自得』為明理，由『自然』為『格物』，歸『自得』為致知，由『自然』為省察，歸『自得』為入道；而明理與入道，則須為心體之『覺』，則須從靜坐中隔斷一切芥蒂；學者能明覺而入道，則與本體會合，『天地我立，萬化我出，而宇宙在我矣。』此黃宗羲明儒學案卷首自述師說，所由稱白沙先生為『獨開門戶，超然不凡』也。

白沙先生之所謂『自然』，有其相關之二義，其一為『與造化參』之本體之『自然』，其二為對此本體須『順應自然』之『自然』。其所謂『自得』，亦有相關之二義，其一為自我獲得之『自得』，其二為與本體會合而『浩然自得』之『自得』。其心體之明覺，則為即心得理，而非『即心即理』。道家言『法自然』，白沙先生『以自然為宗』，由『自然』而歸於『自得』，『宗』謂主，非謂『法』，故其說非取之道家。禪宗南派本主『頓悟』，言『即心即佛』。白沙先生之教，為即心得理，『得』非『即』，故其說亦非取之南禪。

白沙先生卒時（一四九九年），陽明先生已年二十八歲。越六年，白沙子集刊行，陽明先生於是年見及白沙先生大弟子翰林院庶吉士湛若水，相與訂交，共以昌明理學為事，陽明先生取資於湛氏所傳白沙先生『自得』之學者甚深，惟未幾以遭案，遠謫貴州龍場，於澄默靜一中，獲從心體之覺，由『自得』之學轉入於『致良知』之『即心即理』，成為理學上之又一發展。但從陽明先生所遺王文成公全書所載別湛甘泉序及關於『自得』之學言論，與其所曾提及白沙先生之名字等事實觀察，仍可知其確曾受白沙先生之影響也。

附註：

註一：居住香港熱心發揚陳白沙先生在學術文化上諸貢獻之各界人士，於一九六二年夏，向香港政府註冊總署，申請設立白沙文化教育基金會。當於是年六月九日由該署註冊官，核發章程。其申請註冊之代表為蔣法賢、馮秉華、羅香林、陳蔭南、馮秉芬、黃伯芹、陳玉泉等七位先生。其宗旨為：一、永久紀念陳白沙先生，二、舉辦非牟利之白沙紀念學校或書院，三、設立圖書館或博物院，四、舉辦演講會、辯論會、座談會、及其他達到本會宗旨之集會，五、印行報紙、刊物、書藉，以達成本會之宗旨，詳見該會所印章程。其第一屆委員會為：主席馮秉芬、副主席蔣法賢、陳玉泉，主任祕書陳應燿，司庫黃伯芹、副主庫陳蔭南、委員盧湘父、唐天如、唐萱、黃國芳、馮秉華、羅香林、利榮森、謝振有、陳本、譚文龍、馮秉芹、余松。

註二：香港白沙文化教育基金會始於一九六二年十一月十日，假香港大會堂劇院舉行陳白沙先生五百三十四年誕辰紀念會，自是每年皆於一定時間舉行誕辰紀念會，並曾舉行有關白沙先生之文物展覽會與徵文徵詩。

註三：香港白沙文化教育基金會於一九六三年十二月出版白沙學刊創刊號，其編刊意趣，見馮秉芬先生發刊詞。惜至一九六七年四月出版之第四期後，即因事停刊。

註四：香港白沙文化教育基金會於一九六二年十一月舉行白沙先生誕辰紀念會時，蒞會演講者有香港大學林仰山教授（Professor F.S. Drake）及錢賓四先生（穆）簡又文先生，一九六三年十二月於白沙先生誕辰紀念會演講者，有陳榮捷教授、及唐君毅，劉百閔二先生，而李榕階先生則曾於白沙先生五百二十年誕辰紀念時於廣州廣東文獻委員會演講，五人講詞分見白沙學刊創刊號與第二期。

註　五：張君勱先生於一九六四年春曾作白沙先生詩文中之美學哲理，可分三點闡述，『一曰與宇宙為一體，二曰逍遙自得，三曰以酒醉代下意識，』皆特有見地，而為前此諸賢所未及分析者。吳敬軒先生（唐）有白沙學派及白沙子研究序，王韶生先生有讀湛甘泉詩教解並申論白沙學說，簡又文先生有白沙學說之研究——答客問及白沙學說之致虛與主靜與紅門學派，林繼平先生有白沙學之形成及研究白沙學方法——兼評阮氏白沙年譜，與甘泉學探究及王湛比較，姜漢卿先生有陳白沙與王陽明，陳幹卿先生（本）有陳白沙與崔菊坡，黎晉偉先生有白沙先生嘉言札記，高仲華先生（明）有談白沙之學，陳崇興先生有白沙先生學術與廣東民族精神，以上各論著，均分別發表於白沙學刊創刊號至第四期。

註　六：簡又文先生著白沙子研究一書，於一九七〇年十月由陳德泰先生等資助出版，二十四開本，凡四百餘頁，前有吳康、陳榮捷、狄別瑞（Wm. Theodore Le Baly）諸教授序文，由香港集成圖書公司經銷。正文凡二十三章，一、導論，二、百粵為鄒魯，三、中心思想——學宗自然，四、理與心，五、虛為基本靜為門戶，六、浩然自得，七、倫理概念與道德生活，八、所優異於禪學者，九、答客問，十、文學與書法，十一、紅門學派，十二、紅門學派與姚江學派，十三、白沙子嗣響，蓋為近世關於陳白沙先生研究之首屈一指者矣。

註　七：香港白沙文化教育基金會成立後，余嘗為起草籌辦白沙書院計劃，並於一九六三年十二月六日主持白沙先生五百三十五年誕辰紀念會，曾為致詞，講白沙學說，『其微旨所示，尤在於提高學子之境界，而冀與大道合同。』

註　八：見中華書局四部備要本明儒學案卷五白沙學案。

註　九：黃宗羲明儒學案卷首自述師說，於陳白沙獻章條，謂『先生學宗自然，而與歸於自得。』已提出白沙先生一貫之旨，然於白沙先生於『靜中坐養出端倪』為求心體之『覺』之義，尚有未及詮釋者。

註一〇：黃宗羲明儒學案卷五白沙學案，一面謂白沙與陽明『兩先生之學最為相近』，一面又謂『不知陽明後來從不說起，其故何也？』是亦未及從『自得』之教以分析二先生之關聯所在耳。

註一一：白沙子集初由其門人張詡於明弘治十八年（一五〇五年），至世宗嘉靖十二年癸巳（一五三三年），復由西蜀高簡重刻於維揚。此據商印書館依東莞莫氏五十萬卷樓藏嘉靖高簡重刊本影印而編入於四部叢刊本者。

註一二：此據同上，明儒學案卷六白沙學案二張史林緝熙先生記白沙語，並參同上白沙學刊第二期劉百閔先生講詞『陳白沙與王陽明』所引南川冰蘗集卷末白沙先生與林光書。

註一三：湛若水甘泉為明代理學家中之著作特富者，據各學者中外各圖書館所藏，有湛子約言十卷、遵道錄十卷、聖學格物通一百卷、古文小學九卷、白沙先生詩教解十五卷、白沙先生古詩教解二卷、甘泉先生文集內編二十八卷外編十二卷、甘泉先生文集三十五卷、湛甘泉集一卷、甘泉湛子古詩選五卷、甘泉先生兩都風詠四卷。其學術思想及其門人，略見同上明儒學案卷三十七至四十二甘泉學案一至七。

註一四：張詡與林光之學術思想略見同上明儒學案卷六白沙學案二。

註一五：梁儲為白沙先生門人曾服官至武英殿大學士者，事蹟見張廷玉奉敕修明史卷一百九十本傳，及阮榕撰白沙門人考。

註一六：李孔修為白沙先生門人中之特精於畫者，其學術思想畫藝略見同上明儒學案卷六白案卷六白沙學案二，及汪兆鏞撰嶺南畫徵略，與阮榕撰白沙門人考。

註一七：李承箕學術思想略見同上明儒學案卷五白沙學案一。

註一八：王守仁與湛若水之訂交，始於明孝宗弘治十八年（一五〇五年）略見王文成公全書卷三十二附錄一陽明先生年譜弘治十八年陽明先生三十四歲條。二人之交誼則略見同書卷三十七附錄六，所載湛若水撰陽明先生墓誌銘。

註一九：見同上陽明先生年譜正德元年及二年條。

註二〇：見上陽明先生年譜正德三年條。

註二一：參見梁任公（啟超）著飲冰室合集（中華書局印行）專集第二十四冊儒家哲學第五章陳獻章節。

註二二：見同上簡又文先生著白沙子研究第十二章紅門學派與姚江學派，一、湛甘泉與王陽明所引唐伯元排王從祀孔廟疏。

註二三：世人多謂陽明先生從未提白沙之名，余不謂然，首則依王文成公全書目錄，查出卷二十五所載湛賢母陳太孺人墓碑，明言湛母『教其子以顯，嘗使從白沙之門，曰：寧學聖人而未至也。』繼閱日本村瀨誨輔所編王陽明文粹（文政戊子群玉堂新刊）卷四所選謹齋說，亦明謂『以謹名其齋』之楊景瑞，『嘗遊白沙陳先生之門，歸而求之，自以為有見，又二十年，而忽若有得。』而此文即在王文成公全書卷七，特不易按其題目而得之耳。

註二四：徐愛所記傳習錄上中下三卷，為關於陽明先生學術思想之極重要作品。錢賓四先生（穆）有陽明傳習錄及大學問節本，頗便參考，此據商務印書館出版國學基本叢書本王文成公全書卷一至卷二所載傳習錄。

註二五：此據同上明儒學案卷五白沙學案一所引羅一峰語。

註二六：王文成公全書所載與湛若水有關或相與論辯之詩文，除上述別湛甘泉序與湛賢母陳太孺人墓碑外，有卷四答甘泉（書札二篇），卷六答甘泉（書札一篇），卷二十題甘泉居與書泉翁壁（均為詩），卷二十五贈翰林院編修湛公墓表（即湛若水之父）及徐昌國墓誌。而湛甘泉先生文集所載與陽明先生有關或相與論辯之文字，除上述陽明先生墓誌銘外，亦有卷七之寄陽明、答陽明、答陽明王都憲論格物，及寄陽明等四書。其卷十二所載金陵問答，亦曾述陽明先生與王世隆之問答。總之陽明與甘泉關係甚深與史實具在，無可否認也。

一九七三年五月八日羅香林作於香港海日樓

原刊於《廣東文獻》四卷一期

白沙之動的哲學與創作

陳榮捷

明史本傳謂白沙先生之學「初本於周子之主靜程子靜座之說」。其後談先生之學者，幾皆此說。此點有二要點。一為先生之靜，一為先生之學出於周子濂溪與程子伊川。然此僅足以言先生之學之一面，而未足以形容其學之全部也。請先略言先生之主靜。

先生嘗云，「伊川見人靜坐，稱其善。周子主靜發源，程門相傳」（與羅應魁）。又云，「周子主靜。一為要。一者無欲也。遺書云，『不專一則不能直遂，不翕聚則不能發散』。見靜坐而嘆其善學」（書蓮塘書屋冊後）。又云，「舍彼之繁，求吾之約，惟在靜坐。有學於僕者，輒教之靜坐」（復趙提學）。且謂「佛氏教人靜，坐吾亦日靜坐」（同上）。是則致靜為先生教人之根本方法。且可謂為超乎周子程子之上。於是攻擊先生者指為近禪，為授佛入儒。而祖護之者則謂先生之靜非出於禪而出通書之靜虛與易經之虛受。凡此皆門戶之見，而埋沒儒學之偉大者也。夫主靜為宋代理學家之共同趨向。其受佛家與道家之影響，無可諱言。然而儒者卻少有肯承認之者。儒學之能於十一世紀復興而蓬勃，大放光彩者，正在其能採納古代之陰陽，道家之自然，與佛學之禪定，鎔於一爐，以為其新材料之故。故吾人研究先生學說，實不能否認其主靜之有道佛成份也。然先生之靜，自有其特色。不特與佛道之靜迥異。即與周子程子之靜，亦有所不同。此即先生之動的哲學。

此之所謂動，即先生所云「鳶飛魚躍之機」（夕惕齋詩集後序）。蓋先生之世界，乃生生活活之世界。川流不息，無往而非動。先生曰，「樞機造化，開闔萬象」，無非「鳶飛魚躍之機」（同上）。宇宙不外「通塞往來之機，生生化化之妙」（送李世卿還嘉魚序）。吾人目之所觸，在在為「日月晦明，山川流峙」，心之所感，處處為「四時所以運行，萬物所以化生」（送張廷實還京序）。「默而觀之」，則「生生之機，運之無窮。無我無人，無古今，塞乎天地之間」（古蒙州學記）。蓋先生心目之中，「天地間一氣而已。屈信相感，其變無窮。夫變也者，日夜相代乎前。雖一息變也」（雲潭記）。在此動的宇宙，即空寂亦充滿生氣。表面上似乎寂然不動，然一有所感，則遂通天下。誠如先生所云，『道至無而動，至近而神。故藏而後發，形而斯存』（復張東白）。蓋「此理干涉至大。無內外，無始終。無一處不到，無一息不運」（與林郘博）。以此之故，吾人能於日用之間，得「見鳶飛魚躍之妙」（行狀）。明乎此生生活活之理，則知先生之靜，無非如簡又文所謂方法而已。其目的乃在參天地之化育，而非默然無語，拱坐山林也。

此動的哲學，溯其源固出於易經，或且出於孔子之「逝者如斯」。而直接影響先生者則為程子明道。先生言靜，除上述所言周子主靜與伊川贊靜坐外，更謂「周子程子大賢也。其授受之旨曰尋仲尼顏子樂處。周程子此心，吾子亦此心也」（尋樂齋記）。以先生之主靜言，謂其學出於濂溪伊川則可。若謂其學之全部皆然，而恍若與大程子明道無關者，則大不可。

蓋以動之觀念言，則程子明道之影響，恐較濂溪伊川之影響為大也。

生生之妙，宋儒皆言之。然周子太極圖說雖謂「萬物生生而變化無窮」，然周子之哲學系統並不著重此點。伊川有真元之說，謂「真元自能生氣」（遺書十五），令宇宙生生不窮，不「復資於既斃之形，既返之氣，以為造化」（周上）。此固是動的哲學。然其宇宙活潑之精神，仍遠遜於乃兄明道也。明道云，「生生之謂易，是天之所以為道也。天只是以生為道」（遺書二上）。是以宇宙充滿生氣。明道又曰，「天地之德曰生。天地絪縕，萬物化醇。萬物之生意最可觀」（遺書十一）。鳶飛戾天，魚躍於淵，無非此生意之表現。其宇宙活潑如此，即先生所謂「鳶飛魚躍之機」。若謂先生之學與明道無關，則又安能置信耶？

以上所述先生學說之兩大因素，一為主靜，可謂來自周子與二程子。一為生機，則來自大程子明道，無可疑者。先生居此二者併合之，為其「靜中養出個端倪」（與賀克恭）。於此在理學史上開一新生面。端者始也，以時間言。倪者畔也，以空間言。端倪實指整個宇宙。即謂靜中可以養出生生活活的宇宙之意。先生所謂「宇宙在我」者（與林郡博），即是此意。陸象山雖謂宇宙即吾心，然乃心與宇宙同一之謂，非先生靜中勿助勿忘之心，可以養出生生大流的宇宙之謂。至周子之靜，其性質為無欲，其目的為立人極。與先生之靜中養出蓬蓬勃勃，充塞天地之生機，想去又遠矣。先生把主靜與生機併合，已是別開生面。且在此合併之中，又能以靜養出端倪，則又是一新生面。請注意「養出」二字。此二字指動的生產與動的成立。即於靜中能發現此生生之宇宙，更可云再造生生之宇宙。此點為前人所未說過，先生始說之。遠出乎周子與象山體認之上。此先生之所以開理學一新紀元也。黃梨洲謂「作聖之功至先生而始明」（明儒學案白沙學案）。指其經承前人而光大之，似未審先生之創作，大足以劃時代也。

或謂明道嘗云，「靜後見萬物自然，皆有春意」（遺書六）。又云，「鳶飛戾天，魚躍於淵。會得時活潑地，不會得時只弄精神」（遺書三）。又云，「鳶飛戾天，向上更有天在。魚躍於淵，向下更有地在」（同上）。謝顯道解此語曰，「蓋真個見得如此。此正是子思喫緊道與人處」（同上註）。豈非先生靜中養出端倪之說，亦出於明道耶？吾應之曰，先生鳶飛魚躍之意與明道同。然先生之異於明道有兩重要點。一者先生之宇宙之觀念只為明道哲學之一部，而在先生則為其哲學之中心。二者則明道之體會為認識，為接受，與象山同。尚未有先生之養出之創造性。談先生哲學者切勿忽略此點。若謂先生之學只在反宋儒之詞章訓詁，支離決裂與外求於物，則其學只為反動，而不知先生之能開明代之新門面者，實在其創作也。不只在靜中見動，且在靜中創出動來，此於周子二程與象山均大進一步矣。

原刊於《廣東文獻》二卷四期

陳榮捷先生與白沙哲學

費海璣

筆者講述懷德海之哲學，曾說出兩個要點：第一、懷氏之哲學為挽救英美教育危機之哲學；我國教育危機正同於英美，故我們需要懷氏之哲學。第二、懷氏哲學如何能為中國人理解？妙在懷氏哲學吻合我國明代之白沙子之哲學。故我們可以由紹述白沙學去解救我國教育之危機。

在公開這兩點愚見之前，我曾把這些告訴新會大儒簡公又文夫子。並撰簡公和白沙子刊於臺灣日報。

今得悉民國五十二年十二月六日，陳榮捷教授在香港白沙先生誕辰紀念大會演講白沙學說之真諦，簡又文夫子認為陳教授發揮白沙子至學之奧妙，為發前人所未發，又認為鞭闢近裡。值得傳揚。

陳教授這篇演講詞，拈出白沙學說兩大因素。一為主靜，一為生機。他說：「前者來自濂溪，後者來自明道。白沙取二者併合之，遂在理學史上開一新生面。而有靜養出端倪的不巧名言。」陳教授繼謂：「端者、始也，以時間言。倪者，畔也，以空間言。端倪實指整個宇宙。靜中養出端倪即謂靜中能發現此生生之宇宙，更可謂靜中再造此生生之宇宙。此點為白沙先生首先說出，是白沙之創見，大足以劃時代。」

讀者取拙稿比較觀之，則知懷德海以時間之一瞬，空間之一點，合為事素。事素構成宇宙，宇宙為生機活潑之宇宙。為學之要即心靈與自然默契，由靜中達到天人合一之境。又知懷氏所說吻合白沙子之說。只須將一瞬改為端，一點改為倪。或譯事素為端倪，便完全吻合了。

讀者明白了這些，便知在西洋哲學史上懷德海是劃時代的，而在中國哲學史上陳白沙是劃時代的了。

陳榮捷教授有功於陳白沙之哲學，自值得傳揚。不過，吾人今日紀念白沙，或祀白沙，還只有少數學者去做，正同懷德海在西人心目中雖是劃時代之大哲，而西人很少去紀念懷德海一樣。所以，我認為急須去做的乃是指出白沙學說是救教育危機之良方。

美國大學教育發生危機已十餘年了，芝加哥大學校長伯喇德勒有四懼，康乃爾大學校長柏金斯有五惱。前者如何排除四懼？後者如何減少五惱？民國六十一年六月和七月我寫了六七篇文章報告給國人。我說美國大學生作亂，是由馬庫斯煽動起來的。芝加哥大學校長應付學生之動亂，是本諸懷德海的哲學，以靜默制動亂。在靜中想出了四個方案，逐一解除他的四懼。第一是作亂學生過多之懼，第二是學生茫茫蕩蕩，我正確方向之懼。第三是學生拋棄立身原則之懼，第四是大學不能適應世變之懼。至於康乃爾大學校長的五惱，是來自五擾，他如何排除五擾？亦是根據懷德海之哲學，以靜養出對策。五擾是：㈠學生留在大學過久。

㈡電視教育之擾。㈢通訊教學之擾。㈣電腦成為教育之癌。㈤左派學生對校政之干擾。

讀者明白了這些事實，便知提倡懷德海之哲學是美國有識之士認為迫切需要之事。

如今，談到我國教育危機，臺灣日報社論已指出升學主義是病根所在。政府用電腦作業來推動大學聯考，更加強了升學主義的病態現象。學生們因聯考而被迫去死背不必背的非聖賢之書，一個個變得呆頭呆腦。。而聯考所錄取的人，又只是記憶力較強者，及幸運的舞弊者。有數萬落榜者不幸被淘汰了，變成乖張怨艾的青年。加之大學水準每況愈下，故危機一年比一年嚴重。

我們各大學校長就沒有人像伯喇德勒的，也沒有像柏金斯的。竟不去想出救方來。我們憂中國的教育，便渴望用白沙子之哲學來救治升學主義之危機。

簡又文夫子和陳榮捷先生提倡白沙子的哲學，其重要性實在於此。

原刊於《廣東文獻》四卷三期

鄉先賢陳白沙與江門學派

——兼述姚江學派心即理

黃敦涵

一、導 言

余原籍新會牛灣之石坑，清末曾祖本立公移居順邑桂洲。鄉人信奉理學名賢陳白沙先輩為精神偶像，以是舉邑學風純粹，學子咸沐其澤，鄉中孝弟成風，余家大父震川公，字躍門，篤奉白沙理學，造詣涵養工夫，光緒末年，中式舉人，鼎革後，歷任新會縣教育局長，任內以弘揚白沙之學為要務，因其涵養有方，年逾百歲，仍能攜余手登山祭祖，在祖墳上飲談如常，訓余以慎終追遠之道。由是邑人風俗淳厚，是乃白沙理學遺風之所被也！

敦涵由白沙之學，進而涉獵甘泉之學，又復探其本源，而深造於姚江之學，余所著陽明學說體系，其中論及白沙甘泉學說。

宋明理學，以白沙為精微。白沙以涵養為最吃緊工夫，意在「喜怒未發而非空，萬感交集而不動」，至陽明而光大之。白沙與陽明，兩者至為相近。故學者謂為姚江學派之先驅。

敦涵幼習養生之初基，即篤信理學諸家守虛靜之說，余祖錫矛嘉名，即為崇奉涵養之說。

及長，奉派留學，所肄習生理衛生一門，由於勤求中西兩學問之比較，分析與綜合，即知白沙、甘泉之獲享高壽，誠出於涵養工夫之知行實踐，余知此工夫精微之處，終身力行而不逾矩直至今天，亦與於高壽之列，此蓋得力於歛神致靜之涵養程序也。

歛神者，為佛家密宗修持法門之一，守靜去礙者，為白沙之教，亦本諸禪功。所謂歛神之功作者傳自鶴山勞穗生。

附註：宋人對于三教思想之分，頗爲執著，以「儒」爲在朝思想，以「佛」爲在野思想，然雖排佛闢佛，卻又不離於佛。陸王之抨擊程朱，即以儒而非道，實則陸王亦有取於佛道。作者之言歛神、守靜，爲涵養之要目，亦爲養生之要則也。

茲略述陳白沙里居及其學說

二、先賢里居與師承

陳獻章，字公甫，號石齋，吾粵新會之白沙里人，因其地名，故號白沙，生於宣宗宣德三年（一四二八），終於孝宗弘治十三年（一五〇〇），身頎長，高八尺，目熠熠有光，正統十二年舉於鄉，翌年會試中乙榜，入國子監讀書，復遠赴江西撫州崇仁學於吳康齋之門，奮志於聖賢之學，為吳康齋門人中最知名，與胡居仁、婁諒、胡九韶，同為康齊之高足弟子，聞道有得，遂絕意科舉，一日，白沙晏起，其師責之曰：「秀才若為懶惰，他日何由到伊川門下。又何從到孟子門下？」康齋之學，以養靜為主，注意涵養本原，為白沙所宗。康齋嘗曰：「聖賢所言，無非存天理，去人欲，所行亦然。」故一切日用常行，均重實踐。白沙習於吳門歷時半載，歸里苦讀，築陽春台，靜坐其中，悟定靜之奧，數年不出，著「白沙子集」由此書可窺白沙為學之精微。此外「白沙語意」一書，亦為白沙學說之重要部分。白沙學說之成就，完全由靜坐得來，而其思想，實導源於周濂溪的主靜說。

成化二年遊太學，受知於祭酒邢讓，颺言其詩於朝，以為真儒復出，由是名動京師，為給事中賀欽所信服，執弟子禮，歸而門人日眾，十八年由彭韶，生英薦於朝，召至京，命就試吏部，辭不起，疏乞終養，授翰林院檢討而歸，此後屢薦，卒不起，終於弘治十有三年，享年七十三歲，萬曆初從祀孔廟，追諡文恭，繼其學者，為其門人湛若水。

三、白沙學說淵源與脈絡

（一）白沙學說思想脈絡源於周濂溪主靜說：

黃梨洲論濂溪之學云：

「周子之學，以誠爲本，從寂然不動處握誠之本，主靜立人極，本立而道生」。

濂溪主靜，其修養論以「養虛靜」為心性陶冶之具體方法，其細目為立誠，是即「復性執性」，以不動為要旨。次為明通，是即「性焉安焉」以虛靜為目的，變化器質，入於道德之門。

（二）陳白沙不言「性即理」，而主「心即理」，一反朱熹之說；反對朱熹「致知格物」

之註義，而重良知。又主「先立其大者」，均與陸王之學有同調之雅。

王龍溪云：「我朝理學開端是白沙，至先師而大明。」

黃梨洲云：「有明之學，至白沙始入精微，其吃緊工夫，全在涵養，喜怒未發而非空，萬感交集而不動，至陽明而復大，兩先生之學最為相近。」由「白沙學案」之評論，足以見白沙之學，即復活了陸子靜說，可以說是姚江學派之先驅。

（三）白沙論良知之覺悟，在於養靜以發現心體，一為去礙，一為成定。其所謂靜坐養心：就去礙而言，有謂：「人心上容留一物不得，才著一物則有礙，心念功利則不廣大，養心之靜，便自廣大。」又云：「一番覺悟，一番長進」。本文作者認此與周易復卦所謂：

「初九：不遠復，無祇悔；」

「六三：頻復厲无咎。」

其意相符，若心一著物，即覺而自復，即同一往來之象，頻復者，頻覺頻復，雖是屢失屢得，仍收「去礙」之功，故孔子釋九爻象曰：「不遠之復，以修身也。」釋六三象曰：「頻復之厲，義无咎也。」白沙去礙之說，符合於周易之旨。（作者近著「易學提要」正中書局出版）。

（四）白沙主「立乎其大者」，即象山所謂「立志」，白沙謂：「文章功業氣節，果皆自涵養中來，三者皆實學也，惟大本不立，三者自名，所務者小，所喪者大。」白沙意在養虛無與養靜，乃能忘我而立於本體界，故謂：「非全放下，終難湊泊」，其主「靜坐澄心」。

有曰：「佛氏教人靜坐，吾亦靜坐，定力有似禪定。」又曰：「舍彼之繁，求吾之約，惟在靜坐，久之見吾心之體，隱然呈露，常若有物。」又云：「有學於僕者，輒教之靜坐。」（以上復趙提舉書）

四、白沙論「心即理」

白沙主「心即理」，不言「性即理」，茲述二者之分別：

（一）茲先說朱子「性即理」：

朱子的心理生理觀，從理氣的言心性生理，而主「性即理」，是為「性善惡混」一說之本，以理與欲相對立，天理中本無人欲，以理克欲，從心理上主「心體理性」，性體從屬於心體，而主心統性情。由心性以克制情欲，以知與意的作用，而排除情的昏蔽，以此作為心性涵育工夫。語錄云：「性即理也，仁義禮智而已矣。」又曰：「天性者，理而已矣，仁義禮智是也。」

（二）茲述陽明學說所主「心即理」，次及白沙「心即理」。陽明說：「心之體，性也，性即理也。」程朱之所謂心，是知覺的心，生理的心。陸王之所謂心，是靈明之心，本體之心，朱子析心與理為二，是謂「支離」，故陽明云：「外吾心以求物理，此知行以求二也，求物理於吾心，此聖門合一之義」（傳習錄）蓋陽明「心即理」說，以心為天地之主宰，偏重心的直觀功能。

（三）白沙不言「性即理」而主「心即理」，他說：

「人具七尺之軀，除了此心此理，便無可貴，渾是一包濃血，裹著一大塊骨塊，飢能食，渴能飲，能著衣服，能行淫欲，忿而爭，憂而悲，窮則濫，樂則淫，凡事行爲，一信血氣，老死而後已，則命之曰禽獸可也。」故其學著重心與理通。即體認天理在求之於心。

五、白沙論良知

白沙學問，重心能立自覺，不言致知，而重良知，他釋言「宇宙在我」不累於外，要「減輕擔子」求之於心，教人放開書本，自己用心去想，此意殆即象山所謂：「學苟知本，六經皆我注腳」，白沙有云：

「忘我而我大，不求勝物而物莫能撓，孟子曰：『吾善養吾浩然之氣』，山林市朝一也，生死常變也，富貴貧賤威武一也，而無動其心，是名曰自得，自得者，不累於外物，不累於造次顛沛，鳶飛魚躍，其機在我，知此者謂之善學，不知此者，雖學無益也」。（贈彭惠安別言）

六、白沙與甘泉

白沙門人中，湛若水（甘泉）與賀欽（克恭），陳茂烈（時周）皆其高足，惟湛氏卓然成家。白沙之學言心即理，本已脫出朱子之學的範圍，傳至甘泉，自成江門一派，恰與陽明同時，湛之與王，實為同調。（參閱董敦涵著：陽明學說體系一六三頁，台大圖書館，中央圖書館藏書）陽明宗旨「致良知」，若水則主「隨處體認天理」，續白沙之旨，以自然為宗。有人遂謂其各立門戶，其間為了調停者謂：「天理即良知」也。

甘泉之學，重自然主義，考其源流，導源於周濂溪，為欲矯主靜之弊，而主張：「動靜一於敬。」他說：

「以靜爲主，以虛爲本，周子論學曰：『一爲要』，一者無欲也，無欲則靜虛而動直，其即先生（指白沙）主靜致虛之學乎。」（甘泉文選）

甘泉之言靜坐禪定，不同於白沙。故有曰：

「道以自然爲重，知其自然，動不以我，斯無事矣，故學在知止，不在求靜。」（甘泉文選）

甘泉為學，依白沙宗旨，取法「心即理」之義。陽明「心即理」之說，取法於象山，象山曰：一心一理也，理一理也，至當歸一，精義無二，此心此理，實不容有二。（象山全集）陽明與甘泉時有唱和，雖各立門風，而引為同調。

甘泉對于白沙之守靜一說，有進一步之解釋，因而有「日用間隨處體認天理」之宗旨，他申言「心即理」之義說：

「天理者，吾心本體之中正也，一則存，二則亡，覺不覺而已。」

又曰：

「若見得天理，則耕田鑿井百官萬物，余革百萬之眾，也只是自然天理之流行。孔子之門，居處恭，執事敬，與人忠，即隨處體認之功，連靜坐在內。」（甘泉文選）

七、結論

以上諸說。以白沙學說為主體，參以宋明理學諸家有關白沙之學說，簡敘其要，雖僅一臠，然亦有助於白沙學說之旁證，諸說並陳，各具立言之旨，敦涵自維淺學，不敢軒輊於其間，然可以由此而覘其治學之篤。作者自民國卅四年致力台灣光復工作，略告寸成以後，所致力之方向，即「宋明理學之致虛靜、心即理、知行合一、隨處體認天理」，研幾求得，鍥而不捨，既可以去煩累，動靜有常，起居有節，用能獲享高齡，竊欲不敢自秘貢其微末，願與同好諸君共享之，承國立中山大學學長祝秀俠，暨劉經理梅父學友徵稿於余，乃樂于為之執筆。

敦涵於台灣大學南樓

原刊於《廣東文獻》八卷一期

鳶飛魚躍的陳白沙

馮炳奎

一、引　述

六十年前，三月十二日　國父孫中山先生在北平逝世，筆者在北大讀書，記得上午十時正要上課的時候，噩耗傳來，真是如天崩地拆！相對面色徬徨，不知所措，不上課。大家相對無言，有談談孫先生，有哭哭孫先生，這真是由心中吐出來的哀悼！十一時上課了，筆者上徐炳昶教授的西洋哲學史，徐教授對我說，你們廣東，出了三個了不起的大人物，第一個是禪宗六祖慧能，第二個是陳白沙，第三個是孫中山，當時我在想，慧能引起全中國人，浸入他所發現的禪宗，孫先生引起全中國人，醉心他所發明三民主義的革命，而陳白沙發現了什麼呢？

下課後，到北大紅樓圖書館，盡翻有關白沙書籍，始知其在北京有和楊龜山「此日不再得」一詩，轟動全國，是當時太學祭酒邢讓請他作的。這首詩發表了以後，知識份子，大家都集中敬仰。好像孫先生逝世，轟動自京師到全國一樣。可是孫先生已逝世，大眾信仰三民主義；白沙發表這首詩的時候在中年，正是學問成功了以後，影響明代學問更大。

究竟白沙發現了些甚麼呢？實在發現人類的具體的心體，自孔子以來，沒有一個學者所發現得這樣清楚的，怎樣清楚呢？是發現真心，與當時相持心即理，性即理的一致，換句話說，他本著所證到的心，所指導的行動，與應該不應該的『應該』一致，前者是心，後者是理，這是了不起的，就是孔子的七十歲時候的從心所欲不踰矩！得到心與理一致，所以他一生行動，生活，都是很快樂，他自己措籌他的生活，很自然，名之曰『鳶飛魚躍』！你看，鳶飛魚躍怎樣的舒服！

因此，他影響之大，把整個宋代理學轉過來，宋代理學轉而為明代的心學。宋代理學！對象是要究著人類已經有的理。朱子所謂凡天下之物，莫不理的理，好像對于理的實踐，未有把握，就是朱子所謂今日格一物，明日格一物，格到何時始能豁然貫通呢，白沙直指本心，馬上可實踐，雖陸象山已發其端，至白沙乃能實實在在得其實。所以自他發現了心體以後，有明一代，不是王陽明的『良知』，就是湛甘泉的『天理』，籠罩了明朝一代，以牽動明末顧亭林、王船山等的外王實學，如果沒有滿清三百年的窒息中國文化，那裏有今日的現象呢？

廣東文獻編輯，要筆者作一篇關于白沙的文字，筆者方治中華哲學史，集中先在五書——論語大學中庸孟子加以易傳——仁貫為其發展為其開端，仁怎極貫五書呢？仁是人類的心的呈現，為宇宙之本體，因此對人類的本心，不往不算求與體驗，白沙的心體，恰可以作一個活生生的證實，也好，因此是寫這篇文字以就正讀者。

心體是什麼？必先明白心是什麼？心是什麼呢？真是如孟子說浩然之氣；難言也！如果

必須要說，就人類的心來說，是一種無形而具體的偉大作用。它的作用是怎樣的呢？是能展統一與開展。統一是有條有理，以認識宇宙，集中在人類腔子裏，所謂『內在』；開展是一想想到不知其幾千萬年的上下，幾千萬里的四方，所謂『超越』。統一開展，內在超越，即一開一合，一伸一縮，易傳所謂，寂然不動，感而遂通天下之故的寂感，有伸感就有場所，有場所，就有對象，對象即萬物，這是心的作用生成宇宙。然而為什麼能寂感呢？是心的靈覺呈現，靈犀一點這是人類的自覺，知道人類現在所做的事情是認知之心，又知道人類自己所做的事情對不對是道德的心，這是心的作用指導人生。其作用之大，包括宇宙與人生。是無形無邊的一種偉大作用，為人類生命的主宰，心本無體，白沙所謂常若有物的心體，是心的具體化而已，這是客觀對心的說法，白沙的心體，是其修養的結果，心體是有的。

心又怎樣來的呢？有人類才有人類的心。人類又怎麼來的呢？人類由生生的進化而來，生生是什麼？原來無始之始，是大化流行，大化流行，是我們所感覺的『有』而『動』，有此動即是大化流行的生生，生生又怎樣進化為人類呢？生生是精神鼓動物質而生生，生生就是生命，宇宙的東西沒有無生命的，山河大地的質與層，似乎沒有精神，不過精神潛藏于物質之內，易傳所謂陽在下也，一旦由潛龍而見龍，質礙層遂一躍而為有機層，遂生植物，由植物而動物，由動物而人類。這就是人類由大化流行的生生而進化。人類又怎樣生出了人類的心呢？人類體格適中，不如鯨魚大象等的笨，便于精神的運行，五官百骸的複雜精細與完備，便于精神的指使。于是人類的精神突變而成人類的心，心是這樣來的。有了人類，有了人類的心，我們的宇宙，于是燦爛與光明。陳白沙找出宇宙燦爛與光明的淵源，而遨遊于燦爛光明之中，而得到很好的生活，就是他的鳶飛魚躍。

二、心 體

本來心無所謂體的，先秦儒家也未有講到心體。即孔子之聖，祇不過先從事情磨出來，所謂下學而上達。下學的功夫，是不怨天，不尤人，誰人不怨不尤呢？是由我的不怨不尤，誰使我不怨不尤呢？自然也是關係到我的心。直到孟子，簡單直接，提出『心』來，所謂『盡其心無，知其性也知其性則知天矣』性是什麼，天是什麼，此處不需說。而其簡單直提先由心出發。而表現的最清楚的是：『萬物皆備于我矣，反身而誠樂無大焉』。雖無說到心字，而誠即是心的誠，萬物由心而來，最為明白易能，由這個心發出的真性情，所謂惻隱之心，羞惡之心，辭讓之心，是非之心的四端，擴而充之，于是有儒家的內聖外王。即就惻隱之心來說，這真情實感，見父自然孝，見兄自然悌，見孺子入井，自然要救了出來，見其親的屍體為狐狸所食，自然晲而不視。即不忍看那不能不看，而創造了葬禮。直到宋代學者，因受佛家影響，萬事萬物，都要求出個本體來，程子求不到；朱子求不到，到陳白沙乃求出活生生的心體出來。

三、白沙學說的內容

說到白沙整個學問，我們可以分三部來描寫：第一是方法，第二是結果，第三是應用。首先說方法。本來宋代理學自周濂溪提出個靜字，所謂主靜立人極，程明道提出個敬字，所謂學者須先識仁，以誠敬存之，提出敬字自然包括了靜，是誰一步，伊川晦庵，更進一步，所謂敬以直內，藉以方外的敬義挾持方法，已是很完備了。至于白沙，提出的靜中養出端倪，又已包括敬義挾持而有更簡易直接的法。我們祇觀：「靜中養出端倪的『靜中養出』，其所謂靜坐，伊川講靜坐，佛家講靜坐，道家亦講靜坐，靜坐定個方式，而靜坐如有內容的不同，白沙由靜中養出，養出什麼呢，養出個端倪來，端倪是什麼，是善端，王陽明所謂大頭腦，定個最根本的心體，這就是由無涯際而找出個涯際來。無著手處找出了一個著手，而得到了一個活生生的心體，祇用敬，而義在心中包括了敬義挾持方法，換言之即找到了吾心矣。此理的湊泊吻合處，即靜坐以求放心，無欲以除物累，忘我以泯人已。其境則內忘其心，外忘其形，此物我兩忘之境，祇可意領夜會，蓋即冥思悟證，不落言筌，所以白沙自己說：由積學而至者可以言傳，其不由積累而至者不可以言筌也。成為白沙一貫的方法，其弟子所傳，所謂勿謂老儒無著述，真儒不是鄭康成，又說，他年得遂投閑計，面對青山不著書，遂養成嶺南人士淡聲華，薄榮利，暗修獨行的學風，在後又引起，湛甘泉的隨處體證天理的心性合一，王陽明祇好惡就是非的良知。

其次是靜中養出端倪的結果，白沙之學是不是靜中養出端倪就算了呢，不是，還有以此結果更進一步，即隨處體認天理又大抵早期對先恭講靜中養出端倪，甘泉較後來學，就講隨處體認天理。所以甘泉上白沙先生書：天理（心體）二字聖賢大頭腦處，若能隨處體認，真見得，則參前倚衡，無非此（本體）；在人涵養以有之于己耳。靜中養出端倪，其工夫主要在靜中著力，隨處體證天理，則隨動靜以施其功，所以白沙在靜中養出端倪時僅隱然呈露，常若有物而已，及到隨處體認天理，他所達的虛圖不測，就大不同矣。你看，他復張東白書中說：夫道（心體）至無而動，至進而神，故發而後變，形而斯在存，白沙又此括而成詩曰：至無有至動，至動至神焉，發用茲不窮緘藏極淵泉，甘泉釋之曰所謂至無者，即無極而太極之無，陰陽動靜，皆由此出，五行萬物皆由此生，非至無而有至動乎；至于夫婦居室之間無非鳶飛魚躍，如理活活潑地，非至近而定神乎；放之彌六合，非發用不窮，卷之藏于密，非誠藏淵泉乎？這就是由端倪而得的心體，而發為隨處體認天理之大用。雖亦可說一種方法的第二層，實在是靜中養出端倪的結果。

最後，讀到白沙學說的應用，即是所謂以自然為宗。一談到自然，大家以為是老莊的自然，更有附會到西洋的自然主義，是錯誤的，白沙的自然，是白沙自己的自然，毋寧說是儒家的自然。你看，孔子於是日哭則不歡，然則孔子每天都歌唱了，又子漁而腐，威而不猛，恭而安。字之燕居，申申如也，夭夭如也，這是何等的自然；白沙的自然，是白沙晚年的學問圓通。純粹到極點，如孔子的無意無必，無固，無我的階段，我們看甘泉的重刻白沙先生全集序，所謂夫自然者，天之理也，理出于天然故曰自然也，又曰在勿忘勿助之間，胸中流出而沛乎宇宙。絲毫人力亦不存，故其詩曰：從前欲洗安排障，萬古斯文看日星，以言乎明照自然也，日月星辰之照耀，其孰安排是，孰其孰作為是？大抵上而隨動靜以施其功的至無而至動，至近至神焉相比，其造詣深淺，前後判然，則世還須經一番安排，作為的工夫，始能于日用間隨顯現其本體，後者已臻于化境，一切安排作為都不用了，這是本體自然，工夫自然，這是白沙思想的最高巔峰！你看，他的日常生活除講學作文吟詠外，暇時則撫琴，弄艇，垂釣，會友，小酌，靜定，放歌，邀遊，賞花，望月，娛親，弄孫。這不是孔子的燕居申申如也，夭夭如也嗎！這就是白沙學說的應用。

以上言白沙學說的內容，其豎的來說：由靜中養出端倪，而隨處體認天理，而以自然為宗，其橫的來說，是修身齊家治國平天下，以至生死問題都有解決，其弟子湛甘泉的生死問題，本於其師，所謂揮手謝小兒（造化），我欲觀大化，當盡便須盡，何用復悲詩（續詩），是何等的達觀！其本于其師的自然，以有限的生命，而附于宇宙生命的合一，這又是儒家學說的正宗，與西洋物在心外為容易，所以有大人者與天地合其德，日月合其明，共時合其序，與鬼神合其吉凶的實現。其中心仍是以心體為基礎，為中心。與上一段一般人所說的本心，為其本心的由來相吻合，這就是白沙學術的內容。

原刊於《廣東文獻》十二卷一期

陳白沙及其學說

王裕芳

一、傳略

陳獻章字公甫號石齊，廣東新會之白沙里人，因之學者稱之為白沙先生。身高八尺，目光如星，右臉有七黑子，如北斗狀，自幼警悟絕人，一覽輒記，嘗讀孟子所謂天民者，慨然曰：「為人必當如此。」正統十二年舉廣東鄉試，明年會試中乙榜（明史本傳說、再上禮部「不第」）入國子監讀書，已而至崇仁受學於吳康齋半載。歸里後就絕意科舉。築陽臺、靜坐其中，數年不出外。尋遭家難，成化二年後遊太學，祭酒邢讓試和楊時「此日不再得」詩一篇，祭酒見其詩，驚曰：「龜山不如也」。颺言於朝，以為其儒復出，由是名動京師。羅一章、章佩山、莊定山、賀欽（醫閭）皆恨相見之晚。賀醫閭聽其議論，執弟子禮。歸而門人益進。十八年布政使彭韶、都御史朱英交薦言，國以仁賢為寶，臣自度才德不及獻章萬萬，臣冒高位，而令獻章老林壑，恐坐失社稷之寶，召至京閣大臣尼之，令就試吏部，辭疾不赴，疏乞終養，授翰林院檢討而歸。至南安，知府張弼疑其拜官，與弼不同，對曰：「吳先生以布衣為石亨所薦，故不受職而求觀秘書，冀在開主上身。時宰不悟，先令受職然後觀書，殊戾先生意，遂決去，獻章聽選國子生，何敢偽辭釣虛譽。」自是屢薦，卒不起。白沙事母至孝，母親有念，每每心動，立即歸里。宏治十三年二月十日卒。年七十三。萬曆十三年詔從祀孔廟，稱先儒陳子，追謚文恭。

二、學術思想

儒家思想起源於先王之道。即源於堯，舜，經禹、湯、文、武，周公到孔子而集其大成。儒家思想是「仁」為本，孔子曰：「克己復禮」之為仁。是一套以德治國的制度，故其特別重視道德修養，從修己到治人。故明明德、親民、止於至善，這是道德修養的最高境界。

儒家思想到了兩漢經學思想，都是訓詁之學。只是做一些經學研究，而沒有學術思想。而魏晉南北朝重清談。隋唐佛學盛行，朱子在學章句序云：「孔子取先王之法，誦而傳之。以詔後世……曾子傳之……孟子沒而其傳泯焉……宋德隆盛，治教休明，於是河南程氏兩夫子出，而有以接乎孟氏之傳……。」朱子把儒家的學術思想從孟子而後就傳到河南二程子。把兩漢魏晉隋唐都除掉。所以宋代學術思想，是以中國固有哲學思想，也就孔孟的儒家思想為本。而也受到佛道兩家思想之影響，或說是參入了些佛道兩家思想。而成了新儒學，也就是宋明理學，也稱「道學」。

宋代理學所探討的是心性本源及修養，必須內外兼修方有所成。

理學到元代並無很大進展，僅吳草盧等諸賢稍為掇拾繼承往聖以待後起。但只是維持其餘緒於不墜而已。到了明代則理學特盛。其明初諸儒仍謹守宋儒之舊說。到了陳白沙（陳獻章）、姚江（王陽明）等諸儒出，而各標舉宗旨，而心學之風漸盛，且凌駕宋元之上，而心學成為有明一代學術之特色。

明儒學案說：「白沙之學，以虛為基本，以靜為門戶，以四方上下，往古來今穿紐湊合為匡郭。以日用分殊為功用，以勿忘勿助之間為體認之則。以未嘗致力，而應用不遺為實得。遠之則為曾點，近之則為堯夫，此可無疑者也。故有明儒者，不失其矩矱者亦多有之。而作聖之功至先生而始明。……」

㈠靜坐立其基

白沙之學以靜為門戶，也就是說他得道是從靜坐入門。他在復趙提學念憲書上說：「僕才不逮人，年二十七，始發憤從吳聘君學。其於古聖賢垂訓之書，蓋無所不講，然未知入處比歸白沙。杜門不出，專求所以用力之方，既無師友指引，惟靠書冊尋之，忘寐忘食，如是者亦累年，而卒未得焉。所謂未得，謂吾此心與此理未有湊泊脗合處也。於是舍彼之繁，求吾之約。惟在靜坐。久之，然後見吾此心之體，隱然呈露，常若有物。日用間種種應酬隨吾所欲，如馬之御銜勒也，體認物理，稽諸聖訓，各有來歷，如水之有源委也。於是渙然自信曰：『作聖之功，其在茲乎』，有學於僕者，輒教之靜坐。蓋吾所經歷粗有實效者告之，非務為高虛以誤人也。」

白沙二十七歲發憤要學聖賢學問「作聖之功」，但不知道入門處，於是到江西從吳康齋學。但並未如其願，於是半年後便回白沙杜門苦學，聖賢之書無所不講，但是仍然不得其門而入。於是他以靜坐沉思以尋心體與道理之相應之處。於是見其心之體的呈露。悟出「作聖之功」是從靜坐入門。

白沙又驚又喜在與賀克恭黃門書中說：「為學須從靜中坐養出端倪來方有適量處。林緯熙此紙是他向來經歷過一個功案如此，不可不知。……若未有入處，但依此下工，不至相誤，未可便靠書策也。」而從靜中悟道，並不是白沙首創。而在四書的「大學」中也有「知止而後有定，定而後能靜，靜而後能安，安而後能慮，慮而後能得」。所以定、靜，安、慮、得。是儒家傳心之法。伊川曾說：「或問『如何學可謂得？』曰『大凡學問，聞之、知之，皆不為得。得者須默識通心。所謂「默識通心」，也就靜中體認而著於心中。

白沙門人張詡在其行狀中說：「蓋其學，初則本乎周子主靜；程子靜坐之說，以立基，其自得之效，則有以合乎見大心泰之說。」由此可知白沙之學是從靜坐中立其基礎，也從靜坐為入道之門。

㈡心即理說

明初學術尚守宋學之餘，到了曹月川雖也還和程朱之學有契合。不過他曾說：「人之可以與天地參為三才者唯在此心。」又說：「事事於心上做工夫，是入孔門之大路。」從他這兩句話看，曹月川（端）是開明代心學之先河者，到了陳白沙，王陽明等人出而明代心學遂大盛。有人說白沙之學，上承象山，下啟姚江。其實白沙之學仍是上承孟子，近承周程，而似近象山之學而已。

白沙曾說：「為學當求之心，必得所謂虛明靜一者為之主。……此心學法門也。」白沙為學當求之心。就是學要內心省悟，不假外求，而所謂「虛明靜一」之心，就是無雜念，無功利之心。就如司馬光所說的「無意，無必，無固，無我之心。無我則公，公實生明。」就所謂心無著一物。白沙在「無後」篇說：「君子一心足以開萬世，小人百惑足以喪邦家，何者？心存與不存也。夫此心存則一，一則誠；不存則惑，惑則偽。所以開萬世，萬物之富，何以為之也，一誠所為也。蓋有此誠，斯有此物，則有此物必有此誠；則誠在人何所？具於一心耳。心之所有者此誠，而為天地者此誠也。天地之大，此誠且可為，而君子存之，則何萬世之不足開哉？作俑之人既惑而喪甚誠矣，而何以有後邪。」

白沙所謂「一心足以開萬世，」「心存則一」「一則誠」，「心存」就孟子求其放心。把放出去的心，找回來而存之。故心存則誠。「而天地之大，萬物之富」，一誠之所為，故心為天地萬物之本體。也就宇宙本體。白沙另在「與林郡博書」中說：「終日乾乾，只是收拾此而已。此理干涉至大，無內外，無終始，無一處不到，無一息不運。會此，則天地我立，萬化我出，而宇宙在我矣！得此霸柄入手，更有何事？往古來今，四方上下，都一齊穿紐，一齊收拾，隨時隨處，無不是這個充塞。」

白沙說「終日乾乾，只是收拾此而已」而「此」就「此心」就是存養此靈明之心。此心修明之後，則天地萬化皆在吾心。則「宇宙在我矣」。因此，此理也就吾心。心即理也。

㈢心以自然宗

白沙之學以自然為宗。見於他與門人湛民澤書中說：「孟子見人便道性善，言必堯舜，以堯舜望人也。橫渠見人便告以聖人之事，以聖人望人也。吾意亦若是耳。竊附孟子橫渠之後，彼何人哉，予何人哉，有為者亦若是。文王我師也，周公豈欺哉？區區之意，在覽者深思而自得之，既以寄民澤亦以告有志於門下者，咸得自勵而自勉焉，……承示教近作頗見意思然不欲多作，恐其滯也，人與天地同體，四時以行，百物以生，若滯在一處，安能為造化之主耶，古之善學者，常令此心在無物處，便運用得轉耳，學習以自然為宗，不可不著意理會。……五月十二日石翁書此學以自然為者也。承諭近日來頗有湊泊處。譬之適千里者，起腳不差，將來必有至處，自然之樂乃真樂也。宇宙間復有何事，故曰雖蠻貊之邦行矣。……來書甚好，日用間隨處體認天理，著此一鞭，何患不到古人佳處也？」

白沙自認他為張載後承孟子聖學的第一人。「孟子說性善，言必堯舜，張載以聖人事告人。」吾意亦若是。孔子孟子承先王之道、張載承聖人之道而白沙隨孔孟張載之後其學，亦承聖人之道無疑。但他求學過程卻非常艱辛始得入處。而悟出「學以自然為宗」的境界。他認為自然之樂，乃真樂，宇宙間復有何事。白沙在另外一篇送張進士廷實還京序中亦說：蓋廷實之學以自然為宗，以忘己為大，以無欲為至，即心觀妙，以揆聖人之用。其觀於天地，日月晦明，山川流峙，四時所以運行，萬物所以化生，無非在我之極，而思握其樞機，端其銜綏，行乎日用事物之中，以與之無窮。然則廷實固有甚異於人也，非簡於人以為異也。若廷實清虛高邁不苟同於世也，又何憂其不能審於仕止，進退語默之槩乎道也。」這篇序送張廷實稱其學宗自然。其實以自然為宗是白沙自己學術之主張，他在與湛民澤書中就說「石翁書此，學以自然為宗。」石翁就是白沙的號。而張廷實之學亦還沒有達到以自然為宗的境界。而所謂「學以自然為者」，湛甘泉在白沙陳先生改葬墓碑銘上說：「……甘泉生曰人至無無欲也，至近近思也，神者天之理也，宇宙以語道之體也。乾乾以語其功也，勿忘勿助一也，中正也，自然之學也。皆原諸周程至矣，惟夫子道本乎自然，故與百姓同其日用，與鬼神同其幽，與天地同其運，與萬物同其流會而通之，生生化化之妙，皆吾一體，充塞流行於無窮，有握其機而行其所無事焉耳矣。惟夫子學本乎中正，中正故自然，自然故有誠，誠故動物……」湛甘泉說夫子之學本乎中正，中正一也，自然之學也；中正故自然，自然故有誠。誠故物動。由此可知白沙之學以自然為宗明矣。而「自然」，則誠，誠為天地萬物之本體。也就宇宙本體，而中庸云：「誠者，天之道也，誠之者，人之道也，誠者不勉而中，不思而得，從容中道，聖人也，誠之者，擇善而固執之者也。因此，白沙之學以自然宗。也就道出自然「自然者」就如中庸所說的誠者不勉而中，不思而得。一切自然而然如水到渠成。故說道何？間於動靜勿忘勿助，何容力，惟仁與物同體惟誠敬斯存。」

㈣以虛立其本：

白沙的學術思想是以動靜，虛實為其中心，白沙曾說「夫動已形者也，形斯實矣；其未形者，虛而已矣。虛其本也，致虛以立本也。」又說：「為學求之心，必得所謂虛明靜一者為之主。」此說與中庸所說之喜怒哀樂未發謂之中，發而皆中節謂之和。中也者天下之大本也。和也者天下之達道也。相通也。孟子說「敦篤虛靜者，仁之本，不輕妄則是敦篤也。無所繫閡昏塞，則是虛靜也。「致虛以立本」就中庸上喜怒哀樂未發前氣象，也就是謂之「中」的狀態，而所立之本者，也是立天下之大本，就是所謂「之道」者也。

白沙復張東白內翰書云：「夫學有由積累而至者，有不由積累而至者，有可以言傳者，有不可以言傳者。夫道至無而動至近而神，故藏而後發，形而斯存大抵由積累而至者，可以言傳也，不由積累而至者，不可言傳也，知者能知至無於至近，則無動而至非神，藏而後發明其幾矣。形而斯存道在我矣。是故善求道者求之易，不善求道者求之難。義理之融液未易言也，操存之灑落未易言也。夫動已形者也，形斯實矣，其未形者，虛而已，虛其本也，致虛之所以立本也。戒慎恐懼所以閑之，而非以為害也。……故道也者，自我得之，自我言之可也。不然辭愈多而道愈窒，徒以亂人也。君子奚取焉，僕於義理之原窺見髣髴及操存處大略如此。」則由此可知白沙之學術思想是以虛立其本。而他認為惟至虛才能受道，而虛實是一體。至無無欲，至近近思也神者天之理也。而宇宙者、道之體也。

三、結　語

白沙之學乃從靜坐入其門戶，以虛致其本，而主張心即理說，且以自然為宗。其淵源承之孔孟周程之聖學。可說儒家一脈相傳之一貫道統。其門人張詡在其行狀中說：「先生之始為學也，激勵奮發之功多得之康齋。自臨川歸……閉戶讀書，盡窮天下古今典籍，旁及釋老稗官小說，徹夜不寢，少困則以水沃其足。久之乃歎曰夫學貴自得也，自得之然後之以典籍，則典籍之言，我之言也。否則，典籍自典籍，而我自我也。遂築一臺名曰春陽，日靜坐其中，足不出外者數年。故其答某問學詩曰：古人棄糟粕，糟粕非真傳眇哉一勺水，積累成大川，亦有非積累，源泉自涓涓，至無右至動，至近至神焉。發用茲不窮，緘藏極淵泉，吾能握其機，何必窺陳編，學患不用心，用心滋牽纏，本虛形乃實，立本貴自然，……又歎曰：夫道非動靜也。得之者動亦定，靜亦定，無將迎無內外，苟欲靜即非靜矣。於是隨動隨靜以施其功。……蓋其學初則本乎周子主靜，程子靜坐之說，以立其基，其自得之效，則有以合乎見大心泰之說。故凡富貴功利得喪死生，舉不足以動其心者。其後造詣日深，則又以進乎顏氏之卓爾。雖欲從之末由也，已之地位而駸駸乎孔子無意必固我之氣象矣。」張廷實在白沙行狀中把白沙一生從學之經歷、學術的中心思想和其成就都做了詳盡的敘述，而其所述也正符合其所成就者。有人評白沙之學偏入禪學，此非也。白沙之學承孔孟周程之聖，迨不可誤矣。

參考書目

陳白沙全集　陳獻章　欽定寶庫全書

白沙語要　陳獻章　嶺南遺書

宋元學案　黃宗羲　正中書局

明儒學案　黃宗羲　正中書局
理學宗傳　孫奇逢　藝文印書館
伊洛淵源錄　朱熹　中國館藏明本景印
明史　張廷玉等　鼎文書局
中國哲學　馮友蘭
中國學術思想史論叢　錢穆　東大圖書公司
江門學記　陳郁夫　台灣學生書局

原刊於《廣東文獻》卅卷二期

白沙宗子湛甘泉

簡又文

一、甘泉先生小傳

白沙先生大弟子湛甘泉先生之洞明、傳播、與闡揚乃師遺教，比諸其他並列門墻者，為深為大為多，誠不愧得其道統之薪傳。其為白沙學說之宗子，可無疑義。湛先生、名若水，字元明、號甘泉，（初名露，字民澤，更名雨、後再定名若水，）粵之增城人。明憲宗成化二年（一四六六）生。孝宗弘治五年舉於鄉。越二年，二十九歲，赴白沙從學。時陳先生行年六十有七矣，輒以沈潛許之。

先生既歸道山，甘泉乃為服哀，廬墓三年。仍不樂仕進，母命之出，乃入南京國子監。十八年乙丑會試、名列第二、賜進士，選庶吉士，授翰林院編修。時，從師學養已十三年矣。會王守仁在吏部講學，甘泉相與應和，由是道名大著，學者稱甘泉先生。尋出使冊封安南。嘉靖初，遷南京國子監祭酒，作「心性圖說」以教士。拜禮部侍郎，作「格物通」。上於朝。歷任南京吏、禮、兵、三部尚書。年七十五致仕，復遨遊南北。嘉靖三十六年丁巳（一五五七）卒於粵、春秋九十有二（按：「明儒學案」作九十五歲，或從時俗積閏加三歲計也。）

後贈太子少保，謚文簡。甘泉平生所到之處，必設書院講學，並以祀白沙先生，有門人四千。一時，講學之風遍南北，而白沙學說亦風被天下焉。又其所至之地，輒廣置學田以贍學者。年八十，猶至衡山建白沙書院、置學田五頃。（以上節錄阮元「廣東通志」湛傳。）遺著，除上言兩種外，尚有「甘泉文集」、「春秋正傳」、「甘泉新論」、「白沙子古詩教解」、（附刊乾隆「白沙子全集」）「遵道錄」、「揚子折衷」、「非老子略」等。

二、甘泉學說

白沙先生於去世前，曾以江門釣臺付與甘泉象徵正宗道統之傳，比之達摩傳衣為信。所著「白沙子古詩教解」演繹乃師之說，確能盡其奧妙而無背本旨。至其自己所發揮之學說，亦輒以白沙學說為依歸（如「語錄」之論「自然」「正統」等是。竊以為甘泉之大貢獻不在特立獨異的創作，而端在補充白沙學說之內容，使其抽象的與片段的遺訓較為具體化及系統化，而尤要者則於「踐覆篤實」四字更為注重、「由靜而動」之理益事發揮，遂收發揚光大之殊功。蓋甘泉之於白沙先生，猶孟軻之於孔子，與保羅之於耶穌基督也。今復試將甘泉遺教歸納為幾個原則，以見其學說系統之大要焉。（按：王元善「明詩綜」云：「公甫詩、湛若水取為詩教，妄加箋釋，真目中無珠者，固知陳氏之忠臣，必將鳴鼓湛生之罪矣。」又「明儒學案」卷四引婁諒弟子夏尚樸之「夏東巖文集」云：甘泉註白沙詩「曲為回護，類若角度隱語，然又多非白沙之意。」此兩惡評，余甚非之，蓋之兩人者，固未了解白沙學說全部之精義，亦未了解甘泉註釋之理論實與乃師遺教符合無間，且光大發揚之如上文所言者，含沙射影，非學者之公評也。）

三、自然為宗

甘泉學說亦以自然為宗，一本乃師之說，莫之或離。其尤為透澈之言曰：「夫自然者，聖人之中路也，聖人所以順天地萬物之化而執夫天然自有之中也……先師白沙先生云：『學以自然為宗。』當時取者或疑焉。若水服膺是訓垂四十年矣，乃今信之益篤。……」（見自然堂銘序）。甘泉有「自然裳」。其謁石翁（即白沙先生）墓詩云：「夫君有嘉惠。贈我雲錦囊。中繡自然字。服之永不忘。」（見「增城縣志」）。可見其信服師道之篤矣。

四、關鍵語

甘泉學說之關鍵語為「隨處體認天理」。所謂「天理」，即是自然本體之理，又即是道也。於此點，甘泉多所發揮，蓋即補充乃師自然之說者也。又以天理即是「物」，故曰：「吾之所謂隨處體認天理者格物爾；即孔子求仁、造次顛沛必於是：曾子所謂仁以為己任，死而後已者也。」再詳論「格物」之義云：「物者天理也，即言有物舜明於庶物之物，即道也。格則造詣之義，格物即造道也，知行並進，博學、審問、慎思、明辨、篤行，皆所以造道也。意、身、心、一齊俱到；誠、正、功夫皆於格物上用了；其家、國、天下、即此擴充，不是二段，此即所謂止至善。止至善則明德，親民皆了，如是方謂之知至。蓋心非獨知覺已也，知覺而察天理焉，乃為心之全體」（答王陽明書）。據其學說，「隨處體認天理」與「執事敬」亦是同一事。故曰：「中庸：戒慎、恐懼、與慎獨、皆只是敬，是一段工夫，無初動靜。二之則非敬矣。後一節即解前節，只是一段涵養工夫，以養成未發之中為已發之和。其動其靜，渾是天理。」

由來白沙之學雖宗自然，惟泛泛然只標大綱，只揭大旨，其性質、其涵義、尤其是所以同化自然之程序（工夫），尚未有具體的，詳細的說明。自得甘泉補充之說，乃知自然果非混沌未鑿而不可明不可解的「黑漆一團」：其中自有客觀的、普遍的、永久的道理，即是「天理」。後人有解釋者曰：「先生（甘泉）之教，惟立志、煎銷習心、體認天理：之三言者，最為切要，然亦只是一事。」由「立志」、「知本」、「執事敬」，「加學問思辨行之功」，以涵養人格而至於「體認天理」內外打成一片，崇實主敬而不廢誦讀之功，此誠至為具體的與實際的教訓，殊足以補充白沙學說抽象的與似近虛空的內容明矣。（謹按：甘泉「隨處體認天理」一語本自白沙先生「隨時隨處無一不是這（理）充塞」及「體認物理」——即「天理」二語而出，非完全自行創作者。）

五、語錄斑斑

甘泉先生對於學者之修德為學之道與踐履篤實之功，更有實踐的訓言，益能使此自然理學的系統得臻完備實用之境。茲摘錄其「語錄」數條，是皆可為今人師法而為我個人所信服者。

「學貴日新——君輩須於日間對鏡時自取證驗：平日偏處，今覺不偏，急處今覺不急，緩處今覺不緩，乃是貼身實進步。若只以虛悟做成學問，觸發原根，依然是舊人，卻不負良師友，此等切勿以凡近放過也。」

「男女飲食，其欲乎——凡欲皆性也，非慾也。其欲動而為過與不及，則慾也。故君子惟中之為學。」（按：此理蓋本於自然至道者。清中葉學者戴震之學，符合此說。）

「今人為學，須是一國非之而不顧，天下非之而不顧之心始得。若或一面為學，一面怕人贊毀，幾時能殼脫得出身出來？」

其休官似洗奕清詩云：「聖學主忠信。此外無餘事。中心謂之忠。心中故無偽。別名為至誠。純德合天理。……」

或問道，曰：「其五倫之間乎！盡其誠即道也，過之非誠也，不及非誠也，誠者天理也。理者天之理也，非人之私也。意、必、固、我、不得與於斯；意、必、固、我、有一焉即人矣。」（「新論」）

六、堂訓摘要

其在東粵西樵大科書院立「訓規圖」，中有「敬義志道」，「體認天理」（進修時體認，煎銷習心），「尋實樂」，「求道於人倫間，」「篤實（立誠心）」，「言動由中出」（求義理務敬謹），「內外混合」，「作字敬」，諸款，最為精要，皆指實際德行之大道者。其「堂訓」六十一條尤為具體而實際的教訓。茲復摘要錄後，足覘其學問之大要矣。

㈠諸生為學，必先立志。如作室者，先固其基址乃可。志者志於道也。立之是敬。匹夫不可奪志。若其可奪，豈由之志？自始及終，皆是此一字。

㈡諸生用功，須隨處體認天理。即大學所謂格物，程子所謂至其理，將意、心、身、家、國、天下、通作一段工夫，無有遠近，彼此絡日絡身，只是體認這天理二字。

㈣諸生為學，患心不定。只是煎銷習心，三層五層，如煎銷金銀，一番煎銷，愈見一番精明。煎銷盡者，為大賢之心：習心即人心。心只是元一個好心。其不好者習矣。習盡則來，本體廣大高明，何嘗有缺，何所沾惹，內外合一。

㈤學者雖去聖賢甚遠，然大意亦當理會。如曾點的樂，可不體認切實。濂溪所以每令仲尼見顏子樂處。其質所疑所得，其起居俯仰之間，及問答之實，須要誠由中出，不可疑為巧言令色，以滋偽心。

㈦諸生相處，一言一動，皆本禮義：時言俗態，一毫不留於聰明。以此挾持，自然長進。其有犯此戒者，諸生相與正之。

（以下關於父兄師友妻子等人倫之教多條略）

㈥諸生讀書，須先虛心，如在上古未有傳註之前，不可先泥成說，以為心蔽。若有所得及有未通，卻取古人訓釋詳之，其所得自別。

(卅六)自後世儒者，皆坐支離之弊，分內外、本末、心事、為兩途，便是支而離之。故有是內非外、重心略事之病，猶多不悟，反以為立本。千百年來，道學不明，坐此之故。自今諸學子，合下便要內外、本末、心事、合一，乃是孔孟正脈。何者？理無內外、本末、心事之間也。

(卅七)諸生讀書時，須調練此心。正其心，平其氣，如以鏡照物，而鏡不動，常炯炯地，是由「以我觀書」（白沙先生語），方能心與書合。孔子所謂「執事敬」，「中庸」所謂「合內外之道」，程子所謂「即此是學」，如此方望有進。若以讀書、主敬、為兩事，彼此相妨，別求置書冊而靜坐以為學，便是支離，終難湊泊。

(卅八)初學、切於讀書時，調習此心，隨其心力所及，如讀至一二行，稍覺心為所引，即停卷收歛，少俟有力再讀，或有力足以勝之，至三篇四篇，不至失已，讀之得力，漸漸接續，至於不息，亦從此始。其應事亦復如是。若舍書冊棄人事而習靜，即是禪學：窮年卒歲，決無有熟之理。如欲鐵之精，不就爐錘，安可望精？

(四十)諸生肄業遇厭倦時，便不長進，不妨登山玩水，以適其性。學者有遊焉息焉之說，所以使人樂學鼓而不倦，亦是一助精神。

(四一)吾儒學要有用，自綜理家務，至於兵、農、錢穀、水利、馬政之類，無一不是性分內事，皆有至理，處處皆是格物工夫。以此涵養成就，他日用世，鑿鑿可行。

㈤諸生人人皆學歌詩作樂，以涵養德性，舜命夔典樂，以教胄子，此其深意，安可一日缺此？或讀書至深夜，則會於本齋，歌詩以暢意氣，又長一番精神。

（以下關於堂制規律多條略）

七、致虛貴疑

對於乃師致虛之說，甘泉先生最能認識其奧妙，以虛並非虛無之虛而是虛心謙虛之虛，即是為學造道之基本。故曰：「人心之虛也，生意存焉。生、仁也。生生、天地之仁也。塞則死矣。聖人之心，太虛乎！故能生萬化、位天地、育萬物。中和之極也。必有主而後能虛」（新論）。又以人心比諸明鏡。「鑑之體常明也，物照而妍媸辨焉。吾學者其學諸鑑乎！去其暗此者而已。今夫禪學者，其亦不照之鑑乎！」又曰：「虛靈知覺、思也。曰，何也？曰，本體也。本體全則虛而明，有以照物如鑑空而妍媸莫逃，是謂思則得之，無思無不通也。思無邪！憶度之思，可以為思也乎」（雍語）？又曰：「心無一物則浩然，無一物不體則浩然，是故知無一物與無與物不體者知性體矣。」此則由虛而實之作用也。其徒有問對於諸儒之說如何者，則答曰：「吾不必乎信，不必乎不信，信理焉爾矣。必信則泥人，必不信則執己。執與泥，君子有弗學焉爾矣」（雍語）除去泥人與執己之主觀成見——心理的障蔽——而獨本虛心以尋求客觀的自然真理，是洵能洞識白沙學說之真諦者矣。

八、貴疑之說

關於貴疑之說，則曰：「學貴疑。疑斯辯，辯斯得矣。故學也者，覺此者也。」又云：「夫學而知所疑也，學之進也。」「如行路然，行而後見多岐，見多岐而後知所從，知擇所從在進乎行者也」（雍語）。此則根本上與乃師之見無大出入，同以「疑」為學之基要條件者。

九、靜與動

關於「靜」與「動」的問題，吾人當加以細心的研究。甘泉先生以為「靜」是初學之津逮，而「動」乃是當然的後果，此亦即乃師以靜為門戶，由此而登堂入室之旨也。其答羅郡問靜坐與隨處體認功夫云：「虛見與實見不同。靜坐久，隱然見吾心之體者，蓋（白沙）先生為初學者言之。其實何有動靜之問？心熟後雖終日酬酢萬變朝廷百官萬象金革百萬之眾，造次顛沛，而吾心之本體澄然無一物，何在而不呈露耶？蓋不待靜坐而後見也。顏子之瞻前忽後，乃是窺見景象，虛見也。至於博約之功，既見其才之後，其卓爾者乃實見也。隨處體認天理，自初學以上皆然，不分先後。居處恭、執事敬、與人忠，即隨處體認之功，連靜坐亦在內矣」（新泉問辨錄）。由此顯見其「隨處體認天理」實為由靜而動之補充的要理也。

十、黃節之論

黃節「嶺學源流」篤以為白沙，如泉師弟間之學「不能無異」。蓋謂「白沙之學主靜，而甘泉之學動」。並謂甘泉以白沙先生之教人靜坐「為初學者言之」之語，殆「強為白沙辯者」。余細心研究兩者之學，對此論斷卻不敢苟同。何則？蓋其以「主靜」與「主動」互相敵對之觀念為錯誤也。而其錯誤之由則在於以「主靜」二字概括白沙之學也。原夫白沙先生之所謂「主靜」並非其學說之主體，而實是登堂入室之門戶也。其學得力於周子敦頤「靜無動有」之說，故主先靜而後動，即藏而後發之義，由靜至動實是整個涵養的程序，是故靜亦一種動態也，猶之由虛致實者虛亦一種實體也。動與實方是主體，殆同樣無疑。「至無至動」固白沙先生所陳至理，實基於大自然「無極而太極」之奧妙，「陰陽動靜皆由此出，五行萬物皆由此生。」認識大自然之「至動」如白沙先生者，豈能遂止於「靜」乎？透徹了解乃師學說精義如甘泉先生者，又豈能謬以其說為「主靜」，遂自倡「主動」之說而立異乎？

十一、誤會主靜說

正因當時多有誤會白沙學說只是為「主靜」者（甚至及門中亦有不免者）故甘泉先生不憚再三辨正之。若曰「古之論學，未有以靜為言者。以靜為言者皆禪也（按：此即以靜為主體之意即禪學也，此非白沙先生本旨。）孔門之教，皆在事上求仁，動靜著力。何者？靜不可以致力，才致力即已非靜矣。故『論語』曰：『執事敬』；「易」曰：『敬以直內，義以方外』；『中庸』「戒慎、恐懼、慎獨」，比動以致其力之方也。何者？靜不可見，苟求之靜焉，騷騷乎入於荒忽寂滅之中矣」（答余督學書）。又曰：「聖賢之學，凡所用功，皆是動處，蓋動以養其靜，靜處不可著力，才著力便是動矣。至伊川乃有靜坐之後，又別開一個門面。故僕誌先師云：『孔孟之後，若更一門』，蓋見此也（答聶文蔚書）。又曰：「無事時居處恭，即是靜坐。若執事與人時如何只要靜坐？使此教大行，則天下皆靜坐，如之何其可也？」至在大科書院堂訓（第三十八條）更強調肯定：「若舍書冊棄人事而習靜，即是禪學。」凡此皆非對乃師之說而言，而實所以糾正誤會或曲解白沙學說者尤非另立主動之說以立界——如黃節所云，蓋補充而闡明師說而已。

十二、梨洲之論

黃梨洲（宗羲）語云：「天理無處，而心其處。心無處，而寂然未發者其處。寂然不動，感即在寂之中，則體認者亦惟體認之於寂而已。今曰隨處體認，無乃體認之於感乎？」黃節又據此而斷定主動主靜兩說之異。殊不知梨洲對於此語之解釋，在文法與意義上實是不合。何則？白沙先生所言「體認物理」，言簡意賅，已是動作，時地不論、動靜咸宜，感寂皆可，而甘泉所增「隨處」二字不過加強其語調，明揭其暗蓄之意而已。以普通文字分析之：「我」是主辭（Subject）暗藏；「體認」是他動辭或謂辭（Predicate），是積極的動作也；「天理」

則是對象（受動之目的格（Object）。有此三格，句語已完成，此外可加上多個狀辭（Adverb）如「隨處」，或「隨時」，「隨意」「隨樣」（方式）「隨其姿態」（即或感或寂）。是故徒言體認者，自可體認之於感或靜，而增言隨處體認者，亦自可體認之於寂或感也。此所以甘泉有「寂感一矣」之論也。夫如是則梨洲之評語無乃牽強而不合理乎？

十三、靜虛真義

綜而言之，白沙先生之主靜，與致虛，同為修養造道之一步驟，是方法而已，必也先靜後動，及由虛致實，方能完成其整個過程，而其歸宿則端在自得樂生，準的則端在人格倫常，皆至動而至實者。而甘泉則完全了解、完全服膺其學，毫無立異之處。惟懼學者因誤會「主靜」與「致虛」之旨而流於偏枯，甚且陷於禪學，故不憚煩加強「行動」（或動作）正「實際」之語調而特別注重此點，蓋無非為乃師辨正與發揚其真義也。（謹按：白沙先生本人亦有此懼，故亦有實際的訓言茲不錄。）考「靜」字發源於周子，至朱子因恐人差入禪去，故少說靜，只說敬。甘泉云：「按此則靜與敬，無二心，無二道，豈同寂滅哉？」見解和龜山詩。）儒家與佛家均同喜用「靜」字，而涵義各異，但誤會常生，是不幸事也。白沙先生祖述周朱而不能從朱子之改用「敬」字；卻沿用周子之「靜」字，致惹起時人與後人之誤解與辯論，五百年來麻煩未已，亦不幸事也。

十四、與禪之異

甘泉先生辨正白沙學說與禪學之異，精詳透闢。至其自己論儒釋異點與闢佛理論亦鞭辟入裏，妙語連篇。一則曰：「儒有動靜，釋亦有動靜。儒之靜也體天，其動也以天，是故寂感一矣。釋之靜也違天，其動也滅天，是故體用二矣。儒者體天地萬物而無我，釋者外四體六根而自私。」再則曰：「儒者在察天理，佛者反以天理為障。聖人之學，至大至公。釋者之學，至私至小。大小以私，足以辯之矣。……聖人以萬物天地為體即以身在天地萬物中何等廓然大公？焉得一毫私意？凡私皆從一身上起念。聖人自無此，以自無意、必、固、我、之私。若佛者，務去六根六塵。根塵指耳目口鼻等為言，然皆天之所以與我，不能無者，而務去之，即一己一身，亦奈何不得，不免有意、必、固、我、之私。猶強謂之無我耳。何等私小？」又曰：「虛實同體也，佛氏岐而二之，已不識性，且求去根塵，非得真虛也。世儒以佛氏為虛無，烏足以及此？」（答王宜學）夫虛已靜心以體察自然而順應自然，所以同化自然，是儒家真諦而與現代學術思潮同流相合者。湛氏以佛家為違悖自然，強離自然而毀滅自然，只為孤獨的我（心），而猶並此我而強行否認其存在焉，是其大不合理處，自是確當的批判。至其公私大小之辨，誠獨到之錯見，可謂發前人之所未發，大足以發揚乃師學說，而尤能光大儒學之真諦者矣。

十五、一貫之理

甘泉學說之大貢獻乃是「一貫」之理。一貫者何？內外（心物）、心事、動靜虛實、知行，體用，上下，皆一以貫之，成為一件事業，一段工夫，即以中正求仁造道格物之旨，盡掃蕪蔓支離之種種作用是矣。故曰：「內外合一謂之至道。知行合一謂之至學」（問疑錄）。又曰：「仁知一貫，體用並行，知行並進，非有二理也」（問疑續錄）。其論學曰：「夫道無內外，內外一道也。心無動靜，動靜一心也。知動靜之皆心，則內外一，內外一則何往而非道？合內外、渾動靜、則澄然無事矣。」是故隨處體認天理」原是堯舜「惟精惟一」與孔孟「一以貫之」之道。「貫心事，合內外，徹上下，而極其天理之中正焉者也」。體用一原，顯微無間，內外不偏，「一貫」之義大矣夫！

十六、同體論

「一貫」之理之哲學的根據，即是其「同體」之一元本體論。故云：「苟知物我之無間，而萬物同體，如一人之身，手足爪牙之相犯，斯無有校之者矣」（約言）。其更為詳明的解說云：「宇宙間一氣而已。自其一陰一陽之中者謂之道。自其成形之大者謂之天地。自其主宰者謂之帝。自其功用者謂之鬼神。自其妙用者謂之神。自其生生者謂之易。自其生物而中者謂之性。自其精而神虛靈知覺者謂之心。自其性之應者謂之情。自其至公至正者謂之理。

自其理出於天之本然者謂之天理。其實一也。」（新論）

其駁朱子之二元論之語，最為精采。「古之言性者，未有以理氣對言之者也。以理氣對言之也者，自宋儒始也。是猶二端也……」又曰：「外氣以求性道也，吾祇見其惑也。是故夫子川上之嘆，子思鳶魚之察。『易』一陰一陽之訓，即氣即道也。氣其器也，道其理也，天地之原也。器理一也，猶之手足持行也。性則持行之中正者也。故外氣言性者，鮮不流於釋」（新論）。又有詩曰：「萬物宇宙間。渾然同一氣。就中有燦然。即一惟萬理。外此以索萬。舍身別求臂。逝川及鳶魚。昭昭已明示。」夫我與天地萬物既同為一體，則體認功夫自非一貫不可？故前云「隨處體認天理」，實以此一元的本體論為根據者。以視朱子等之支離蕪蔓而割裂整個的人生為二者，自是優越的理論矣。此為甘泉學說之又一大貢獻。然而所當知者，則一貫與同體之說，歸根亦無非由白沙學說中「以自然為宗」及「人與自然同體」之義演繹而出。所可貴者，則甘泉發揚光大其至道與充實補足其內容，故其功亦不亞於創作也。

十七、生死觀念

甘泉先生的理學對於人生哲學尚有一大貢獻，即是對於生死、性命、不朽的觀念。此雖亦不離乎白沙學說之根源，而於充實補足其內容之外，其思想確是更進一步，更深一層。白沙先生同化自然之學只是功在修養，樂在人倫，而得在內心——其範圍似是只限於「此生」。

雖其詩文中亦有隱然涵蓄一種不朽思想，然只悟到己身與道同是無疆無盡之泛泛的感覺而已，而對於生死、性命之永久問題，未嘗有深入的探究與明確的啟發，大都付諸不知之數，絕口不談，如「焉知身後事」句簡直與孔子「未知生，焉知死」之語同調。惟甘泉則放膽更進一步而探究且啟發此人生大謎。對於生死的觀念，其哲學理論的啟迪至為明顯。如云：「有任生死者，有超生死者。生死事大，無常迅速。佛氏以生死為大事，吾儒亦未嘗不以此為大。『易』曰：『原始反終』，故知生死之說。死生如晝夜，知晝則知夜矣。平時一切毀譽得喪諸境，纔有二念，便是生死之根。毀譽得喪一，則生死一矣。……任與超俱非予所可知。所可知者，朝聞夕死，存順沒寧。不求於生死之外，而自有處生死之法。法、未有二念也。知處生死，則處毀譽一切可識矣。任則棄天，超則違天，是謂夭壽之二。張子曰：『知死而不亡，朝聞夕死可矣。』是歸根與天地同息。釋氏以生為妄，歸為累而超度之，故二也」（語錄。又於病劇時留下精妙絕倫之句曰：「揮手謝小兒（原註：造物）。吾欲觀大化。當盡便須盡。何用復悲詩」，（續詩）。嗚呼！此洵為真儒家對於生死問題之倫理化的達觀也。

十八、永生論

關於性命的永久問題——不朽觀念，甘泉先生亦有至為明確的啟發，而比諸乃師及宋儒更進一步者。「或問：知天事天，修身之事盡矣，而又何言乎立命也？先生（甘泉）嘗曰：凡人自私自利有不得其正處，都是壽夭、得喪上起念。惟能見破此著，不逆於境，不貳於心，命我立而性天流行，此實功要約，亦實功之極致。蓋天在我，命在我，命有夭壽而我之天無夭壽，是夭壽不足為吾命也。故曰，無入而不自得，自得處即是立。」是由「知天地人之一體」（甘泉語），更進而想到我命——與道同化之命——之將超乎壽夭之計算而與天地同不朽者矣。此又是倫理化與理性化之超越的永生論。吾以為此是甘泉學說之特殊的貢獻。（按：時人吳康教授之「宋明理學」第十章頁二九七以下，解釋甘泉先生之「心性圖說」，甚精闢，謂為「成一極完整之心學系統」足供研究及參考，茲不錄。）

（關於「江門學派」全部之發揮，請看拙著「白沙子研究」末三章）

編者按　簡氏此文，側重甘泉學派之理論，故小傳亦僅就廣東通志攝其大要。茲謹補述數則，以作續貂，佛頭著糞，祈讀者諒之。

若水仕明，歷吏兵禮三部尚書，而未至宰輔，俗謂因其幼過聰穎，夜夢文昌，謂恐其洩盡天機，掌其頰，故終身面歪，頗類世傳朱洪武畫像，以是之故，僅位置天官而止云云。不知若水醇然儒者，本不樂仕進。自承白沙之教，遂焚去路引，惟潛心理學。歷十三年，始出求仕，其志學忘祿有如此者。（見湛墓志）世有謂甘泉學於白沙，其學不能無異。白沙主靜，而甘泉主動。然屈大均廣東新語有曰：「甘泉初遊江門（白沙）夢一老人曰，爾在山中坐百日，即有意思。以問白沙，白沙不以為然，是則白沙亦未嘗欲人靜坐也。」

甘泉與陽明，其始論道，未始不同，有建寧太守者，為甘泉陽明創大同書院於武夷，以見二家大同之意。甘泉聞之甚喜，謂「已與陽明戮力振興絕學，一以濂洛為宗，致良知以體道，猶磨鏡以照物，不是一空知便已，故曰格物，物即為物，不二之物，至善是也，知止定靜安慮能得，則格之矣，吾之言格物與陽明之言致知，無二旨也」。王陽明於吏部講學，若水與相應和。若水使安南王陽明又贈以文。感情甚孚，後各立宗旨，守仁以致良知為宗，若水以隨處體驗天理為宗，守仁言若水之學為求之於外者。若水亦謂守仁曰格物之說有不可信者四。又曰：「陽明與吾言心不同，陽明所謂心，指方寸而言。吾之所謂心者，體萬物而不遺者也。故以吾之說為外」。以後王湛之學遂分。

若水自受學白沙，終身愛慕，所至輒為書院奉祀，又以白沙愛慕羅浮向未能至，乃於黃龍洞為祠，以濂溪，豫章，延平，與白沙並祀。白沙學派之倡，若水之力為多。若水之仕也，以敢言稱。嘉靖初入朝，上經筵講學，堂上疏言：「陛下初政，漸不克終，左右近侍，爭以聲色異教蠱惑上心，亟請親賢遠奸，窮理講學，以隆太平之業。」

丁母憂，廬墓三年，墓產瑞瓜九實相連，人以為孝感所至。七十有五始致仕，作歌云：「歸來乎，而嗟余歸矣。東西南北之人兮，安所不之矣。水宿山棲兮，忍其饑矣」。

年九十二，卒于廣州小禺洞。有大星隕於廣州河南，聲如雷。

百粵理學，唐有趙德，宋有梁觀國，明白沙興，而學派始立，若水大其宗，至清而有朱九江。世稱江門學派，甘泉學派，九江學派。一脈相承，所謂嶺學，斯乃確立云。

原刊於《廣東文獻》二卷二期

嶺南學脈湛甘泉之哲學思想

馮炳奎

在今日講陳白沙已經很少了！何況其弟子的湛甘泉？既受程朱姚江兩派的夾攻，復在明儒學案爲黃梨洲站在姚江觀點對他有意無意的批評，後人更無人注意到湛甘泉！在今日看來，他的造詣實有過於陽明與白沙，筆者不敏，竊爲其申訴。作嶺南學脈湛甘泉。分㈠引言；㈡與陽明不同，比陽明爲博大㈢黃梨洲有意的批評蒙冤莫白；㈣出自白沙比白沙爲精簡；㈤究竟甘泉所造詣的是怎想呢？以就教讀者。

筆者附誌

一、引　言

十五世紀在西洋，正是追求物質到瘋狂的時代，到處找尋新大陸，找到了，在中國恰好相反。不外向對物質的追求，而內向人類本心的創獲，也正是到了危微精一，發揮最大力量的時代。王陽明，大家都知道，他的致良知於事事物物，然只不過對儒家心學，是一種異軍突起，獨樹一幟而已。在這時候，嶺南有位老先生，做了三次部長（尚書），固然和令尹子文一樣，三仕為令尹無喜色，三已之無慍色。去了官就是一位平民，活活潑潑的平民，歡天喜地的平民。更進一步，逍遙於宇宙之間。不是吸風飲露的姑射仙人；更不是老僧入定的神遊太虛；又不是清談時代阮籍，畢卓之流，有中心的吊兒郎當。他是圓顱方趾，身心一致的完人，鳥飛魚躍，海闊天空。這樣的活到九十五歲。當他九十歲的時候，也和平時一樣，獨往獨來。有時西樵山，是他講學之地；有時是羅浮山，是宋以來羅豫章講學之地，是他的家鄉。有一次他老人家竟飄然跑上南嶽祝融峰上去了！就我們現在來說，當時交通不便，涉武湞，踰五嶺，已經很不容易。他千山萬水到了衡陽。在南嶽駐足一下，一鼓兒直上了紆徊曲折，海拔不知幾千里的南嶽祝融高峰！豈僅如此，他一輩子走徧大江南北，黃河，萬里長城之間。有顧炎武的心情，有莊子的逍遙，有徐霞客的興緻。都不可以形容這位老先生。可以仕則仕，可以止則止，可以久則久，可以速則速，這是孟子形容孔子的動態。借此以形容到處講學，到處建白沙書院，以祀陳白沙，獨往獨來，無所繫累的這位老先生，似不為過！這是嶺南大儒湛甘泉先生；這就是與陽明不同，比陽明博大的甘泉先生；出自陳白沙，比白沙為精簡的甘泉先生；實在集儒家心學大成的湛甘泉先生！

二、與陽明不同比陽明博大

就湛甘泉的活躍，不禁想起顏習齊請畫二堂的大文章。一堂畫孔子與七十子的活潑，鼓瑟琴畫，干戈舞武；一堂畫程子，峨冠靜默，與游楊垂垂若泥滐。這二堂不同，以描寫宋學的無生氣。可是到了明代，已大不相同了。只看陽明，已是入室讀心性，帶兵平暴亂。這時代已由宋元理學轉入明代心學。理學，對學禪宗有所創，似偏於內聚，心學是內聖外王的一貫，本于心。心學精微，發生大用。

王陽明與湛甘泉，是明代心學兩位大師。其時代相同，甘泉比陽明長七歲。其師承相同。陽明出自婁諒，婁諒之師吳康齋；甘泉出自白沙，白沙之師亦吳康齋。其處境相同，一個是總督，一個是尚書。其講學相同。標立宗旨，領導群倫，各向中心，互成旗鼓。一個為浙宗，一個為廣宗。前者為姚江學派，後者為江門學派，因為陽明為餘姚人；甘泉出自白沙，白沙講學於廣東新會的江門，其志趣相同。都是發掘人心，精微獨創，並且是至交。其職位雖異，然禹稷顏子，易地則皆然。甚至其標立宗旨，一個是良知，一個是天理。良知天理可以說同是聖學的一回事。然而一個是致良知於事事物物的致；一個是隨處體認天理的隨處。工夫不同，因此良知與天理亦大不相同了。後來兩派弟子，以良知即天理，致即隨處，以為調停，結果不能。因為這是兩回事！

陽明言心，心在腔子裡；甘泉言心，包萬物合內外以為心。良知與天理，各指其所之，即各指其心。其對象，其範圍各自不同。致良知於事事物物，則良知為能，事物為所。隨處體認天理，則天理為所，誰作體認的能？好像無主體。不知陽明是能所分明，甘泉是能所混合，是即用以見體。能居處恭執事敬，所恭所敬是所，能恭能敬是能，是天理。戒慎恐懼是工夫，能戒慎恐懼是天理。因為天理是整個，心在天理之中，也是整個的。至陽明心在腔子裡，事物在腔子以外。陽明把握腔子裡的知善知惡的良知，即第一念的好惡，即無私的好惡。所謂『只好惡就盡了是非』。把握此樞機，自然對親當孝，對國當忠，即可『盡了萬事萬變』，而物物各得其所，可謂直截了當。在甘泉，人能始敬終敬，主一無適，即體認到天理。因為天理充滿了宇宙，人的心脈脈不息，即宇宙的生生不息，和宇宙一樣。人浴在宇宙之中，隨處都碰到天理，就可以隨處體認天理。人人有恭敬之可能，人人有恭敬的實現，亦可謂簡易直捷。

然而致良知，必先認識良知。這無私的好惡，很容易雜了有私於其間，所謂人之所以異於禽獸者幾希，等一回就不一樣了。絲毫之差謬以千里。在陽明之聰穎絕倫，龍場之後，對良知猶有三次的變化。所以甘泉在答陽明都憲論格物書內，乃痛言其流弊。所說『其所謂正，乃邪而不自知也』。其後王學末流，果有流弊。甘泉教人體認天理，不必要先用慧眼，來認識大頭腦的良知。只要你能敬，敬即自己覺悟起來，把心提出來，這敬叫始敬，如聽音樂時樂器或樂音的刺激，於是覺得我聽音樂，有能聽音樂的我，所聽的是音樂，不久音樂與我打成一片，不見得有我與音樂。這時混合了『我』及『我所』，這就是甘泉所說的終敬，這時候叫我的心與天理打成一片，這就是叫體認。始終是一個敬，這個情形，甘泉又叫做一，能敬而一焉，隨處而一焉，無處對體認此天理，這就是隨處體認天理。就這比較而言，良知先要用一層工夫，無論好惡是如何簡單，都要用一層工夫，大學所謂無惡於志（初念的好惡），而良知不易有準則，不善學就有流弊，甘泉澈上澈下，一了百了，都是一個敬字，所謂『所知所有都是一物』（答方酉樵），不是比楊明簡直而博大嗎？

三、黃梨洲有意批評蒙冤莫白

甘泉之學，比陽明為博大，比陽明為直捷，為什麼今日幾乎無人知道有個湛甘泉呢？第一：因為嶺南自陳白沙以來的學風，是淡聲華，薄榮利，闇修獨行，不自宣傳，不在噓植，第二：陽明的姚江學派的學者，在朝官大；陳湛學者，都是在野為鄉下教書的老先生，超世拔俗，不慕榮利，不樂仕進。他們的詩文，又不普遍流傳，以故無人注意；第三：正統派的程朱攻陽明者，並攻江門（白沙學派），而江門學派又為姚江學派所攻。兩面夾攻，而對甘泉只認為是白沙弟子，白沙可以概甘泉。而甘泉幾至無人提及了！而最要命的；第四：即黃梨洲明儒學案所說，站在陽明學說以批評甘泉，已經不對，更有許多大前提謬誤，遂使勝過陽明的湛甘泉，出自白沙而勝過白沙的湛甘泉，為儒家正統而集大成的湛甘泉，遂蒙不白之冤！後人似乎沒有給他辯白，真可為長太息者矣！茲將黃梨洲明儒學案所說如下：

『夫陽明之正念頭，致其知也，非學問思辨行，何以為致？此足為陽明格物之說病。先生以為心體萬物而不遺，陽明但指腔子裡以為心，故有是內而非外之誚。然天地萬物，實不外於腔子裡，故見心之廣大；若以天地萬物之理，即吾心之理，求之天地萬物以為廣大，則先生仍為舊說之所拘也。

天理無處而心其處，心無處而寂然未發者其處。寂然不動，感即在寂之中，則體認者亦惟體認於寂而已！今日隨處體認，無乃體認於感？其言終覺有病也』。

以上所言可分三段看，第一段說甘泉批評陽明，不足為陽明病。第二段懷疑甘泉，直以甘泉為抄舊說。第三段直斥甘泉體認于寂。

黃梨洲站在陽明來批評甘泉，今者退一步，不站在甘泉來反駁，站在第三者立場，以辨明梨洲之失如下：

㈠第一段陽明致知，是致良知於事事物物，非大學所謂致知，非甘泉的致知，陽明爭取不學不慮的第一念，直指本心，不用學問思辨行，甘泉無不為陽明之說病？這是梨洲完全站在陽明學派來說。

㈡天地萬物不外于腔子裡，這是唯心學說，明代心學大家所見不一定相同，程朱學派就絕不是這樣說。吾心之理，求之天地萬物以為廣大，這是宋儒致知之舊說。甘泉混能所，合內外，絕不是向外以體認天理，無為舊說所拘？這是梨洲故入甘泉之失。

㈢天理無處而心其處。這樣是陽明說法，不知心之範圍不同。心無處而寂然未發者其處，這是梨洲個人說法，不知心之處更有在感而遂通之處。寂然不動，感即在寂之中，此禪宗與宋儒所同然。為果體認于寂，正是佛家說法。體認于寂，寂是一點，是收斂，是靜的而甘泉隨處體認，是動的體認，怎樣可以為甘泉病？至于體認于感的話，甘泉體認，寂則廓然大公，感則物柔順應，所謂隨已發，隨動隨靜，明明是寂感一致，怎樣又體認于感。梨洲蓋有所固也。

四、出白沙比白沙為精簡

白沙之學，以自然為宗。所謂自然者，如日月之照，雲之行，水之流，花之發，誰為為之，孰令致之，是謂自然。即宇宙之本體，其來無始，其去無終，是謂至無。然而有條有理，有物有則，是謂至無而動，人們能夠把握得住，這本體即吾心之本體，則至近而神，道在我矣。常若有物，指導人生，這是由本體論而落到人生論，本為本體的至無而動，落為人生論的至近而神，這就是白沙的哲學體系。

白沙之自然演為甘泉的天理，本來自然即天理，天理即由自然而來，然而自然是宇宙論為根，天理是人生論為本，自然近乎道家，天理則純粹儒家之物，自然之實在由虛靜而來，天理之實在，由人生的始敬終敬，即主一無適而得。于是白沙之自然，即心之體，指導人們的行動；甘泉的天理，心理合內外而為一。白沙有能有所，甘泉混合能所，白沙之體，為靜的本體，甘泉的本體，為動的本體，則自然與天理，判然有別。

所以白沙不言性，而甘泉言性，白沙之自然，由虛而來，甘泉論之曰，虛者心也，非心體也，性無虛實，說甚靈耀。（復鄭啟範）所以甘泉建立的心體，由儒家的性而來，所以心性圖說，性也者天地萬物一體者也，渾然宇宙，其氣同也。心也者體萬物而不遺者也，心性非二也。一方面能解決宋儒心即理，性即理的問題，一方面由白沙之自然而建立儒家之本體，所以白沙言至無而動，至靜而神，甘泉不言無，不言靜。白沙之實，實在內；甘泉之實在，實在于合內外為一，白沙以心本體來主動人，甘泉以心本體來主動宇宙。白沙由宇宙指導心，甘泉合心于宇宙。白沙為宇宙論，甘泉為人生論，白沙的心與自然僅脗合脗合是相貼，甘泉理的心，與天理混而為一，混而為一，是混合，不是相貼，則甘泉與白沙亦有其不同者。

白沙空無所依傍，而自然自得，甘泉依傍白沙，有所依據，自比白沙為進一步，所以白沙靜中養出端倪，辛辛苦苦而得，甘泉始敬終敬，比較簡易直捷。是以白沙靜坐，而甘泉不必靜坐，自比白沙為簡易。甘泉說。聖賢之學，元無靜存動察相對，只是一個工夫，所用功皆是動處。蓋動以養其靜，靜處不可著力，才著力便是動矣。白沙以靜為門戶，自比白沙為精微。

五、究竟甘泉所造詣的是怎樣呢

甘泉之學，比陽明為博大，比白沙為精微，那麼甘泉所創獲的是什麼呢？我們所看得到的：宋明儒程朱一派，說性即理，陸王一派說心即理。而甘泉言性心非二，則甘泉所獲，固不同此兩派了。白沙不言性，而甘泉言性，且言心性二而一，則甘泉所獲的心體，又不同於白沙了。然則甘泉所創獲的是什麼呢？

首先要明白，甘泉用工的對象是天理而不是心。人們一看到甘泉心生圖說，就專注意于心。不知只是擴大這心，以便于體天理而已。甘泉所謂心與事應，然後天理見焉是也。一方面心為工具，而不是天理，一方面及其已得到心之中正，這心又就是個天理，這就是混合能所微妙玄通，不易形容。又為什麼要這心擴大呢？第一、心不擴統，不易與性合。因為這天理是天的生生不已，物得其偏，人得其全，人能合天之全，靠心以為之推動。天有多大，心亦應有多大。第二、如果只集中心之一點來體驗心的中正，則容易以此心來收拾彼已放之心，則有對待，不是能所混合了，甘泉所謂憧憧往來，朋從爾思，只益亂耳。（見收放心說）

其次要明白天理是什麼？其實甘泉所言的天理，即程明道自家體貼出來的天理。亦即儒家原來正統及理學家所追求的共同目的，不過深度有不同，明度有不同而已。甘泉的天理深處廣處不易描寫，用現代說話來說，是天人合一的境界，其深度廣度怎樣？他自己說：渾全以會其義，不當分析以會其意，自己說明難以形容，天理亦非想像，心中無事天理，自覺無事，便睡得著，是何等明白，這就是他所得的天理。

再其次來一比較。從方法來說：方法不同，所經過難易與所得的結果與明度深度便有不同。明道，分內外以求，自然很著力，所謂自家體貼，不知用了多少工夫，在定性書識仁篇可以看見。甘泉本於白沙，白沙的自然本體，亦即心的本體，靜中如雜出端倪，又長年長月，何等艱苦，然後見吾心之體，隱然呈露，常若有物，以指導其行動。白沙面有所指，有能指？甘泉所指能指，一於敬，甘泉似比較白沙容易與簡易。

更重要的是甘泉方法『我』與『我所』怎樣合而為一呢？更不容易形容？甘泉方法，好像聽音樂，『始作翕如也，從之純如也，皦如也，繹如也』，由我聽音樂，至我與音樂混而為一，我即是音樂，音樂即是我，『我』與『我所』合而為一，既聽宇宙之歌，所謂『始敬』，及至皦如，繹如，『合啄鳴，啄鳴合，與天地為合』所謂『終敬』，又恐始終之敬不一樣，所以謂之一，並借用朱子之語無適之謂一，以形容這敬之當一。他自己說：始之敬者，戒慎恐懼，以養其中也，中立而和發焉，萬事萬化由此焉，達而位育，不外是矣，故位育非有加也，全而歸之者耳。終之敬者，始之敬而不息焉者也。是何等的明白呢？

總而言之，陽明集中在腔子裡，危微動盪，這心容易分散。白沙心體自然脗合，脗合即相貼，未能混而為一。孟子求放心，養其大體，而以小體相從，放者一心而收者又一心，仍然是憧憧往來，明從爾思。甘泉似乎能揚棄，能取精、能簡易。心本來是認識，是主宰。為西洋學者與荀子的所見相同。是靈明是虛靈不昧。這經過佛家的分析，禪宗與理學家所見都一樣。惟胡五峰知言，將心體擴統，所謂莫大于心，即充上下四方之宇；莫久于心，即充古往今來之宙。有甘泉的擴統而無甘泉的體認方法。體認所會，遂成天理。甘泉這天理，與明道相近，而明道內外以求之，而甘泉始終一敬字，簡易直捷，似為甘泉所獨也。以故可以仕則仕，可以止則止，可以久則久，可以速則速，獨往獨來，行所無事，其工夫則內聖；其開物成務則外王，非偶然也！如果用西洋哲學話頭來說，固擬不于倫。因為他們只言外在客觀的理智，如果要比擬，則甘泉學說是心物合一的本體論。是寂感一致的認識論。是天人合一的人生論。是天理流行的新實在論。綜合甘泉的天理，是實實在在，人人可行，是綜合主觀客觀的存在，而非形上的存在，是整理儒家心學，清理儒家心學而去其毛病。謂之為集儒家心學之大成，未見其不可也。

編者按，本文純就湛氏學術方面立論。爰附錄廣東通志所載湛若水傳，以備佐證

湛若水傳（見廣東通志）

湛若水字元明，初名露，字民澤，遠祖諱改為雨，增城人，父瑛母陳氏，禱於甘泉洞而生，雙臚隆然，兩耳旁有黑子左七右六，宏治五年，壬子舉於鄉，從陳獻章遊，白沙以其沉潛，許之，嘗與書曰民澤足下，發來書甚好，日用間隨處體認天理，著此一鞭，何患不到，古人佳處也，自是潛心默會，日有所得，遂焚去路引誓不復仕，後定今名若水云，不樂仕進，母命之出僉事徐紘為勸駕過南昌，謁莊定山景極為稱許，乃入南京，國子監，祭酒章楓山懋試辞面盎背論奇之，十八年乙丑會試學士，張元禎、楊廷和為考官，撫其卷、見其論用至近至神等，讚曰，非白沙之徒不能為此，置第二賜進士，選庶吉士，授翰林院編修語時王守仁在吏部講學，若水與相應和，京師場屋所取士，修撰呂棉主事，王崇慶輩從而和之，由是道名大著。學者稱甘泉先生，尋出使冊封安南，陽明，以文安南國理。餽金卻不受，贈以詩有白沙門下更何人之句。明年尋丁母憂廬墓三年。產瑞瓜九實相連。人以為教感所致。築西樵講舍士子來學者，支與日給錢米開禮舍于僧寺。至必齋戒三日，先令習禮，然後聽講。嘉靖初入朝上經筵講學疏，謂聖學以求仁為要，已復上疏言陛下初政漸不克終。左右近侍爭以聲色教，蠱惑上心，大臣，林俊孫交等，不得守法多自引去，可為寒心，亟請親賢遠奸理講學以隆太平之業，又疏言日講不宜停止，報聞明年進侍講復疏言一二年間，天變地震，山崩川湧人餓相食，殆無虛月夫聖人不以屯否之時，而後親賢之訓，明醫不以深錮之疾，而廢元氣

之劑，宜博求修明先王之道者，日侍文華以裨聖學，已遷南京國子監祭酒作心性圖說，以教士拜禮部。侍郎倣大學衍義，補作格物通上於朝，惟編事實不為論斷，京吏禮兵侯聖心自悟也，嘉靖九年十二月初八日。上勸收斂精神疏，歷南三部尚書，置新泉，三山二庄田講學於新泉書院，江都關西有甘泉山，山下多田，監生葛澗立，甘泉書院田是書院遍於天南江都，及貴池等處，所在皆是，南京俗尚侈靡為定喪葬之制頒行之，條奏兵民便宜十事皆報可，又禁火葬，毀淫祠有劉公廟聚燒香。為沉其像於江絕眾惑，買地四郊為漏澤園以處貧之不能葬者。且置田供時祀，盡毀私刱尼菴，勸令歸俗滿考九年吏部奏其績，獻徹錄老請致仕。年七十五因取道江浙泛錢塘遊憩於武夷。久之慕羅浮之勝。構精舍於朱明洞，建院於青霞谷。備撰羅浮志一卷。日夕端坐石上未嘗至家，年九十五。卒于所居小禺洞。有一星隕於廣州河南聲如雷，訃聞，賜祭葬，若水生平所至必建書院，以祀獻章，置倉廩以館穀多士。刻崇儉約言以挽奢俗，置講田以贍四方學者。年八十又至衡山建白沙書院。置田五頃。歸復取白雲山為白沙祠。自其祖江以來田連阡陌。世為士豪若水益增。田宅歲八數千金。而好食宿肉沙飯，居漂搖危樓營建歲無虛日，人皆異之。年九十，猶為南京之遊。過江西安福鄒守益守仁弟子也。戒其同志曰甘泉先生來。吾輩當憲老而不乞言，慎毋輕有所論辯。若水初與守仁同講學後各立宗旨。守仁以致良知為宗。若水以隨處體驗天理為宗。守仁言若水之學為求之於外，若水亦謂守仁格物之說不可信者四，又曰陽明與吾言心不同，陽明所謂心指方寸而言，吾之所謂心者體萬物而不遺者也，故以吾之說為外，一時學者遂分王湛之學。湛氏門人最著者，永豐李懷，德安何遷，婺源洪垣，歸安唐樞，懷之變化氣質，遷之言知止，樞之言求真心，大約出入王湛兩家之間，而別為一義，垣則主於調停兩家而互救其失，皆不盡守師說也。懷字汝德南京太僕少卿，遷字益之，南京刑部侍郎，垣字畯之溫州府知府，樞刑部主事，蔣信字卿實常德人，與同郡冀元亨善王守仁，謫龍場過其地，偕元亨事焉，嘉靖初貢入京師，復師湛若水，若水為南祭酒門下士多分教信，初從守仁遊時未以銀知教，後從若水游最久學得之，湛氏為多信踐履篤實不事虛談。湖南學者，宗其教稱之，曰正學先生。宜興周衝字道通亦遊王湛之門，由舉人授高安訓導，至唐府紀善嘗曰，湛之體認天理，即王之致良知也，與信集師說，為新泉問辨錄，兩家門人各相非笑，衝為疏通其旨焉，隆慶初贈太子少保禮部，題請賜諡曰文簡。海內翕然稱為近代道學儒宗，子東之陰襲知府，孫恭先最賢克，繩其武生八子，敏學競爽盛德之後必昌云。

原刊於《廣東文獻》二卷二期

一士諤諤之明代名宦——霍韜

——一四八七——一五四〇

霍楚夫

『嘻，豪乎，傑乎，賢乎，哲乎，是爲兀崖公之前身之眞乎？是爲渭崖公之後身之神乎，是爲突兀而不可崖上乎，是爲清渭而不可涯量乎，是兀然出乎渭水之濱爲太公望乎，亦丹書之陳而敬義之尚乎，其無形而形，象而罔象乎，乃若冠之峨然承強項乎，鬚之張然疾邪枉乎，目之窅然營九壤乎，襟之豁然文思曠乎，組之裊然秩宗讓乎，夫何身不滿七尺，而心雄乎萬丈浮游乎塵埃之下，而志激乎雲天之上也乎哉』。

——甘泉湛若水題霍文敏像贊

政治家和官僚所不同之處，就是前者有識見，有抱負，是其所是，生死以之，不為俗世所囿，不為利祿所動，正如諸葛武候所謂：『我心如秤，不能為人低昂』者。而後者，則是依阿取容，洩洩沓沓，無所主見，人云亦云，只求無過，不求有功，以保榮寵，以保官祿，正如孔子所謂：『鄉愿德之賊也』。

明代粵籍名宦很多，若袁崇煥之忠勇，梁儲之應變，湛若水之篤學，均可說一代名臣，而霍韜之識博才大，耿直放言，於群言孔張之日，能夠獨抒己見，不為時流所囿，誠如王陽明所稱『獨想其執笏闕庭，獨抒己見時也』。

霍韜，字渭先，始號兀崖，後號渭崖，廣東省南海縣石頭鄉人，生於一四八七年（明成化廿三年）卒於一五四〇年（嘉靖十九年）享年五十四歲。贈太子太保，謚文敏。明史有傳。

正德九年，會試第一，成進士，及第後始歸成婚，不慕仕進，讀書西樵山。明史稱其學博才高，經史博洽。（見明史本傳）。廣東通志列傳稱其：質直好古，行誼高潔。

嘉靖即位，起為兵部職方主事，辭歸，丙戌（嘉靖五年）復奉詔供翰林，擢少詹事，兼侍講學士。這時楊廷和柄政，韜上書言：

『閣臣職參機務，今只票擬，而裁決歸近習輔臣，失參贊之權，近習起干政之漸，自今章奏，請召大臣而決施行。講官臺諫，班列左右眾議而公駁之，宰相得取善之名，內臣免招權之謗』。又極言：『錦衣不當典刑獄，東廠不當預朝政』，直聲所播，立懦起頑。時嘉靖即位未幾，頗思有所振作，嘉納其言。嘉靖本憲宗（成化）之孫，其生父為興獻王祐杬。嗣武宗（正德）位實為武宗之弟，孝宗（弘治）之姪。那個時代關於倫序認為名教最重要的事，一般廷臣主張嘉靖應稱弘治為皇考，稱其生父興獻王為皇叔。禮部尚書毛澄，更力主其議，謂兄終弟及，無近尊之禮。（即近尊興王為皇考）群臣和之，廣東黃佐亦主之，獨韜不以為然，竭力反對。毛澄雖然是韜的座師，但韜仍本『吾愛吾師，吾尤愛真理』之義，不惜相互質難。史稱所謂『大禮議』。韜三上書毛澄，極辨其非，但毛澄仍堅持成見，韜乃具疏：

『按廷議謂陛下宜以孝宗爲父，興獻王爲叔，別擇崇仁王子爲獻王後，孝之古禮則不合，質之聖賢之道則不通，揆諸今日之事體則不順，考儀禮喪服章云：斬衰爲所後者，又曰爲人後者爲其父母報，是于所後者無稱父母之說，而於本生父母反無改稱伯叔父母之云也。漢儒不明其義，謬爲邪說曰：爲人後者爲之子，果如其言，則漢宣帝當爲昭帝後矣。然昭帝從祖也，宣帝從孫也，孫將謂祖爲父可乎。唐宣宗爲武宗後矣，武宗姪也，宣宗叔也，叔反謂姪爲父可乎？吳諸樊兄弟四人以國相授，蓋迭相爲後矣，是兄弟自具高曾祖考也，而可乎？故曰考之古禮則不合也，天下者，天下之天下，非一人所得而私也，宋人之告其君曰：仁宗於宗室中，特簡賢明，授以大業，陛下所負扆端冕，富有四海，子孫萬世相承者，皆先帝之德，蓋謂仁宗以天下授英宗，宜捨本生父母而以仁宗爲父母也，臣以聖賢之道觀之，孟子言：舜爲天子，瞽瞍殺人，皋陶執之，舜則竊負而逃，是父母重而天下輕矣。若宋儒之說則天下重而父母輕也。故曰求聖賢之道則不通也。武宗嗣孝宗十有六年，孝宗非無嗣也，今強陛下重爲孝宗之嗣，何爲也哉？夫陛下爲孝宗子矣，誰爲武宗子乎？孝宗有兩嗣子矣，武宗獨無嗣子可乎？臣子於君父一也。既不忍孝宗之無嗣，獨忍武宗之無嗣乎？若曰武宗以兄固得享弟之祀，則孝宗以伯獨不得姪之祀乎，既可越武宗且繼孝宗矣，獨不可並越孝宗直繼憲宗乎？武宗無嗣，無可如何矣，孝宗有嗣復強繼其嗣，而絕興獻之嗣，是于孝宗無所益，而興獻大有所損乎？故曰揆之今日之事體則不順也。然臣下之爲此議也，其故有三，曰前代故事之拘也。曰不忘孝宗之德也，曰避迎合之嫌也。今陛下既考孝宗矣，尊興獻王爲帝矣，則將如斯而已乎？臣竊謂帝王之相繼也，繼其統而已矣，固不屑屑於父子之稱也。惟繼其統，則不惟孝宗之統不絕，即武宗之統亦不絕矣。然則如之何而可乎？惟陛下於興獻王得正父子之稱，以不絕天性之恩，於國母之迎，復正天子之母之禮，復於昭聖太后，武宗皇后處之，依其道事之，盡其誠，則親親兩不悖矣』。

我們姑且不論霍韜疏上的理論如何，但是我們可以肯定的說，他有他的識見。最低限度也可以說『言之成理』。可是明朝士大夫門戶之見很深，這些理論雖然嘉靖是很同意，但反對的人卻是形成一種力量，嘉靖格於形勢，也不能毅然付諸實行。而反對霍韜的士大夫卻認定霍韜是逢迎干祿。霍韜乃於固辭禮部尚書疏內稱：

『今異議者謂陛下特欲尊崇皇考，遂以官爵餌其臣，臣等二三臣苟圖官爵，遂阿順陛下之意，臣嘗自慨，若得禮定，決不受官，俾天下萬世，知議禮者非利官也，苟疑議禮者爲利官，則所議者雖是，彼猶以爲非，何以塞天下口』。

故此雖然嘉靖依霍疏言禮，並先後擢升為禮部侍郎，及超越拜禮部尚書，詹事府等固辭不就。復先後薦王守仁王瓊李夢陽等。嘉靖均予納用。至丙申始出為南京禮部尚書，己亥改禮部尚書加太子少保。

以後嘉靖從夏言議，將分祀天地、建二郊，韜疏極言其非，為夏言所訐，劾韜目中無君，致下都察院獄。南京御史鄧文憲言：『宜察韜心，容其戇直』，踰月，帝始念其議禮功，獄始解。以母喪歸粵。嘉靖十二年起為吏部左右侍郎，十八年命韜以太子少保禮部尚書博掌詹事府事，韜又疏辭。嘉靖南巡，韜又疏言扈從諸臣多納賄，帝竟不問，旋卒於位，享年五十四歲。追贈太子太保，謚文敏。

廣東通志謂韜質直好古，平生肆力于居處恭敬。峽山有虎患，韜文責山神，虎患遂己。峽江中有妖石壞舟，過者必祭，韜祝告于天，雷即裂石。著有詩經解、象山學辨、程朱訓釋、渭崖集、西漢筆評、渭崖家訓等行世。亦頗能畫，法米芾，氣勢雄渾云。

原刊於《廣東文獻》二卷三期

霍韜其人與著作

王會均

本文係從史學（傳記）理念，暨資訊科學（書目）角度，以廣東先賢明·霍韜（文敏）為範疇，就其相關文獻史料，作系統化分析，暨綜合性研究，以供學者專家，暨邦人士子參考耶。

本文中於霍韜之著作，分經、史、子、集四部，於各書著錄項目，依次：書名（卷數）、著（編、輯）者、刊版、叢書注、庋藏者（冊數、書號）、案語之序。

就文獻整體性言之，具有史料性與學術性等多重的價值，俾有助於霍韜（文敏）氏，更完整性的認知及思維。乃從事「霍韜」（學術思想）研究者，不可多得而或缺的珍貴史料，殊有「學術研究」的參考價值矣。

一、行誼

霍韜（一四八七～一五四〇），字渭先，始號：兀厓，後更：渭厓，廣州府南海縣人。距生於明憲宗成化二十三年（一四八七）丁未，卒於明世宗嘉靖十九年（一五四〇）庚子，享年五十有四歲（楊家駱《歷代人物年里通譜》頁四四五）。

明武宗正德九年（一五一四）甲戌科，登進士第（二甲一名，俗稱：傳臚），謁歸成婚，讀書西樵山，經史淹洽。世宗（肅皇帝）踐阼，除職方主事。及大禮議起，禮部尚書毛澄力特考孝宗，霍韜測知帝意，為大禮議駁之。累官至太子少保禮部尚書，協掌詹事府事。卒於官，贈太子太保，諡曰：文敏。

霍韜（文敏）氏，學博才高，以議禮驟貴，唯量褊隘，所至與人競，楊一清、夏言，皆相齟齬，帝頗心厭之，故不大用。然先後多所建白，亦頗涉國家大計。性好講學，黃宗羲著《明儒學案》，別以《渭厓學案》為一冊（吳道鎔《廣東文徵作者考》卷三）。所著有《詩經解》、《象山學辨》、《程朱訓釋》、《渭厓集》、《文敏集》、《西漢筆評》、《渭厓家訓》、《石頭錄》（年譜）、《明良集》、《明詔制》諸書。

明·李開先《李中麓閒居集》（卷七）、湛若水《甘泉先生續編大全》（卷一〇）、焦竑《國朝獻徵錄》（卷一八）、王世貞《嘉靖以來內閣首輔傳》（卷二）、唐樞《國琛集》（卷下）、李紹文《皇明世說新語》（卷四）、何喬遠《名山藏臣林記》（卷一九），清·黃宗羲《明儒學案》（卷五三）、徐乾學《明史列傳》（卷六八）、張廷玉《明史》（卷一九七）、阮元《道光　廣東通志》（卷二七八·列傳·廣州府）、戴肇辰《光緒　廣州府志》（卷一一六，列傳，南海），皆載有傳或事略，以供學術界先達，暨邦人士子查考。

二、著　作

依清·阮元《道光　廣東通志》（藝文略），暨黃蔭普《廣東文獻書目知見錄》著錄，相關霍韜（文敏）先賢之著作，依經、史、子、集之序，分述如次，以供查考。

㈠經部（二種·未見藏板）

《書解》　明·霍韜

清·阮元《道光　廣東通志》（卷一八九·藝文略一·經部）著稱：見《經義考》。然未見藏板。

《詩經解》　明·霍韜

楊家駱《四庫大辭典》（頁二二五·一）（霍韜）著錄

案：未見藏板

㈡史部（七種、九版，存四種、六版）

《西漢書纂》　明·霍韜

清·阮元《道光　廣東通志》（卷一九〇·藝文略二，史部二）著稱：明·霍韜輯，未見。序，見區慶雲《定香樓集》。

案：未見藏板

《兀厓西漢書議》十二卷　明·霍韜　張邦奇增修

黃蔭普《廣東文獻書目知見錄》（頁八六·史部）著錄

明鈔本　　中國：北京圖書館（今名：國家圖書館）　二冊

清·阮元《道光　廣東通志》（卷一九〇·藝文略二·史部一）謹案：邦奇，鄞人。續修之書，本不應入廣東志中，然霍韜原書已不可見，故特著錄。

清·永瑢《欽定四庫全書提要》云：邦奇實因霍韜舊稿而增修之，兀厓者韜別號也。邦奇字常甫，鄞縣人。宏治乙丑進士，官至南京兵部尚書，謚文定。其書皆摘西漢之事，編次年月，先錄漢書原文，而附以評斷，多引明代故事證其得失。蓋嘗奏議之書，其每條標臣接者韜原文有別，標侍郎臣張邦奇曰者，則續修之文也。

楊家駱《四庫大辭典》（頁二一九）：舊本題：明·張邦奇撰。其書皆摘西漢之事，編次年月，先錄漢書原文，而附以評斷，多引用明代故事證其得失。史平存二

《兀厓西漢書議》　明·霍韜

楊家駱《四庫大辭典》（頁二二五·一）「霍韜」條有載。

民國八十五年（一九九六）　莊嚴文化公司　影印本

臺灣：國家圖書館　083.54/8546 v.2:281

《明詔制》八卷　明·霍韜

清·阮元《道光　廣東通志》（卷一九〇·藝文略二·史部一）著錄

清·永瑢《欽定四庫全書提要》云：是編載明代詔制，始洪武元年（一三六八），終嘉

靖十八年（一五三九），大抵皆典禮具文，不足考一代之政令。

楊家駱《四庫大辭典》（頁一〇四三・一）著稱：明・霍韜編，是編載明代詔制，始洪武元年（一三六八），終嘉靖十八年（一五三九）。詔令奏議存

案：未見藏板

《明良集》十二卷　明・霍韜

清・阮元《道光　廣東通志》（卷一九八・藝文略十・集部四）著錄

清・永瑢《欽定四庫全書提要》云：是書所錄，凡宋濂《洪武聖政記》一卷，金幼孜《北征前錄》一卷、《後錄》一卷、楊士奇《三朝聖諭錄》三卷、楊榮《北征記》一卷、李賢《天順日錄》一卷、李東陽《燕對錄》一卷，韜後序。但稱若宋濂、金幼孜、楊士奇、李賢、李東陽等，而不及楊榮。又序云：赴召過韶以貽，韶守臣鄭騮等或騮等，付梓時增入《北征記》歟。

楊家駱《四庫大辭典》（頁一〇四五・一）著稱：明・霍韜編，所錄凡宋濂《洪武聖政記》、金幼孜《北征前錄》、《後錄》、楊士奇《三朝聖諭錄》、楊榮《北征記》、李賢《天順日錄》、李東陽《燕對錄》六書。雜史存

丁氏《藏書志》有嘉靖刊本卷，云：此卷無《北征錄》，猶原刻也。

明嘉靖十二年（一五三三）刻本。

中國：上海圖書館（九卷）

《明良集》（六種） 明・霍韜

民國八十五年（一九九六） 莊嚴文化公司 影印本

臺灣：國家圖書館 083.54/8546 v.2:47

《渭厓疏要》二卷 明・霍韜

黃蔭普《廣東文獻書目知見錄》，（頁二四・史部）著錄

明鈔本 日本：尊經閣文庫 二冊

明隆慶刻本

中國：浙江天一閣文物保管所

《石頭錄》 明・霍韜

一九九九年 北京圖書館出版社 影印本

臺灣：國家圖書館漢學中心：782.908/8625 v.45

案：係霍韜自編《年譜》

《石頭錄》八卷 明・霍韜著 霍與瑕編

霍文敏集附刊本

㈢子部（五種、四版，存二種、三版）

《聖功圖》、《象山學辨》、《程朱訓釋》、《霍氏家訓》 明・霍韜

清・阮元《道光 廣東通志》（卷一九四・藝文略六・子部）著稱：未見，見《廣州府

志》（藝文志）。

案：未見藏板

《霍渭厓家訓》　明・霍韜

二〇〇四年本　出版地及出版者不詳

臺灣：國家圖書館　193/644

《家訓》　明・霍韜

民國六年（一九一七）　上海商務印書館　影印本　線裝

臺灣：國家圖書館　301.2 6885/23940-007

《家訓》　明・霍韜

黃蔭普《廣東文獻書目知見錄》（頁九二・子部）著錄：又《涵芬樓秘笈》

清初毛氏汲古閣影明鈔本

中國：北京圖書館（今名：國家圖書館）

㈣集部（四種、七版，存三種、六版）

《渭厓文集》十五卷　附錄一卷　明・霍韜

黃蔭普《廣東文獻書目知見錄》（頁一五〇・集部）著錄

明嘉靖三十一年（一五五二）　霍氏家刊本　十五冊

臺灣：國家圖書館　1048

日本：尊經閣文庫

《渭厓文集》十卷　明·霍韜

黃蔭普《廣東文獻書目知見錄》（頁一五〇·集部）著錄

明萬曆四年（一五七六）霍與瑕刻本　二十冊

日本：內閣文庫

中國：上海圖書館　北京大學圖書館

南京大學圖書館　山東大學圖書館

《渭厓文集》十卷　明·霍韜

清·阮元《道光　廣東通志》（卷一九五·藝文略七·集部一）著稱：存，《四庫全書》目十卷，《明志》十五卷。

清·永瑢《欽定四庫全書提要》云：是編為其子與瑕、與琪所編，皆所作雜文。惟七卷，有詩數十首。韜性強執謬戾，不顧是非，議尊興獻為皇考，則斥司馬光不知忠孝，不當從祀孔廟，議合祀天地，則竝詆及周禮，可謂無忌憚者。其他文亦皆爭辯迫急，異乎有德之言，前有倫以諒，金立敬序譽之甚力，蓋一其鄉曲，一其年家子也。

楊家駱《四庫大辭典》（頁六二九·一）著稱：明·霍韜撰，所作雜文，惟七卷，有詩數十首。別集存三

《渭厓文集》　明·霍韜

民國八十六年（一九九七）　莊嚴文化公司　影印本

臺灣：國家圖書館　083.54/8546 v.68-69

《渭厓文集》　明・霍韜

民國七十九年（一九九〇）　臺北市：漢學研究中心

臺灣：國家圖書館漢學中心　846.6/644:2

《霍文敏公集》十卷　附《石頭錄》八卷　明・霍韜

黃蔭普《廣東文獻書目知見錄》（頁一五〇・集部）著錄

清同治元年（一八六二）　南海石頭書院刊本　十六冊

日本：東洋文庫

《渭厓集》　明・霍韜

黃蔭普《廣東文獻書目知見錄》（頁二〇五・集部）著錄

清同治三年（一八六四）順德羅氏春暉堂刊本

（羅學鵬輯《廣東文獻》七〇卷・三集）

中國：廣東省立圖書館

《霍韜集》十五卷　明・霍韜

清・張廷玉《明史》（卷九九・藝文四・別集）著錄

案：未見藏板

依上列書目資料顯示，相關霍韜的著作，計有：一十八種．二十版。於今見藏者（公藏），有九種．一十五版，視同瑰寶，彌足珍貴。然亦有九種，未見藏板，殊感憾惜矣。

綜而論之，霍韜（文敏）氏，係由議禮受知而驟貴，在官任事亦有其建樹。先後多所建白，皆關國家大計，且切中時弊。諸如：〈救積弊疏〉、〈儲才疏〉、〈議鹽政疏〉、〈議黃河疏〉、〈大同事宜疏〉，莫無與財稅、鹽政及幣制相關，惜未被採用所提方案，導致「國困民窮」的嚴重後果，亦誠屬憾惜焉。

霍韜（文敏）氏，是英．亞當斯密（Adam Smith, 1723～1790）以前，最偉大的理財家。費海璣氏，在巴黎大學，大力推頌霍韜「財政學說」，著名於世界。法國財政學泰斗，驚呼中國竟有此等超凡人物。於二十世紀的財政學家，約五百人為知名人士，卻無一人能超越「霍韜」的「財政學說」。

日本史學界，亦殊為頌揚霍韜（文敏）的理念，致力研究「明代財政史」學者，約二百餘人，一致認同費海璣氏觀點。諸學者對「鹽政」與「稅制」，暨「幣制」之關聯性，皆宗「霍韜學說」，其論著影響力，既深遠又鉅大矣。

參考文獻書目

《明史》（卷一九七） 清·張廷玉
民國六十七年（一九七八） 臺北市：鼎文書局 新校本
《渭厓文集》 明·霍韜
民國七十九年（一九九〇） 臺北市：漢學研究中心

中華民國九十九年（二〇一〇）庚寅歲三月十四日
臺北市：海南文獻史料研究室

原刊於《廣東文獻》三八卷二期

王陽明與廣東的因緣

王萬福

一、前言

王陽明先生是中明以後，學術事功，顯赫一時的人物，他的一生事功見於明史本傳，學術思想見於傳習錄及明儒學案，他雖然生於浙東餘姚，可見他在學術事功上的磨練與成就，都在南方，特別是與廣東的因緣尤為密切，他晚年，五十六歲時，鞠躬盡瘁，平定了廣西思田之亂，及八寨斷藤峽之苗患，回師凱旋時，得病甚重，上疏乞休，未奉朝命，就病死在福建南安，遭受奪官削爵的下場，身後由廣東學者湛若水、甘泉先生撰述墓銘闡揚其生平卓落偉大之學術思想與行誼、大冤始白於後世，爰述王陽明與廣東因緣，以供讀者參考：

二、生平傳略

王陽明名守仁字伯安，浙江餘姚人，明弘治十二年進士授刑部主事，以忤逆當時權奸劉瑾，被謫貴州龍場驛丞，瑾誅，起盧陵知縣，王瓊薦之，巡撫南贛，平各洞夷寇及宸濠之亂，時宸濠之亂，海內騷然，朝議御駕親征，王恐地方因供張軍稍，耗擾實多，奏止之，並矢平逆亂。及平奏建和平縣，嘉惠粵民，實非淺鮮。世宗立，論功封新建伯，嘉靖六年，廣西思恩及田洲土酋盧蘇王受反，陽明奉詔以原官兼左都御史總督兩廣兼巡按，討平之，歸師時，並襲八寨斷藤峽之苗患，時病篤，乃疏乞骨，舉林富川以自代，不俟帝命，竟歸，至南安卒。時乃嘉靖七年十一月廿九日，年五十七歲，桂萼奏其擅離職守，奪伯爵。隆慶初，廷官多稱其功，乃詔復新建候諡「文成」，這是陽明先生一生短短的遭遇。

王陽明的父親王華字德輝，原來是成化十七年第一名進士，官至南京吏部尚書。所以陽明從小就受家學淵源之影響。喜讀書，研究哲理，十七歲就走謁當時有名的理學家婁諒問學，迨謫放龍場驛丞，乃潛心於學倡為「致良知」「知行合一」之說，成為一代光大宋儒陸子心學之繼承人，世之講王陽明學者，以受明儒學案之影響。世人但知陽明為浙東學派之光大人，然未甚瞭解陽明先生生前講學、交友、身後哀榮師友因緣，與廣東的關係之深。

三、先世王綱公死於廣東奉祠增城

王陽明先生的五世祖王綱公有文武才。明初得意誠伯劉基之薦，任兵部郎中，擢廣東參政，奉旨征苗死於事，子彥達，綴羊皮裹屍歸，御史將其事上於朝，祀廟增城以勵忠貞，在陽明先生王文成全集中有廣東詩廿一首，其中書甘翁壁一詩，即係直書先世遺事。（見羅洪先陽明年譜）

書甘翁壁（按甘翁即湛甘泉若水先生）我祖死國事，肇煙在增城，荒祠幸新復，適未奉初蒸，亦有兄弟好，念言思一尋，蒼蒼蒹蘭色，宛隔環瀛深，入門散圖書，想見抱膝吟，賢郎敬父執，童僕意相親，病軀不遑宿，留詩慰慇懃，落落千百載，人生幾知音，道通著形迹，期無負初心。

這首詩是陽明平了思田苗亂，道過增城甘泉先生府上的題壁詩，對於先祖殉難奉祠昭忠的經過說得清楚，好像還有宗人兄弟在增城奉祀，可惜他當時已得病在身不克投宿，情見乎詞有眷眷不捨之意，至於這首詩為什麼題在甘翁壁呢，因為當時陽明與白沙甘泉兩先生呼應講學聲氣相求。時白沙已謝世，甘泉任官在京，訪友題詩，以誌入粵的行踪而已，陽明心地仁慈，文人主兵不善殺戮，甘泉作陽明墓誌銘，稱其治思田「撫而不戮夷情晏然，文武並資仁義並行」可知他一生顯赫的事功，不是偶然倖致。

四、陽明與陳白沙湛甘泉呼應講學

陽明自問學婁諒以後，常以作聖自勉，在京時尤喜與門人講會，究極聖賢之旨，與江門陳白沙先生相互呼應。（見本傳及明儒學案）湛甘泉為白沙門人，白沙之學主張「於靜中尋出端倪」，學者謂為出於禪宗，甘泉之學主張「隨處體認天機」包羅尤為廣博，在理學上之成就，大有青出於藍而青於藍之勢。白沙僅以舉人及翰林檢討，退隱江門白沙里築臺講學，門徒頗盛，時稱江門學派。甘泉先生則官場得意，官歷禮、兵、吏、刑、各部尚書，到處建書院奉祀陳白沙、張其師說，江門學派一時甚盛，連陽明的門徒也同沾其澤。當時海內學者，有廣宗浙宗之稱，陽明在龍場悟道，認為格物致知自得於心，不當求之於事物，喟然嘆曰，道在於是矣，遂倡開致良知、知行合一之說。黃宗羲作明儒學案說：「有明學術自獻章（白沙）開其端，至陽明而光大，蓋宋明以來諸儒之說，未嘗反身理會，推見其隱，此亦一述朱，彼亦一述朱，由守仁出良知之說，人人知反觀自得，人人有作聖之功，苟無陽明則古來學絕矣」。黃宗羲這些話，雖然有些主觀，梁任公評為他有些黨人之見，筆者認為非常正確。不過在明代的程朱陸王二派（見明儒學案）壁壘分明，已無宋元諸儒的兼容並蓄光風霽月的風概。

湛甘泉先生死於陽明死後之卅一年，壽高而學富，陽明身後墓誌銘，就為甘泉所撰，墓誌說：「丙寅之年解逅與契，相期共詣，天地為體。」丙寅即正德元年，陽明之死（一四七二—一五二八，成化八年嘉靖七年）兩人相交至廿三載，陽明死時五十七，甘泉先生壽至九十五歲，當時有王湛並稱。

五、王陽明的廣東門人

王陽明先生倔起中明，所倡「致知良」「知行合一」之說，上接宋儒陸氏心學之真傳，故論理學者以陸王並稱，說者以陽明之學多受佛教禪宗之影響，禪宗之學，「直指本心，見性成佛」，但陽明受禪宗之影響，仍還儒家本來之面目，上與孟子盡心盡性良知良能之旨趣相結合，有明一代理學昌明宋學尤盛，康齋、河東、瓊山、文裕諸儒，究極幾微，窮理致知，完全承襲程朱之學說，迨陽明、白沙出，天下風從，朱學漸衰，浙宗廣宗一時稱盛，陽明學派中的廣東門人，據黃宗羲編的明儒學案所錄，計有方獻夫、梁祥、鄭初一、薛中離、周坦、薛尚賢、楊驥、楊仕鳴等人。（其他白沙、甘泉、泰州，諸儒四學案不在計算之內）桃李之盛，可見一斑，可惜今日坊間印行的明儒學案一書，在民國卅年編訂時，竟將姚江學案中廣東門人之學旨語錄刪去，僅存附傳，原本已不可得，假若要瞭解這班學者思想行誼，編一本嶺南學案只有設法向鄉土文獻中找尋，這是多可惜的事。

六、廣東因緣相得益彰

陽明先生之先祖王綱公歷官，死難昭忠奉祠，都在廣東而祖孫兩代，都與兩廣的苗夷氏族有過一段戰爭的搏鬥，其生平講學，悟道立功以及師友門人都與廣東息息相關。明代自中明之後學術門派，鴻溝甚深，陽明先生在雙方衝突的政壇學海中，真是波浪千尋，險象橫生，倘若沒有白沙、甘泉暨廣中門人之呼應講學，支撐聲援，功業學術的成就，恐怕就要受到意想不到的折扣；至陽明死後，削官、復職、褒謚，都仰賴白沙、甘泉及其門人仗義執言，得以昭白，陽明先生一生卓犖偉大之功業學術成就，更仗甘泉先生所撰墓銘，於流傳於千古。明末顧亭林黃宗羲兩大師逝世後六十年，其墓銘行狀直至乾隆初年，得史家全謝山出而闡揚，一生學術，始流傳於後世。古人所謂「不為之後，雖美不彰」，是見前人師友，風義，學術淵源，關係之重要，甘泉之於陽明，蓋亦謝山之於黃顧耳。　原刊於《廣東文獻》五卷三期

薛侃先賢的豐功偉業

——王陽明學派在嶺南擴張的功臣

李南賢

薛中離名侃。字尚謙，曾號鈍子、常思子。出生於明成化廿年（西元一四八四年）六月二十九日，往生於嘉靖二十四年（西元一五四五年）十二月二十四日。其先祖薛蘭，原居福建廉村，於宋淳熙末年南遷入粵，擇居於廣東省、潮屬揭陽縣龍溪都風裡，（今為潮安縣庵埠鎮）人，至薛中離已是第十三代。風裡因薛氏子孫繁衍而被稱為薛隴。

薛中離一生，是充滿奇特學人，早期熱衷於程儒（程顥、程頤）。朱熹理學與陸儒（陸九齡、陸九淵）。數年後轉向全力學習王陽明心學，真是交相輝映而又交替、興起或沒落的年代。他深受陽明學說的影響最大。始終鑽研追求不遺餘力。他似乎無意於仕途，然而又不得不刻意追求功名利祿。最後還陷入官場最高層府內爭鬥中而不能自拔。他於正德九年（西元一五一四年）赴南京應試不第（註一）。聞知並接受王陽明關於格物致知的教育，曾歷時三年。之後在他卅二歲那年再次到北京趕考，這次榮登進士，他原不願接受官位，要南歸以侍奉母親，當南歸行至江西上饒懷玉，彼之兄薛俊正在該處任教諭，他的母親也在薛俊任所，即留下來侍奉母親。

薛中離是王陽明主要的入室弟子之一。中離是王陽明贈與他的又一號。薛侃六弟薛僑在【中離行狀】中曾說：「王陽明先生以其資虛，賜號中離。」薛中離是明代中期的一位道德學問都具深遠影響的學者。主要他在北京應試落榜時，敬學王陽明學說，本文聊試為此作如下的陳述、簡介。

一、陽明高足　崇揚心學

王陽明，名守仁，字伯安，（西元一四七二～一五二八年）浙江餘姚人，因嘗築室故鄉陽明洞中，世稱陽明先生。他曾受過當權宦官劉瑾的排斥，後因平抑大帽山農民起義和寧宸濠之亂有功，深受明王朝最高統治者的賞識。王陽明治學，重在存天理去人欲，注重學術的實用性。先生繼承陸九淵（象山）的學說，提倡【致良知】和【知行合一】的心學，敢於反對作為官方哲學的程、朱理學的某些教條，確是十分難得。這儘管純屬唯心主義內部的部份分岐，唯卻在一定的程度上衝擊著理學的權威地位，改變了學術界一度僵化的局面。

薛侃對王陽明學說、他在潮洲傳播有啟導之功，他正是為王陽明的高足，對王學宗旨多所啟發，深得心學之真髓，王學主要學說（思想）要旨為：

第一是、主張——說的宇宙本體論。薛侃師承王陽明主觀唯心主義哲學理論的「物我一體」、「心物一體」之說，即「心外無物」、「心外無理」。「心，一而已」提出「萬物一體也，萬物一心也。應之以一心，視之以一體，形體自泯，彼此自通。即事即心，不必另存心；即心即理，不必另求理」。「內外一、上下一、君民一、天人一、無為而治矣。」這就將理在心中，不假外求的心學發揮得淋漓盡致，並且將傳統的道學溶納進入理學軌道，轉而運用到治國大道之上。

第二是、【致良知】說的先驗道德理論。王陽明主觀唯心主義的核心是「良知」說，認為天理便是良知，良知便是天理。據載，薛侃從師這一說法，說：知之良處即是天理，昧其知。失其良則為人欲。蓋自明覺而言謂之知，自條理而言謂之理，非二也。他主張要講求學問之道，學問之道復其本體而已矣，「學要根本正當」，「趨正避偏」。就是要學那些敬天勤民，行仁政成天治的正學。他又主張學貴力行，「古人之學力行而已矣，今人之學尚言而已矣。」致良知，重躬行，這正是薛侃學問的中心，也是他一生努力追求的目標。

王陽明先生崇高學說與惜才之偉大的地方，因為正當薛侃不願受官「歸侍父母」之際。此時王陽明正率軍在江西征討三浰諸寇，不辭軍務繁忙，連續給薛中離寫了好幾封信。陽明先生將極力向他宣揚：『破山中賊易，破心中賊難』的思想之外，還特別勸導他；「數年切磋，只得立志辨義利，若於此未有得力處，卻平日所講，盡成虛語，平日所見，皆非實得，不可以不猛省也。」同時鼓勵他『靜養幾月，若進步欠力，更來火坑中乘涼』；「大抵工夫須實落去做始能有見」；『今得還故鄉，此亦譬之小歇田塍，若自此急尋平路，可以直去康莊，馳騁萬里』。（註二）

薛中離在陽明先生的鼓勵與言詞所感動，加上乃母親的贊許，約幾個月後、薛中離即約同饒平人楊驥結伴前進贛州，再度拜王陽明為師【親師益友】一連三年與陽明先生探研學問，早晚不斷，在薛中離的宣傳之下，薛俊也率領薛家兄弟以及諸後輩學者鄉親前往贛州，探求學問，此時掀起了吾潮汕人研習王陽明學說的熱潮，使潮汕人講學風氣大盛，並逐步形成學派。王陽明先生對此現況則不由自襟的感慨地說：【楊氏兄弟與諸後進之來者，源源以十數，海內同志之盛，莫有先於潮者，則實君之昆弟之為介也】。（註三）

從此以後，薛中離於正德十五年（一五二〇年）曾與陽驥兄弟及澄海人陳明德一同講學於潮州金山的玉華書院，並曾結齋於梅林湖，開始了他對心學的深入鑽研與傳播，使「一時學者翕然宗之。」（註四）至嘉靖三年（一五二四年）他以丁母憂服闋，結茅於梅林湖西之虎肚地（或稱虎山），「以正學接引」使潮人學風為之一變，該山地在學界的影響就越來越大了，則被稱為中離山。明代大儒者，香山縣蘇山（今隸珠海市）人（中離山記）有載（中離山之名），古未有也，其得名於時，則自中離先生始。（註五）

第二年，中離山講學之盛，逐漸達到頂峰，而且，其影響將是遠超過潮州一府之冠，更遠遠超過嶺南一方。據薛僑陳述（中離行狀），當時薛中離「日與士友講習不輟。四省同志聞風遠來，至不能容，各自架屋以居。」薛中離自己（離山書院）鐘銘詩云：

晨昏二十四敲鐘，響徹前峰並後峰。
試問巖前諸學士，己聞嘗與未聞同？（註六）

由此足證當年中離講學的規模與盛況。到第三年，更辟中離洞，並逐漸形成了中離十八景。薛中離曾是親筆手書【中離洞】三個大字、迄仍猶存。註※《薛中離鑽研儒學、倡導心學，還是在他歷經了官場鬧爭之後才真正專心致志的》※

二、立朝處世　忠君愛國

從史料證實，薛中離的確是一位淡泊功名，無意於仕途的學者。他考上進士時年已卅二歲，仍不願受官，一連數年四出遊學。直到正德十六年（一五二一年），授行人司（專掌朝覲聘問）行人，薛中離才赴京任職。《明史》其本傳卻有載「世宗立、授行人」，赴京任職直到一五二二年。（註七）

在此特別可敬的是，一為人臣，就想竭意盡職。嘉靖七年（一五二八年）薛中離因母喪後，返京起復行人之職。二年後，接任行人司右司副。於當時封建制度知識分子的特性是，克己盡忠，但悲劇也就往往從此開始發生。薛中離也不例外。他接任右司副不久，即上呈《正祀典以敦化理疏》，陳述了七件事。其中比較突出的有二件事：奏請將宋朝的陸九淵（象山）和本朝的陳獻章（白沙）「賜謚從祀」。他認為，「宋淳祐元年，詔以周、程、張、朱四子從祀，士習為之不變」，而象山，白沙之為學也卓有成就，所以「乞賜贈從祀，風示四方」，「以彰我皇明之盛德，鼓舞人心」，「使學者反諸心以精義利之辨，篤于行以成淳厚之風，則善人多而天下治。」

嘉靖九年（一五三〇年）年底薛中離再被升為行人司司正。他父親薛驥也被追認為文林郎，行人司司正。他母親曹氏為太孺人。恩遇可說不薄。薛中離感戴之下，更視君國大事為己任，頻頻上疏。又次年二月即以《明正學以安聖躬疏》上達，指出周代以來「虛文日繁」，「為今之治，莫若導民務實，返樸還淳」。極力主張「君子不動而敬，不言而信」；「不賞而勸，不怒而威，愈純愈化。」確實頗有灼見。六月又上《復古制以新士習路》；閏六月，更連上《仿古更化疏》，緊接《復舊典以光聖德疏》。

三、奸臣構陷　降臨大難

被奸臣構陷，大難降臨，茲以薛中離針對皇位繼承問題，在《復舊典以光聖德疏》中，薛中離嚴肅地指出，應吸取正德三年宦官劉瑾心懷篡權詭計。將皇親一一分封，致使主上孤立的教訓，請求嘉靖皇帝參照舊典，在親藩中擇一可靠者入京，封為守城王，並選取正直賢臣為之導。這樣，進則他年如東宮得子，可作為輔王，退則可由皇上親自撫育教誨，也可望皇位後繼有人。這也就叫防微慮遠之道也。沒有想到其時嘉靖皇帝求嗣心切。薛中離的忠言被為觸犯帝諱。嘉靖震怒之下，竟將他關入牢獄，嚴加審問，窮究主使上疏之人，在獄中，薛中離一連被審訊八次，受盡拷打，幾度斃而復蘇，而始終如實以對，真可說是殺身成仁。（註八）

為何這麼一份為著君國大計的奏章。竟會掀起這麼一場倒海狂瀾呢？原來，這裡面潛伏著極為錯綜複雜的官場中的高層鬥爭。

緣起當是時，少宰【吏部侍郎】虛缺，嘉靖皇帝意欲起用以剛直敏銳見稱的夏言【後官至首輔】少傅【太傅之副職】。張孚敬與夏言素性不合，並有多次的衝突，深怕夏言得勢，早想除此心腹之禍。正恨無機可乘，恰好薛中離把奏稿先請太常卿彭澤觀閱。可憐薛中離根本不講官場的複雜，更不知彭澤是何許樣人？原來，彭澤是為吏部侍郎時，因德行欠佳，（京察被黜），是張孚敬奏留的，而且還升級為太常卿，故早已成為張孚敬的心腹。彭澤估計到此疏將會觸動嘉靖皇帝的私諱，『必興大獄』，即密告張孚敬，共商奸計：決定一面由張孚敬以抄件向嘉靖皇帝密奏，並謊說夏言是主使者，一面由彭澤力促薛中離上疏。於是這場大災難降臨到薛中離的頭上。夏言也因此被執。

值得可敬的是，薛中離面對大刑。始終「辭氣安詳。」彭澤竟挑引其供任夏言是主使者。對此，薛中離義正辭嚴地說：「疏我自具，趣我上者，爾也，爾謂現張少傅許助之，言（按：係指夏言）何豫？」——嚴正宣告：【明有君父，暗有鬼神，頭可斷，此心不可欺。】並一針見血指斥奸黨所為在於『欲假構陷』，以「空人之國」，終於使嘉靖「具得其實」，乃釋放夏言，罷免了張孚敬，謫戍了彭澤。（註九）薛中離雖因觸犯帝諱被革職為民，但卻一直受到朝野的推重，大贊其「百折不回，錚然有白刃可蹈，威武不屈之節」（註一〇）。正如翁萬達再給乃父的信中所說，薛中離「語直而心不動，兩京士夫咸壯之。千載而下，明照汗青」（註一一）夏言則在薛中離去世時，特為他寫了一篇祭文，給予極高評價：「粵山之英，南海之靈，萃生我公，握奇報貞，鸞儀鵠峙，翔于天路，蹇蹇懷忠，稜稜抗疏。」但是，這場風波並未就此停息（註一二）。四年後（一五三五年），薛中離的胞侄薛宗鎧（薛俊之子，字東泓，時官拜戶部給事中）上疏二千餘言，立刻被權奸吏部尚書汪鋐「肆奸植黨，擅主威福」，「徇私誤國」。（註一三）汪鋐反咬一口，胡說宗鎧「挾私」，意在「為其叔復仇」，並引薛中離前疏激怒皇上，促使嘉靖削斥宗鎧為民，並將其「廷杖八十」（註一四）。於是「白簡飛霜，玉階濺血」（註一五）。

薛宗鎧被打得遍體鱗傷，猶「神思清定，言笑自如」，五日後，「賦詩見志」，表達了「大奸既去，遑恤我身」（註一六）的義膽忠肝，然後含憤而卒。對此，京城內外，聞者莫不「憤慨欷歔，至願以其身贖」。翁萬達為他寫了一篇祭文，怨「聖主不憐」，憤「賊臣誤國」，恨不得「揮戈碎賊臣之首」，感嘆「邦人河嶽不能庇才賢，國家元氣不能壽忠直。」（註一七）此後。海瑞也在薛宗鎧的『光裕集』序中說「東泓一疏，上忤天子，下觸權臣」（註一八），盛贊其「氣節足以生天下正直之氣」。（註一九）

宗鎧之慘死，薛中離更自傷悼不已。他聲淚俱下地為宗鎧撰寫了傳記，稱譽其「精敏愛民」，「鋤抑強梗」，「死之日無完膚，而神思清定，言笑自如」，「從容就義」，（註二〇）抒發了其強烈的思想共鳴。真如馮奉初所說：「豈非一門忠義！」（註二一）

四、服務社會　造福家鄉

為實踐「居官則思益其民，居鄉亦思益其鄉」的諾言，（註二二）薛中離走表現的十分出色的，他很重視修橋造路等善舉和農田水利建設。嘉靖五年（一五二六年），薛中離見家鄉一帶堤圍年久失修，「一遇崩潰，巨浸百里，沉廬傾堵，禾稼弗登」。（註二三）即積極向知府王袍（字子章，浙江人）進言，力倡重修南堤。該堤起自潮州城南門城角，直至庵埠許的隴接澄海界。據他所撰的『修堤記四』所述，他與鄉賢鄭玉之率民眾修堤，使大堤「益崇三尺，廣一丈」。若不是此次修堤，狂飆之下，將無完廬。正因為如此，他對支持修堤善舉的王袍，大加稱贊：「公慈祥溫厚愛民」，「憂民之憂」，「出於天性」。嘉靖六年（一五二七年）。薛中離見近百年前所建的龍頭橋，早已僅存其半，即說動揭陽縣主簿季本進修復。並為作記。

更值得表揚敘述的是，同年冬倡開中離溪一事。桑浦山前原有二溪，相距十里，因二水互不流通。諸多不便。薛中離為了溝通二溪，他先向知府王袍分析了開溪的「地氣兆」，「天時應上「人力齊」等客觀條件。使王袍下了決心，與以贊許。薛中離自策劃開溪有關事宜。他乘冬天水涸，動員民眾參與。動工之後，他又與經衛塗洎以及林孚中等，一起主持是事。至「焦思涉泥」可謂心力並耗。經三個月的努力，終於鑿通了龍溪至楓口十里裡運河，使「農者利灌，商者利販，居者利運，行者利舟楫」。中離溪開通後的第二年冬，薛中離撰寫了『開溪記贈塗子經衛』。文中，他除記敘了向王袍進言開溪到動工竣工的經過，特對支持開溪的王袍在次略加贊賞，說是老百姓因感其惠而「鹹造其庭以謝」，並「呼其溪曰中離溪，呼其橋曰塗公橋」。充分表達了薛中離造福社會，愛屋及烏的熱切心懷。後人有題詩讚薛中離開溪事，云：「二水跑東西，當中恨隔離。溝通有薛子，忠古姓名題。」至今溪與文具在。中離溪在桑浦山華岩宗山書院前。溪畔原有二石亭，一鐫『中離開溪記』，一鐫林熙春『續濬中離溪記曲。熙春亭尚完好，中離亭正待重修。

茲蒐集薛中離對家鄉貢獻的資料：經據『薛氏族譜』所載，薛中離為家鄉一帶所做實事善舉十二項之多，茲引列如下：

一、浚海陽（潮安）縣上等卅餘里，上通潮城、揭陽，下通鮀江、鰐浦等都，商民舟楫往來由裡河，免航海劫溺之患。

二、造中離橋路大小共十五所，民往來與耕田，牛畜利便。

三、設龍溪都裡社祭壇行道三條。並石亭二柱，社廟一座，門樓一間。捨圍十二苗，帶租銀二兩六錢，坐落蓬洲都土名蜆港等處。

四、捨圍十五苗，帶租銀三兩二錢，坐落海陽縣南桂都土名磨枋洲等處。

五、架龍溪都鄉約所二處，與鄉都會約行約便利。

六、造龍溪都通濟橋九門，上通潮城，下達蓬洲所。潮陽縣等處。（按：蓬洲所及蓬洲守禦千戶所，在鮀江都，非蓬洲都）

七、造桃山都登崗橋五門，上通府城，下達潮陽，惠來等縣。

八、造地美都龍頭橋七門，上通揭陽，下達龍溪。蓬洲等都。

九、修地美都雞籠山徑路十餘里，與民便利。

十、造龍溪都崙頭橋三門，並修石路至海陽縣上浦等都二十餘里。與民便利。

十一、築許壟子堤，並砌磯頭三座，禦鹹潮，通淡水，海、揭二縣灌溉田苗利便。

十二、倡修南堤，長八四五一七十丈，袤七十餘里。

誠然，這麼多的修橋造路，開溪築堤工程，勢必廣大民工付出巨大的勞動力才能畢其功。但如果沒有薛中離愛鄉的熱心人積極倡議，上說服府縣要員。下動員鄉親民眾，以至身體力行，此類事也是難以實施的。這正是薛中離以「思益其鄉」實踐其經世致用觀念的積極效果。

與之更可讚美的是，薛中離一直事親至孝，尊師至誠。可以說，這是薛中離崇揚心學，盡善人倫的儒者之行。他早年就曾因父親「遘疾」而「嘗糞以驗」。（註二四）儒家所津津樂道的茜孝，也恐莫過於此。中進士後，他不願受官而南歸侍養母親。及至嘉靖三年（一五二四年），他在行人任上。一聞母喪，即回鄉丁憂，更曾絕食五日。其兄薛俊也「聞母喪。葷漿不入口，奔走於宗鎧官邸而卒」。可見其孝悌門風。（註二五）嘉靖七年冬，陽明先生卒。薛中離聞訃，「率橋與四方同志」，「數十人朝夕哭焉」（註二六）。越年秋，更「趨王氏家，事無大小，咸為經理」。（註二七）同時，還與諸同門立下輪年『擾孤題單』，陳明「恤遺孤以弘本，嚴內外以別嫌，分灶食以防微，一應所有，會眾分析，具有成議」。對陽明遺孤，「每年輪取同志二人，兼同扶助，諸叔侄不得參撓」。（註二八）陽明先生去世周年，薛中離又與諸弟子和翁萬達等為其舉行隆重的祭奠儀式，並與翁萬達合撰了『祭陽明先生文』。（註二九）再越年，薛中離又在杭州城南天真山主持修建了祀祠陽明先生的精舍，並為撰寫

『勒石文』。尊師至誠，及於身後，確實難得。

五、愛國愛鄉　事親至孝

綜觀薛中離的一生，是有成就有影響的一生。他享年六十歲去世後官宦學者，或馳書緘詞致奠，或親抵風裡哀悼，竟至數年不絕。嘉靖二十八年（一五四九年），著名學者湛若水更為撰『宗山祠堂記』，對作為人「陽明先生之入室弟子」的薛侃，大加褒揚，說是「中離子行義在鄉裡，名節在朝野」，所著「研幾錄」『圖書質疑』皆以發明師之的指，無後來毫釐之差也；然則其所得必不可量矣」；「行人上謙，遭大獄於朝，明目張膽於天子之廷，義氣沖空，百折不撓，若有之死而不可回者，則其中之所存，與平素之所養，一念真切，浩然剛大之氣，無愧於天地，無愧於日月。無愧於鬼神，是宜其在潮感潮，在惠感惠，聞于諸司感諸司。」（註二九）可見薛中離的一生對當時。心學、社會風氣影響之深遠。雖然距離現在約在四百六十三年後今天，但是薛中離的一生盡忠盡孝。忠君愛國，奉獻家鄉的古道熱心，正是我廣東人特有崇高德行與高尚風骨，亦是吾潮汕人至高的尊榮也。

註釋：

註　一：薛中離【薛靖軒傳】，載清馮奉初編【潮州耆舊集】卷五。

註　二：【陽明全集】第四卷。第三十八卷、第三十七卷。

註三：清嘉慶【澄海縣志・人物】。
註四：清順治吳潁【潮州府志】第九卷【古蹟部・中離書院】。
註五：明香山縣人黃佐【中離山記】。
註六：【鳳隴薛氏族譜】。
註七：【明史】卷二〇七，【薛侃本傳】。
註八：明惠州葉咢【廷鞫鞫實錄】。
註九：清馮奉初【薛禦史中離集題詞】。
註一〇：薛橋【中籬行狀】。
註一一：【明史】卷二〇九，【馮恩本傳】。明湛甘泉【薛東泓墓誌銘】。
註一二：薛中離【薛東泓傳】。
註一三：翁萬達【祭薛給事宗鎧文】・第十三卷。
註一四：海瑞【光欲集・序】，載饒鍔，饒宗頤【潮州藝文志】第十二卷・上海古籍出版社 一九九四年四月版。
註一五：薛中籬【與諸第子書】
註一六：同註一五。
註一七：同註一三。
註一八：海瑞【光欲集・序】，載饒鍔。饒宗頤【潮州藝文志】第十二卷，上海古籍出版社 一九九九四年四月版。
註一九：同註一八。
註二〇：清馮奉初【薛禦史中離集題詞】。
註二一：【陽明全集】第四卷、第三十八卷、第三十七卷。
註二二：薛中離【修堤記】。
註二三：同註二二。
註二四：薛中離【與諸弟子書】。
註二五：薛橋【中離行狀】。
註二六：【鳳隴薛氏族譜】。
註二七：同註二六。
註二八：同註二。
註二九：薛橋【中離行狀】。

參考文獻

1、黃贊發著，潮汕先民與先賢。第一，二，三，四冊。廣東汕頭大學出版社，暨潮汕歷史文化研究中心編。二〇〇五年五月第四版。

2、吳勤生、林倫倫合著。潮仙先賢。潮仙文化大觀出版。

3、陳澤泓著。潮仙概說出版。
4、潮州先賢影像傳、歷代潮州先賢像全輯。仙頭大學圖書館藏書。特藏部主任金文堅老師提供先民先賢：歷史手稿，彩色影像、學者評論等全部重要資料。
5、薛中離【薛靖軒傳】，載清馮奉初編【潮州耆舊集】卷五。
6、【陽明全集】第四卷。第三十八卷、第三十七卷。
7、清嘉慶【澄海縣志・人物】。
8、清順治吳潁【潮州府志】第九卷【古蹟部・中離書院】。
9、明香山縣人黃佐【中離山記】。
10、【鳳隴薛氏族譜】第一、二冊。
11、明惠州葉咢【廷鞠鞫實錄】全輯。
12、【明史】卷二〇七，【薛侃本傳】。
13、清馮奉初【薛樑史中離集題詞】。
14、薛橋【中籬行狀】。
15、【明史】卷二〇九，【馮恩本傳】。
16、薛中離【薛東泓傳】。
17、明湛甘泉【薛東泓墓誌銘】。
18、翁萬達【祭薛給事宗鎧文】・第十三卷。

19、海瑞【光欲集・序】載饒鍔。饒宗頤【潮州藝文志】第十二卷，上海古籍出版社 一九九四年四月版。
20、薛中離【與諸弟子書】。
21、薛中離【修堤記】。
22、薛橋【中籬行狀】。

原刊於《廣東文獻》三七卷一期

明代廉吏——海瑞

林光灝

穗市中華路原名四牌樓，因為舊有四石牌坊；但實際上，這路上有五個牌坊，其中一個就是紀念明代剛正廉明的海瑞。

自從明代中葉以後，明代的政治已漸趨腐化。權臣太監狼狽為奸。人民沒有自由的思想與意志，他們是在地方官，和居鄉紳士的雙重壓制之下過著被損害的非人的痛苦生活。下層的人民，大多數是貧農，農民自然主要的任務是耕田，明代的田，有皇莊，有勳戚，中官以及居鄉紳士等的莊田。這些莊田對于農民的壓制剝削是苛刻而厲害，管莊的官校，強佔土地，歛聚財物，甚至污辱農民婦女，是平常而又普遍的現象。所以明代的滅亡，是由于這廣大的飢荒而引起農民的變叛。海瑞是識得農民的生活痛苦，他同情農民，他想消除他們沒有飯吃，沒有衣穿，沒有生活上一切必需品的苦難與怨恨。這無形緩和了農民的革命激昂情緒。海瑞的眼光遠大，見解正確正是如此！

海瑞別字汝賢，又字國開，自號剛峰，廣東瓊山縣人，生在明朝武宗正德九年（西曆一五一四），死在神宗萬曆十五年（西曆一五八七）。他是十六世紀的人物。他的先代世居番禺，後來答兒從軍到海南，才落籍瓊山之賓涯村。祖父海寬是個舉人，做過閩中知縣。父親海瀚是廩膳生員。海瑞是在這樣有教養的書香門第生長的。他四歲，死了父親，靠著母親謝氏教他讀書。他從小即嚮往古聖賢的作為，立志要為人群造福。他以為聖賢教人千言萬語，無非教人識得自己的真心，本著真心去做事，自然做得聖賢，不是鄉愿。那些二切模稜兩可，從俗浮沉，把自己的利害看得很重要的，都是鄉愿，而不是做聖賢所應做的事。我們讀了他那篇：「嚴師教戒」的文章，覺得他是如何嚴密督責他自己的一切行為，並不肯苟且依附他人的精神。

嘉靖二十八年（西曆一五四九）他是三十六歲，中鄉試舉人，考試時所做的治黎策，主張開道設縣。二十九年，他會試不第，即伏闕上書，更為平黎疏引申前說，說道：

弘治十四年征儋州昌化縣黎，嘉靖二十年征陵水崖州黎，二十九年征感恩崖州黎，可謂大舉矣。每舉調兩廣官兵十餘萬，費銀數十萬兩，前後屯兵防守，騷害居民，或三年或四年後止，然竟不能使黎寇驚服，迄今刦村殺人無歲月無有。……武官憚難畏寇，文官養望待遷，圖目前苟安，不爲地方永久謀慮。黎小寇害則隱匿不申，黎大寇害，調兵，又苟且奏功，姑以應事塞責。……無人竭才力盡忠，實心爲瓊遠遠計。……黎人居處皆寬廣崗埸，耕作皆膏腴田地，非得地，不可耕而食。文昌，瓊山縣南岐崗等黎，今悉納賦聽役，與吾治地百姓無異。……故臣嘗以爲弘治十四年開道立縣，可無嘉靖二十年大征。嘉靖二十年開道立縣，可無二十九年大征。大征後開道立縣，可無歲歲鵰剿，年年守戍。……（丘海合集海忠介公集卷一奏疏）

本來黎民的叛亂，是地方官和一些奸徒互為奸利，欺壓黎民，逐漸激成黎民的抗議與叛亂，但地方官每因黎民的叛變，借故邀功及報銷糧餉。海瑞深知其中的黑幕，故此請求開道設縣，這樣，黎民可以不再發生變故，一切奸徒混水摸魚發私財的事也就無機可乘，當時有旨將他的奏疏下兵部覆議。不過朝廷的官吏大都苟且偷安對于這事不感興趣和重視，海瑞這樣洞澈民間疾苦，消除積弊的提議也拖延著，更不會施行了。

嘉靖三十七年（西曆一五五八）五月，海瑞陞任淳安縣事。他到淳安任後，看到人民的痛苦，沒有田地的人，卻需要繳納糧稅，他說：「天下事都被做官人弄壞了！」因此整飭政令，招撫流亡。他從新丈量田地，有一畝耕作和收成的，方定繳納一畝的稅糧，無者豁免。他在薪俸之外，絲毫沒有佔取，僕人日日種菜採柴，要他們勞動自給。海瑞自奉節儉，吃的是糙米，穿的是布袍。有一天，他買了兩斤豬肉，總督胡宗憲聽了，覺得奇怪，派人去探聽，原來是海縣長的母親的壽辰。胡宗憲的兒子有一次經過淳安，凌辱驛吏。海瑞看了胡公子的盛裝，說道：「從前胡公巡按部屬，令所過的地方不要過量的接待，更不騷擾地方和人民，現在盛裝恃勢凌人的必不是胡公子」。於是海瑞把他的行李實行搜查，得數千金，悉繳國庫，並長函告知宗憲，宗憲曉得自己的兒子不爭氣，卻不敢得罪他。

世宗皇帝是昏庸的君主，在位已四十四年，他懶於臨朝，深居西苑，專營齋醮以求壽命的長生不死。各地的督撫大吏，想逢迎這個專制的帝皇，爭上言符瑞，朝內大臣多上表稱賀，盡阿諛的能事。但自廷臣楊最，楊爵因直言獲罪以後，更沒有人敢言時政的得失。海瑞平素以為：

國家誤用小人，顛倒是非，綱常倫紀，蕩掃青天白日之下，舉朝皆貪位保祿，巧媚諂佞之徒，而於直言敢諫之士，排誹怨謗，有不殺其身不止。（海忠介公集卷五，梁瑞懿先生墓誌銘）

他是剛直的人，到戶部主事不久，即上疏痛言世宗的過失，說道：

陛下……謂遙興可得，一意玄脩，不曰民之膏脂在是也，而侈興土木。二十餘年不視朝，剛紀弛矣。數行推賞事例，爵濫矣。以猜疑誹謗戮辱臣下，人以爲薄於君臣。樂西苑而不返，人以爲薄於夫婦。天下吏貪將弱，民不聊生，水旱靡時，盜賊滋熾。自陛下登極初年亦有之，而未甚也。今賦役增常，萬方則效，陛下破產禮佛日甚，室如懸磬，十餘年來極矣。天下因陛下改元之號而憶之曰：「嘉靖者，言家家皆淨而無財用也。」……天下之人不直陛下久矣，內外臣工之所知也。…乃醮修相率進香。天桃天藥相率表賀，戶部差求四出。陛下誤舉，諸臣誤順，無一人爲陛下正言焉。都俞吁咈之風，陳善閑邪之義，邈無聞矣，諛之甚也。（海忠介公集卷一，治安疏）

世宗看疏，大怒，擲在地上，即向左右說道：「快點把這人抓來，不要給他跑了。」左右有說：「聞他上疏時，已知當死，買好了棺木和妻子訣別，他是不會跑的。」世宗沒有話說。一會兒又取他的疏細看，大為感動，說道：「這人有比干的忠。」又說：「海瑞說的是理，但太過激耳，遽加刑戮，恐怕後來沒有這樣的人了！」疏因留中數月。

嘉靖四十五年（西曆一五六六），世宗皇帝正在病中，鬱鬱不樂，密詔閣臣徐階，想傳位給裕王載垕，還沒有實行，因此說道：「海瑞的話是對的，朕現今久病，怎能夠上朝？」又說到：「朕不自謹慎，致生疾病，使朕能出御便殿，何致受這人詬罵呢？」無論如何，世宗還沒有唐太宗大政治家的氣度，結果逮捕海瑞下詔獄，究問主使人。不久，即移至刑部議論死，案上，仍留中。二月世宗皇帝病死，穆宗載垕即位，海瑞得免罪，且復原官。旋改兵部主事，又升尚寶司丞，調大理寺右丞，轉左丞。他因奉諭祭波羅南海神廟，奉使回粵。十一月，陞南京右通政。

穆宗隆慶三年（西曆一五六九）正月，海瑞陞任通政司右通政，提督謄黃。六月，陞任右僉都御史，總督糧儲，巡撫應天。應天省即是江南，財富甲天下的好地方。當時應天十府的屬吏，早已風聞海瑞剛直的威名，貪贓枉法的多預謀他調及辭職，以避他的鋒芒。有一位官吏，依恃權勢，大門塗上朱紅色（從前的例是一品大員的門纔可以塗朱紅顏色的），沒人敢議論他，但這確是一聽到海瑞明天就要來江南，連夜把他的大門油黑了。以前太監們到江南辦織造的，大都作威作福，但在海瑞巡撫的時候，太監們都減少了隨從和煊赫的氣燄。海瑞銳意整頓地方的政治，當時年歲饑荒，瑞上疏請疏濬吳淞江和白茆河，通流入海，以河工代賑救濟饑民，畚鍤雲集，沒兩個月，即疏濬完成，瀕江一帶的田畝，賴河流的灌溉，免去了天然的災患，人民都得了利益。海瑞平素讀書，有必要做到聖賢的大志，他實事求是，深切注意社會的問題，他有平等的精神以為：

天地萬物本爲一體，自天子以至於庶人，一也。職分在此，自天子以至於庶人，作用一也。（海忠介公集卷六，嚴光）

他以為卿士大夫的富足是剝削小民來的，他說：

天也地也，止有此數，豐於此必歉於彼。卿士大夫則富若此矣，而欲小民之裕於衣食也，其可得乎？乃今小民貧困之多，乃今卿士大夫富足之多爲之也（備忘集卷五頁二十一）

他主張要天下太平就要實行井田，即是人人必須有衣食，然後有所資，而為善之心以生，人人有田耕，日夕有所事，然後淫侈之念不做，盜賊搶劫的事方不致於發生，井田是為人民，而且使國家財用豐足的。他說道：

不井田而能致天下之治者，無是理也。何也？人必衣食有所資，然後爲善之心以生，日夕有所事，然後淫侈之念不作。井田者，衣食之資，日夕之事，返樸還淳之道，去盜絕訟之原，舉賴於此。故當以爲一井田，而天下之事畢矣。（海忠介公集一八六頁）

他解釋「井田」和實行的辦法，說：

井田者，井田之名也。人必有田，而不必於井者，井田之實也。…爲今之計，不必訪求故堰遺陂之已廢者，按今日之土田，隨地區劃。…守宰縣令，一以井田爲事，其纖悉又屬一里之長，不以今日紛紛之病，而沮其必行之心，必委曲以方行而求爲久遠之計。既定之後，舉簿書以驗田土，度地不足，則吏胥之姦弊可稽。（同上頁二十）

他以為天下貧民多而富人少，國家政治要為多數人打算，他說：

橫渠（張載）曰：「世之病難行者，未始不以亟奪富人之田爲辭，」蓋謂其或以召亂也。然天下富人多乎？貧人多乎？田井而貧者得免奴佃富家之苦，吾知其欣從必矣。……取其（富人）有餘之田，而不奪其上下之養，彼亦得而違之。竊以爲井田之決可復於後世者，諒夫有同然之心，而不必恤其眾多之口，反覆曉諭，委曲通變，必無召亂之事也。……然要在必有田宅而不失所養，化裁變通之而已。要之不能以一一如意，而較之田不井授，一遇災旱而民之輾轉溝壑，白骨遍野，平時則以奸僞朋興，有故則群橫寇盜，其相去萬萬矣。……夫人貧富不相耀以和其心，而後天下之治可定。今日太平之業，必世後仁之化，舉須於此。彼夫心所同然，而口之怨讟不必恤也。力而行之，而民可與樂成矣。（同上頁二十一）

他很注意社會問題，注意民間的貧富懸殊，注意農民的無田可耕，注意大多數的貧人的被奴役的苦痛，注意「群橫寇盜」，將會弄成國家的大亂，他以為一般的人民貧富不能太懸殊，故此貧富不相跨陵，各有他們的田地職業。這樣的社會制度，也就是社會教育，他說：

井田行則民貧富不相耀而心和矣。生長所習見而志定矣。漢人以富人觀欲天下爲悲，止此田宅，更何欲可觀？漢人以彼民情見美則悅爲歎，止此田宅，更何美可悅？富者欲過，貪者欲企，雖有其心而蓋無其由也。無其由，則過企之心滅矣，井田未嘗教民而域民於教，教道之妙有若此。嘗謂井田立而先王之教斯過半矣。天下之治，井田爲

之，學校不過補翼之。先王之教，井田教于始，學校不過成教於終。（同上頁廿四）

這可見在專制君主的時代，即有熱心為人民任事的人，亦只有心無力。別人說井田，說幫助貧民都是空論的；海瑞巡撫應天，卻做出了若干的事實。他則在淳安縣知事及興國州判任時，皆實行清丈田畝，以解除貧民的糧務負擔，他感覺江南的貧富相傾，富豪常逼令貧民獻田及賣田，侵佔壓迫的訟事至多，而一般的官吏更多不敢受理，他卻叫受獻田及逼賣的權勢們，悉數退還原主，或允許原主贖回。他切實幫助貧民，他的奏疏自陳有說：

蘇松常鎮四府，路當衝要。縣官日以迎送過客爲事。小民冤抑，雖有欲爲分理之心，而目無暇時，往往棄之不理。事涉鄉官舉監又憚勢豪，寢閣不行。臣聞之久矣。臣到任之後，所准狀果是比前任撫臣爲多，通民隱，抑強橫也。……華亭鄉官田宅之多，奴僕之眾，小民詈怨而恨，兩京十二省無有也。臣於十二月內，巡歷松江告鄉官奪產者十餘萬人。向府縣官問故，群舉而告曰：「夫民今而後得反之也」向諸生問故，則又群曰：「民今而後得反之也。」縣官之賢者亦對臣曰：「二十年以來，府縣官偏聽鄉官舉監囑事，民產漸消，鄉官漸富。再後，狀不受理，民亦畏不告狀，日積月累，致有今日，事可恨嘆。先年士風不如是也。」爲富不仁，人心同憤……鄉官二十餘年爲虎，小民二十餘年爲肉，今日鄉官之肉，乃小民原有之肉。況先奪其十百，今償其一，所償無幾！（海忠介公集卷一、被論自陳不職疏）

當時海瑞「立意挫折豪強」（見沈德符野獲編卷二十二）下令凌厲風發，有司州縣。無不奉行惟謹。華京徐階當代相臣，「有田二十四萬，子弟家奴暴橫閭里，一方病之，如生水火中。海公行部至雲間，投牒訴冤者日以千計。」（伍袁萃貽雲堂全集翼史）海瑞勸徐階退還若干田與貧民（梁雲龍海忠介公傳）但是道高一尺，魔高一丈，一些貪官權勢的富戶聯合起來中傷海瑞，說他強奪富民田，有擾亂政治的反動行為，都給事中舒化論瑞迂滯不明政治，宜用南京閒職去位置他。又給事中戴鳳翔劾瑞庇奸民，魚肉搢紳，沽名亂政。政府為一班小人所包圍，因此改瑞為南京糧儲道，除去巡撫應天的職務。海瑞巡撫江南半年，極得人民擁戴，人民聞他要去，滿途哭送，家家多畫像祀他。瑞將要就新任，適遇高拱掌吏部，海瑞意見不合，將南京糧儲職歸併在南京戶部，瑞遂告病乞假返粵。瑞從初做官到這時已十八年，歸鄉之後，靠著祖田十畝為生，僅買屋一區，沒有增加別的產業。至母太恭人死，兵憲陳公贈助賻金，始置墓田數畝而已！

神宗萬曆初（西曆一五七三），張居正相，憚海瑞剛直，不喜歡瑞，內外交薦，結果也沒有召用他，萬曆十二年（西曆一五八四）冬張居正卒，吏部擬以左通政召用，神宗久聞海瑞名，即起用為南京僉都御史。未久，即改南京吏部右侍郎。萬曆十三年（西曆一五八五）他到任後，上疏請加重貪污的刑罰。說道：

> 陛下勵精圖治，而治化不臻者，貪吏之刑輕也。諸臣莫能言其故，反借待士有禮之說，交口而文其非。夫待士有禮，而民則何辜哉？……欲安百姓，當先守令。欲督守令，當嚴貪墨。今貪墨滿載論劾不止，蓋起於改枉法，贓八十貫絞律，而隨雜犯，不威刑

無以懼淫。太祖高皇帝時，有剝膚實草之誅以大墨，而先臣霍韜嘗議復枉法律絞之條，請令傚爲令。（見何喬遠海忠介公傳引）

當時的貪污官吏特多，是令人懼怕而厭惡的。瑞的奏上，有二御史的劾奏海瑞不近人情。神宗屢想召用瑞，左右不喜歡瑞，從中阻撓，乃陞瑞為南京右都御史。萬曆十五年（西曆一五八七）八月海瑞死在南京都察院右都御史任上，年七十四。瑞無子，死時，僉都御史王用汲等入視，舊帳子，破箱子，箱子裡只得十餘金，有寒士所不堪的樸素，因共淚下，釀金為殮。小民罷市七日以表追念。出喪的時候，江邊上的白衣冠夾岸，送葬的都很傷痛，葬送這一個為人民造福的廉吏，朝議賜太子少保吏部尚書，諡忠介，賜祭葬。後加賜太子太保。海瑞遺著有備忘集六卷，元祐黨籍碑考一卷，後人輯有海忠介公集六卷。書皆存。

海瑞的清廉，至今仍留在民眾的口中，海瑞不僅是清廉，他的為社會為人類的熱情是永遠照耀在歷史中，他以為做官的責任是應為一般貧民去盡力，他在告養病疏裏說道：

臣叨任巡撫，凡所施爲，竭盡心力，一切採訪民言，老求成法，民利與興，民害與除，不可易也。伏願陛下仍敕新任撫臣，勿以臣受謗而輕改臣事。忠信之事蠻貊可行，勿謂鄉官過客口大難犯，不可不厚。小民口小，口碑不得上聞，而不恤小民。（海忠介公集卷一）

他注重一般貧苦的人民的下情，不能上達的心理可以概見了！他做官，寧可在太歲頭上動土，不使權富借勢橫行霸道。他不忍貧民受無辜的壓迫冤枉，以為人和人的關係應該調和，不要使得距離太遠，以平平他們的心，以為「天下富人多乎？貧人多乎？」以大眾為說，這種見解在那時是很超絕而難得的。

原刊於《廣東文獻》二卷四期

海青天

郭兆華

大家都知道北宋時代有一位人人敬佩的包青天，但很少人曉得明朝卻有一位忠心耿耿，不畏權勢，連對皇上也敢冒死上疏極諫的海（瑞）青天。

包青天名拯，字希仁，安徽合肥人，生於北宋真宗咸平二年，卒於仁宗嘉佑七年，舉進士，曾作過安徽天長縣知縣，廣東端州（肇慶）知府。仁宗時任開封府尹，執法不阿，貴戚宦官為之斂跡，後遷右侍郎中，立朝剛毅，宋史述京師語云：「時人以其笑比黃河清」；又謂「關節不到，有閻羅包老」。其故鄉合肥建有「包孝肅公祠」，香火鼎盛，歷代不衰，忠於朝廷，為國造福，值得後人效法。

一、瑞小聰穎，人稱神童

海青天名瑞，明武宗正德八年（癸酉）十二月廿七生於廣東瓊山縣城西海宅塘。祖父名寬舉人，做過知縣；父親名瀚廩生。叔伯四人都是舉人，可謂書香門第，官宦世家。四歲的時候，父親去世，母謝氏教瑞讀孝經、大學、中庸等書，從小天資聰穎，過目不忘，有神童之譽，年三四當地督學林某，得悉海瑞文章超人，行誼足式，特加獎賞，名聞鄉里。

卅七歲參加鄉試，作治黎策，答問中式，蔡督學愛其才，上報首輔嚴嵩。惟後四年會試落第，乃就吏部選授南平學教諭，既至，作教約十五條，以訓諸生，深受其誨。翌年郡守視學升堂，眾教官（教師）皆左右跪，惟瑞居中長揖挺立，郡守不悅，譏諷他為「筆架博士」，瑞遂休學而去。福建提學副使朱衡而出面勸解，乃留任所。嘉靖卅四年，閩省苦驛傳騷擾，瑞奉命獻議，作上中下三策，深為當道器重。

二、初入仕途，聲名遠播

四十六歲擢知浙江淳安縣，惟此縣多淫祠，危害社會不淺，乃決心毀宇，改為社學，作興士子，倡導德行，建立善良風尚，絕不為勢力所惑，首次與土豪劣紳奮鬥，政績卓著，聲名遠播。第二年，母謝氏七十大壽，瑞親至市場買回豬肉兩斤，為母祝壽，可見他為官清廉，愛民若赤。惟因此時鹽政總理鄢懋卿，在其縣內，作威作福，供張無度，縣民苦之，瑞以縣民貧困，請予減免重稅，乃獲罪鄢氏，遂嗾使巡鹽御史袁淳劾瑞，幸得提學朱衡言於徐階首輔，謫調至興國縣。官場險惡，禍從天降，此與包青天之罷官而又復職，同出一轍。在興國縣三年，丈量土地，解除民困，縣民歌功頌德，正是三年有成。此時朱衡陞調吏部右侍郎，特報荐瑞為戶部雲南司主事，從此，長才得展。

三、上疏極諫，入獄待罪

海青天志不在官，而在國治民安，時適世宗專事玄脩，久不親朝，瑞心有所危，遂於五十三歲那年上疏極諫，（入疏前一天，瑞親訪王宏誨（以進士授翰林庶吉士），交代後事，乃從容赴朝房待罪。此種極諫，代不多見，有之，即唐代魏徵諫太宗十思疏。但太宗並沒有加罰於魏徵，還虛心接受，可知太宗寬宏大度。愛才若渴。然而，世宗卻沒有這種度量，一怒之下，先行廷杖，繼之詔獄論死；戶部司務何以尚，揣上無死瑞意，上疏論赦，亦受廷杖錮獄之罪，及至帝崩，瑞與以尚二人俱出獄。出獄後復原職，不久（穆宗元年四月）遷大理寺右丞，七月轉左丞，奉使祭南海神，十二月陞南京右通政。瑞上疏極諫，不畏死罪，出獄後，反而為朝廷所重用，其忠君愛國，如此可見。

四、忠貫日月，望重華夷

穆宗三年正月瑞改任通政司右通政提督騰黃，六月陞右僉都御史，總督糧儲巡撫，應天十府貪污官吏土豪，逃避一空，鐵面無私，人盡皆知。十二月巡歷上海縣，視察吳淞江，疏請開浚。四年正月興工浚河。二月應常熟父老請疏白茆河，兩河依期竣工，百姓稱便。同年改專督南京糧儲職，不久又併其職於南京戶部，瑞乃謝病歸里。此時朱衡晉陞工部尚書。

瑞家居惟讀書課藝文，說經義；如遇府縣諮詢民隱、行政得失，必正言直告。其戚梁雲龍（明神宗十一年舉進士授兵部武庫司主事）從之向學，稱為遠器。都給諫雒涇坡等會荐，謂瑞忠貫日月，望重華夷等語；吏部具覆。奉上命遇有員缺，酌量起用。明神宗元年，上又命：遇有員缺起用瑞。於是御史詹、龔、梅、王，都御史郭、給事王等先後具疏推荐。不幸神宗三年，瑞六十三歲，母謝太恭人病卒，五內欲絕，無心仕途。

五、卒於任所，賜謚忠介

神宗十三年七十三歲，正月起用瑞為南僉都御史，尋改南京吏部侍郎。時尚書丘月林未到任，瑞以內部情弊甚多，知事不可為，又因朝廷首輔張居正卒，乏人支援，乃上疏乞歸，並陳治安機要，未獲允准，改任南右都御史。翌年，南都察院諸司素懶惰，瑞以身矯之，提學御史房寰不悅，復恐見糾，寰遂疏詆瑞。進士顧允成、彭遵古、諸壽賢聯疏斥寰，允成等並奪冠帶還家省愆，瑞乞歸不允，而房寰反被外謫。

又翌年（七十五歲）南都火甲夫差苦民，瑞力為釐正，使官民不相擾，地方安靖，貢獻至巨。惟因年事已高，貽書梁雲龍曰：「七十有五，非做官時節，不去為何！」六乞骸骨不允，終於是年冬十月四日卒於官，貧無以為殮，都御史王用汲等捐金治身，上聞嗟悼！使行人許子偉致祭護喪，歸喪出江上，白衣冠哭，送者百里不絕，哀悼之情，歷代難得一見。賜謚忠介。

六、鐵面無私、媲美包拯

海瑞為官期間曾著淳安政事一書，內容：縣丞、主簿、典史、教官、陰陽官、醫官、老人、里長、生員等項目，對於政事之改革，民情風俗之轉移，厥功至偉。

明神宗九年，編輯興國任後奏疏文牘及有關於時政得失者，刻備忘續集二卷，可謂有明一代，重要文獻。

海瑞一生，堪稱多采多姿，其與包拯相同之點，即二人皆「鐵面無私，忠貫日月」；而不同之處，包拯雖也遭到貴戚宦官的阻難與陷害，但始終獲得朝廷支持與諒解，反之，海瑞不僅削過官，復因疏諫而下獄，幾至於死；又因年老，乞歸不得，其境遇之淒愴，遠超過包拯，實足為後人灑一掬同情之淚！

註：本文參照梁雲龍剛峰行狀、王宏誨海忠公傳、明史本傳宰、海剛峯文集，暨王家梧君編者：「海南文獻叢譚」而寫者。

原刊於《廣東文獻》四卷三期

海忠介公思想及其政事作爲的時代意義

詹尊洋

一、緒　言

海忠介公生於明正德八年十二月廿七日，（按：明正德八年換算西曆為一五一三年，但農曆十二月廿七日實已入陽曆一五一四年序矣。）距今已四百六十六年；因時代不同，過去的思想或有不合於今日潮流者，但人的思想也自有其持續性及共通性，不因時代的變異，而失去其意義，甚至有歷久而彌新者。本文係從海公的思想根本上及其政事作為上，去探討其符合於現時代意義者，至於順應當時政治，而不合於現時代需求者，自不在申論之列。

二、海公思想的根本及其對現時代的意義

現在人們在探討思想問題時，往往將其思想分類，如教育哲學思想、人生哲學思想，政治哲學思想等等，也即一般人所稱的做學問的道理、做人的道理、做事的道理等等，但這種橫的分類，千萬不要忘記了它的縱的聯貫性，尤其要注意探求其思想的根本所在。老實說，中國古代對人的思想往往是注重縱的連貫性，尤其儒家思想，對於做學問、做人、做事的道

理等，都是聯貫的，由內而外，始言一理，中散為萬事，末復合為一理。大學的三綱八目，是做學問的功夫，也是做人、做事的道理，綱目之間是聯貫的，有層次的，而不是平行的。

至於海公的思想，自然是承接儒家的思想，這在他所揭示的教約及其所著論的「四書講義」內已可概見。簡單的說，他的思想根本是建立在「真心」及「集義養氣」上面，他心中認為真的善的，即擇善固執，至死不渝的照此做去。而他的「真心」即是「仁心」，即是大學所講的「明德」，孔子所說的「天命謂之性，率性謂之道。」的「率性」，也即是一般人所謂的「良心」。他認為做學問，就是回復自己的真心善心，格去物慾而致良知，也即是「明明德」的功夫。

海公在論「學問之道無他求其放心而已矣」文章中說：「蓋天之生此人也，賦之仁德具於心，既生之後，蔽於物慾，形而後有，亦或拘於氣稟，心放而仁非已有矣。」又曰：「學也者，學吾之心也，……學非外也。問也者，問吾之心也，…… 問非外也，學問之功為求放心而設。」公又在訓諸子一文中指出：「學求以復其良而已。」又說：「聖賢以識真誨人，其說備在方冊，……直欲身體而力行之。」

其次，海公除言「率性」「性善」之外，同時在注重「氣節」，他在論「孟子道性善」文中說：「論性不論氣，無以見其生稟之異，論氣不論性，無以見夫義理之同。……性即在氣節中。」故他一生甚重視氣節，主張「集義養氣」。

再則，公在「知與行」問題方面，特別注重「行」字，即率性躬行，身體力行。他在申論「子路問政章」一文中有言：「聖人盡賢者為政之問，躬行之外，無他說也。夫教養惟政，以身率之，而政無遺用矣。」又曰：「政有本原，在身不在政，……感發其性真，模範於德義，機在君子，……一人為天下教，當以一身為天下先。」其實，子路問政章內：「子曰：先之勞之，請益，曰無倦。」這「先之勞之」即是躬行實踐，「無倦」即是身體力行，自強不息的意思。海公一生，實即依此「先之、勞之、無倦」六字去做。

此外，公平生最惡鄉愿，主張知行一致，他在教約第二條明言：「聖門之學在知行，德行屬行，講學屬知，慎自修飭者，決無不講之學，真實讀書者，肯棄身於小人之歸乎！是故知行非有二道也。然今稱德行文章，則當有辨，孔子曰：『過我門而不入我室，我不憾焉者，其惟鄉愿乎！』『居之似忠信，行之似廉潔』，此其為人之概也，今俗則惟此是譽，諸弟子寧無若柳子所稱『一凡人頌之自以為善』，而陷於此者耶？」公又在「鄉愿亂德」一文中指出：「鄉愿去大奸惡不甚遠，今人不為大惡，必為鄉愿，事在一時，毒流後世。鄉愿之害如此，說者謂孟子擴前聖所未發，指養氣言，孟子之功，不在禹下，當以惡鄉愿為第一。」

我們現在再引述明代梁雲龍所作的「海忠介公行狀」中一段話：「公立志之堅，任道之勇，則故其天性然也。……稍知識，直欲學做聖賢，……以聖賢教人。千言萬語，只是欲人識其真心，率其真而明目張膽終身行之，卓然不牽於俗者。」又云：「故其平生所學，惟務識真，必為聖賢，不為鄉愿，力破夫無害從俗之說。」由這一段話，更足以見海公思想之梗概矣。總之，海公思想的根本，完全是承接我國固有的傳統思想，服膺孔孟之學。在「格物致知」及「知行關係」的見解上，頗近似於王陽明的「致良知」及「知行合一」，但海公更重於「率真」「力行」及「養氣」。生平為學做人，安貧樂道，剛正不阿，率性而行，學做聖賢，不為鄉愿，集義理而持養氣質。（註一）

現在，我們再來研討海公這種思想，是否符合現時代的意義呢？大家知道，三民主義是我們革命建國的最高準則，但三民主義的思想，「是淵源於中國固有的政治與倫理哲學之正統思想，而同時參酌中國的國情以擷取歐美社會科學和政治制度的精華，再加以自己所獨見創造的許多真理，所融鑄之整個的完美的思想體系。」（註二）國父曾說：「中國有一段最有系統的政治哲學，在外國的大政治家，還沒有見到，還沒有說得那樣清楚的，就是大學中庸所說的格物、致知、誠意、正心、修身、齊家、治國、平天下那一段話，把一個人從內發揚到外，由一個人的內部做起，推到平天下止。像這樣精微開展的理論，無論外國甚麼哲學家都沒有見到，都沒有說出，這就是我們政治哲學的智識中獨有的寶貝，是應該保存的。」（註三）先總統蔣公更著作「科學的學庸」一書，詳加講解「大學之道」及「中庸」的道理，現時各中等學校內都有「中國文化基本教材」做為必修課程；而海公思想既是承接我國固有傳統思想，淵源於孔孟之學，自然具有現時代的意義。再則，先總統蔣公對王陽明之致良知及知行合一學說，甚為推崇，他自己更創立「力行哲學」，這與海公對知行關係的見解，也如合符節。尤其先總統蔣公指示我們：「革命必先革心，要革心首先就要『存誠去偽』，……我們革命的精神，革命的心法，就是要『誠實』！……只要我們能真誠，何患革命不成功；

真誠是什麼？就是實在。我們如果事事真誠，處處實在，是沒有一件事情做不好的。」（註四）其實，這些「誠實」「實在」「存誠去偽」差不多與「真心」「率真」是同義詞，可見海公思想的根本，是符合於現代革命的要求的。先總統蔣公對於氣節，尤為重視，曾於民國四十一年親筆題「寓理帥氣」字軸，頒予蔣經國先生，并跋曰：「每日曉課，默誦孟子養氣章，十五年來未曾或間，自覺與此略有領悟，……」且在「改造教育與變化氣質」訓詞中，諄諄指示大家要變化氣質。至於對「鄉愿」之抨擊，亦在前述訓詞中講得很徹底，指出鄉愿即是官僚，除了解說「非之無舉，刺之無刺」「居之似忠信，行之似廉潔」的鄉愿嘴臉外，并說：「我們在大陸的失敗，就失敗在這一般的官僚、鄉愿的氣味太深的人身上，我們今後如要打回大陸，擔負革命責任，……必須改變這些以往的官僚習氣，無論何事，總要劈頭判個是非，辨個善惡，而決不能再學鄉愿為自得了。」這與海公厭惡鄉愿的旨趣，實不謀而合！

三、海公政事作為的時代意義

海公的政事作為，自然是根據他的思想而來，公雖生於四百多年以前，但很多作為深符現時代的需要，茲擇其大者要者，分述於后：

㈠尊師重道精神

海公為南平縣教諭時，為維持師道尊嚴，對參謁禮儀斷然執會典憲綱，力以其身為標幟，明倫堂不跪，道傍不跪，迎送郭門不出；上官至，一見後，不復同有司作三日揖；諸郡守大夫甚至御史視學升堂，兩訓導左右跪，公獨居中挺立，長揖不跪，諸大夫色艴，語侵曰：「安所得山字筆架來？」公曾曰：「若至臺院，當以屬官禮見，此堂乃師長教士之地，體不應細。」故當時公有「筆牀學士」之稱。（註五）如此抗顏於南平，四年餘如一日，守望臺察咸交稱之；蓋會典憲綱久廢，獨創舉于公，謂當於古人中求焉。再俗例，員生參見教官，常有禮進敬，海公深不以為然，曰：「古者執贄以相見，明有敬也，矧弟子之有求於師者，可無敬歟！然受命以教，與此則又不同，蓋師生分定，朝廷為諸弟子求師，不待諸弟子將敬而後求；教官為朝廷設教，不謂諸子不求而不教也。諸生參見拜揖外，不許更執貨物以進，凡俗例所云送節酒饌先生者，俱不許舉行。」（註六）從上面這二則記載，並見海公之尊師重道精神，而現時我們也高喊「尊師重道」，這自然深具現時代的意義了。但今之為人師者，是否真的做到「尊其身」而自己愛惜羽毛呢？社會大眾及其主持政教者，是否真的尊師重道呢？這是值得大家深思及反省的！

㈡改革迎接陋習，樹立廉能政風

明代政治，自永樂以後日見腐敗，貪墨橫行，官場迎送之風甚盛；而海公本其真心辦事，深惡迎送陋習，他在南平教諭任內的作為，前條已略述其梗概，擢升淳安令後，眼見病苦萬狀，更立心改革政風，對屬下申飭所作事宜；自奉甚儉，除俸薪外，絲毫不侵，下令家僮樵採，藝蔬自給，吏胥公事畢，各還家為農治生。里甲舊用銀，每丁至四五兩，公只徵二錢有奇，百凡用度取足於是；上官檄縣取金餽，舊時多委曲應之，公惟於贖鍰內支應，有則送，無則已，撫按等上官出巡，例陰遣其吏胥搜刮，無則禍至，公獨曰：「充軍死罪甘受，安可為此穿窬舉動。」有都御史鄢懋卿者，以總理八省鹽政出巡，攜妾自隨，勢甚張，所至，諸縣道皆窮極淫糜事之，動費千百計，行程當過嚴州淳安，嚴守相戒，盛供具以待，公獨上稟曰：「傳聞所至，與憲牌異，欲從憲牌懼招尤，欲從傳聞恐違憲；下邑疲敝，未知所從。」鄢按稟，怒甚，然素聞其強項，乃歛威他去，不過淳安。公調任興國知縣，作風亦如此，但最具體表現其改革陋習樹立廉能政風者，當以公任僉右都御史巡撫應天時；他抵任後，立即頒佈督撫憲約凡三十六條，後又補充條約冊式計有九條，其中對於革除迎送陋習者甚為詳盡，如「官吏不許出郭迎送」，「本院到處不用鼓樂」，「本院經過并住箚，俱不用舖陳」，「本院凡巡歷，所在縣驛俱不許舖氈結綵」，「過客至驛，雖去城去關咫尺，道府州縣官亦不得出見，各驛遞不許遣人傳報。」等條，均係針對迎送陋習而頒。其他如指示：勤於練兵，整頓里甲，優減徭役，整頓錢糧，嚴戒貪污，「府縣官侵用里甲及紙贖一分一文，皆是贓犯。」及規定官員考語冊式，內分「操守、才識、興利、除害四端」等，均切合時宜；尤其對於處理訴訟方法，指述頗詳，「本院到處即放告，江南刁風盛行，非係民間疾苦，官吏貪毒，實有冤抑而官司分理不當者，不准。」并指示：「各官聽訟，必須直窮到底，審之審之，始不憚煩，慎之慎之，終無姑息。」又曰：「各官署須設口告簿，凡不能文者，准用口陳而登錄之。」其用意在杜訟棍居中取利，而收便民之效。

公此種革除迎送陋習，樹立廉能政風的措施，與當前行政院頒佈十項革新及改善社會風氣之旨趣如合符節，時代有所不同，要求內容雖略有差異，但其立心用意，均在提倡節儉，樹立廉能政風。尤有進者，公辦事之精神，見到做到，劍及履及，深符「簡速」要旨，如吳淞江、自茆河之疏濬工程，已往主政者歷百十年而未能實現，公僅三個月而竟其功，這與先總統蔣公「新速實簡」之訓示，深為符合，尤足敬佩。

㈢土地改革政策

公出任縣令而至巡撫，甚重視土地改革，蓋民以食為天，土地問題不只是經濟問題，也為社會問題；他出仕各地，咸認為錢糧徵收不實，虛稅頗多，無田有糧或有田無糧者所在多有，故著重清丈田畝，頒訂量田則例甚詳。公嘗論：「欲天下太平，惟有井田一法，井田之卒壞而不復，惟有亟奪富民田一言，至於不得已而限田，又不得已而均稅，下下策矣，然猶井田遺益。」又曰：「井田者，井田之名也，人必有田，而不必於井者，井田之實也。」（註七）公這種對土地改革之立論及行事，在原則上不是與民生主義平均地權及耕者有其田之政策甚為符合嗎!?事實上，國父對於我國古時井田制度，亦甚為嚮往，已將井田遺意融會於平均地權政策之中，耕者有其田，正即「人必有田」。

㈣破除迷信作風

二十世紀七十年代的今天，對於成仙成道之說，已不值得一談，大家都知道是荒誕不經之事；但在四百多年前，海公即力破迷信之說，他在上治安疏中直言：「堯舜禹湯文武之君，聖之盛也，未能久世不終，下之亦未見方外士，漢唐宋存至今日，使陛下得以訪其術者陶仲文，陛下以師呼之，仲文則既死矣，仲文不能長生，而陛下獨何求之，至謂天賜仙桃藥丸，怪妄尤甚。……陛下玄修多年矣，一無所得。……」公任巡撫時，在「續行條約冊式」中又有言：「江南善修道事佛，甚至迷惑不返，糜財破產，比比有之，民愚不知，上人莫為之禁，不行申明曉諭使然也，文到之日，各府州縣境內有寺觀廟宇庵堂等項，查非額設，係是淫祠，即行改毀，或即之為社學，中有道士和尚廟祝人等，諭令還俗。……事關風俗，府縣官行之。」由上二則記載，足見公之思想作風，是多麼適合時代潮流，求之今日為官當政者亦不多見。

㈤忠公體國勤政愛民的大無畏精神

海公自出仕以來，任事負責，忠公體國，勤政愛民，敢言人所不敢言，敢做人不敢做，一切以利國利民為本。在其著作全集內，無論奏疏、訓諭、評語、申文、稟帖、條例、冊式、書簡等，均處處充滿著忠公愛民的大無畏精神。他之極力減輕均徭里役，固然是直接利民；他之改革迎接陋習，樹立廉能政風，又何曾不是為蘇民困!?他之抑制豪強，放告聽訟，固然是為民主持公道，他之清丈田畝，也是為求人民稅負公平。蓋國者由民聚集而也，人民能安居樂業，則國家亦必康強，故為民亦即為國矣。但最能表現其忠公體國之大無畏精神者，則首推上治安疏，直言天下第一事，力陳世宗專意齋醮不理朝政之非，指出諸臣工專事阿諛不加諫止之誤。大義凜然，憂時憂國之情躍然紙上，實足令人敬佩。

四、結　語

總之，海公之思想根本及其政事作為，就上所述，深符現時代之要求。公之思想，繼承我國固有的傳統思想，其思想根本在於「真心」及「集義養氣」上面；他的政事作為，完全發之真心，講忠義，重氣節，見得真處，便毅然行之，一生學做聖賢，不為鄉愿。或有人論公：以為太過剛直，不顧俗情；殊不知這正是公之偉大率真處，他所抱持的是大仁大義大勇，并非婦人之仁，論者不亦鄉愿之見乎!?我們今日所需要者，正是說真話，做實事，有魄力，有氣節的人；我們要效法海公忠誠為國廉潔愛民的精神，我們要發揚海公率真力行集義養氣的思想。

註　釋：

註　一：所述海公言論，均摘錄自海瑞著：海忠介公全集

註　二：先總統蔣公，總理遺教六講……第一講。

註　三：國父著，民族主義第六講。

註　四：先總統蔣公著，革命的心法——誠。

註　五：梁雲龍作「海忠介公行狀」

註　六：海忠介公南平教約。

註　七：海忠介公全集內：「海忠介公行狀」「使畢戰問井地」

原刊於《廣東文獻》九卷四期

海忠介公的政事主張與風節

王萬福

海瑞秉剛勁之性，戇直自遂，蓋可希風漢汲黯，宋包拯，苦節自勵，誠爲人所難能。

（明史海瑞傳贊）

一、前言

海忠介是明嘉靖隆慶年間一位循吏，其生平思想政事，在明史上，留有不可磨滅的事蹟，四百多年來，他是江南士大夫與老百姓心目中，一個英氣蓬勃的人物，生平不畏強權暴力；是晚明的官場中，一個反貪污、反鄉愿的硬漢，明史本傳贊許他可以希風漢之汲黯、宋包拯，並非虛構，他服官理民，那種不附權勢，不賣情面，「但知有老百姓，不知有殿閣尚書」的作風，到處為民眾所歡迎愛戴，明代政治入嘉靖中期以後，已經是主昏臣庸，忠介為矯正風氣，扭轉乾坤，所以在福建、浙江、江西、三吳時，都圖銳意謀求改革，為地方革除了許多苛政與積弊，為民眾解決了許多痛苦，淳安人，給他建祠、蘇州人在蘇州府誌上，還給他繪像，頌他對三吳治水救民的德政，留垂不朽，淳安縣誌上有詳細的均徭省賦的記錄，明史上卻未述他這些實際除弊安良的事蹟。自中共統治大陸以後，海忠介反暴政，反貪污的思想，又為被學人提出，借古比今大作文章，編成戲劇，大事渲染，於是「海瑞罷官」，「海瑞罵皇帝」為議論風潮，一時風起雲湧，海瑞思想，正像春雷時雨，給大陸老百姓以無比的鼓舞，正像錢穆先生所說，海瑞在大陸復活了，這些反抗思潮，給予共產政權，以正面的打擊，於是掀起大陸上多年不息的文化大革命，中共宣傳機構，發動了大規模的清算與批判，指出海瑞思想是一枝毒草、毒爪，卅年來，迫害了無數崇仰信史，講求正義的學者與作家，究竟海瑞思想是否毒草毒爪，還是「救時藥石」，現在距海瑞之世，已經四百餘年，我們的國家正逢著艱難的境遇，政治上，思想上，都需要不斷革新振作，國民志節上正需要堅強與砥礪，我們是否可以在海忠介的思想中，研究探討，尋求出他在政治作為上優良的傳統與榜樣。（註一）做為中興復國鼓舞士氣的南針。

二、海忠介的傳略

海忠介諱瑞字國開，號剛峰，瓊山人，「忠介」是他的謚號。生於明正德八年癸酉十二月廿七日，卒於明萬曆十五年丁亥十月十四日，享年七十五歲。據他自述，先世為番禺人，六世祖海答兒，從軍海南，遂落籍瓊山，四歲喪父，仰母氏謝太夫人之教最深，故事母從孝，自少讀書，即志切於聖賢正學，嘉靖二十八年三十七歲舉己酉舉人，三十二年再上春官不第，謁選授福建南平教諭，這是他出仕的開始，嗣後歷經淳安、興國，戶部主事，疏諫世宗，入獄不死，出獄擢尚寶司轉通政司，為權臣所妒，置之南都，隆慶三年陞右僉都御史巡撫應天十府，治水救民，訂督撫條約六十條，以振皇朝威信，一時斥貪墨，黜強豪，矯浮華，除積弊，因此得罪了江南鄉官，被迫罷官，歸里，有關忠介的生平傳記，前後經名家手筆者有以下十種之多：

㈠梁雲龍撰：海忠介公行狀（見海南版梁中丞集）
㈡何喬遠撰：海忠介公傳（見丘海合集）
㈢李贄撰：太子太保海忠介傳（海忠介公集）
㈣王宏誨撰：海忠介公傳（見海南叢書天池草）
㈤黃秉石撰：海忠介公傳（見台灣版海忠介全集）
㈥明史稿中王鴻緒撰：海瑞傳（見橫雲山人明史稿）
㈦明書中海瑞傳：（見傅維麟明書名臣傳）
㈧清代官修明史「海瑞傳」（見二十五史明史本）
㈨王國憲撰：海忠介年譜（見台灣版海忠介全集）
㈩廣東通誌：瓊州府·海忠介傳（見阮元編廣東通誌）

因為有了前人較詳明公正的傳記，本文不必再多述他的生平與事蹟，但這十種傳記中，大都一致推崇他的光明磊落，與守正不阿，至正至剛的氣節，其中述家世最詳盡的，當算梁雲龍的海忠介公行狀及黃秉石的傳評，梁是海忠介的姪孫女婿，又是瓊山人，黃是海公後一輩的門人，其次是同里王國憲先生撰的海忠介年譜，在這些傳記中，或推崇其氣節，或頌揚其政事，為了瞭解海忠介之高風亮節，必須將上列傳記，綜合研究，始窺見海忠介聖賢境界的偉大，始可瞭然何以一個小小疆吏，竟在歷史上留下偌大的影響，這些專題非本文範圍，容日再為研究。（註二）

三、海忠介的時代

海忠介的時代（一五五四嘉靖三三年——一五八七年萬曆十五年），是明朝後期，主昏臣庸的時代，政治上，充滿著貪污腐敗的風氣，內官弄權，挾制朝政，官常不講，民不聊生，這個時代，皇帝是嘉靖、隆慶、萬曆。首輔（即內閣首席大學士）是嚴嵩，徐階，李春芳，高拱，張四維，張居正，申時行，先後約四十年，天下搞得天昏地暗，雖然後來張居正，當政十年，企圖整理乾坤，但是他大權獨攬，父喪奪權，作風操切，不得人和，僅僅只發揮他個人獨裁作風，仍然不補於明室之衰落，最後，由於操切專橫，終於落得搜害剝職之下場。明室經過嚴嵩之柄政橫行，廿年中，忠良盡去，徐階當權六載，姑息鄉官，造成普遍貪污現象。而後李春芳入閣三年，張四維，申時行各一年，時間短暫，高拱疑忌尤多，朝廷統令，已是欲振乏力，張居正十年小康之局，曇花一現，只算是晚明迴光返照而已，何況在張居正當政十年中，海忠介以剛直罷官，迨居正罷相，申時行、王賜爵，當國海公再起，一介疆吏，徒憑孤忠，已是難回末運，滔滔天下，誰能為社稷生民著想，為正義公理抱不平，而海公個人亦已踏入淒涼老境，終於逝世於南京住所。（註三）

四、海忠介的思想淵源

海忠介生平為學以剛為主，所以自號剛峰。自少讀書，即志切聖賢之學，養成一腔浩然之氣，為人行事，擇善固執，守正不阿，他最反對模稜兩可的鄉愿作風，他曾對定安王弘誨說：「如今一般人醫國，只一味「甘草」，處世兩個字，「鄉愿」，盛世何由而見？」所以在鄉愿的社會官場中，依阿權勢，賣通人情的事，他硬不肯幹，到處撞釘子。他初出仕，以小小教諭，居然見官不跪，迎送不出城郊，寧可棄紗帽，不肯違憲綱辱斯文，孟子說：「鄉愿德之賊也」，他真夠是一位擇善固執的君子硬漢！

他的為學與行事是知行合一的唯心主義者。他說：「君子之於天下，立己立人而已，立己立人誰為之，心為之。若有得失，心自致之。雖天下之理無微不彰。」因此他的師友都是尊崇陸王心學。對當時的王陽明學說，推崇備至。故為政為人行事，咸以陽明為法。他說：「聖門之學在知行，德行屬行，講學屬知。是故知行非有二道也」。（見南平教約）

因此他在教學上，採王陽明的訓蒙大意為方針，行政上，採王陽明的保甲法。當時講陽明之學，大多尊崇教條主義，只有海剛峰採取他的教育方法與政治主張。

他說：「今之社學，即古之小學，教之始也，句讀詞章不得已為舉業計。正義在倫理，在四維，教道之正。故教童子，當以孝悌忠信，禮義廉恥為專務。」（見興革條例）

又說：「議者謂陽明保甲法，只可立為之法，不可驗之於行事。利於自守，不利遠攻。

蓋此法行，則人各有親愛鄉里之心。知進退攻擊之法，平時相親相愛，臨難相救援。無潰餉之煩費，無過兵之擾害。」（保甲法再示），又說：「南贛軍門，至今人所稱評，自上而下必曰陽明。陽明多無稱焉。然天地間，止是此天理良心，夷狄盜賊亦止此天理良心，無二道也。」晚明王學趨於空虛，為世所病，然忠介思想雖受陽明之影響。不踏晚明：「虛空廢行之弊病。尤能清操自勵，篤踐實覆，知行合一。所以他的政績，如開水利，丈民田，均徭，省賦，懲治貪汙都是實心實政，形之於政事，利及於民生。誠為難得。（註四）

五、海忠介的政壇風概

海忠介的宦績，在他二十年從政歷程中，的確是有聲有色，口碑在道，他不但忠於君國朝廷，而且忠於職守，忠於百姓，忠於天理良心，任事不計艱難，無植黨營私，遇事敢於擔當，勇往直前，綜合二十年宦海生涯，曾有許多令人難忘的政壇風概：

㈠嘉靖二十二年三月謁選南平教諭，十二月二十日到任南平訓士，依據陽明訓蒙本旨，作南平教約十六條，示學士以身立人，孝順忠信禮義廉恥之道，一度維護師表尊嚴，尊重憲綱，見官不跪，甘受譏嘲委屈，為維倫理綱常，培育士子頂天立地之氣概，事久論定，雖不見諒於時人，切博州縣同寅所敬服，對於當時綱常名教，實得莫大的影響。

㈡嘉靖三十七年四十六歲，擢浙江淳安知縣，到任之始，作參評以示治，先後清查六房積弊，勸賑貸，禁餽送，清丈民田，毀淫祠，建社學，一時稱治，總督胡宗憲之子，非法擾民，嚴征不貸，拒鄢懋卿之過境，省縣庫之繁費，鄢懋卿總督鹽政，攜眷偕行，州縣跪奉，苛擾不堪，忠介曾上稟稱：「傳聞公所至與憲牌異，顧從憲牌，懼招尤，顧從傳聞恐違憲章，下邑疲弊，未知所從。鄢匿言曰：「照憲牌行」，遷道而去，嚴州太守盛怒責公，忠介毫不怨言。守侯事後謝曰：「好了淳安百姓，難為了你」。淳安之人為念公治淳盛德，乃於城外建祠永念。

㈢嘉靖四十一年，調江西興國知縣，作興國八議，除興革事宜，三年中均徭減賦，放領公地，行屯田，修隘所，招撫逃民，裁革哨兵冗員，定紅站馬船之例，三年稱治，調戶部主事。

㈣嘉靖四十四年十月入為雲司主事，時朝綱不振，世宗多病，常居大內，建醮齋，約廿年不朝，忠介乃冒死上疏，痛陳朝政之腐敗，官吏貪污枉法，指責世宗君道不正，臣道不明，薄於君臣父子夫婦之義，世宗震怒，下公獄，將置重典，且曰，此人可比比干，無奈朕非桀紂。」其一片孤忠，遠震朝野，世宗崩，是年十二月十五日遺詔出獄，復原官。

㈤隆慶三年六月陞南京右僉都御史，總督糧儲，巡撫應天十府，作督撫條約九事，旨在黜貪墨，斥強豪，矯浮華，清積弊，一時貪官解印，豪強斂跡，四年奏請疏浚吳淞江，白茆河，親督其事，以工代賑，活民至眾，三月竣工，不耗朝廷一財一物，創三吳未有之宦績。又江南鄉官，常持勢強佔民田，此佔彼奪，聚訟紛紜，忠介嚴令清丈，退還所侵民產，華亭徐相國（階）家人兄弟（陟）子姪所侵者，一一迫令退還嚴懲不貸，先後平反民產數十頃之多。吳民頌為青天，由是得罪鄉官，謗聲四起，舒化論公侵凌鄉官，不達政體，載鳳翔劾公庇護奸民，魚肉縉紳，沽名亂政，忠介乃上疏自陳，並乞終養，以母年八一體衰多病，獲李閣部石麓，高中玄之陳情始歸故里，隱居十六載。

江南本為富庶之區，惟鄉官眾多，在鄉在職混為一體，相互勾結。平時重徭重賦，民心離散，忠介督撫條約公布之後，鳴冤告狀之民，日千百起，其中尤以徐相國一族為甚，忠介曾受徐某之恩，多次疏通，但徐陟輩有恃無恐，因此引出退田糾紛，徐陟以致仕侍郎亦入獄，忠介曾有函致在鄉之徐相國曰：「至淞江日，滿領教益，惟公相愛不異疇昔，殊感殊榮，近知盛德出人意表，但所退數不多，祈再加清理行之可也，前人改父之政，七屋之金，須臾而散，公以父改子，無所不可，區區之意促裝上道不及盡，惟諒酌之，幸甚。」其忠公體國，不畏權勢，於此可見一斑。（註五）

六、罷官歸里後之生活

隆慶五年五十九歲，江南督撫，終於得罪鄉官被迫以去，歸鄉十六年，鄉居期中，日與小童灌園為活，耽於書史，鄉進士許子偉為當時忠介復位逝世後，奉旨扶靈歸葬之行人，曾對時流說：「公家居十六年，惟杜門耽書史，齋中列四五書櫃，臥床，並無官宦家玩好之陳設，酷西小園一片，命小童瓜蔬，庭植鐵樹十餘，翠竹數枝，堂揭「忠孝」兩字，頻為後學衍說曰：「須立此大根本，而廉潔諸善當獨處現矣。」嘗曰：「學薛文清破榮辱關，學于肅悠破生死關。」賦性閑約，所服衣冠，強半筮仕時之物，居常不治酒殽，待客惟蔬飯杯茗。與客對談而已，不受輿台夫役，惟吏弊民瘼，陳說弗諱，好接引後學。結社學，立鄉約，而親為之課，迨張居正當國，忌公剛直，史有命刺公居處者，公具雞黍以食，四壁蕭然，有寒士不如之概，如非平素學養深厚，志節超人者，必不堪也。（註六）

七、海忠介的學侶政友與政敵

一個賦性剛直的人，欲擇善固執，遵循聖賢之道以處世，必與世俗相忤逆，實乃意中之事，忠介之勁節清操，固為邪惡所疾妒，而晚明當時政海，奸邪對立，互不相容，波濤險惡，忠介置身其中，是非敵友，已甚分明，不可避免。

在未述海忠介當年政友政敵之前，似須先述當時朝中黨派的鬥爭，當時朝中有嚴嵩父子與徐階兩派。

嚴嵩江西分宜人，弘治進士，先行徐階入仕，嘉靖二十一年（一五四二）八月入閣，曾與首輔翟鑾爭權，夏言敗於嚴嵩之手，翟鑾削籍，嚴嵩自嘉靖二十九年（一五五〇）起任首輔，先後入閣廿年，任首輔十四年，嘉靖四十一年五月罷，徐階係夏言倒在台被殺之後三十一年入閣。

徐階字養齋，嘉靖進士，淞江華亭人，受學於聶雙江，喜陽明之學，計入閣十五年，任首輔六載，入閣前於癸丑、甲寅之際，曾邀南京士子一、二千人，講會於濟宮，以文會友，組織政團，埋伏了後期當政之實力，徐階入閣後，結合了夏言李本派，以與嚴嵩傾軋了十年，一位是江西老表，一位是江南集團，人多勢盛，嚴嵩父子終於惡蹟昭彰，在嘉靖四十一年五月罷職為民。乞食以死，在廿年嚴徐鬥爭的政海中，海忠介乃附徐份子，入為戶部主事，奏事入獄，出巡南部，均得徐派之援，迨出巡江南，退田除弊既不克循情，惟有罷官歸里，茲將海忠介政友學侶暨政壇政敵可考者錄後：（註七）

甲、學侶政友

(一)瓊州分巡道唐敬亭四川人，修學宮時忠介為之撰記。

(二)羅近雲，文昌知縣，江西人，後陞欽州知府。

(三)鄧純吾，廣東巡撫，忠介復起鄧甚力薦。

(四)朱鎮山，福建巡撫，工部尚書。

(五)呂調陽，大學士。

(六)周柳塘，瓊州知府。

(七)何以尚，廣西人工部侍郎，疏請釋放海瑞廷杖下獄。

(八)徐廷綬，刑部主事，委曲周全維護海公獄中生活。

(九)王用汲，刑部尚書，為海公辦身後事。

(十)李春芳，大學士。

徐階，華亭人，內閣大學士，海公下獄維護獲免。

顧允成，諸壽賢，彭遵古。三進士為東林創始領袖，上疏營救。

雒涇坡，御史，薦海瑞疏有忠貫日月，望重華夷之語。

申時行，御史，薦海公為南京右都御史。

乙、海忠介之政敵

㈠胡宗憲，皖人鹽道總督，以胡之家族過淳安，海公供應薄，無以贈因而嫉之。

㈡戴鳳翔，嘉興給事中，勾結鄉官為退田嗾人疏劾海公。

㈢房寰，德清人，南直隸提學御史，受鐘宇淳之慫疏劾海公。

㈣張居正，江陵人，秉政十年，忌海公剛直拒不起用。

㈤鄢懋卿，豐城人嚴嵩門客。署理八省鹽政嗾御史袁淳劾海公。

以上五人除張居正外，其餘四人均為嚴嵩貪污集團的要角（註八）。

八、海忠介的著述及版本

海忠介生平勤於政事，不以著述為重，然其政事文字及詩文疏狀序跋論說之類，仍然充滿著一股蒼勁之氣，令人讀之，不覺肅然起敬，生平所作。有「淳安稿」，「淳安政事稿」，「備忘集」，「元祐黨籍碑考」，所收文字，顧名思義，多為政事興革之言，或襲之前賢，或因時以自創，依事立例，原情行事，其中「南平教約」乃仿朱子白鹿洞之學規。淳安興革條例六目六十一條，都是針對時弊，以謀興革，目的在於便民簡政，不但可以見之於行事，而且可以實際收到政事的效績，其他如參評十則，乃為員吏權職上分工，申文參語告示，禁約卅一條，量田則例五條等，皆為可行之要政。（見淳安政事稿）

至在贛南時期，曾作有興國八議，（逃民，民田，地利，隘所，均賦役，紅站馬船，招撫，哨官，革冗員等）亦為有關政事之重要文字，從這些著作中，可以看見他個人政治思想及教育思想。

在江南任應天十府巡撫時，作有革募兵疏，開吳淞江，白茆河疏。在京時期作有直言天下第一疏，辨奸邪疏。其他如備忘集中，論著述序跋十九編，贈序五十編，書牘乙百餘編，四書講義，墓銘頌贊雜記約二十編，詩十五編，元祐黨籍碑考等，言必涉於政事，事必顧及於民生，正氣磅礴，絕無應酬浮誇，風月玩好之詞，茲引淳安與革條例數段如下，以見其言行一致，著述風格之一班。

「淳安縣遇一顯宦過境，用銀二、三十兩，巡鹽察院過境，用銀二、三百兩，建德縣一縣巡撫過用銀三、四百兩，民何以堪。」

又淳安縣政事序云：「今日空戶虛稅，殷戶稅輕，貧戶稅重，民故逃亡，問之則曰：憊因不能堪賦役。樸直不能勝奸強。剝民而媚上，多科而厚費使之，可為民概之事，日聞於耳，而予不平之氣憤而生矣，問之識者所以處之方，則曰：在今日不可能也。在今日不可為也，寧可刻民，不可取怒於上，寧可薄下，不可不厚於過往。」

「均徭者，謂均平如一也，人家有貧富，戶丁多少。稅有虛實，富者出百十兩，雖或費力，亦有從來。貧者應正銀，致變產曲妻孥者有之，若不審其家口貧富。稅之虛實，不可謂之均也。均徭之法。富者宜擔重差。不許照丁均役。」

「二十年來，府縣官，舉人，監生日多，民產漸消，鄉官漸富，江南為殷富之地，實際上老百姓甚苦，糧差負擔甚重，土地漸漸集中「民眾越苦，尤其是淞江鄉官，田屋之多，奴僕之眾，兩京十二省，找不出第二個地方。」（引自興革條例）

至備忘集中所收督撫條約，正與今日政府在台倡導革新之旨趣。暗相契合之處甚多，茲引數條以見其求治之誠。

「㈠官吏不可出城迎送。㈡本院巡按各縣，原有公所居住，不許修改。用物不可新製，外縣州縣未奉約見，不許來府拜見。㈢各官相見俱用本等服色相見。㈣參見手本用廉價紙，不許用高價紙。㈤本院到處不許鼓樂，不許看傘。不許敷氈，結綵，拜席，住箚不用敷陳，如史書無補，到別處。言之不從，是阿諛小人也。剝民媚上，不獨喪己，亦且傷財。㈥本院下程，止雞魚肉，小瓶鵝及金酒，物價貴不過三錢，便宜地二錢，獨柴在內。驛送縣不送。㈦縣府每有新任，上司必遣人迎接，新任參，去任辭。廢事勞人，殊非禮法，似此之類具日甚多，宜行禁革，今後凡去任離任，出城堪事，從實登記，聽受弔查。㈧文移太繁，宜酌行簡省，凡事不必抄寫前案者宜略。㈨均徭銀力，不可妄作鄉官人情。㈩江南刁風稱盛，縣州宜放口告簿及狀告簿，其有不許者必行追究。（見督撫條約）

上引海忠介著作中的政事文字，真是一針見血切中時弊。也是當時亟需改革的要政，讀此，可知當時鄉官小吏，如何魚肉小民，可知海忠介何以到處大聲疾呼，要求改革，何以不見諒於官僚鄉愿與貪污集團，真的君子道消，小人道長，明室就在這種無法回生的狀況之下，踏上腐敗覆亡之境，給予李闖，張憲忠一班流寇集團以鼓勵亂民造反的機會。

以上述海忠介的政事文字與著作重點，以下談著作的版本：

海忠介的著述專書，見於明史藝文志者，有「海瑞備忘集七卷」，但七卷如何，志書並未詳明，現存海忠介文集中稿引一文所稱：「淳安稿」、「淳安縣政事」、「備忘集」、均為公生前嘉靖四十一年所編，有上中下三卷，後人合三書刊之名曰「重編備忘集」，其版本有以下四種：

㈠康熙廿七年，朱子虛所編的文集，曰「海忠介先生備忘集」，原書題「八代孫海廷芳梓。後學王元士九山補遺，郡博士朱子虛編輯，卷頭有程憲章序，海邁跋，計十卷（簡稱朱本）。

㈡康熙五十五年雷陽陳瑞重編本曰：「海忠介公備忘集」，瓊山縣志載有原序、亦係淳安稿與備忘集合編。（簡稱陳本）

㈢四庫全書收有備忘集一種，（簡稱四庫本）次序與朱子虛本不同，且有顛倒重出，似為隨得隨錄之本，館臣不察，故而凌亂，亦為海忠介集中版本最劣之一種。

㈣光緒本，此本為解元曾對顏，優貢王國憲編曰：「海忠介公備忘集」，經同治年，瓊山馮驥聲補校，原為四卷，補入詩章及元祐黨籍碑考一卷，至於明清兩代門生所編者尚有以

「海剛峰集」為主增加補充的有以下九種：

㈠萬曆二十二年甲午、長蘆阮尚寶刻「海剛峰先生文集」（簡稱阮本）

㈡萬曆四十六年戊午蔡鐘有刻「海忠介公文集」（簡稱蔡本）

㈢天啟六年丙寅南海梁子璠刻「海忠介公集」（簡稱梁本）

㈣崇禎四年辛未高浮黃秉石刻「海忠介公文集」（簡稱黃本）

㈤康熙四十七年甘陵賈棠編選「海忠介公集」在丘海合集中（簡稱賈本）

㈥乾隆間，丘氏可繼堂重刻本（簡稱丘氏集）

㈦同治初瓊州知府馮端本刻曰「丘海合集」（簡稱馮端本本）

㈧民國十八年海南叢書本（自賣本出）（缺南平教約，及督撫條約）。

㈨康熙四十九年福州正誼堂本，張伯行刊曰「海剛峰文集」無辨奸邪疏及詩章。

以上九種版本以阮本最早，同治海南本最晚且編缺甚多，不如朱本之完備，在台瓊人又於六十年依香港中華本丘海合集本再刊「海忠介公全集」分贈海內，惟標點句讀標題參差不齊，文書內容似比上列各本詳明完整，且附王國憲著海忠介年譜各本序文，對海忠介著述思想之研究，較為可靠。（註九）

九、明清以來國人對海忠介公之評價

明清入民國以來，朝野士大夫學者，對於海忠介的評價甚高，雖所持觀點不同，可是對其處身立世。忠君愛民，忠憤耿耿之風概，莫不致最高之欽崇。（大陸淪陷後共匪偽政權文丑假借海忠介之行事，借古諷今，作為階級鬥爭之依據，乃別具用心當令檢討）茲綜合各方序跋評介簡述於下：

㈠明史海瑞列傳贊曰：「海瑞秉剛勁之性，戇直自遂，蓋可希風漢汲黯，宋包拯，苦節自勵，誠為人所難能。」

㈡明顧允成，彭遵古，諸壽賢三進士等，講學東林以氣節相重，對於房寰戴鳳翔等構詞誣陷大抱不平乃上疏營救。疏曰：「臣等自十餘歲，即聞海瑞之名，以為當朝偉人，萬代瞻仰，真有望之如在天上，人不能及者，瑞歷膴仕，食辛茹苦，垂白之年。終不使橐有餘粟，囊有贏金。瑞巡撫南畿時，所至如烈日秋霜，搏擊強豪，則權勢斂迹，禁絕侵漁，則民困立蘇。興水利，議條鞭，一切善政，至今黃童白叟，皆雅道之。近日起自海濱，無不曰海都堂復起，轉相告語，喜見眉睫，在留都禁絕餽送，栽革奢侈，躬身節儉，以示百僚，振風肅紀，遠近望之，隱然有虎豹在山之勢。英風勁氣，振北南靡靡之士風而濯之以清冷之水者。其功安可誣也。」（筆者按顧允成，無錫人與其兄憲成為當時東林學派之領袖）

㈢四友齋叢說作者何良俊說：「吳松之士大夫工商不可謂不眾，民安得不貧，海剛峰欲為之制數度量，亦未必可盡非，海剛峰不怕死，不要錢，不吐剛茹柔，真是錚錚一漢子。」何良俊是華亭徐階、徐陟的鄉里，而且是大地主，居然也憑良心為海忠介說公道話。

㈣明南京禮部尚書定安王弘誨作忠介傳稱：「海公行為國棟，德足世儀，惠以達名，介而遠利，剛標高碣，挽我叔季。」

㈤晉江李贄作海忠介傳稱：「吳俗貧富相傾，弱者率獻田於其豪，以為奸計，公獨卵翼窮民，而折士大夫之有力者。是時吳中貴人無逾華亭相國，公直按問其家無少貸，其弟侍郎徐陟武斷殘民，輒逮治如律，盡奪還其侵田歸於民戶，自是士大夫之名貪暴者，多竄跡他郡以避。小民始忻忻有更生之望矣」李贄當時官居尚書，對於海忠介的處理徐陟侵佔民田一案非常重視。

㈥高淳黃秉石作海忠介評傳曰：「公至吳九閱月，而天下財賦之源，肅然一清，至惠澤所流，於今日慕考妣，言之娓娓欲泣。」又曰：「海公撫吳之德惠，世以方之周文襄公沈，然周公在吳二十有二年，熟吳事如家事，而長養之如子孫矣，乃海公僅九閱月，其久近如此之懸也。無論其清絕無及也。……公有纖塵不翳之明，有萬夫莫當之勇，有萬物化育之仁，其氣骨得之天，其識力充之學。真所謂智者不惑，仁者不憂，勇者不懼而獨立乎宇宙者。」

㈦長蘆阮尚寶萬曆甲午刻海忠介公文集序曰：「公通天下命脈為肝腸，亦通天下休戚為膚髮，痌瘝疾痛，更無人我。故念念皆真，毫無矯飾，孟軻氏謂不失赤子心，公殆有之。」

以上具明代幾位時人對於海忠介風節政事的詳述。

㈧乾隆年間紀曉嵐總纂四庫全書提要對備忘集評價尤高：「當乾隆間，士風頹薾之際，切墨引繩，振頑醒聵，誠亦救時之藥石。滌穢解結，非大黃芒硝。不能取放。未可以峻利疑也。」

㈨清福建巡撫陳璸是一代清官其序海忠介備忘集曰：「世知先生之政事絕人，未知先生之文章尤絕人，有先生之文章始有先生之氣節。先生之文章皆聖賢之嘉言懿行，即人心自有之天理也。人苟不昧乎天理，則知先生之行，雖至真而實至庸。先生之言，雖至淡而實至味。」

㈩光緒卅年間雷瓊道向萬鏷序公文曰：「方今西學正熾眾志浮鶩，日趨於新奇荒誕，公書或高束不觀。然至理常存，斯文未墜，竊願與此邦人士默相寶守，終有經學重興之一日，則公集其將炳乎日星，珍為拱璧，以挽世道於無窮也。」

此外，近人士王雲五先生，態十力先生等，其在近著「明代教學思想」，「中國政治思想史」、「十力語要初讀」中，稱海忠介為敢做敢為實心實政，他們之推崇是否切當，另當別論，但海忠介之高風亮節，已是為明代未造政海中，暮鼓晨鐘，已成千古的定論。（註一〇）

十、結　論

總之，海忠介的思想，是導源於正統儒家的思想，是一種擇善固執，守正不阿的民本政治思想，具有智仁勇，踏厲進取的崇高德性，與一般唯唯否否的時流鄉愿作風有別，一言一行，莫不本乎天理良心，聖賢古訓，勇往直前，篤獲實踐，絕無腐儒，自私，自利，辱生死得失之思存於至隱。大有孔子治魯，不得不殺少正卯的風概，什麼暴力權勢，對他都不可奈何，連仇家政敵，如大地主何良俊，首輔張居正等都贊嘆他是「錚錚一漢子」，這種堅強健全的思想，在前代官僚中，絕少見到，在當朝一派鄉愿作風，官官相護的風氣之下，也有人批評他，不諳大體，無大臣風度，不是說他行為偏激，即是說他太不講情面，無渾厚和平，在當時上下一窩風貪污圓滑通融，官官相護的風氣之下，突然殺出一個硬漢，硬要退田，一定要懲治貪污，硬要均傜減賦，可以見到當時政治黑暗胥吏鄉官，魚肉小民的一班，今天我們全國上下，勵治中興，奮發自強，正可從海忠介堅苦卓絕的改革主張中，行事的志節中，增強我們的信念，堅定三民主義中興建國的毅力，改革圖存，完成復興中華的使命！

中華民國七十二年新曆五月廿三日
作於中國丘海學會

註　釋：

註　一：見明史海瑞傳及錢穆作學術思想論叢

註　二：見中華本海瑞集台灣版海忠介全集一頁—四八頁

註　三：見商務明代內閣制度內閣大學士年表二六六—二八三頁。

註　四：見王守仁文成集保甲，訓蒙、習傳錄等篇。

註　五：見明史本傳及台灣版海忠介全集四四八頁。

註　六：參考黃秉石篡海忠介公傳養貞章。

註　七：依據台灣版海忠介全集書疏資料八七—九三頁。

註　八：參考海忠介全集八七頁—九三頁、四二二頁—四七一頁書簡類。

註　九：見台版海忠介全集序跋類四九—六九頁，一六〇—二九二頁。

註一〇：見商務王雲五著「明代政學思想」，陶希聖著「中國政治思想史篇」。

註一一：熊十力作「十力語要初讀」一三六及稱：「使天上縣官皆如海公關心民瘼，則張李之亂不作，東胡何從而入乎」。

原刊於《廣東文獻》十三卷三期

海瑞「治安疏」彙考

王會均

海瑞（一五一三～一五八七）氏，字汝賢，一字：應麟、又字：國開，號剛峰，士林尊稱：剛峰先生，廣東瓊州府瓊山縣（今海南省海口市瓊山區）人。距生於明武宗正德八年（癸酉）十二月二十七日，明神宗萬曆十五年（丁亥）十月十四日，卒於留都（南京），享壽七秩晉五歲（梁雲龍〈海忠介公行狀〉，王國憲《海忠介公年譜》俱載）。

案：海瑞之生辰，一作：明正德九年（一五一四）歲次甲戌春一月二十二日，特誌於茲，以供參考。

海瑞係明代最愛民的廉吏、直臣，初授南平縣學教諭，歷知淳安、興國二縣。晉戶部主事、尋改兵部，擢尚寶司丞，大理寺丞、南京右通政（提督騰黃）。累官都察院右僉都御史（總理糧儲提督軍務兼巡撫應天十府），由於冒犯權貴，致遭佞官誣陷，被迫告病乞養（戲稱：海瑞罷官），歸里（瓊山）閑居，沉潛近十六載耶。

迨明神宗萬曆十三年（一五八五）歲次乙酉春正月，始奉召官復原職（南京都察院右僉都御史）。次（二）月（尚在赴任途中），又詔陞南京吏部侍郎（署理吏部尚書）。縱使浹歲三遷（陞），然亦為時已晚矣。於明神宗萬曆十五年（一五八七）歲次丁亥十月十四日，

病逝於官（南京都察院右僉都御史）。卒謚：忠介，贈太子少保兼吏部尚書。祀鄉賢

海瑞（忠介）氏，誠以「忠君愛民」為念。於明世宗嘉靖四十四年（一五六五）歲次乙丑，在任戶部主事，見肅皇帝享國日久，常不視朝，深居西苑，恣意齋醮。於十月上〈為直言天下第一事〉疏切諫，帝大怒而下詔獄（參見《海忠介公全集》卷之一・奏疏）。於目次中，相關〈治安疏〉者（俗稱：海瑞罵皇帝），尚有三篇「實為“同疏異名”者」。而散見他人輯本，特彙述如次，以避免訛傳，俾臻完美，並供參考。

一、《皇明疏鈔》本

〈直言天下第一事疏〉　海瑞

明世宗嘉靖四十五年（一五六六）丙寅歲春月，於任戶部主事時作，在《海忠介公全集》目錄（卷之一・奏疏），則題作〈治安疏〉。

朱逸輝《海忠介公全集》（校注本）。注釋㈠：這篇〈治安疏〉是嘉靖十五年（一五三六），海瑞任戶部主事時寫的（頁一一七）。然是年海瑞才二十四歲，尚未進入郡庠就讀。於是顯示，朱逸輝「校注本」，注釋㈠所誌有誤，特置疑如次，以供查考。

明・孫旬《皇明疏鈔》本（卷二五・弼違二）輯錄

本《皇明疏鈔》目錄，題「巡按浙江監察御史東萊孫旬彙輯」，「兩浙都轉運鹽使司運使新都游應乾、杭州知府吳郡張振之、同知豫章喻均同校」。其里籍、事略，分述於次，以

供參考。

孫旬，字若穆，號滸西，山東萊陽縣人。明神宗萬曆二年（一五七四）甲戌科進士（三甲六名），授行人，擢陝西道御史，時張居正為相，權傾中外，旬獨亢直不附。巡鹽浙江，值兵變劫撫軍，旬單身詣賊壘諭利害，亂遂定，全省士民賴以寧謐。再按江西順天，貴戚斂手，官寺屏息。累遷大理寺卿，以母憂歸卒（國立中央圖書館《明人傳記資料索引》頁四三四）。

明·支大倫《支華平集》（卷五·送巡按督鹾孫滸西序），清·萬邦維《康熙　萊陽縣志》（卷之八·人物志），臧勵龢《中國人名大辭典》（頁七五二·四）載有事略。

游應乾（一五三一～一六〇八），字順之，號一川，安徽婺源縣人。明世宗嘉靖四十四年（一五六五）乙丑科進士（二甲六三名），授戶部主事。歷浙江寧波知府，遷兩浙都轉運使司運使，官終戶部侍郎，卒年七十八歲（國立中央圖書館《明人傳記資料索引》頁六二六）。

明·葉向高《蒼霞續草》（卷九·游公墓志銘），清·俞雲耕《乾隆　婺源縣志》（卷之十五·人物志，名賢），載有事略。

張振之，字仲起，號起潛，江蘇太倉縣人。明世宗嘉靖三十八年（一五五九）己未科進士（三甲二〇七名），授處州推官，擢御史。歷任吉安、撫州、杭州知府，遷浙江兵備副使，未任卒（國立中央圖書館《明人傳記資料索引》頁五三四）。

明・王錫爵《王文肅公文草》（卷七・張公墓表）、王世懋《王奉常集》（卷二七・祭張仲起文），清・定祥《光緒　吉安府志》（卷十三・秩官志・府名宦）、許應鑅《光緒　撫州府志》（卷三十九・職官志・名宦一），暨王祖畬《民國　太倉州志》（卷十八・人物志二・明人傳），載有傳或事略。

喻均，字邦相，江西新建縣人。明穆宗隆慶二年（一五六八）戊辰科進士（三甲三二三名），歷知松江府，官至山東按察使副使。嘗與劉元卿同撰《江右名賢編》（二卷）。並著有《山居文稿》，暨《蘭陰》、《仙都》、《虎林》諸稿（國立中央圖書館《明人傳記資料索引》頁六六九）

明・王世貞《弇州人續稿》（卷三一、卷三六、卷四七），清・孫星衍《嘉慶　松江府志》（卷四十二。名宦傳）、楊周憲《康熙　新建縣志》（卷之二十五・人物傳・經濟）、承霈《同治　新建縣志》（卷之四十・人紀志・賢良下），俱載有傳或事略。

按《皇明疏鈔》，凡七〇卷（海瑞〈直言天下第一事疏〉，輯在卷二十五・弼違二）。是書，雖有梓本，唯流傳欠廣，稀見藏板。清・張廷玉《明史》（藝文四・集部・總集類）、黃虞稷《千頃堂書目》（集部・表奏類），有孫旬《明疏議》（七〇卷），然作者姓名及書名，皆與今本不同。特誌於茲，以供查考。

明萬曆十二年（一五八四）兩浙都轉運鹽使司刊本　臺灣：國家圖書館

中國史學叢書本（景印本）

十二冊　二十一公分　（二十五開本）　精裝

按《中國史學叢書》，係由劉兆祐（國家文學博士）主編。於民國七十五年（一九八六）六月，臺北市：臺灣學生書局，根據「國立中央圖書館」（今名：國書圖書館）珍藏，明萬曆十二年（一五八四）甲申季春，兩浙都轉運鹽使司刊本（景印）。

海瑞〈直言天下第一事疏〉（亦稱：〈治安疏〉，俗諡：「海瑞罵皇帝」，尚有以此為題材，搬上銀幕，拍攝「海瑞罵皇帝」電影，一時極盛風行），收在《中國史學叢書》三編（第二輯・第五冊・頁一八四五～一八五七）。

臺灣：國立中央圖書館臺灣分館　618／7233

二、《綱鑑易知錄》本

〈海瑞諫服藥求長生疏〉　海瑞

明世宗嘉靖四十五年（一五六六）丙寅歲春二月作

清・吳秉權　周之炯　周之燦《綱鑑易知錄》（下冊），於《明鑑易知錄》（卷九・明紀・世宗）輯錄。原「尺木堂」《明鑑易知錄》（明紀・別為十五卷），歷十六朝，共二百六十七年。

按《綱鑑易知錄》，綱目體通史。緣自盤古，終迄明末。綱鑑，明清人取宋代，朱熹《通鑑綱目》體例編歷代史，於「綱目」、「通鑑」，各取一字，謂稱「綱鑑」。由於敘事簡明，

脈絡清晰，使閱讀者，一看便知，故曰「易知錄」（王杏銀《古籍書名辭典》頁二二七）

清康熙五十年（一七一一）辛卯刻本　三十六冊

　臺灣：國立中央圖書館臺灣分館　A610・29／2624

吳秉權（吳修四子），字楚材、自成、經可，號小亭、貞隱，浙江海鹽縣人。工寫生，精鐵筆，兼善篆隸，豪於飲，酒酣落筆，頗得天趣。年未三十，所造未可量也（清・蔣寶齡《墨林今話》卷九・吳修傳附）。

清・李亨特《乾隆　紹興府志》（卷六一・人物志・義行下）、徐元梅《嘉慶　山陰縣志》（卷十五・人民志・鄉賢），載有事略。

周之炯，字靜專，浙江紹興府山陰縣人。

周之燦，字星若，浙江紹興府山陰縣人。

民國五十三年（一九六四）臺南市：大東書局　影印本

　臺灣：國立中央圖書館臺灣分館

民國六十二年（一九七三）三月　臺北市：文化圖書公司　影印本（國學名著）

二冊　二十二公分（二十五開本）　精裝

　臺灣：國家圖書館　R610・29／7894

三、《四庫全書》本

〈諫修齋建醮疏〉 海瑞

明世宗嘉靖四十五年（一五六六）丙寅之作

清高宗乾隆四十九年（一七八四）歲次甲辰十一月，奉敕編成《御選明臣奏議》四十卷，於卷二十七輯錄。

清文淵閣《欽定四庫全書》本

臺灣：國立故宮博物院文獻館

民國七十二年（一九八三）臺北市：臺灣商務印書館 景印本

此《御選明臣奏議》，係據臺灣「國立故宮博物院」（文獻館）珍藏，清文淵閣《欽定四庫全書》本影印，精裝（十六開本）。

按《御選明臣奏議》（四十卷），於清高宗乾隆四十年（一七五五）乙未，奉上諭敕編。係以皇子司選錄，尚書房入直諸臣預繕寫，每成一卷，立即供呈御覽，斷以睿裁。迨清高宗乾隆四十九年（一七八四）甲辰歲十一月，敕編成帙，由總纂官紀昀、陸錫熊、孫士毅，總校官陸費墀等恭校上進。此帙收在臺北市「臺灣商務印書館」（景印本），文淵閣《欽定四庫全書》（史部二〇三·詔令奏議類），第四四五冊（頁四三五~四三七）。

本《御選明臣奏議》（凡四十卷），海瑞〈諫修齋建醮疏〉，列卷二十七。蓋是編纂次，係依明代紀年先後，其同時陳奏者，則以官階大小編入，次第釐然，悉符史家體例（凡例·第五條末段）。然明臣習尚喜滋議論，奏牘之繁迴逾前代，故是編專擇其危言讜論，得失攸關以著勸懲而垂法戒，如屬泛行陳奏或涉門戶交攻，文采雖工概從汰置（凡例・二條）焉。

清・文淵閣《欽定四庫全書》（史部），內中《御選明臣奏議》，奉敕參與編校等各項事務者，就其里籍、事略，分別著述於次，以供方家查考。

總纂官：計三人，其姓氏、里籍、事略，分述如次，以供參考。

紀昀（一七二四～一八〇五），字曉嵐、號春帆、自號：石雲，別稱：觀奕道人，室名：鏡煙堂、閱微草堂、九十九觀齋、瑞杏軒，直隸（河北）獻縣人。清高宗乾隆十九年（一七五四）甲戌科進士（二甲四名），選庶吉士，遷侍讀學士，坐事戍烏魯木齊，尋釋還，復授編修，官至協辦大學士，加太子太保。卒年八十二歲，謚：文達。

紀昀（文達）氏，貫徹儒籍，旁通百家。其學在辨漢宋儒術之是非，析詩文流派之正偽，主持風會，為世所宗。任《四庫全書》總纂，校訂整理，每書悉作提要，冠諸簡首，稱大手筆。又詔撰《簡明目錄》，評騭精審，一生精力，備注於此。休寧戴震與交最篤，主其家二十餘年。性坦率，好滑稽，有陳亞之稱。自著有《紀文達公全集》、《紀昀遺集》、《閱微草堂筆記》等七種，行於世（臧勵龢《中國人名大辭典》頁六七八・二）。

清・國史館《清史列傳》（卷二八・大臣傳）、趙爾巽《清史稿》（卷三二〇・列傳一〇七）、李桓《國朝耆獻類徵初編》（卷三一・宰輔三一）、江藩《漢學師承記》（卷六）・錢林《文獻徵存錄》（卷八）、張維屏《國朝詩人徵略》（卷三五）、國史館《滿漢大臣列傳》（卷六〇）、梁章鉅《國朝臣工言行記》（卷二〇）、錢儀吉

《碑傳集》（卷三八）、蔡冠洛《清代七百名人傳》（第四編．學術．樸學）徐世昌《大清畿輔先哲傳》（校勘目錄學家．列傳第一九），俱載有傳。

陸錫熊（一七三四～一七九二），一名：錫榮，字健男、號耳山，又號篁村，別稱：淞南老人，室名：寶奎堂，家有傳經書屋、浴鳧池館，江蘇上海縣人。清高宗乾隆二十六年（一七六一）辛巳恩科進士（二甲六六名），賜內閣中書。繼為《四庫全書》總纂官，由刑部郎中改侍讀，官至右副都御史（池秀雲《歷代名人室名別號辭典》頁三三一）。

陸錫熊氏，博聞強記，資稟絕人，獻賦行在，以文學受知於高宗。初奉敕編《通鑑輯覽》，續編《契丹國志》、《勝朝殉節諸臣錄》、《河源紀略》等書，每書成，奉進表文，多出其手。自著有《篁村詩鈔》、《寶奎堂文集》、《補陳壽禮志》、《炳燭偶鈔》、《陵陽獻徵錄》行世（臧勵龢《中國人名大辭典》頁一一二四．三）。

清．國史館《清史列傳》（卷二五）、趙爾巽《清史稿》（卷三二〇．列傳一〇七）、錢儀吉《俾傳集》（卷三五）．李桓《國朝耆獻類徵初編》（卷九六．卿貳五六），載有傳或事略。

孫士毅（一七二〇～一七九六），字致遠、又字：智治，號補山，室名：百一山房，浙江仁和縣人。清高宗乾隆二十六年（一七六一）辛巳恩科進士（二甲四名），以召試授內閣中書，洊陞侍讀。歷官雲南巡撫罷，於清高宗乾隆五十七年（一七九二）壬子，特賞編修，纂校《四庫全書》。由於征緬甸、安定南、平湖南叛苗，剿湖北白蓮教，績功甚著。官至軍機大臣，文淵閣大學士，封三等男爵，卒謚：文靖。

孫士毅（文靖）氏，生平精力過人，詩又能獨出機杼。性愛石，有米顛癖。督學黔中時，得文石百有一枚，故自署曰：百一山房。著有《百一山房集》，《奏議》，藏於家。

清・國史館《清史列傳》（卷二六）、國史館《滿漢大臣列傳》（卷六七）、梁章鉅《國朝臣工言行記》（卷二一）、趙爾巽《清史稿》（卷三三〇・列傳一一七）、李桓《國朝耆獻類徵初編》（卷三二、宰輔三二）、李元度《清朝先正事略》（卷二〇・名臣）、蔡冠洛《清代七百名人傳》（第二編・軍事・邊務），皆載有傳。

總校官：一人，其姓氏、里籍、事略，著述如次，以供方家查考。

陸費墀（一七三一～一七九〇），字丹叔、又字：磵士，號頤齋，晚自稱：吳涇灌叟，浙江桐鄉縣人。清高宗乾隆三十一年（一七六六）丙戌科進士（二甲一名），選庶吉士，授編修。歷充《四庫全書》總校官及副總裁，並偕紀昀等編纂《歷代職官表》，尋以《四庫全書》有譌謬處革職，官至禮部左侍郎，罷歸（臧勵龢《中國人名大辭典》頁一一二一・一）。

陸費墀氏，自幼讀書，即寄興丹青，究心篆刻，深入古人之室，工詩文。著有《經典同文》、《歷代月朔考》、《歷代帝王廟謚年諱譜》、《頤齋賦稿》、《枝蔭閣詩文集》（盛叔清《清代畫史增編》卷三四）。

清・國史館《清史列傳》（卷二六・大臣傳）、趙爾巽《清史稿》（卷三二〇・列傳一〇七）、李桓《國朝耆獻類徵初編》（卷九八・卿貳五八），有傳。

次依《御選明臣奏議》列載（職銜），計有：朱依炅（詳校官）、許兆椿（覆勘）、章維桓（總校官）、高棫生（校對官）、朱一鳴（騰錄），分述如次，以供查考。

朱依炅（父：若東、兄：依魯），字仲和、又字：仲明，號鏡雲，亦號：勁筠，室名：篠亭、讀書識字庵，廣西臨桂縣人。清高宗乾隆四十九年（一七八四）甲辰科進士（三甲二九名），散館授檢討，任《欽定四庫全書》（史部・昭令奏議類）《御選明臣奏議》詳校官。著有《詩》（三卷）、《館課存餘》（二卷）、《雜著》（一卷），存於家（清・朱汝珍《詞林輯略》卷四）。

清・蔡呈韶《嘉慶 臨桂縣志》（卷二九・人物二・朱亨衍傳附），載有事略。

許兆椿（一名：兆春），字茂堂、又字：秋巖、雲巖，號秋崖，室名：秋水閣，湖北德安府雲夢縣人。清高宗乾隆三十七年（一七七二）壬辰科進士（二甲九名），散館授編修，累官刑部郎中、廣東督學、江蘇糧儲道、漕運總督、江寧布政使，釐奸剔弊，蠹胥豪猾，尤加懲創（群雅集）。

許秋巖氏，于思飄然，議論明達，工詩善書，尤精於吏牘，下筆千言，無不迎刃而解，蓋非獨以吟詠見長矣。與其鄉余元亭同知、彭秋潭知府，文名鼎峙（毛慶善《湖海詩人小傳》卷三三）。著有《秋水閣詩鈔》，並於乾隆年間，刑部郎中任內，覆勘《御選明臣奏議》（凡四〇卷）。

清・朱汝珍《詞林略輯》（卷四）、易宗夔《新世說》（卷七・輕詆）、張維屏《國朝詩人徵略初編》（卷四三），載有事略。

章維桓，舉人，任《御選明臣奏議》總校官。

高棫生，字繼三、號芃麓，河北順天府宛平縣人。清高宗乾隆四十五年（一七八〇）庚子恩科進士（二甲三〇名），散館授編修，任《御選明臣奏議》校對官，降廣西天河縣知縣（朱汝珍《詞林輯略》卷四）。

清·林光棣《道光　天河縣志》（卷上·秩官·國朝知縣），有載。

朱一鳴，監生，任《御選明臣奏議》謄錄。

四、《明紀》本

此外，清·陳鶴、陳克家《明紀》（卷三六），亦有摘要輯錄，惟未標示題名而已。

按《明紀》（凡六〇卷），編年體史書。仿《續資治通鑑長編》（宋·李燾）體例，并博采《明史》（清·張廷玉）、《明史稿》（清·王鴻緒），暨諸家傳記，著成其書。蓋是書原本正史，間參《明史稿》及野史，雖偶有采摭，亦必旁證覈實而後著之，凡新異詭誕之說概置不錄。於三百年禮樂刑政，治亂成敗，忠邪是非大端，瞭如秩如，不愧良史。後八卷係其孫克家，賡續成之，體例如一耶。

陳鶴（一七五七～一八一一），字鶴齡、馥初，號桂門、稽亭、鳴九，別稱：懿長先生，江蘇元和縣人。清仁宗嘉慶元年（一七九六）丙辰恩科進士（二甲十二名），官工部主事。

性廉潔，善古文詞，熟悉史事。著有《明紀》（六〇卷），手輯至五十二卷而卒，餘八卷為孫陳克家續成之。

陳克家（～一八六〇），字子剛，號梁叔，室名：桂門、蓬萊閣，江蘇元和縣人。清宣宗道光二十四年（一八四四）甲辰科舉人，官內閣中書。少為桐城姚瑩所器重，婁縣姚椿稱為唐・魏文貞公一流人物。詩學黃庭堅，後入提都張國樑幕，於清文宗咸豐十年（一八六〇）庚申歲殉難，詔贈知府銜，世襲雲騎尉。

清同治十年（一八七一）辛未　刻本

二〇冊　二十八公分　線裝

臺灣：國立中央圖書館臺灣分館 A626・02／7547

民國五十四年（一九六五）十一月　臺北市：中華書局　影印本（依據江蘇書局刻本，聚珍倣宋版印）列《四部備要》（史部：二八　頁一六～一八）

臺灣：國立中央圖書館臺灣分館　030・82／5457

戶部雲南清吏司主事，海瑞謹奏：「為直言天下第一事，以正君道，明臣職，求萬世治安事」。（諡稱：海瑞罵皇帝），收在《海忠介公全集》（卷之一・奏疏），題作：〈治安疏〉。并散見於各書中，其標示題名各異，唯其內涵繁簡，大同小異，且係同一紀事耶。

然為保持資料完整性，特自明・孫旬《皇明疏鈔》（卷二五・弼違二）、清・吳秉權《綱鑑易知錄》（文化版・下冊）中《明鑑易知錄》（卷九），暨紀昀《欽定四庫全書》（史部《御選明臣奏議》卷二七）、陳鶴《明紀》（卷九），內中相關海瑞奏議部分，影印輯裝成帙，題名《海瑞〈治安疏〉彙集》，於臺北市「海南文獻史科研究室」珍藏，以供研究參考。

參考文獻　書目資料

《海忠介公全集》　明・海瑞　王夢雲輯印本

民國六十二年（一九七三）五月　臺北市：《海忠介公全集》輯印委員會（主任委員：王夢雲）　影印本

《皇明疏鈔》　明・孫旬　中國史學叢書本

民國七十五年（一九八六）年六月　臺北市：臺灣學生書局　影印本（明萬曆十二年甲申，兩浙都轉運鹽使司刊本）　劉兆祐《中國史學叢書》三編（第二輯・第五冊）

《綱鑑易知錄》　清・吳秉權　周之炯　周之燦

民國六十二年（一九七三）三月　臺北市：文化圖書公司　影印本（國學名著）　精裝二冊

《明紀》　清・陳鶴　陳克家　四部備要本

民國五十四年（一九六五）十一月　臺北市：中華書局　影印本（依據江蘇書局，聚珍倣宋版印）

《御選明臣奏議》 清．紀昀等奉敕編

民國七十二年（一九八三） 臺北市：臺灣商務印書館 影印本（依據清文淵閣《欽定四庫全書》本）第四四五冊

《中國人名大辭典》 臧勵龢主編

民國六十一年（一九七二）五月 臺北市：臺灣商務印書館 臺五版

中華民國九十六年（二〇〇七）丁亥歲八月朔望

臺北市「海南文獻史科研究室」

原刊於《廣東文獻》三十六卷四期

朱九江先生學術的體系與評價

——附朱九江先生傳

馮炳奎

大家都知道朱九江先生，是嶺學純儒，究竟純在甚麼地方？筆者不敏，冀欲整理出來，名朱九江先生學術的體系與評價。分㈠在中國哲學史中看九江學術；㈡在嶺學中看九江學術；㈢九江學術的體系；㈣九江的焚稿。以明九江之學，非漢非宋，而為第三種學術的提出，原是孔學之嫡傳。本文原由彭震球教授執筆，以『你推我讓』的緣故，落到筆者手上。祇得以輕鬆之筆，寫嚴謹之學。時日短促繆誤孔多，謹以此就正讀者與彭兄。筆者附記。

一、在中國哲學中看九江學術

筆者籍屬順德龍山，與南海之九江，只有一小河之隔。朱九江教澤，瀰漫了鄉閭。父祖雖習舉業，然直接間接，都受了朱九江先生的薰陶，九江的敦行孝弟，崇尚名節，變化氣質，檢攝威儀，自少習聞其聲，而莫名其義。入龍山小學，校長為馮品錐先生，是九江弟子；繼為譚勝梧先生，為九江先生高弟簡岸（朝亮）的弟子；入廣州中學，受知于任元熙先生，亦為簡岸弟子；入北京大學，教授黃晦聞（節）先生，以同鄉及世交故，曾以不選其功課為責。

晦聞先生，大家都知道為簡岸高弟。然當時對鄉邦文獻，方醉心于新學偽經考，孔子改制考之類，更聞有大同書，欣賞其瑰奇廣闊，所謂敦行孝弟云者，也不過老生常談，菽粟布帛。不知菽粟布帛，正所以見其廣闊。及治中國哲學史，始知九江的偉大。

九江學術之所以偉大，在中國學術千迴百轉中，力挽狂瀾，由支離破碎或竟走上了牛角尖端，而歸到人之所以為人的人格創造。我們可以說是『人格創造之學』。陸象山不也是要人『堂堂地做個人』嗎？這是心學，在九江以為方法不對。心雖然是人的重心，然操則存，舍則亡，又經過佛家唯識的精密分析，很容易淪於性空。所以九江說：『陸子靜（象山），善人也，未嘗不學？然始事於心，不始事於學，……其非善人之道也。』心學精銳，粹於陽明，你也看到陽明之後，何必隱、李卓吾輩的束書不觀遊談無根吧！東林修正王學，至崑山力挽狂瀾，開明末清初的實學。所以九江甚稱顧昆山。宋學比較踏實，仍受佛家影響，惟晦庵格物，不廢讀書，所以九江說：『會同六經，權衡四書，傳孔子之道，大著于天下。朱子百世師也。』九江絕口不信心性，不專取于宋學，又甚稱朱晦庵，因此可知九江的『人和創造』不廢理性而不專宋學。至於漢學，東漢的名物訓詁，固于人格無關，西漢的大義微言，亦何嘗專注意人格的創造。至清訓詁，更是禁錮人性，為九江所議。所以九江說：『紀文達漢學之前第也，阮文達漢學之後茅也，聰明魁異之士，多錮于斯矣。』既不滿漢學，又不同意宋學，一般人說他融會漢宋，竊以九江之學，並非折中，而是第三者在漢學之外，我們可以說為『人格創造』之學。

所謂人格創造之學，人格，是人之所以為人；人格創造，是把人之所以為人，人人所能做得到的，而創造成功了一個完人（聖人），所以康有為初見九江時候，即慨然知道聖人可學而至。這不是一般學術思想，其內容不是理論的、理智的、而是人格的，這種人格之學，自孔子沒後迷惘了幾千年，至九江乃找回孔學的本來面目。

就中國文化而言，是人對人的文化，以別於西洋人對物的文化。中國文化始終是『人對人』。周公時代，是提出了『人』，提出了人的重要。孔子時代，是說明這個人之所以為人，是人人所共有的叫做『仁』，就是人人所能創造的人格。一部論語，就是教人怎樣做人。孟子言仁義，是襲義所生，固然不錯。荀子講禮，已自人的外面找尋，已漸失孔學之旨。漢學去，宋學來，宋學去，清代的漢學所謂樸學來，迂迴曲折，雜亂而不純；或竟走上象牙之塔，如宋代理學與明代心學，至九江乃復孔子之舊，所以我們說：「由周公的『人』到孔子的『仁』，又由孔子的『仁』，而復到九江的『人』。」

這怎麼說呢？周公時代所提出的『人』，是標明人的重要，而未提到人究竟是怎樣的，即人本主義。孔子的『仁』，是說明人之所以為人之本質，是人人所有，而人人都可以做到的。然『仁』不容易捉摸，我們讀論語就知道。在後程明道所說的仁，與論語所說的，已大異其趣，論言不過言人之本質，明道以仁為宇宙的本體。孔學迂迴曲折二千年，至九江的人格創造，有方法，以孔子的『仁』，充實周公的『人』，具體化了孔子之仁，比周公的『人』更進一步，以達到人人可以為聖人。

九江以雷霆萬鈞之力，以恢復闡明了孔子之舊，中國文化經了這三個階段，則九江之學在中國文化的地位，可想而見，是中國學術的一大轉機，開闢了後世孔學的新方法。

二、在嶺學中看九江學術

嶺南學術，一般人稱為嶺學。所謂嶺學云者，即中原傳統學術，保存創發在嶺南，中原變，而嶺南不變，遂形成嶺學。嶺南開闢，自成一個局面，三江、南路，吐出瓊崖；左菲律賓，右中南半島，面對印尼、南洋爪哇諸島，所以華僑佈滿南洋。在中國區域內，指五嶺以南，其文化發展，成於明代，盛於清末民初。嶺學亦由此時次第表現，潮梅、西江、南路，至瓊崖，代有學人，而珠江三角洲內最為突出。明代的陳白沙、湛甘泉；清中葉後的朱九江、陳蘭甫；清末民初的孫中山、康有為。我們可以說陳湛嶺學也。孫康學術，尤其中山為適應於全世界之學術也，陳蘭甫漢學的尾閭也，而九江之學術，中國正統復於孔子的學術也。都產生於嶺南，都可稱之為嶺學。

如果我們說近代嶺學之先驅為陳湛，白沙融化自然，甘泉體認天理，是中國心學的突起。表面與甘泉沒後二百五十年的朱九江，不專主理學更不主心學的不相連接。我們按實一下，嶺南心學與中原心學不同。自白沙以來，嶺南的學風淡聲華，薄榮利，闇修獨行，特立自強，明代姚江學派白沙甘泉並行，所謂浙學與廣學，若比較一下自可清晰，即在後陳蘭甫的漢學，也有不同中原的漢學，為甚麼嶺學有這些學風？一因嶺南民系至為複雜，混種變為優種；再者優種之故，民性的表現，反抗力特別強，創造特別大，（請參看廣東文獻季刊第一卷第二期黃尊生的南民生與文化，及拙著嶺南文化——四十八年海外出版社出版、及中國文化與嶺南——五十一年中興大學出版）其學風表現為特立獨行，是即人和的表現。為什麼九江學術既接陳湛，而不同於陳湛，而為『人格創造』之學，而混融漢宋，而為第三者而歸於孔子呢？其間有一最重要的根源。

須知九江時代為十八世紀，清代原來樸學（或稱漢學）已衰，龔定庵魏默深已轉公羊之學。在世界產業革命變為資本主義、帝國主義，已入了中國的堂奧。這是一個創發時代，在中國漢學之運已窮，是否又返回宋學？當時爭論與考慮的中心全在嶺南。其關鍵在阮元督粵。其時由嘉慶二十二年，至道光六年（一八一七——一八二六）。這十年中，對嶺南好像投了一顆原子彈以驚醒嶺南。阮氏曾到了廣州雙門底這書店的地方，竟找不到一本樸學基本書籍的說文解字，以為大異。而不知嶺南人有所守、有所學，不要。然而一方面要提倡嶺南人不要的樸學，刻皇清經解，辦學海堂，以為嶺南固蔽，以圖打開嶺南的門戶；一方面他自己亦感覺到清代漢學有問題，召集全國有名學者，集中在嶺南。漢學，恐不久要沒落了，非漢則宋。於是乎漢學師承記在粵出版了。（一八一八）江藩的漢學師承記，是主張漢學的。方東樹的漢學商兌，不久又在粵出版了，漢學商兌，是主張宋學的。方東樹來粵在漢學師承記刊後第二年（一八一九），是時九江方十三歲，謁阮元，尚年少，有什麼感覺不可知，然而非風非幡，仁者心動，在後本嶺南學者，淡聲華、薄榮利的特立獨行學風；嶺南人創造特別強，反抗性特別大的勇氣。提出融會漢宋而有三學術的建立。一般人以為前後有阮元的性命古訓，陳澧的漢儒通義，是調和漢宋的，以為九江亦復如是。有以為陳蘭甫融朱子於鄭康成，九江納康成于朱子，總在漢學宋學兩者之中來打圈子。不知敦行孝弟，崇尚名節，變化氣質，檢攝威儀的修身四實；經學、史學、掌故之學、性理之學、辭章之學的讀書五實。四實五實，混合為一，而成為人性創造之大系統，是漢學宋學以外的第三者，恢復了孔子之舊。

三、九江學術的體系

九江之學，固非急辨理則之學，亦非心性形上之學，更非其弟子康長素大同書之類的懸想之學。不同於漢學而有取於漢學，不同於宋學而有取於宋學，一般人說其混融漢宋，亦未能形容其學的實在。他自己說：『吾為二三子告，蘄至於古之實學而已。』所謂實學之實何所指？顧昆山亦實學也，崑山之實實在外，九江固有許于崑山；而九江之實不同于崑山。竊以為九江之實，是人格的充實。用今日說話來說，九江之學，是人格創造之學，非漢非宋，造出第三種學問出來。這第三種學問，即是孔子之學，所以他自已又說：『學孔子之學，無漢學，無宋學，修身讀書，此其實也。』然儒家誦法孔子，孔子之學多了。康長素自謂尊孔子，其實只是尊公羊，韓非說：『儒墨皆誦堯舜。』究竟九江之學，是那一種孔子之學呢？『入則孝，出則弟，謹而信，汎愛眾而親仁，行有餘力則以學文』，『德之不修，學之不講，……，是吾憂也。』這是一種成己成物的方向，似為這樣的孔子之學。所以我們不妨說九江之學，是人格創造之學。

九江人格創造之學，自成一個大體系。一般人以他自己所說。分別為二——為修身之實四：曰敦行孝弟，崇尚名節，變化氣質，檢攝威儀。讀書之實五：曰經學、史學、掌故之學、性理之學、辭章之學。以為敦行孝弟，崇尚名節。變化氣質、檢攝威儀是四件事，其實是一件事。經史掌故性理辭章五件事，其實亦是一件事。其分為修身讀書兩件事，其實亦是一件事。甚至修身讀書與其行為如五十一歲以後不到城市。請他當學海堂當山長，二十年不就的行事，都亦是一件事，即創造他的人格以為後學的楷模。提出一種新方法，以把握以後學問的方向。系體兩個字不過是借用，九江之學，不能用分析綜合來研究，與其稱為學術，亦不如借用莊子的話稱為道術。

首言修身四實，孝弟為甚麼為仁之本呢？因為人們在父母兄弟跟前，一片融和敦厚，絕無有自私用智功利之心，最易養成人格的偉大。名節，是指名譽與節操，節操指出處大誼，容易明瞭；名譽非好名的名，而為正名的名，名稱其實非絲毫可以假借。不說氣節而說名節，氣節可以一時，名節是終身之事，所以九江說：『名節終身之力，豈一日之事乎？』所以名節是畢生人格的實在。氣質之性，形後即有，善反之，天地之性存焉。把氣質變化而後偉大的人格才能養成。至於威儀，並不是擺架子，君子不重則不威，學則不固。有諸內，必形諸外。望之儼然，即之也溫。威儀是人格的表現。所以孝弟、名節、氣質、威儀，孝弟要敦行，名節要崇尚，氣質要變化，威儀要檢攝，修身四實，不過說出來應這樣說，其實只是一回事，人格是這樣的。

次言讀書五實，即讀書之實五，曰經學、史學、掌故之學、性理之學、辭章之學。雖有五種東西，實在是一件。都是養成人格的方法，是活讀書，絕非讀死書。所謂『經學六藝而已，易驗消長之機，書察治亂之迹，詩辨邪正之分，禮見聖人行事之大經，春秋見聖人行事之大權。』所謂『經明其理，史證其事。』雖明說『四史，史之冠也，明史，史之近也，資治通鑑，史之用也，紀事本末，其尋之也易。』都以為如何修身讀書的問題，在歷史求答案，以證明其原理。掌故之學，亦以經史貫掌故，雖指明『九通，掌故之都市也。士不讀九通，是謂不通。』史以證經，掌故以助史。所以說『知掌故而不知經史，胥吏之才而已。』性理很容易說到心性天理方面，而九江絕口不言宋明心性，所謂『理學即經學也。』又說『理性非空言也，理性之書，經學之佐。』大抵九江言性理，指翰音登于天，仰觀俯察，盡天地之偉大，以養成人格之偉大，故曰：『性埋者，所以明吾學之大，皆吾分也。』至於辭章之學，一提到辭章，就聯想到草木榮華之飄風，鳥獸好音之過耳。不知九江之意，以經史貫掌故，辭章以達之，非載道者不得謂之辭章。故曰『經史之誼，通掌故，而服理性焉。如是則辭章之發也，非猶乎文人無足觀者矣。』所以九江大聲呼之曰『為韓佗胄作南園閱古泉記者，陸務觀也；為石亨作族譜跋者，吳子傳也；為嚴嵩作鈐山堂集序者，湛元明也。皆君子而失之者也。』故曰『許人一文，猶許人一女。』如此者不得謂之辭章。所以經史掌故性理辭章五者雖殊，其實一也，一者何也，曰所以為創造人格者一也。

更言九江的行誼，即九江的志節。九江五十一歲以後不入城市，說者甚或以為迂闊而不近人情。不知律己之嚴，正所以創己之大。昔慧遠講學廬山，三十年不越虎溪。雖儒佛不同道，這一種卓然立己之學，才能建立自己人格的偉大。所以九江生平，在在都有他的表現。十八歲赴試，在考場中，有以重物請其代作『維荀及蒲』的詩，不納。北行乏資斧，溫氏富人助之，不要。進士殿試，未完卷，依時限即出，同鄉有力者追命續完，不顧。這種精神，容易瞭解。至於學海堂選送高材生肄業，九江居首，不赴，前時雖為學海堂都講，而當局請為山長，二十年不赴，因為反對清朝樸學。我們讀其抵山西寄兄弟書，不謁其師木君。讀兩覆郭中丞書，郭嵩燾不是壞人，而且是同年，在廣東作巡撫。不用說不往見，郭兩書表示到禮山相見，都不納。看起來似乎有些矯情，黎二樵不見袁子才，為其只有文嶺南人不需這風花雪月的文字，九江不見郭嵩燾，為什麼呢？不知道慧遠三十年不出虎溪，可以瞭解九江的意思，所謂『離棼遠俗保其幽素。』所謂『君子立身行事，昭昭如日月之明，離離若星辰之不欺其志而已。』他已很明白表示他的意思。這都表示九江的志節，與修身四實，讀書五實，是一貫的。修身四實是目的；讀書五實是方法；畢生行動的志節是表現；整個是創造人格之學。這是孔子之學，孔子學說，沒有什麼，一是說明人之所以為人的仁，一是指出人格之學，人皆可以為堯舜，這是朱九江的直接孔子。九江之學，有其一實的體系的。

四、朱九江的焚稿

讀完上節，一般人總以為九江是一位凜然不可侵犯的古板老先生，不知九江亦很幽默的。毛詩魯頌泮水篇，有一句『無小無大，從公于邁』，本來說魯侯戾止，大小臣工跟住他到泮宮去的。有一天，他的好朋友歐陽小韓，要到廣東瓊崖的澄邁縣去做學官，帶著他的太太和姨娘一塊兒去，到他處辭行。就笑著說『無小無大，從公于邁』變了兩大小，跟著老公（指丈夫）到澄邁去了。至其行誼最突出的為臨死焚稿的一回事。本來他著書滿家，據康有為朱九先生遺文序所說：有國朝學案，國朝名臣言行錄凡百卷。蒙古記，晉乘各數十卷，詩文數十卷。又據簡岸朱九江先生年譜，並述所著書的要義。『凡吾著述有七焉，曰國朝名臣言行錄，法朱子也；曰國朝逸民傳，據逸民柳下惠也；曰性學源流，淪本誼而決其支也；曰五史徵實錄，宋遼金元明，采以資今也；曰晉乖，如程大昌雍餘也。其書名未定，有論國朝儒宗，倣黃梨洲明儒學案而不分漢學宋學，以辨江鄭堂（藩）師承記之非。有記蒙古者，勤北邊也。』將死時盡以焚之！竟日乃盡！也曾微示其意，『以為俛焉知新，稿有未定。』豈不以嶺南學風，所謂『莫謂老傭無著述，真儒不是鄭康成。』『毋以學術殺天下後世？』豈不以示學者，不要販賣知識。雖著作等身，而牡牝驪黃，莫名其實？豈不以著書愈多，其名愈著，其敗壞風俗也愈甚，是害吾民也奚取焉？即血淚寫出，而言語道斷，易滋繁考。然則不著書嗎？是又不然。詞章之道，傳達經史掌故；以告當世，以傳來者而已，而以著作非為名也。這是九江整個人格的表現。曾不知九江講學禮山的第二年（一八九五）達爾文公布物種原始，以互競為進化；禮山講學之第七年（一八六四），第一國際成立，馬克斯主義大行，這真是以學術殺天下。時至今日，有以其敵人號名全世界的領袖，竟要跑到敵人那邊去了。翻手為雲覆為雨，人格之謂論何?!九江之學術，所以為儒家正宗也在此，九江的偉大也在此。

附朱九江先生傳（清史・卷四百七十七・儒林傳一）

朱次琦，字九江，（案康有為纂朱先生佚文序云，先生諱次琦，號稚圭，又字子襄。簡朝亮纂朱先生年譜云，先生諱次琦，字稚圭，一字子襄。世居南海九江。又云，咸豐七年，先生年五十有一，是歲而後，先生鄉居不入城市，蓋九江先生之稱，自斯始矣。）南海人。道光二十七年進士，分發山西，攝襄陵縣事，引疾歸。次琦生平論學，平實敦大。嘗論漢之學，鄭康成集之，宋之學，朱子集之，朱子又即漢學而精之者也。宋末以來，殺身成仁之士，遠軼前古，皆朱子力也。然而攻之者互起，有明姚江之學，以致良知為宗，則攻朱子以格物，乾隆中葉至於今日，天下之學，以考據為宗，則攻朱子以空疏，一朱子也，攻之者及矛盾。（案及字誤，乃字為合。簡朝亮纂朱先生年譜云，一朱子也，而攻之者乃相矛盾乎。）烏乎，古之言異學者，畔之於道外，而孔子之道隱。今學言漢學宋學者，咻之於道中，而孔子之學歧。果其修行讀書，蘄於古之實學，無漢學宋學也。凡示生徒修行之實四，曰敦行孝弟、曰崇尚氣節、曰變化氣質、曰檢攝威儀。讀書之實五，曰經學、曰史學、曰掌故之學、曰性理之學；曰詞章之學。一時咸推為人倫師表云。官襄陵時，縣有平水與臨汾縣分溉田畝，居民爭利搆獄，數年不決。次琦至，博詢訟端，則豪強壟斷居奇，有有水無地者，有有地無水者。

有地無水者，向無買水券，予之地弗予之水。有水無地者，向有買水券，雖無地得以市利。於是定以地隨糧以水隨地之制。又會臨汾縣知縣躬親履畝，兩邑田相若，稅相直也，乃定平分為四十分，縣各取其半。復於境內設四綱維持之，曰水利、曰用人、曰行水、曰徒門。實行水田三萬四百畝有奇，邑人立碑頌之。繫囚趙三不棱，劇盜也，越獄逃。次琦未抵任，先出重資購知其所適，亟假郡捕，前半夕疾馳百二十里，至曲沃郭南以俟，盜眾方飯酒家，役前持之，忽樓上下，百炬齊明，則赫然襄陵燈也，乃伏地就縛。比縣人迎新尹，尹已尺組繫原賊入矣，遠近以為神。每行縣所至，附循姁姁，老稚迎笑。有遮訴者，索木椅在道與決，能引服則已，恒終日不笞一人。其他頒讀書日程，創保甲，追社倉二萬石，禁火葬，罪同姓婚，除狼患，卓卓引異政。在任百九十日，民俗大化。先是洪楊事起，北至揚州，次琦猶在襄陵，謂宜綢繆全晉，聯絡關隴，為三難五易十可守八可征之策，大吏不能用。居家時，稱說浦江鄭氏江州陳氏諸義門及朝廷捐產準旌之例，由是宗人捐產贍族，合金四萬，次琦呈請立案，為變通范氏義莊章程，設完課祀先養老勸學矜恤孤寡諸條，刊石世守之。同治元年，與邑徐臺英奉旨起用，次琦竟不出。光諸七年，賞五品卿銜，逾數月卒。著有國朝名臣言行錄，五史實徵錄，晉乘，國朝逸民傳，性學源流，蒙古聞見書，疾革盡焚之。僅存手輯朱氏傳芳集五卷，撰定南海九江朱氏家譜十二卷，大雅堂詩集一卷，燔餘集一卷，橐中集一卷。

原刊於《廣東文獻》一卷三期

清史朱次琦傳之研究

費海璣

朱次琦先生之生年的考證

清史卷四百七十九儒林傳，有朱次琦小傳，全文甚短。此文未載出生年月，但言：

「光緒七年，賞五品卿銜，逾數月卒。」

亦未言享壽若干歲，故無從推知其生年。查伍憲子先生有朱九江先生一百五十年生期紀念一文，內云：

「先生卒於光緒七年辛巳，世壽七十有五。」

由此推算，朱先生之生年當為嘉慶十二年丁卯，西曆一八〇七年，民國紀元前一〇五年。伍憲子為九江先生再傳弟子，其說乃得諸傳聞。但傳聞知識多不可靠，故宜另覓佐證。

查簡朝亮有朱九江先生集初刻序。內云：

「朱先生既歿十有六年而未有集。」

此序作於光緒二十三年冬，以此推算，朱先生卒年為光緒七年。又序中云：

「先生七十有五，語其家人，將定藁以成書，亡何疾作，迺燔其稿，喻月而歿。」

可知朱先生享壽為七十五歲。以此知伍憲子所言，即據簡朝亮之說。

簡朝亮為朱九江先生之門弟子，序中云：

「先生七十有一，朝亮在其門，冬歸成婚禮，返而晉拜，先生賜之酒。既侍飲，敬問先生著述，舉所以欲爲書者而答，凡七書。」

可見簡朝亮僅為九江先生晚年之弟子，故九江先生之逝世前數年之事，簡先生所說可信，至於其他，均待另覓證據。

朱九江先生年譜亦簡朝亮所撰，關於生年，年譜云：

「嘉慶十有二年（歲在丁卯）八月辛卯（二十二日）先生生。」

此為簡先生所推定並得自九江先生之家人所言可知。今通常所用歷代名人年譜係吳榮光所編，而咸豐二年由其哲嗣荃畬工部校刊。其書起漢高祖元年，迄清道光二十三年，竟無朱九江先生之生年之記載。可見吳榮光之哲嗣缺少乃父之治學精神，竟不知補足之。

幸錢穆先生於中國近三百年學術史之末有一附表，其中有云。

「十二年丁卯（一八〇七）朱次琦子襄生。」

錢先生有功於吳榮光，然未明錢先生何所據而如此斷言。細讀錢先生此書，知其將朱九江先生之傳附於其弟子康有為之傳內。如此著書，殊為可怪。不過，其文中云：

「長素年十九，始從子襄問學，自謂：未冠，以回參之列，辟咡受學，則先生年垂七十矣。才質無似，粗聞大道之傳，決以聖人爲可學，而盡棄俗學，自此始也。」

此頗有助於推定九江先生之生年。

康有為生於咸豐八年戊午（西曆一八五八年）未冠指十九歲，即光緒二年丙子（西曆一八七六年）。如此年九江先生年垂七十，則上推而知九江先生生於嘉慶十二年丁卯（西曆一八〇七年）。

康有為之入九江先生之門雖較簡朝亮僅早一年，但康有為之父及伯叔父均為九江先生之門人，故對於九江先生之年齡，得之更真。

九江先生之父母

清史九江先生傳中未言其先世，亦無一語及其雙親。據簡朝亮所撰年譜知其父成發，為一道德君子，嗜觀邸報，災患必歎。今人謂讀報則能趕上時代，成發公嗜觀邸報，為一力求趕上時代之人可知，此與一般道德夫子迥殊。又年譜載九江先生之母為張太宜人，知文史，並有權變。嘗遇盜，解釵珥腕鐲，從容卻之去。

惜成發公及張太宜人之事蹟極略，生九江先生時，成發公幾歲？張太宜人幾歲？均未記明。僅於道光元年條下言及張太宜人卒。可見九江先生年十五喪母。此條文云：

「冬十有一月丙辰，張太宜人卒。先生執喪，居先廟東廂，杜門三年，默思而純。於是強識踰素，巨簡之書，循視者三，輒誦不忘。」

查此記事來源，出自九江儒林鄉志雜錄朱子襄徵君軼事：

「朱子襄徵君，嘗自言十三四歲以前讀書不甚強記。歲辛巳，罹張母憂，屏居孔安堂，閉關息踵，欻覺神思開濬，有過疇昔。長篇大簡，循覽四五次輒成誦。道逢官府告條及公私碑篆，並過目無忘，雖閱歲月，辭義克舉。」

由此知九江先生頗有父風。其父嗜邸報，關懷民瘼。而九江先生道逢官府告條及公私碑篆亦知注意。如此大好史料，棄而不用，殊為可惜。

年譜中將張太宜人於先生甫周歲時便教以唐人絕句之事載明。查此傳說不可信，有先生學詩之年齡，當在入塾後。

年譜於嘉慶十六年條下，云：

「冬，先生始入塾，受書叔懿脩先生，既自塾歸，夜寒雨雪，張太宜人藉先生寢，篝火溫衣。先生遽白：如今窮人可念也。」

九江先生在學塾情形，儒林鄉志雜錄一則，文曰：

「朱子襄徵君次琦，幼入里塾，學偶對。有族伯偕族兄過塾，伯示對曰：老子龍鍾。徵君應曰：大人虎變。咸色然聳異。相謂曰：吾朱氏自明末造積累又百餘歲，將有達人，必在是子矣。」

據此知先生五歲時能屬對，且極聰明伶俐，富有同情貧民之心。年譜載先生七歲能詩，自可相信。又載先生年十三，受阮元稱讚：

「先生同里曾勉士廣文悅先生幼敏，以先生謁制府儀徵阮文達，命作黃木灣觀海詩，文達驚曰：老夫當讓此子出一頭地，過予彩旗門作矣。」

據此知九江先生十五歲以前有良好之母教及里塾教育。

年譜將先生過先孺人墓詩繫於道光七年，乃是粗心。查此詩應為先生三十五歲所吟，道光二十一年辛丑秋，先生南歸，故有此詩。詩云：

「遙遙屈指恨重篇，滴滴酸心淚到泉。不堪斷卉荒苔感，又入嚴寒沍凍天。亂蟋吟邊秋似夢，慈烏聲裏雨如煙，頭顱爾許人猶昔，愴絕人間二十年。」

所謂愴絕人間二十年，指十五歲喪母以後之二十年。簡撰年譜竟有此種誤置之疏失，故讀其年譜更宜審慎。

又簡先生所撰朱九江先生集初刻序，內云：

「詩由先生家人所得，原略有次，今仍之，皆三十有五以前爲之也。」

簡先生作此判斷，乃因詩集之最後一首詩為良鄉題壁。故以詩論之，集中過先孺人墓詩為最晚之詩，良鄉題壁是南歸以前之事。

又朱九江先生集卷一，有寒食一首：

「母背頎兒去，回頭又七年，隻身今異地。寒食一淒然。末學羈明試，勞人悔汗篇。弟兄家薦酒，曾否及重泉。」

查卷五之詩有三十九歲所吟，故簡先生之言又須修正。何以知集中有先生三十九歲所吟之詩？緣先生之後母關太宜人卒，先生執喪居正覺寺凡三年。今詩集中有借居正覺寺蘭若雜詠十四首，可見簡先生所說詩皆三十五歲前所吟不確。

九江先生之後母關太宜人，亦為一賢母。查九江先生有弟名宗琦，親生母逝世時，宗琦只十二歲。九江先生詩集中有「寄舍弟宗琦」一首，前四句云：

「老坡於子由，相長三歲強。而我與吾子，其年適與方。」

可證宗琦小於九江先生三歲。由於宗琦年幼，故不能不有後母。

關太宜人待九江亦極好，道光二十三年，九江先生與伯兄北行會試，乏資斧。鬻藏書猶不足。關太宜人竟鼓勵他北上會試曰：

「予宿討羸疾，猶自適也；行矣，毋予憂。」

二十四年春正月丁酉，關太宜人卒。時九江在京，凶問未至，某日團拜，九江先生忽心悸，小憩夢衣冠髯丈夫數謂之曰：君胡不歸？先生異之。已而得噩耗，遂遄歸。先生及門聞喪，呼號哀絕，三日勺水不入口，咯血殯前。自責背親圖榮，即於大故，不孝之罪，重不可逭。既成服，止草居，西潦方退，暑濕蚊蚋，家人設敝帷席，先生麾去之，曰：「吾母今獲安宅邪？」比葬，先生歠鬻寢苫於地者五越月。此後執喪居正覺寺三年，道光二十六年冬十月，始服闋。

這可以相見關太宜人雖是後母，九江先生孝敬之，不啻親娘。觀九江先生「背親圖榮」之語，感人至深，我亦鼻酸淚出。關太宜人必為賢母，乃能有上述之慈孝感人故事！

朱九江的青年時代

清史朱九江傳於九江先生青年時代一字未提。九江先生於道光二十七年進士及第，是年已四十一歲。欲瞭解一位大學問家決不可不知其青年時代，故列專節言之。

前節談到九江先生十五而強識踰素。故本節即以十五歲至四十一歲為範圍，詳述九江先生所識者何事。

道光初，一般讀書人之中心思想為科舉，而當時取士並不重博奧古雅，此乃曹振鏞之壞科舉。曹振鏞素不學，試卷之有典實者輒不得其解，故深惡而痛絕之。每摘一二破體字而抑高文於劣等，而於文詞之工拙及書法之優劣均不在意。後來主文衡者樂其簡易，相率效尤。試卷只須通體圓整，無一點畫訛錯，即可登上第。於是文體衰，而學術亦因之不振。

曹振鏞柔佞陰險，嫉阮元之學問道德，遂百般譖傷之。振鏞知道光帝惡大吏政務廢弛，故陽讚阮元學問優長，道光帝問曰：何以知其學問？則對以阮元在雲貴總督任內，尚日日刻書談文。以此挑撥，帝怒，遂惡阮元。

朱九江於十三歲時見賞於阮元，但其政治生活並非順利，因青年時代並不知曹振鏞如此壞科舉故。先生年十八，尚致力於書法。年譜道光四年甲申條，有云：

「春二月，先生服闋，肄業羊城書院。山長謝里甫先生能書，嘗曰：書雖小道，非雋悟不能通其意。吾友教歲數百人，饒學此者，朱生而已。迺授筆法，辟咡詔之曰：實指虛掌，平腕豎鋒，小心布置，大膽落筆，意在筆先，神周字後，此外丹也。手軟頭筆重，此內丹也。又曰：晉辨神姿，唐講間架，宋元以來，當逋峭之趣矣。然神物無蹟，易於羊質虎皮，以趣勝者即有所成，祇證聲聞辟支果耳。不成，終身遂流魔道，不可振救。初學執筆，折中祛弊，其諸顏平原歐陽渤海間乎。由是先生工八法！」

道光九年，九江先生丁父憂，服喪三載，至十二年壬辰，復舉，肄業於越華書院，益肆力為詩文。山長桂林陳蓮史先生一見異之，命賦新松。九江先生吟曰：

「分得蒼株煙雨濃，滋培造化與同功，著書歲月忘年對，起蟄雲雷有日通。御李漸次寒謖謖，補蘿休待蓋童童。棟材未必千人見，但聽風聲便不同。」

此詩有廉直勁正氣象，足覘他日正色立朝風氣，故陳蓮史先生極器重之。豈料曹振鏞掄才根本不重視這一套！

九江先生於道十二年赴鄉試，失敗；所幸有賢妻安慰，故十七年秋再去赴鄉試。但此丁酉科之鄉試，仍失利。到了十九年秋，涇陽張文毅、江寧潘忠毅來典試，九江先生與伯兄始同舉於鄉。時人稱之曰：

「南海明珠，同時入貢矣。」

道光十九年，西曆一八三九年，為林則徐燒英商鴉片的一年，九江先生有憂天下之心，其文富奇氣，故得中舉。先生名言有謂：

「天於兆民之中，獨畀一二人才。蓋兆民苦樂皆寄之矣。」

此年，他之進取心甚熾，遂偕伯兄北上會試。次年庚子榜，他又名落孫山！此年為鴉片戰爭開始之年，他便留在北京。年譜云：

「先生會試報罷，旅都門。先生自北旅以來，居邑館泳珠堂，時借書士大夫家，昭代憲章，名公行實，采獲之勤，申旦不寐。」

二十一年秋，先生始南歸。是年英軍再陷定海，次年英軍陷鎮江，旋簽訂南京條約。軍機大臣王鼎自殺以殉！九江先生受時事刺激，益以勵學為心。二十三年冬，復偕伯兄北上會試。他已三十七歲，有名言謂：

「不可知者遇，
不可信者文，
不敢負者學，
不敢玩者身！」

次年，會試又失敗！這次打擊卻不小。因為繼母關太宜人病故，他想到「背親圖榮」之大罪，痛不欲生。他服喪三年，至四十歲方服闋。

朱九江之青年時代，敗壞的科舉制度，他沒有看清楚。所以，他遭受許多次挫折。他有賢妻，有慈母，使他屢敗屢振，但他終於失敗了，而且心理上有沉重的負擔，怎對得起賢妻？怎對得住慈母？朱九江的悲劇實為全中國知識份的悲劇！

朱九江先生四十歲前之成就

前節言朱九江先生青年時代中心思想為由科舉走上仕途，遭遇許多挫折後深悔背親圖榮。此病不僅彼一人有之，實為全國知識份子之通病。又不僅清末如是，即今日之知識份子亦一皆如是！試看升學主義之下，求一不背親圖榮者而不可得，即知吾言不謬。

但朱九江實非常之人，他之晚達，並非咎由自取。而在四十歲前，在學問方面實有卓異之成就。為使讀者接受此一說法，特列此節，臚舉證據。

首先，言九江先生在書道方面之成就。先生在羊城書院肄業時，得山長謝里甫先生之指教，致力書畫。十年後即成一書畫家。二十年後，即有人奉重金乞擘窠大書。年譜有云：

「初，先生北行乏資斧，溫氏富人奉重金乞擘窠大書。」

禮山紀聞有云：

「朱氏祖祠先生題其額擘窠大書。或問之，曰：法歐虞間也。」

九江儒林鄉志有云：

「公私碑篆並過目無忘。」

朱九江先生集有遺墨，為一行書對聯，文曰：

「我書意造本無法

此老胸中常有詩」

筆力雄健，有顏真卿之筆意，真如鐵劃銀鈎。清代書家，通常列下述諸人：顧炎武、厲鶚、畢沅、劉墉、梁同書、翁方綱、錢大昕、阮元、伊秉綬、吳榮光、左宗棠、何紹基、曾國藩、朱九江、康有為、鄭孝胥。

細比較之，即知朱九江有承先啟後之地位。康有為之書道，今傳於日本，溯其本源，不能不言師法九江。九江先生自信其書在歐虞之間，歐即唐太子率更令歐陽詢，虞即秘書監虞世南。虞以遒媚勝，歐以險勁勝，世稱歐虞體。

次述其詩，今所傳之時概為四十歲以前之作，在當時已為時人傾倒。錢儀吉序云：

「僕甫至粵，訪士於涿州盧后山制軍。制軍爲言：南海茂才朱次琦稚圭莊士也，顧才氣無雙。予聞而心數之。已而代校此邦文字，茂才率爲舉首。與嚮者制軍之言若契箭之呼，而春牘之應也。竊喜老眼頗未昏瞀，因介李繡子太史曾勉士學博求與交。其爲人偉瞻視，嶷嶷然氣純以方。其論說縱恣滂葩，有鼇賈之覈。其詩無弗學，亦無弗工。往往於轉捩頓挫處得古大家神解。梁簡文有言：斯文不墜，必有英絕領袖之者，其不在斯人與？」

朱九江先生集卷三有答談太學子粲見詒四十五韻，此談子粲，即稱道朱先生之詩者。九江論詩不昵門戶，不主一家。其說即見於此五言古詩中。

九江先生之詩極多變化，或愴若宮娃怨，或悄若叉魚火，軟或游空絲，勁或沒石苛，時而恍洋，時而澹沱。肆恣則數十韻，如黃河大江。而其用字斟酌至當，無一字不妥。若將清人詩集比較之，不難發現九江先生之詩之特異者，例如與妻夜話，乃極罕見者，而九江集中有二首：

「漸漸衣棱凍，娟娟鬢影深。鏡匳今共命，鐙火此愁心。萬態趨殘夜，孤思殿苦吟。高懷吾愧汝，卒歲恥言金。」

「近恙亦良已，遐憂方缺然。與卿俱省恨，明歲入中年。事往疑尋夢，親衰每禱天。翻憐株守好。說笑展春筵。」

我為中國文學史補足詩人之私生活，曾注意詩人贈內或悼亡之詩，卻未見與妻夜話詩。故上錄兩首，極為可貴。在清詩選中，與此伯仲者僅下列數首：

袁枚：病中贈內

宛轉牛衣臥未成，老來調攝費經營，千金儘買群花笑，一病纔徵結髮情。碧樹無風銀燭穩，秋江有雨竹樓清。憐卿每問平安信，不等雞鳴第二聲。

吳偉業：追悼

秋風蕭索響空幃，酒醒更殘淚滿衣，辛苦共嘗偏早去。亂離知否得同歸？君親有媿吾還在，生死無端事總非。最是傷心看稚女，一窗燈火照鳴機。

范當世：寫哀

迢迢江漢淚滂沱，秉燭脩書且奈何！讀罷五千嫠婦傳，可知男子負心多！

九江先生此兩首詩，如以唐人之詩比較，唐代只孟浩然之五言律詩可與之媲美！且只得三首而已。

閨情

一別隔炎涼，君衣忘短長。裁縫無處等，以意忖情量。畏瘦宜傷窄，防寒更厚裝。半啼封裹了，知欲寄誰將。

寒夜

閨夕綺窗閉，佳人罷縫衣。理琴開寶匣，就枕臥重幃。夜久燈花落，薰籠香氣微。錦衾重自暖，遮莫曉霜飛。

他鄉七夕

他鄉逢七夕，旅館亦羈愁。不見穿針婦，空懷故國樓。緒風初減熱，新月始登秋。誰忍窺河漢，迢迢望斗牛。

我近年喜比較中外文學，已將英、美、法、加、德、奧、意、葡、俄、日之詩選出。西人評詩重幽默感，今九江集中有特異者，謂全世界無此作可也：

李孟夔明次卿馮愛之南歸同枉城西寓舍有作、兼簡徐佩韋李愷儔。

湖海收身客，塵纓叩我彈。銜杯霜月皎，聽角晚風酸。斫地悲歌易，登天得第難。到憐空谷榻，幽夢氾崇蘭。

此詩中「登天得第難」句，殊富幽默感。

塵沙行

北行之苦莫如熱，北行之熱與南別。熱惱酷矣塵擁人，眼耳牙鬚喉鼻舌，乘竅而入達肺肝，欲吐不能類癥結。此塵乃若烟非烟，溯所從來不忍説。牛溲馬矢委路壖，攙入灰土吹平田。輪蹄日日蹴成屑，乾風一簸腥聞天。炎天不雨地欲赤，輿夫汗垢膠如涎。和塵一揮落焦土，雜蔥蒜臭爲臊羶。車中屏氣不敢息，擁鼻分作僵蠶眠。日光炤炤眼火鑠，渴望赫景低虞淵。千辛萬苦歷站徧，投肆日昳期息肩。覆面積埃厚一寸，茶鐺飯甑皆平塡。舉甑吹沫免一呷，黃沙礪齒聲鏗然。槃盂渾濁匕箸怯，翻思家食安鬻饘。仰面青冥向天訴，何當夜雨鳴潺湲！謂天蓋高聞不徹，得聞天亦厭其聒。意東而東西而西，且聽行人自回轍。古來回轍知幾人，可憐滾滾塵隨身。百千萬億恒河數，一線蟻逐窮昏晨。八紘砥矢歸皇極，暑不停趨寒不息。大賈營貲士策名，下吏高官各于役。故人下澤愁且吁，棲棲謂我何爲與？有田可耕館可假，何因蕩析長離居？未能免俗我亦恥，宦情何日銷塵滓？北窗高臥羲皇人，此際黑甜酣未起。

今宇內思想家多嘆空氣汙染，而竟無一詩以空氣汙染為題。朱九江卻在一八四〇年吟空氣汙染詩，豈不是先知先覺？此詩富於幽默感，自不在話下。

最後談到他的事功。年譜道光十三年條下，有云：

「九江少穀豐魚桑，先生謀於鄉，迺建義倉；大水之役，萬口嗷嗷，先生食之也。」

此年，先生年僅二十七歲。夏五月庚辰大水，隄決李邨。其情形之慘，有詩為證：

「驀報西潦至，五月日在庚。降割方鞠凶，洪口決李村。嗟嗟十二户（地名），盡室爲魚黿。比鄰聞號咷，誰知其死生。我家三百指，乘屋如鴟蹲。膳飲波面炊，雞狗牆頭眠。高漲更未已，滅沒驚我顏。昏黑扶老稚，一一下破船。室人莫涕泗，我有好弟昆，緣岡互房廬，足以相援攀。可憐非柁工，尾掉船頭橫。滉瀁涉中流，上有星月明。喜達賢主人，舍我在高閣。色定見憔悴，老親蹙額歎。弱妻授我食，執箸不下咽，脫我淖中衣，易我犢鼻褌。展視著股處，血痕已朱殷，憐惜不出口，泫睫淚漣漣。搖手使勿聲，吾母腸斷間。民生正摧挫，我敢自求安。願以膚髮勤，易此骨肉完！」

若事先無九江先生建義倉之議，此次水災怎生了得。又年譜道光十九年條下，載有：

「夏五月大水，鄉隄瀕危。先生與孝廉馮愛之明次卿馳赴之。列丁夫，豐餉犒，埤黏土，槃杙連雲，萬杵陡作，越四日而隄復完。當是時風雨暴來，飛濤及面，足下洶洶作聲，鄉人色駭。先生山立而奠之，皆相慶也。隄趾故多叢葬，築者疑畏。先生手椓其上曰：隄決地且瀦焉，冢骨何有。如彼不諒，惟予之祟。迺卒工。鄉人以多先生，而先生不居焉。」

此年先生僅三十二歲，與友人馮愛之明次卿兩孝廉搶修鄉隄，活萬家命，止千丈濤。真了不起！九江先生功成不居，歸功於兩孝廉，有詩四首，謂之憫潦詩，其二云：

「急流既呼洶，長風復蕭颾。大堤如堅城，浮肥同輶毛，延緣一線泥，障壅千丈濤。是時萬家命，呼吸人鬼交。鴝鵒爾何物，白日聲嗚驕。得無鬼伯使，作此絕命妖。野人聽其聲，一寸魂搖搖，有飯不暇炊，有機不得繅。重憶癸巳歲，淚落連珠拋。」

其三云：

「中夜鼓柝來，告急踵相貫，既潰曲爭頭（璣名），又報河清岸。賢哉兩孝廉，吉凶與同患。肩輿弗及待，僵走泥至骭。武力來什伯，椿掃亦億萬。一夫抱其根，投沒奔湍半；一夫椓其頂，飛空奮榷健。剽疾過竿戲，勢上切雲漢。畚挶各就理，出險發深歎。覆巢與完卵，其間不以寸。去時五更霜，歸時二更飯！」

讀此可知當時緊張情形，由五更至二更，其勤如此！查此事亦載於九江儒林鄉志雜錄，惟所言年歲不合。依譜道光十九年，為己亥年。而雜錄則記道光甲午六月。甲午乃是道光十四年。細審其文字，似在簡撰年譜之先，故改甲午為己亥，必為簡君曾加細考者。惜簡君採此段文字時，略去重要之數點：

㈠霪雨潦漲，鄉之西荒磯先鋒廟諸隄坍圻逾百丈。

㈡朱徵君子讓時為諸生，聞之，亟偕孝廉馮愛之汝棠等馳赴之。先命刈伐沿村木葉障隄，槎蘖俱盡。

㈢居人壯者集畚挶，老弱轉饋餉，聰敏管度支。

㈣當時風雨暴横，翻瀾及面，足下震震作響，眾皆股栗，徵君屹立不動，群情遂安。

㈤方工棘時，民夫脅索賞錢不得，則鼓眾罷役。徵君厲聲曰：若去無害，晚飯請會食于主簿監矣。顧父老曰：此輩狡獪，就役時，吾先藉其名氏里貫，正為此也。佯呼輿，將鳴官治之，眾籲免乃已。

述九江先生之事，莫佳於康有為者。但康有為之朱九江先生佚文序，竟未提及此事。僅言：

「沈浸經史掌故詞章之學，凡吾粵老若曾勉士之經、侯君謨之史、謝蘭生之詞章，皆翕受而自得之，旁及金石書畫，罔不窮精極微。」

我們認為九江先生四十歲以前之事功值得大書特書。蓋九江先生尚實學，其目的並不在科舉。先生嘗謂：

「讀書者，何也？讀書以明理，明理以處事。」

又謂：

「今之子弟所志者科名而已，所力者八股八韻八法而已，故今之所謂佳子弟，皆古之所謂自暴自棄之尤者也。」

若但見其經史詞章金石書畫，而忽略其義倉、修鄉堤之類大學問，是棄其大而言其小，不得謂為有良史才矣。

九江先生的政績

清史儒林傳言九江先生道光二十七年進士及第，分發山西，攝襄陵縣事。並舉其政績曰：

㈠「官襄陵時，縣有平水，與臨汾縣分溉田畝，居民爭利搆獄，數年不決。次琦至，博詢訟端。則豪強壟斷居奇，有有水無地者，有有地無水者。有地無水者向無買水券，予之地弗予之水，有水無地者向有買水券，雖無地得以市利。於是定以地隨糧、以水隨地之制。」

㈡「繫囚趙三不棱，劇盜也。越獄逃。次琦未抵任，先出重資購知其所適。亟假郡捕，前半夕疾馳百二十里，至曲沃郭南以俟；盜眾方飲酒家，役前持之。忽樓上下，百炬齊明，則赫然襄陵燈也。乃伏地就縛。比縣人迎新尹，尹已尺組繫原賊入矣。遠近以為神。」

㈢「每行縣所至，附循姁姁，老稚迎笑。有遮訴者，索木椅在道與決，能引服則已。恒終日不笞一人。」

㈣「其他頒讀書日程，創保甲，追社倉粟二萬石，禁火葬，罪同姓婚，除狼患，卓卓行異政。在任百九十日，民俗大化。」

此段文字，過於簡潔。究其實，涉及民法刑法，宜設專節詳為解釋之。又敘事次序先後倒置，可謂敘次無法。今先敘其事，然後析其義。

道光二十七年春，先生與伯兄北上會試，先生成進士，即用知縣，籤分山西。時年四十一歲。次年春赴山西，經漢口，冬十一月丙辰，抵太原。自是在需次五年。道光三十年，先生感吏事之難，乃蒐購武備、倉儲、河渠、地利諸書，而研究之。咸豐元年，太平軍占永安，天下洶洶，先生在晉，惄焉憂之。是年冬，晉北邊歸綏漢蒙械鬥，邊甿殺札薩克七百餘，蒙古控於朝，未獲平章，遂憤而言將用兵幕南。先生聞之，憂曰：「此激亂也，今南方盜興，有魚爛之憂，又使北方興釁，危莫甚焉。」咸豐二年，乃見晉臬潘公，獻遣一能吏談和之策。即先遣人親諭邊甿，俾獻罪魁，執以說於蒙古。潘公以白撫軍兆那蘇圖。兆公曰：誰足任者？

潘公即以次琦對。兆公以先生奏聞，請代平章漢蒙事。夏五月，先生銜朝命馳至幕南，縛罪魁十三人，乙卯，衣裘往蒙古盟界，蒙古以為天使大人來，張宴歡迎之。但諸王咸以抵罪者少，不肯解釁。先生曰：死者雖多。乃自相蹈藉而死，援刑律檢骨法折之。又言：血刃尋仇，不如喇嘛禮魂，於是咸服而邊釁解。蒙古諸王贐裘二百襲，先生謝弗受。使還，兆公將以知府花翎奏請，先生聞之，以議發自己，且薦自舉主潘公，有銜售之嫌。請潘公為固辭於兆公，乃已。夏六月丙午。遂署襄陵。諺所稱金襄陵者也。秋七月戊辰，先生孑身赴襄陵。

時劉盜趙三越獄，薛令促先生接篆，先生謝病三日不至，盜遂不戒。先生陰購眼線，知盜所適，亟假郡役，捕之。盜麾刃死拒，顛墜者數人，欻而樓上百炬齊環，則皆襄陵縣燈也。盜乃就縛。故到任之日，民以為神。時先生年四十六歲。

河東多狼患，有席氏女將出閨，為狼所噬，訟者兩造各執一辭。先生憂之，遂決獵捕全境之狼。以萬錢賞獲一狼者。並親檄西山神祠，此祠乃民眾患狼而祀之者也。先生約西山神十日驅狼盡，否則毀神，瀦其地。邑人皆恐！時方秋肅，天乃大霧旬日，人得迹狼所至，攢火鎗擊之。得斃狼百〇七隻。狼患遂絕！

先生提倡教育，親教士養中堂，邑試士日，皆自校文，纍夜忘寢，得士凡五十二人。舊習弟子員摯於邑令，人率二十四金，是為棚規。先生廉潔，概蠲免之。

先生聽訟，讞獄不輕及士，並期無訟，每勸諭之。邑多兄弟異財之訟，先生曉以骨肉之間不宜訟爭，知必生自婦人，遂拘婦人至，而訟者遂具悔狀乞罷，請為兄弟如初，邑遂無異財訟。襄陵與臨汾間有平水，分灌其田，豪右壟斷為奸，非有買水券弗予之水，於是爭水而鬥者歲百千人，大獄數起。先生曰：「嗟爾邑民，利餌於前，刑糾於後。雖曰不罔民，誰欺哉！乃定以地隨糧，以水隨地之制。貸數百家，活百四十有七人。邑民德之，呼為萬家生佛。先生設水則，水二十分，酬八支渠，所分灌視壤廣狹為差。設渠長，司水之禁令，下設溝夫，察分灌；堰長，守陡門，皆聽於渠長。又立行水之法：晝夜有程，通閉有節，傳牌有部，淘河有式，動破有候。水利大興，得水田十萬八千畝。先生且言於兆公曰：襄陵水利，民捐民修，乞奏請毋照東南水田升科。兆公命先生為奏稿，奏上，詔曰可。於是邑人感激，立碑頌之。

縣政為一大學問，最基本者為法律學。清代之法學仍以唐律疏議為經典，九江先生精通法律，故能樹仁惠以裁化。他之禁同姓婚，即依唐律：「諸同姓為婚者，各徒二年，緦麻以上，以姦論。」他之禁兄弟異財之訟，即本唐律：「諸祖父母父母在，而子孫別籍異財者，徒三年。」他之禁壟斷水利，即本唐律：「諸盜決隄防者杖一百。」疏議曰：「有人盜決隄防，取水供用，無問公私，各杖一百。故注云：謂盜水以供私用，」又曰：「以故殺傷人者，謂以決水之故殺傷者，減鬥殺傷罪一等。」他之終日不笞一人，即本唐律疏議：「笞者，擊也。又訓為恥，言人有小愆，法須懲誡，故加捶撻以恥之。」及：「笞擊之刑，刑之薄者也，隨時沿革，輕重不同，俱期無刑，義唯必措。」

九江先生在晉研究之縣政學，尚有武備、倉儲、河渠、地利乃至蒙古之宗教、蒙古之習慣法等。此則邊省之特殊學問，而非一般縣政作者所備有者。

九江先生救時策

清史儒林傳記有朱次琦於襄陵卸任後，對洪楊之亂，有綢繆全晉，聯絡關隴之策，而大吏不能用。這不僅是朱九江先生個人之不幸，亦是全中國人的不幸。因此宜將九江先生之救時策詳細敘述，並探討所以大吏不能用之故。

查洪秀全之反清，乃因科舉失利而激起。朱九江亦曾嘆道：「斫地悲歌易，登天得第難。」（簡徐佩韋等）又悲道：「文章寧造命，飄泊益增才。」（示廷蔭）及：「宏獎之風近來少，休文休進彈蕉表。」（贈李鳴韶）

而在洪秀全二十一歲時，已見到清吏之不中用。其時朱九江二十六歲，正肄業越華書院。那是道光十二年壬辰，廣東連州猺亂作。知州蔡天培告反，總督李鴻賓斬七人，奏稱殺賊七百。及官軍敗績，乃以行營失火誤焚傷亡入奏。

洪秀全二十五歲時已絕意科舉，做他的傳教工作。二十九歲時鴉片戰爭發生，秀全知道滿清太不中用，三十一歲時清英締南京條約，秀全益輕滿清。到了道光二十七年，廣西歲饑多盜，巡撫鄭祖琛不能戢。九月林則徐為欽差大臣入桂剿匪，十月卒於潮州途次。秀全心目中的偉人已死，更小看滿清了。

道光三十年正月十四日宣宗崩，洪秀全三十九歲，覺得造反的時機到了，是年五月他便起義於廣西桂平縣金田村。朱九江卻在山西等待分發為縣知事。咸豐元年，太平軍占永安，二年由永安突圍趨陽朔，圍廣西省城，七月陷郴州，十一月破岳州，勢益盛，天下莫能當。文宗悔用徐廣縉，嚴詔切責，廣縉知事必敗，遂益逗留。與人書自言屏息以待雷霆。十二月己卯湖北省城陷落。文宗憂之，詔以張亮基署總督，潘鐸署巡撫，羅繞典以雲貴總督防荊襄，曾國藩以在籍侍郎幫辦團練。歲在壬子，朱九江在襄陵推行仁政，流聞郡國。但在任只一百九十日而已。

九江先生聞太平軍破武昌安慶，據金陵，北至揚州。大驚曰：賊巢金陵，非群飛四掠，不定其巢。晉雖遠，難免其飛掠而來。乃陳綢繆全晉之方略。其略曰：

「雍冀爲天地積高之府，踞建瓴之勢。我力能合從，則腹背無虞。顧瞻關隴，脣齒依之矣。晉中富實甲天下，内而馬牧金鐵硝磺芻粟之産，外而蒙古察加爾之兵，踊躍徵需，可饒軍實。長安稱陸海，豪户不減晉中，河西武力，關外防秋，皆緩急之資也。一旦有警，甘督出商漢，陜撫據潼關，與吾爲犄角。吾撫軍則率北鎮勁旅，扼河爲固，踞茅津太陽之間，命廉使率南鎮，控太行，以防河北。其餘若遼州十八盤，平定之井陘口，五台之黑山龍泉諸關，可丸泥封也。北邊幸無事，將軍引綏遠旗兵，入鎮行省。與藩侯居守，副都統移駐大同，以筦北門。我師之出平蒲爲正，澤潞爲奇。正扼其亢，奇撫其背。以守則固，以征則彊。是故漢南有賊，甘督爲主。秦晉赴之！河北有賊，我師爲主，關隴赴之！豫中有賊，我與甘軍之赴陜撫者亦如之。堅瑕一氣，折衝千里，此常山蛇勢也。於以鞭笞楚蜀，控引河洛，援中原以屏蔽京師，豈不爲桓文之烈哉。」

我們讀到此文，不禁稱奇。緣當時曾國藩奉命幫辦巡撫團練。曾國藩並不積極，而以行軍用兵不素習為理由力辭之。時有救亂之心者，只朱九江一人而已。

九江先生此策，乃上之於平陽太守何維墀。何太守乃撫軍哈芬所倚信之人。何太守不用其謀，九江先生乃逕上之撫軍。哈芬素不知書，視先生策若無覩，納策鞾中遽退。幕賓誚朱次琦曰：「子之策，謂之先事豫防也可，謂之未事張皇也亦可！」真令人氣憤！先生之策不用，未幾，揚州賊由鳳毫趣豫，跨河撲懷慶。八月折而西，遂入晉。陷垣曲、絳縣、曲沃。進屠平陽。喋血千里，蹂躪及畿輔。何維墀太守闔門遇難，撫軍哈芬聞難先逃，革職遣戍！九江先生則避居五台，以江楚阻兵，無法南歸。四年六月，九江先生答王棻友書內有云：

「設秋後內地仍不可通，決意道津門航海歸矣。幼安危坐，巢父掉歌，古之人有行之者，丈人聞此，必謂生好勇，過矣過矣。哂之邪？悲之邪？世難方殷，靡知所底。項領之歎，詩雅以嗟，然竊惟自古泯棼之會，元黃戈馬之秋，天命民彝，必不可以一朝絕。不絕則宜有所寄，寄斯鉅者，宜在修學好古之儒。」

是年曾國藩知事愈危，勢不得出十全，於是改營制，以五百人為一營，其非湘鄉人，各領鄉軍者，隨所統為小營，凡陸軍五千餘人，為十三營，水師五千人，為十營。戰船二百四十，坐船二百三十，員弁丁夫水陸萬七千人，建旗東下。

五年，九江先生南歸。道上兵荒，貲盡，次贛州，典裘度嶺，乃抵家。年譜云：「夏六月至自山西。」

我們由上面之事實，知九江先生之救時策所以不見用之故，乃何太守之愚騃及哈撫軍之無知。清運當衰，命也。

九江先生的晚年

清史朱次琦傳逑其晚年事有提倡損產贍族一項，及同治元年奉旨起用竟不出事。言其卒於光緒七年。按九江先生之晚年指咸豐六年返鄉後以迄光緒七年。亦即從五十歲到七十五歲。這二十五年之事多極了，值得細說。

咸豐六年是太平天國內鬨的一年，次年是英法聯軍攻陷廣州的一年，八年是締天津條約的一年。太平天國因內鬨而亡，可是外侮來臨。中國真是不幸！同治四年是捻亂擴大的一年，至七年捻亂乃平。十二年是甘肅回亂的一年，十三年是日本侵臺灣之年。光緒五年是日本併吞琉球之年，又是崇厚與俄訂伊犂條約的一年。七年曾紀澤使俄方將伊犂條約改訂。

關心國事的朱九江先生對這些當然蹙額。他決不是國事不操心，只注意宗族的事的老人。

請注意咸豐六年秋英軍來侵，先生悲之成疾。粵中鄉屯數十萬人，主者請先生襄其事，先生嘆曰：

「吾人微言輕，非所濟也。且當路之常，今日言兵，明日言欵，若天使之然者，人豈能與天爭乎？」

從咸豐七年後，先生即居鄉，不入城市。遠方學者日至，先生講學禮山下，康有為之父亦在學生之列。禮山講學，講的是什麼呢？

回答這一問題，可用幾句話：

「先生講學於九江鄉禮山草堂，授學者以四行五學。四行曰：敦行孝弟，崇尚名節，變化氣質，檢攝威儀。五學曰：經學、史學、掌故、義理、詞章。」

先生尊朱子，認為漢之學，鄭康成集大成，宋之學，朱子集大成，朱子又即漢學而稽之者也，宋末以來，殺身成仁之士，遠軼前古，使孔子之道大著於天下，皆朱子之力也。

這話不是迂談，而是針對時局而言的。中國呈現社會解體現象，救之之道，首在誠心行孝弟。先生說孝弟，與一般人不同。他說：

「骨肉之間，動以理爭。夫烏知爭財者罪，爭氣者罪，爭理者亦罪。」

次在崇尚名節。他說：

「天上之士好利而鮮名節，二百年於茲矣。」

又次在變化氣質，其說依張載。最後，他提到檢攝威儀。為何提此？亦因當時學者輒尚不羈，他引詩曰：

「不弔不祥，威儀不類，言亡國徵也。」

所以敘九江先生晚年講學必須和時局不安連帶說法，始知九江先生是以青年通病為對象而下藥。無刻不注意亡國現象要革去。他引孟子語而勸學曰：

「孟子曰：下無學，賊民興。可不懼哉！」

當時有些學者才大而器小，矜伐自用。他力誡之曰：

「若管仲、姚崇、李德裕、張居正者，均非足法」。

有些學者則務碎誼逃難，便辭巧說，他嘆道：

「紀文達，漢學之前茅也，阮文達，漢學之後勁也；百年以來，聰明魁異之士多錮於斯矣，嗚呼，此天下之所以罕人才也。顧亭林之學，不分於漢宋也。」

他見學者不尊師，乃曰：

「朱子師程子者也，朱子釋經，不或匡程子之失乎？志遜而辨，辭恭而直，朱子事師之誼也。今之學者喜攻師，蜩沸者無譏矣，將或中焉，惜夫其不如朱子之事師也。」

有人認為直節之士不可為，他說：

「雖有國賊，敢不畏直節之士哉！」

禮山講學時期，九江先生的私生活如何？我們知道，先生赴晉未攜眷去，夫人黃氏，只有兩女：伯姬與仲姬。他返家已五十歲而無男兒。黃太宜人憂之，以買妾請，先生不之許。後來，同邑陳氏有婢，主人所遺兩孤兒，視婢如其母，家絕炊，母黨及姑給之食，婢忘其貧，既及笄，乃自矢曰：主今困弱，有二子，非婢誰育？婢惟知佐主而已。陳氏欲嫁婢，有以此消息告黃太宜人者，九江先生奇之，往視，婢為霍氏女，貌寢陋而跣足，先生納焉。此妾於同治六年舉一男，名為之紱。生之紱之時，先生年六十有一矣。又年譜云：

「妾有二女，叔姬、季姬。」

故九江先生晚年之家庭人口：一妻一妾四女一男。九江先生之哲嗣比孫中山先生小一歲，此點亦極值得注意。由於舉子太晚，九江先生不及見其子之成人。九江先生所厚愛者乃伯兄之子儷尊。同治九年秋，儷尊舉於鄉，先生甚樂。不幸同治十二年，此子便死了。九江先生哭之慟。次年，穆宗之喪，先生亦哭。

述九江先生家庭生活畢，我們且注意一下他的門人，光緒二年，康有為得為其門弟子，先生年七十，康有為方十九歲。述先生之聲音笑貌及其偉大，最親切確實者即康有為，他在朱九江先生佚文序中說：

「日一登堂講學，諸生敬侍，威儀嚴肅。先生博聞強記，不挾一卷，而徵引群書，貫穿諷誦，不遺隻字，學者錄之，即可成書一卷，今所傳禮山講義是也。然十不能得六七。至夫大義所聞，名節所繫，氣盛頰赤，大聲震堂壁，聽者悚然！」

又說：

「望之凝凝如山嶽，即之溫溫如醇酒，碩德高風，不言而化，興起發奮于不自知焉，乃知以德化人之遠也。」

更說：

「先生夏識高行，獨不蔽於俗。厲節行於後漢，探義理於宋人。既則舍康成，釋紫陽，一一以孔子爲歸。其行如碧霄青雲，懸崖峭壁，其德如粹玉馨蘭，琴瑟彝鼎。其學如海，其文如山。高遠深博，雄健正直，蓋國朝二百年來大賢巨儒未之有比也！」

這話是否誇大呢？康有為懼讀者不信，繼云：

「梨洲精矣，而奇佚氣多。船山深矣，而矯激太過。先生之學行，或於亭林爲近似，而平實敦大過之。箸書滿家，以爲所知，有國朝學案、國朝名臣言行錄，凡百卷。蒙古記，晉乘，各數十卷。詩文數十卷。」

除康有為外，其門人有簡廣文竹居、胡茂才少愷，此兩人之性行，康有為有一言評之：

「簡廣文竹居，胡茂才少愷，皆博學高行。」

簡廣文即簡朝亮，撰朱九江先生集初刻序者，即其人也。簡先生撰朱九江先生年譜，其佳勝處甚多。我以為他能注意九江先生之風誼，為一般撰年譜者所不及。

胡少愷不知何許人，待考。

又太原王璲，自稱弟子。撰稚圭先生畫像記。稚圭乃先生之號，此記撰於咸豐三年，時先生年四十七。可知王璲乃先生居山西時之弟子。此畫像記為朱九江先生史料之最重要者。文字之美，遠在康有為之上。緣康有為之序尚有瑕疵可摘，如先生之嗣子之紱早殂，竟謂明敏克家。如先生卒於光緒辛巳冬則誤為壬午春。王璲對先生之批評，略曰：

「璲嘗妄測先生，謂行古道而不固，用儒術而不疏，高峻似河汾而篤實過之，豪邁似永嘉而深穩過之。」

亦極允當。王璲此文首稱：

「昔王通以太平十二策干隋文不用，遂賦詩東歸，教授龍門。帝猶謂恨遇生晚，一再徵之，竟不起。陳亮上中興書，時方諱言兵，僅授館職，亮慨然曰：吾爲國家數百年治亂，豈爲一官，卒不受。是故用其人以戡難者，古有之矣，陽明平宸濠是也。用其言以決幾者，古有之矣，昌黎策淮西是也。人與言均失，而亂亡侵辱不旋踵者，古有之矣，王仲淹之於隋，陳同甫之於宋是也。」

即有見於稚圭先生綢繆全晉聯絡關隴之策不見用，故以王通、陳亮比之。此一卓見，本文作者完全同意。因景仰王璲，其生平容他日索之。

原刊於《廣東文獻》四卷一期

朱九江之學術思想

梅翼樞

一、緒　言

吾粵學術，遠起漢初封川陳元，治左氏春秋。曾授王莽，並與桓譚、杜林、鄭興等為學者所宗。遠唐、張九齡以相業顯，所謂曲江風度是也。至於釋氏，則有禪宗慧能，倡頓悟之法，直指心源。其說影響後世極大，會儒道之說，而下開宋明之理學焉。

及宋，增城崔菊坡與東莞翟傑為著。翟氏私淑龜山，其學上溯濂洛，下開白沙，是為南學之立宗派也。

有明一代，自新會陳獻章崛起，嶺學其流始暢。嶺學源流，肇於翟傑，而導於白沙者也。其學以虛為基本，以靜為門戶；教學者但令端坐澄心，於靜中養出端倪。白沙弟子，增城湛甘泉，時與王守仁齊名，主張隨處體認天理。自後門戶益盛，而受業著藉者，蓋四千餘人，號稱廣宗。此外，明季新會陸粹明，亦主白沙之學，終日靜坐。

清初，新寧陳遇夫，尋溯白沙之學，重訂楊起源所輯白沙語錄；以明白沙之學，由博返約，非墮禪悟。至康雍間，又有新會胡方繼起，洵為白沙學派之中流砥柱也。

然自嘉道之後，阮文達之督粵也。立學海堂，導學者以漢學，嶺南講學之風，遂一變於科名，再變於考據，可謂頹而不振矣。其時若侯君謨、林伯桐、陳蘭甫等輩，皆以著書為尚。獨朱九江先生攘臂而出，大聲而呼，障百川而東之，迴狂瀾於既倒。乃棄官講學，融會漢宋，教學者以修身讀書之要。闡明孔學，恢復正統；使儒學歸於先王經世之大道，而下開後世嶺學之先河。

二、朱九江之生平及其著作

先生，諱次琦，字稚圭，又字子襄，廣東南海人。生嘉慶十二年丁卯，卒光緒七年辛巳，年七十五歲。少敏雋，以神童聞於粵，方十三齡，以同里曾勉士，得謁阮文達，乃命先生賦黃木灣觀海詩，文達驚為天才，曰：『老夫當讓此子出一頭地』過予彩旗門作矣。及阮文達為相，選高才生，肄業學海堂，於是選者十人，以先生為舉首，後以疾辭不赴。年三十三舉於鄉，四十一成進士，即用知縣，籤分山西，乃赴晉，不挈家而行，甫下車，修鄧伯道祠，崇風教也。自是在晉者凡七年，而晉中多士，喜從之遊，先生郤贄，與之言學，若古士相見禮，無敢以私謁者。

先生之令襄陵也，以儒為治，興文教，在任百九十日，政化大行。先生去襄陵，邑人緬懷功德，築祠以祀；晉士更稱為山西賢令，程明道後一人，且譽為後朱子。旋南歸，講學禮山下，凡二十五年，同治元年，被薦起用，不出。又粵大吏，歷年聘先生為學海堂長，皆固辭，乃虛位待之凡二十餘年，終不就也。光緒七年，廣東制府張裕，以先生『講明正學，身體力行，比閭族黨，薰德善良』奏於朝，與時人陳蘭甫，奉旨賜五品卿銜，逾數月而卒。

先生博極群書，厲節行於後漢，探義理於宋人。據其自言所著述有七：『曰國朝名臣言行錄、法朱子也。曰國朝逸民傳，嘗仕者亦書，如逸民柳下惠也。曰性學源流，論本義而決其支也。曰五史徵寔錄，此錄宋遼金元明，采以資今也。曰晉乘，如程大昌雍錄也。其書名未定，有論國朝儒宗者，仿黃梨洲明儒學案，而不分漢宋，以辨江鄭堂師承記之非。有紀蒙古者，勤北邊也』。卒年之十月，盡焚其稿，僅存手輯朱氏傳芳集五卷，撰定南海九江朱氏家譜十二卷，大雅堂詩集一卷，燔餘集一卷，橐中集一卷。卒後十六年，門人簡竹居為訂年譜，蒐集其所遺詩文暨附錄，都為十卷，稱曰：『朱九江先生集』，行於世。

三、朱九江學術思想之要義

朱九江先生論學，一本於正，非以時尚之所趨為是也。乃以修己治人之學，而為經世致用。其始者，淡聲華，薄榮利；闢修獨行，特立自強，然後復歸於白沙講學之舊。故其為學也，不分漢宋，而兼采其長也。當是時，兼言漢宋學者，又有陳蘭甫先生，以朱子融於鄭康成；而先生則以鄭康成納於朱子，此其同中之異者也。蓋將宋之義理，漢之考據，合為一體，以明經術，以救世道，是故禮山講學記有曰：『烏乎，孔子歿而微言絕，七十子終而大誼乖，豈不然哉。天下學術之變久矣，今日之變，則變之變者也。秦人滅學，幸猶未墜，漢之學，鄭康成集之；宋之學，朱子集之，朱子又即漢學而稽之者也。會同六經，權衡四書，使孔子之道大著於天下。宋末以來，殺身成仁之士，遠軼前古，皆朱子力也。朱子百世之師也，事師無犯無隱焉者也，然而攻之者互起。有明姚江之學，以致良知為宗，則攻朱子之格物。乾隆中葉至於今日，天下之學，多尊漢而退宋，以考據為宗，則攻朱子為空疏。一朱子也，而攻之者洒相矛盾乎。學術之變，古未有之變也。烏乎，古之言異學者，畔之於道外，而孔子之道隱；今之言漢學宋學者，咻之於道中，而孔子之道歧，何天下之不幸也』。

由此觀之，先生之意，以為鄭康成集漢學之大成，而朱子集宋學之大成。故若獨尊宋學，則易入於空虛；若獨尊漢學，則易入於膚淺。是以欲救學術之衰，應以漢宋兼備，鄭朱並重。康南海嘗論先生之學曰：『先生厲節行於後漢，探義理於宋人，既則舍康成，釋紫陽，一一以孔子為歸。』故即漢學而稽之，會同六經，權衡四書，然後孔道方可大明，而達於天下也。

先生又曰：『彼考據者，不宋學而漢學矣，而獵瑣文，蠹大誼，叢脞無用，漢學之長，有如是哉』。此為先生痛詆考據家之獵瑣文，而足以害道。故簡竹居繼之論曰：『夫漢學者，張皇補苴，豈乏一得；然故訓嘵嘵，多貌大義，遂使古人經術，俟之百世，而天下莫補者。乃自今而晦之，此孟子所謂害事也』。

因此，先生乃揭寔學以詔示來者曰：『吾今為二三子告，蘄至於古之寔學而已矣。學孔子之學，無漢學，無宋學也。修身讀書，此其寔也』。然則何為實學耶？先生則曰：『修身之實四曰：「惇行孝弟，崇尚名節，變化氣質，檢攝威儀」。』此四端者，修身之道也。

何謂惇行孝弟？先生則曰：「今之學者，聞古之孝弟，則曰吾心固如此也，其事則不能矣。及其失也，則曰事如此，吾心不如此也。然則汝心則是，汝事則非，孰使汝心不能達於事邪？抑汝心未誠耳。誠以行之，如古之孝弟也，家人且化焉。鄭濂舉治家之道曰：『不聽婦言』而已。夫有言而不聽，豈若化之而無言乎？且骨肉之間，學者動以理爭也。夫烏知爭財者罪，爭氣者罪，爭理者亦罪。禮曰：『門外之治誼斷恩，門內之治恩拼誼』。蓋不可以理爭也，有變則以仁術全之可也」。

何謂崇尚名節？先生則曰：『孝經曰：「立身行道，揚名於後世，以顯父母」。立身也者，名節之謂也。今天下之士，其風好利，而鮮名節，二百年於茲矣。學者不自立，非君子人也。昔者伊尹辨誼，武侯謹慎，辭受取與出處去就之間，昭昭大節，至今照人，如日明之在地也』。

何謂變化氣質？先生則曰：『張子曰：「形而後有氣質之性，善反之則天地之性存焉」。洪範曰：「沈潛則克，高明柔克」。變化之道也。能自克而勝氣質，則剛柔濟事，是悠好德也。悠好德則宜在五福。不能自克，而氣質勝，則剛柔濟事，是悠好德也。悠好德則宜在五福。不能自克，而氣質勝，則剛柔害事，是弱也，弱宜在六極。此學者之元龜也』。

何謂檢攝威儀？先生則曰：「今之學者，輒曰不羈，威儀鮮自力。詩曰：『不弔不祥，威儀不類』。言亡國徵也。以言學者，亦亡身徵也。故鬼幽鬼躁，管輅猶覘之矣」。

以上所論，名雖為四，其實則一，是為朱九江先生修身之道也。夫修身者，非空言所能及也。是故欲修身者，必先讀書。先生曰：『讀書之實五曰：經學、史學、掌故之學、性理之學、辭章之學』。若夫五學之用，先生則曰：

『夫經明其理，史證其事，以經通經，則經通正；以史通經，則經術行』。此經學史也。

『掌故者，古今之成法也。本經史之用，以參成法，則用法而得法外意矣』。此掌故之學也。

『性理非空言也，易曰：「翰音登於天，何可長也」。性理者，所以明吾學之大，皆吾分也。用之無所驕，不用無所歉。古來才大而器小，或矜伐自用，若管仲姚崇李德裕張君正者猶譏焉。吾以為性理之書，誼如懿戒，足以自箴矣』。此性理之學也。

『歐陽氏曰：「文章止於潤身，政事可以及物」。夫信以文章非及物者乎。君子之學，以告當世，以傳來者。書以明之，詩以歌之，非文章不達也，皆及物者也。孔子曰：「言之無文，行而不遠」。南宋而後，古文之道寖衰，天下必當有興者』。此辭章之學也。

以上所論，名雖為五，其實則一，是為朱九江先生讀書之道也。然則何謂讀書？先生曰：『讀書者，何也，讀書以明理，明理以處事，先以自治其身心，隨而應天下國家之用』。又曰：『古之學者，六藝而已矣，於易驗消長之機，於書察治亂之迹，於詩辨邪正之介，於禮見聖人行事之大經，於春秋見聖人斷事之大權』。

其次簡竹居講學記書後有曰：『六藝之文，經學也。書與春秋，經之史學也。六經之法，掌故之學也。六經之義，性理之學也。六經之言，為文言辭章之學也』。

是故以經通經，以經衡子史，以史證經，以掌故助史，以經史貫掌故，以性理佐經，繼以辭章達之。而辭章者，非載道不得謂之辭章也。

四、朱九江學術思想之影響

先生誕於遜清末葉，自鴉片戰爭後，國勢日趨危難，地方之亂，人心之失，固由於政治之敗壞，然亦不能不推源於學術。陳蘭甫所謂：『政治由於人才，人才由於學術』是也。一時有志之士，皆以考據繁雜，而無當於用者；乃思變之，欲以學術培養人材，以救政治之衰也。是以先生自晉南歸，講學於禮山下，猶孔子之自衛返魯，天其有意使負學術之責也。

康南海朱九江佚文序有曰：『以躬行為宗，以無欲為尚，氣節摩青蒼，窮極問學，舍漢釋宋，源本孔子，而以經世救民為歸；古之學術有在於是者，則吾師朱九江先生以之』。

又曰：『有為未冠，以回參之列，辟咡受學，則先生垂年七十矣。望之凝凝如山嶽，即之溫溫如醇酒；碩德高風，不言而化，興起發奮于不自知焉』。

又曰：『至夫大義所關，名節所繫，氣盛頰赤，大聲震堂壁，聽者悚然。為才質無似，粗聞大道之傳，決以聖人為可學，而盡棄俗學，自此始也』。

又曰：『當是時，漢學方盛，飽飣為上，獵瑣文而忘大義，矜多聞而遺躬行。先生知識高行，獨不蔽於俗，厲節行於後漢，探義理於宋人；既則舍康成，釋紫陽，一一以孔子為歸。其行如碧霄青雲，懸崖峭壁；其德如粹玉馨蘭，琴瑟彝鼎；其學如海，其文如山，高達深博，雄健正直，蓋國朝二百年來，大賢巨儒，未之有比也』！此為康有為之說，以顯大其學，可謂極尊崇之者焉！

先生特標四門五學，作為修身讀書之實，其目的在乎人格之創造也，先生深痛政治之日衰，並瞭外患之來，非徒師夷之長，而能制者也。是故大凡科技之利用，非具人格，則不足以導之。可謂深於孔道之大義者矣。

先生講學於禮山，其門下諸弟子中，尤以南海康有為，順德簡竹居，及再傳弟子。新會梁啟超為顯著。斯皆吾粵之傑出者。足與中原俊偉之士，齊足並馳也。此外若洪秀全與孫中山，亦有所感染，而為近代史上之旋乾轉坤人物，功誠不可沒也。

五、結　語

吾國歷史，其影響國家民族之盛衰者，莫過於學術。自漢武帝之黜百家後，則以儒家為主流焉。其間雖有外族之侵入，仍不絕如縷，一脈相傳，其功則在乎聖賢之力使然耳。宋儒張橫渠有言：『為天地立心，為生民立命，為往聖繼絕學，為萬世開太平』。信然！是以聖賢之輩，每於家國垂危，民族存亡之際，皆以學術而挽救之。若朱九江先生者，以雷霆萬鈞之力，振衰起敗，以存先聖之遺志，而復歸於孔子之大道。此為朱九江先生有功於聖門，宜與朱子並論，遂尊稱為前後兩朱夫子焉。

原刊於《廣東文獻》十卷三期

朱九江次琦先生學案

子　夏

傳　略

先生號次琦字雅圭，一字子襄，人稱九江先生，生於嘉慶丁卯十二年，卒於光緒辛巳七年享年七十五歲。年二十六肄業越華書院，受學於桂林陳蓮史之門，蓮史一見異之曰天下士也。嘗以天中節燕諸生，命賦新松，先生詩云：「幹材未必千人見，但聽風聲便不同」。陳先生為吟諷者久之。年三十三與伯兄士琦同舉於鄉，時人稱南海明珠同時入貢。年四十一，舉道光二十七年丁未進士，籤分山西知縣，不挈家而行。晉中多士，爭從之遊，先生卻其摯與之言為，如古士相見禮。咸豐二年綏北古毆脘地絕蒙古幕南晉邊町輸租其地虧租數年，且擊殺遞孔薩克者七百餘人，蒙古忿之，控之於朝，將釀兵禍，先生膺命，繫為首者十三人，深入朔漠，面諭各王，仲裁紛爭，諸王中居京師者，慕先生高誼，乃以十三禍首抵罪而罷。壬辰署孝義縣不赴轉襄陵，先生以儒為治，未始事而擒巨盜。居晉七年，政績斐然，庶民稱頌，引病歸里，離邑時，士、庶扶老攜幼相送於途。時為咸豐五年，年四十九，至贛州典裘度嶺迺至其家，儼然寒士也。

時代與學風

朱九江先生為我粵清末嶺表大儒，惟生于嶺學式微之際，為學不分漢宋，而道咸之交正為先後兩文達高張漢幟排斥程朱，又逢國勢凌夷，洪楊革命。先生以時流所趨，中風獨走，行誼與俗殊異。年四十一始成進士，出仕止十年而息影，五十二居九江禮山下，四方從學者日眾，有古大夫歸教州里之風，講學終廿年，尤重經世濟用，七十歲得門人簡竹居而大其門庭，至再傳弟子林伯聰、李巽仿、康有為、陳千秋始見其光輝，先生著述七種，臨終前悉予焚燬，得門人簡竹居所作「九江先生年譜」附錄「先生論學記」、「在官日記」、「襄陵碑錄」，門人文卷，始見脈絡。清人唐鑑作「清學案小識」，成書於道光廿五年，先生道光廿七年始成進士出仕，故唐鑑所作學案一書，雖以程朱為學統，未錄九江為學之始末。近年錢賓四作「中國近三百年學術史」述康長素二萬多言，附九江於長素之後，師附門人之末，足見錢先生不以九江之學流相重。後撰中國學術思想史論叢繼有「朱九江學述」，乃重估九江無漢無宋之卓見。而竹居門人，再傳弟子林伯聰、林巽仿等至民國七十年始刊「松桂堂集」於香江，朱門簡門高足黃晦聞等四十人之學行，湮沒近百年始顯於世。康有為萬木草堂長興學記曰：「鄙人常倚九江之末席，聞大賢之餘論，謹述所聞為二三子言。」蓋九江講學禮山之下，所標四行五學為中心，所稱四行五學即康有為後之長興子記之所本也。節目之間大同小異，要之萬木草堂規模就有取之於禮山，乃為事實。

九江時代為（一八〇八—一八八二）曾為學海堂都講。學主融和漢宋，正與陳蘭甫（一八一〇—一八八二）同一時代，同崇孔子之教。惟東塾之學主融朱子於康成，九江則主張納康成於朱子，東塾教人不免於閱讀注疏，九江則以四行五學為實踐。所謂四行即係行孝悌、崇尚名節、變化氣質、檢攝威儀。該書之實有五，曰：經學、史學、掌故之學、理性之學、詞章之學。是即上文先生再傳門人康有為萬木草堂長興學記之所本，先生之作不傳，從長興學記尚可得其旨趣也。

論學旨趣

簡竹居作先生年譜述先生之學曰：孔子沒而斂言絕，七十子沒而大誼乘，天下學術之變久矣。今日之變則為變之變者。秦人滅學，幸猶未墜，漢之學鄭康成集之，宋之學朱子集之，朱子又即漢學而稽之者也。今同六經權衡四子，使孔子之道大著於天下。宋末以來，殺身成仁之士遠軼前古，皆朱子力也。朱子百世之師也，事師無犯無隱正與者也。然而攻之者迭起，有明姚江之學，以致良知為宗，則攻朱之之格物。乾隆中葉至於今日，天下之學多尊漢而遠宋，以考據為宗，則攻朱子為空疏，一朱子也而攻之者迺相矛盾。學術之變古未所未有也，嗚乎，古之言異學者，畔之於道外，而孔子之道隱，今日言漢學宋學者，咻之於道中而孔子之道歧，何天下之不幸也。彼考據者不宋學而漢學無，而獵瑣文蠹，大誼叢脞，不用漢學之長，有如是哉。孔子曰，德之不修，學之不講是吾憂也，吾今為二三子告蘄至於古之實學而已矣。學孔子之學無漢學無宋學也，修身讀書此其實也，二三子其志於斯乎。修身之實四：曰惇行孝悌、崇尚名節、變化氣質、檢攝威儀。今之學者，其聞古之孝弟，則曰，吾心固如此也，其事則不能矣，及其有失也，則曰，事如此吾心不如此也，然則汝心則是，汝事則非，孰使汝心不能達於事邪，抑汝心未誠耳，誠以行之，如古之孝弟也，家人且化焉。鄭濂舉治家之道曰，不聽婦言而已，夫有言而不聽，豈若化之而無實乎，且骨肉之間，學者動以理爭也夫，焉知爭財者罪，爭氣者罪，爭理者亦罪。禮曰，門外之治誼斷恩，門內之治恩揜誼，蓋不可以理爭也，有變則以仁術全之可也。孝經曰，立身行道揚名於後世，以顯父母，立身也者名節也，今天下之士其風好利而鮮名節，二百年於茲矣，學者不自主非君子人也，昔者伊尹辦誼，武信謹慎，辭受取與出處去就之間，昭昭大節，至今照人如日月之在天也。張子曰，形而復有氣質之性，善反之，則天地之性存焉。洪範曰，沈潛剛克高明柔克，變化之道也，能自克而勝氣質，則剛柔濟事，是攸好德也，攸好德則宜在五福，不能自克而氣質勝，則剛柔害事，是弱也，弱則宜在六極，此學者之元龜也，今之學者輒曰不羈威儀，鮮自力，詩曰，不弔不祥，威儀不類，言亡國徵也，以言學者，亦亡身徵也。故鬼幽鬼躁管輕猶覘之矣。雖然修身者不讀書不可也，讀書之實有五：曰經學、史學、掌故之學、理性之學、辭章之學。夫經明其理，史證其事，以經通經則經解正，以史通經則經術行，掌故者，古今之成法也，本經史之用以參成法，則用法而得法外意矣。理性非空言也，易曰翰音登於天，何可長也。理性者，所以明吾學之大，皆吾分也，用之無所驕，不用無所歉，古來有才大而器小，或矜伐自用，若管仲、姚崇、李德裕、張居正者獨識焉。吾以為理性之書誼如懿戒，足以自箴矣。歐陽氏曰，文章心於潤身，政事可以及物，夫信以文章非及物者乎，君子之學以告當世，以傳來者，書以明之，詩以歌之，非文章不達也，皆及物者也。孔子曰，言之無文行而不遠，南宋而後古文之道寖衰，天下必當有興者，二三子其志於斯乎。

九江先生右列四行五學之學旨，近人錢賓四先生在中國學術思想論叢撰九江學述說：清儒漢宋門戶之見，自嘉道以下，已漸知鄭康成尚有朱子，然其視朱子尚在康成下，九江即漢學而稽之，使孔子之道大行於天下者，則朱子又在康成之上。又曰：治孔子之學，無漢無宋，尤為大見解，非深識儒學大統者，不易語此也。

又曰：乾嘉諸儒專經而不能通之以史，所以致於叢脞而無用，章雲齋、魏默深已微窺其意，至九江先生始明白言之。九江曰：史之於經猶醫案也。故治史必通經。又分史與掌故為二，蓋史明事變，掌故以通制度。

九江言理學，義旨更宏達，以理學包經史掌故。凡經世之學，皆吾分內事，若管姚李張，非無功業而流詬病者，以不知理學也，故務功業者不能不通理學，理學家忽視文章，將為一病。九江先生於經史掌故、理性之外，特增辭章一門，更為宏達之見，其前如戴東原姚姬傳，言學皆分義理考據詞章，曾湘鄉又加經濟，以九江意論之，皆為未當。乾嘉諸儒以漢學擯宋學，遂言考據，考據乃治學中所有事，豈能自成為學，九江言五學，惟不及考據其識卓矣。抑且五學實一學也，如戴姚之割裂而三分之，決不當於孔子論學之道，亦無當於朱子論學之道也。

本文參考文獻：

㈠簡竹居作：朱九江先生年譜（二四頁）
㈡康有為萬木草堂長興學記（一—五頁）
㈢林伯聰編松桂堂集（三九頁）
㈣錢穆先生作中國近三百年學術史（第十四章六三九頁）
㈤錢穆作中國學術思想論叢（三一九頁）

原刊《廣東文獻》十七卷三期

康有爲漫遊海外十六年

祝秀俠

一、海外逋客

戊戌維新是中國近代政治史上的一件大事，其領導人為南海康有為先生。其後維新失敗，戊戌政變，康氏間關出亡，幸逃羅網。在海外各地十六年，仍謀復辟保皇，直至民國成立，回國居上海，民六張勳復辟，康氏入京相助，旋復辟失敗，康氏在上海創天遊書院，講學啟訓後生，國民革命軍北伐功成，有為走青島，未幾，病卒，年七十。康氏一生事功，見仁見智或有不同，但其在中國近代史的啟蒙時期，致力於開創風氣，滌舊革新，謀挽世局，要不失為一人豪，其門人梁啟超為康氏作傳，曾論曰：「先生生平言論行事，雖非無多少之缺點，可以供人摭拾而詆排之，若其理想之宏照千載，其熱誠之深厚貫七札，其膽氣之雄偉横一世，則並時之人，未見其比，先生在今日，誠為舉國所嫉視，若夫他日有著二十世紀新中國史者，吾知其開卷第一葉，必稱先生之精神事業，以為社會原動力的所自始。」啟超作傳時，是維新失敗後亡命日本之時，其後，梁氏與乃師，在思想上亦不盡合，康氏以維新思想創其端，後來卻堅持落後守舊思想終其身，實一莫大矛盾，康氏的生平事功。學術思想，備載史冊，中外咸知，不必多所贅述，其政治主張得失，亦略而不論，本篇僅就其逋逃海外十六年，所漫遊歐、美、中東，東南亞各地，作為一個旅行家的康氏而敘述。

二、漫遊各國十六年

康氏晚年刻一印章，曰：「維新百日出亡十六年三周大地游徧四洲經三十一國行六十萬里」，這是他漫遊海外各地的最好註腳。

光緒二十四年（一八九八年）戊戌政變時，京師搜捕康氏，調兵三千關閉城門鐵路，又調兵三千，搜索河道船隻。事先康氏奉光緒密旨促其即逃，逃至天津，乘英重慶輪船至上海，在滬又遭大搜，英領事以那拉后旨見示，謂：「已革某官康有為進丸毒弒大行皇帝，著即就地正法」。云云，康氏以為光緒已死，曾有意投海自盡，八月九日寫有遺書一通。後英領事說：光緒帝實還未死，俟得確訊，再投海未遲。結果康氏未死，祇做了一首詩：「忽灑龍漦翳太陰，紫微移座帝星沉，孤臣辜負傳衣帶，碧海波濤夜夜心。」

時康氏年四十一歲，九月至翌年二月便逃亡至日本居留，梁啟超和其他維新黨人，也陸續到日，並在橫濱辦了一份報紙。光緒二十五年，康氏由日本赴加拿大，創立保皇黨。當時中國由於拳亂，國勢日蹙，局面混亂， 國父孫中山先生也在日本從事革命活動，主張傾覆清廷，建立民主政治，而康氏則主張君主立憲改革變法。仍竭從事皇上復位工作。

在百日維新以後的數年間，康氏生活無定，逋逃海外，旅居於香港、日本、美國、英國、濱城、星加坡及印尼等地，除籌款及從事有關恢復皇位的活動外，也繼續著述，如「孟子徵」「論語註」等，就是在這幾年完成的。

康氏在倡導維新之前，足跡實未嘗出國門，他所引述的世界大勢，國際新知，多半從書本上來的，當時關於外國史地一類的書，已有教會出版機構從事中文譯述。在光緒五年冬，康氏初到香港，在此行以前，康氏曾讀「瀛環志略」以外的數種外國地理書，據其自編年譜，舉出「西國近事彙編」「環遊地球新錄」及其他書，目睹香港這一英人治下的半殖民地，秩序井然，初次認識西洋政府治下的法律和社會秩序，於是採購世界地圖，漸而獲讀較多關於西學的書籍，以為研究西學的基礎，光緒八年，康氏赴京歸途經上海，購江南造船所及傳教士會所刊印的譯本書籍頗多，包括學科、工藝、兵法、醫學等，以後，舉凡萬國公報，西洋科學，外國歷史地理及旅行的書籍，都在閱讀研究之列。

戊戌政變後的那年冬，康氏到日本，翌年由倫敦赴加拿大，創立保皇黨，並利用當時清廷拳亂的局面，擬由唐才常的領導下，組織軍隊，企圖武力奪取南數省，但此計劃終告失敗。九月、歸港奉母，不及四月，以清廷懸重金購緝、聞風遠行。光緒二十八年，康氏旅居印度的大吉嶺，大吉嶺是英人的旅遊勝地，康氏閒居，完成其著名的著作「大同書」，這本著作的初稿是以前寫好一個輪廓，在大吉嶺才補充完成，但因康氏當年隨身無書可帶，只憑其記憶力和構想而成，書中內容主張無國家，無家族，男女同棲不得逾一年；舉凡醫院、養老院、育嬰院均由公家設立，設公共宿舍，公共食堂，各以其勞作所入，自由享用，全書數十萬言，分為十章。

認為私有財產為爭亂之源，無家族，則無人樂有私產，無家族觀念則國家亦可消滅，如此世界大同，可以蘄至，康氏懸此鵠的為人類進化的極軌，於齊家治國平天下之外，獨樹新義，但怎樣才能達到的一個社會，則未加以說明。在今天來說，大同書類於今日的世界主義、社會主義，雖是康氏的「烏托邦」思想，但在六十年前著此書時無所依傍、無所勦襲，和今日社會主義，彷彿相近，陳義其高，究不失為一好學深思之作。

光緒三十年甲辰二月，康氏到世界各地作汗漫遊，二月初六日，乘法國郵船，從香港過安南，三月到暹羅，過檳榔嶼，住了一個月，乘英國舟山船，到錫蘭，由錫蘭到亞丁，然後又漫遊丕倫英屬地。四月抵蘇彝士河口，五月經蘇彝士河入地中海。旋赴意大利，抵羅馬；游彼得廟、教皇宮、紀功坊、奧古士多宮等勝蹟。離開羅馬，車行十八小時，遊覽意大利北部的米蘭。

光緒三十一年八月，到法國，暢遊花都巴黎，登鐵塔，游拿破崙陵墓，路易十六墓。三十二年再遊德國，到柏林，康氏曾先後到德國九次，他在「德國遊記敘」上說：「吾遊德國久且多，九年柏林，四極其聯邦，頻貫穿其數十都邑，接其都人士，遊其工廠官府，本其史譜，室其圖像，考其風俗，總而記之久且多，佚略不及其十一。」 其時德國正在強威時其，康氏記敘：「夫德三四十年前，小國雜亂，百政不修，猶不齒也，及破法統一後，百度修明，于是躍為萬國冠，今者得乎，武備第一，政治第一，文字第一，醫術第一，電學第一，工藝第一，商務第一，宮室第一，道路第一，乃至音樂第一，邑野第一，飆輪驟進，絕塵而奔，天下萬國進化之驟，未有若德國者也」。他遊波士淡舊京，盛譽宮殿之美，云：「每五六過，徘徊不能去」。游柏林溫氏湖，云：「烟水明媚，雪色滿湖，夾道人家，最華妙新整」。游來因河，觀古時戰壘，云：「故侯之宮而爭戰之場，歐人白骨所築，赤血所染而成者也，吾國古戰場，可弔有幾，而來因河畔，則接目皆古戰壘，五十年前之歐民，何罪何辜，而二千年蒙此慘酷。」

三十一年康氏遊德國，滯留柏林等地一年多，三十四年五月，自北冰洋還，六月自瑞典歷游歐東，赴奧大利，至匈牙利，入塞爾維亞，過多腦河，至布加利亞京城蘇非。旋游突厥，自羅馬尼亞乘船過黑海，至君士坦丁，乘汽船往雅典，泊士免拿島，仍是突厥地。其時突厥正有內爭，廢君主，青年黨人問政，康氏有所感觸，在「突厥游記敘」上頗有批評：「吾遊突厥，適逢其立憲嘉會，舉國歡呼，想望青年黨之豐功，吾問其國人所學，皆法國學也，吾聞其國人立憲之所期，則盡去舊制之紀綱風俗，而舉國平等自由也。吾告以各國立憲不過以法治國，上下同受治於法律而已，非蕩然無紀綱，可人人平等自由也。突以大亂不寧，生民塗炭，國人既厭惡之，而制不可復得，新政又不能施，讙讙爭亂，只有待亡」。

康氏至希臘，偏遊雅典各勝地，乘船還意大利之巴連德詩。計自光緒三十年至三十四年以來，歷遊意大利，、瑞士、奧地利、匈牙利、德國、法國、丹麥、瑞典、比利時、荷蘭、美國等十一國，著有十一國游記，其十一國游記敘云：「七年以來，汗漫四海，東至日本、美洲、南至安南暹羅、柔佛、德吉、霹靂、吉冷、爪哇、緬甸、印度、錫蘭、西至阿刺伯、埃及、意大利、瑞士、奧地利、匈牙利……環周而復至美。他所說的七年，是從戊戌年計起，即其政變以後逃亡海外七年間。在他漫遊時期，遍歷歐美南洋，躬行目覩，各地之山川國土，政教、藝俗文物，多所接觸，引為幸事：他說：「夫人之生也，視其過也，芸芸眾生，居僻鄉窮山之地，足跡不出百數十里者，蓋皆是矣，吾諸先哲，蓋皆遺恨於是，則雖聰明卓絕，亦為區域所限。汽船也、汽車也、電線也、之三者、縮土地促交通之神具也，汽船成於我生之前五十年，汽車成於我生之前三十年，電線成於我生之前十年，而萬物變化之祖，為瓦特之機器，亦不過先我八十年，凡歐美之新文明具，皆發於百年之內外，萃大地之英靈，竭哲巧萬億之心，奔走倉促，發揚飛鳴，匯成百千萬億之泉流而成江河湖海，以注於康有為之生母，大陳設以供養之，俾康有為肆其雄心，縱其足跡，窮其目力，供其廣長之舌，大饕餮而吸飲焉。」

三、旅遊前後的論調

康氏的遊覽天下，也還是有其抱負的，他自誇：「窮天地之大觀，若我之游蹤者殆未有焉」，「天其或哀中國之病，而思有以藥而壽之耶！其將令其攬萬國之華實，考其性質色味，別其良窳，察其宜否，制以為方，采以為藥，使中國服之而不誤於醫」。又說：「必擇一能若不死之神農，使之徧嘗百草而后神方大蘇可成」。他自比是神農，要徧嘗百草，采為神方大藥，才好救中國，他的自負自大如此。

康氏游踪所至，比較各國的政教藝俗文物，以為還是沒有中國的好，他每每對人說：「未遊歐美者，想其地皆瓊樓玉宇，視其人若皆神仙才賢，豈知其放僻邪侈，詐盜遍野，故謂百聞不如一見。」他在海外還是一個逋逃客，要靠當地保護，但他的議論批評，往往譏諷輕視，並不認為「月亮是外國的圓」；他以中國文化和孔子學說，去衡量歐美一切宗教、道德、風俗、認為遠不及中國。他說：吾國人不可不讀中國書，不可不遊外國地，以互證而兩裁之，當不至為人所恐嚇而自退處於野蠻，日本人著書多震驚歐美著，此在日本之小島國則然，豈吾五六千年地球第一文明古國，而若此之淺見寡聞乎？」

例如：他在提倡維新時期，曾上一奏摺，主張「剪髮易服」，他說：「西服未文，然衣制嚴肅，領袖白潔，衣長後衽，乃孔子三統之一，大冠以箕，漢世大夫之遺，革舄為楚靈王之制，短衣本齊桓之服，故發尚武之風，趨尚同之俗……中國褒衣博帶，長裾雅步，施之萬國競爭之世，亦猶佩玉鳴琚以走趨救火，誠非所宜也」。

十四年後，康氏遊歐美，閱歷日深，對於中國服裝，變更以前觀念，認為「前議過勇而未盡當」。他說：「斷髮固在必行，而易服則實有未可，吾遊紐約，病延美國醫生有盛名者某診疾，醫語我日，他日君變法，一切皆可變，惟服制萬不可變，以中國服最適于萬國也，紐約嘗有大會，集聚者千人，風寒驟起，人咸感疾，惟中或公使不感，此為實驗也，吾甚異詞，歐美人以勿易服語我者至夥，從吾之美人歐人，皆喜中國服，屢乞于吾，因給中國衫袴及履，皆日服之，樂其輕易簡易，不畏暑也………」

康氏又認為中國的絲綢實遠較歐美的呢絨為佳，「失絲之為美，柔軟光妙，產自中國，歲出數萬萬繡於十數省，所養數千萬人，國人既妙美其服，而通商易貨，尤為大宗，假今吾國能講化學，更精求蠶桑織繡之事，雖以意德日本，必不能純以人事勝天產，今歐美人皆好服絲，徒以絲價昂而絨價賤，又國制所在，未改絲服，若國風一易，則殆未有不盡棄絨而衣絲者。」

康氏對於中國許多舊有政制，風俗、在戊戌以前，是力主改革的，但逃亡海外漫遊各國後，又多變更論調，前後若相矛盾，他說：「中國積數千年之文明，典章法律，遠有代序，即章服五采之末，藻火山龍，亦從唐虞而來………今變共和，潤色文明，乃徐更之，以步武美法焉，尚須洽我國情，宜吾民俗，乃可推行，削已趾而適人之履，未可其可，今于無用之官銜，如尚書改總長，總督巡撫改都督等，以為有益於政治，則名何貴乎實，徒紊亂而惑耳目耳。又：「今之好新者，百事不遑及，而惟禁「大人」等稱，其意蓋以師美也，然周旋美國中多年，美總統無人不稱Excellency者，即州長亦無不以此稱之，今好新者，持平等之說，乃實過美法。」他對歐美自由平等之說，又時好嘲諷，他幽默地說了一個故事：「美人有言平等者，其妻戲難之，一日陳食置具，增二位焉，及就席，則左肅其黑奴，右置其弄狗，其夫怒而叱去其黑奴及犬，其妻強黑奴與夫並坐，腥穢逼人，其夫盛怒起，其妻笑之曰，此乃行君平等之教也。」

康氏前後在海外漫遊十六年，至民元十月由日本歸國奔母喪，移家上海辛園。自戊戌出亡迄癸丑返國，計十六年，所遊三十一國遍歷歐、美、東南亞各地，多紀有遊記。其未刊行之叢稿，想已散佚矣。

原刊於《廣東文獻》一卷一期

康有爲論仁

陳榮捷

康有為之學術貢獻，普通皆以其在乎三世思想、大同主義、新學偽經、與孔子改制四事，而不知其在儒家哲學本身方面，亦有特殊意義之貢獻。梁啟超比新學偽經考、孔子改制考、大同書三書為颶風，為火山大噴火，為大地震。然此三書非討論儒家哲學之書。有之亦偶爾及之而已。於是一般中國哲學僅言康氏大同思想與其新政觀念。而於其儒學思相不加一語。殊不知康氏一生動機與其進行方向，皆基於儒家基本觀念，而且於此觀念有新?之發揮者，此觀念即孔子以下儒者所念念不忘之仁。

仁之觀念為儒學之神髓，孔子所常談，比論孝弟忠信為多，非如論語子罕篇所謂之「罕言」。論語四百九十九章論仁者佔五十八，仁字凡用一百零五次，其義由孔孟而經漢唐宋明諸儒步步開展，以達康有為譚嗣同新仁學，相得益彰。作者曾述仁之觀念之演進頗詳，今總括如下：

㈠詩書之仁皆為特殊道德，孔子始以仁為基本道德，百善皆本乎此。孔子乃仁為其倫理之基。

㈡歷代論仁解釋不同。或以為人心，或以為愛，或以為相偶，或以為覺，或以為恕，或以為與天地為一體。朱子以為「愛之德，心之理」。

㈢最持續有力者為以愛為仁之說。

㈣愛即博愛，然愛必有差等，親親而仁民，仁民而愛物；愛由親始。

㈤仁者無所不愛，故天人合一。

㈥仁不只是心境，態度，或感覺，而是人與天地萬物之活的，動的關係。

㈦仁為萬善之本，「人心也」，天地生生之源。

㈧因此仁不僅是倫理的，而亦是形上的。

㈨清末以來，雖有努力將仁之性質加強；而儒家特重仁之活動倫理性貞健如故，為儒家古今不衰之一貫傳統。

康氏之仁的思想，即由此傳統蛻脫而來，更作進一步之發展。一八九一年康氏三十四歲在廣州長興學社講學，分志道據德依仁游藝四科，而以仁為正鵠；謂「為仁小者為小人，為仁大者為大人。……故學者學為仁而已」。彼以孔子之教全基乎仁。又以大同之世為行仁之世。大同書云：「大之世，極仁之世也」。在彼之意，釋迦，耶穌，孔子皆志在救世，故皆大仁之人。簡言之，仁為人運之最終目的而亦為大功業大教訓之精髓。故梁氏謂其師之哲學為博愛之學。其教以仁為基礎，以世界之基，萬物之生，國家之存，道德之發展均在於此。

然則康氏之仁的見解如何?康氏語仁之言，只散見於大同書，董氏學，禮運註，與孟子微諸書，無系統，少發揮。於是學者遂以康氏於仁無特見，即其徒於清代學術概論?述康氏思想。亦無一語及之。然康氏於仁之開展，確進一步，且有奇異之思。今分八點略之：

㈠仁為不忍之心。彼云，「不忍之心，仁也，靈也，以太也。人皆有之。故謂人性皆善。既有此不忍人之心發之於外，即為不忍人之政……故知一切皆以不忍之心生。……人類之仁愛，人類之文明，人類之進化，至於太平大同皆以此起」。又云，「不忍之心仁心也。不忍人之政仁政也。雖有內外體用之殊，為道則一，亦曰仁而已矣」。仁為不忍之心，源自孟子。然在孟子仁為四德之一，其性特殊。在康則為諸德之根，真美善均以此出，此其大異也。此處祖述孔子之說，並無新創。然康特重不忍人之心，以代孔子之己立立人，己達達人。想係因當時中國內憂外患，生民塗炭。故一九一三年發行期刊稱為不忍雜誌，大同書首章稱為「人皆有不忍人之心」，分人間之苦為六，即人治之苦，人生之苦，人性之苦，天災之苦，人所尊尚之苦，與人道之苦。系受佛家影響。佛家悲觀，而儒家樂觀不同。康氏以生為苦，顯去儒家甚遠。然其目的在於施仁，則終是儒家精神也。

㈡仁為愛同類。康氏將仁者愛人與仁者人相偶合而為一，解作愛同類，亦即愛人類。人相偶為鄭玄（一二七—二〇〇）之說，見其中庸注。宋儒每以心境看仁。周敦頤（一〇一七—七三）以公代之。謝良佐（一〇五〇—一一〇三）看作覺。朱子集大成而登諸極峰，釋為愛之德心之理，如此抽象看法，原與宋儒心性之學魚水和諧。清儒阮元（一七六四—一八四九）反之，曰，「詮解仁字為必煩移遠引，但舉曾子制言篇人之相與也譬如舟車然，……中庸篇仁者人也，鄭康成注讀如相人偶之人數語足以明之矣」。此之側重不在抽象而在實際。此風至十九世紀末葉而益盛。康氏繼之，自無足怪。故雖鄭氏為古文學大師而康氏為今文學泰斗，兩者對於經之態度，大異其趣，而亦述鄭氏仁人相偶也之言。不過康氏更進一步，而謂愛與相偶，則為其同類也。大同書云，古者「故以愛類為大義，號於天下，能愛類者謂仁，不愛類者謂之不仁。若殺異類者，則以除害防患，亦號之為仁。……然則人之所愛者，非愛其子也，愛其類己也。……故尊父母，子女愛類之本也。兄弟宗族，愛類之推也」。

愛人類之意顯然反映近代大同主義。康氏於西方大同主義與基督博愛之訓印象甚深，不難受其影響。然康氏之根還在孔子。孔子云：「四海之內皆兄弟也」。至於愛人類之言，則出自董仲舒前（一七六—一〇四）。董氏云，「仁者所以愛人類也」。然董氏著急之點仍在於愛，其人類之意，不過承繼傳統汎愛思想推而廣之以包全體人類而已。孔子曰，「汎愛眾」。孟子曰，「仁者無所不愛」。墨子主兼愛。博愛之詞始見於韋昭國語注，又見孝經。徐幹（一七一—二一八）以之釋仁。韓愈（七六八—八二四）更言「博愛之謂仁」。以上諸家雖至汎至博，重點仍在於愛。而康氏注董氏之言。則不只言愛而且言類。「類為孔子一大義。聖人之殺禽獸者為其不同類也。幾虱生於人而人不愛之，子則愛焉。同類不同類之別也」。同類相愛蓋有其因。康氏云，「凡人性之見有同貌同形同聲者必有相愛之心」。如此看法與傳統看法不同，傳統看法以愛之心性為人所固有，發而充之，自源流露推廣，由親親以至愛全人類，其起點為一人之心。類的看法則不然，其中心為人類，其發動力在與人之所同，不止在本人之德性而已矣。以此看人相偶，自是新穎。至於何以同類能至博愛，則康氏之答案，全然新創。其答案曰引力。

㈢仁為吸引之力。康氏以人愛同類者，因類屬之間有互相吸引之力，發而為愛。其言曰，「仁者人也。……仁從二人。人相偶，有吸引之意，即愛力也。……人具此愛力，故仁即人也。苟無此愛力，即不得為人矣」。大同書又云，「不忍人之心吸攝之力也」。此語雖簡，然有兩重新義。一謂愛能攝引，因愛者與被愛者為同類；一謂愛非為心境而為一種力，與宋儒之見相去遠矣。當然宋儒並非寂滅無為。儒家傳統素來知行並重，宋儒亦然。王陽明（一四七二—一五二九）更主知行合一。清儒顏元（一六三五—一七〇四）李塨（一六五九—一七三三）且側實習。公羊家以經為史，蓋重實行。康氏為公羊泰斗，其重行亦宜。是以有孔子改制之論與戊戌變政舉。所謂行者，力之意也。程頤（一〇三三—一一〇七）謂「公而以人體之故為仁」。即涵此義。不只人之用力體行，而是仁本身自有其力，亦即是自然之力。可謂康氏無意之中，將仁與客觀自然界聯繫，又一新局面矣。

㈣仁為以太，為電。大同書謂古人惻隱之心疑即西人所稱之以太。康氏又以吸引力等於電力。又曰，「不忍人之心仁也，電也，以太也。人人皆有之」。將仁與西方科學相提並論者，決然此為首次。康氏於科學所知極淺，或因電以太等新名詞當時流行，故採用之。其言散雜，似未透思。或作比喻之詞而已。或因其於電力深有所感，且言以太有攝吸之能，亦未可知。然康氏向道走，亦非無故。彼受董仲舒影響甚大。董子以萬有存在之力曰元。康氏繼之曰，「孔子之道，運本於元，以統天地」。董氏之學以氣為元之運行。康氏論之曰，「天地之間若虛而實，氣之漸人，若魚之漸水。氣之於水如水之於泥。故無往而不實也，……董子此說窮極天人之本。今之化學豈能外之哉」？逆科學康氏之意，宇宙存在之間必有一普遍實體。此實體是否以太，電是否在此實體運行，未嘗言明。即以太與電之關係亦不清楚。然仁如以太如電，即謂仁在客觀的實體中運行，而非只出自個人之覺心，似無疑問。

㈤仁者與天地萬物為一體。大同書首篇云，「夫浩浩元氣，造起天地。天者一物之魂質也，人者亦一物之魂質也。雖形有大小，而分浩氣於太元，挹涓滴於大海，無以異也。……神者有知之電也。光電能無所不能」。又云，「吾既有身，則與並身之通氣於天，通質於地，通息於人者，其能絕乎」？馮友蘭評之曰，「此實即程明道王陽明仁者以天地萬物為一體之說，而以當時人所聞西洋物理學中之新說附之，生吞活剝，自不能免」。康氏誠然繼述宋明諸儒家萬物一體之傳統。康云，「萬物一體者，人者仁也。」又云，「萬物一體，慈惻心生。即為求仁之近路」。然此中有三項新元素：一為合為一體乃力之運用，二為合為一體互相吸引之成果，三為合為一體乃一自然現象。馮氏並皆失之。

㈥仁為生生之理。理學家所謂天人合一，並非單純合一之謂，此即是「元」。康氏複述此說。彼云仁「在天為生生之理，在人為博愛之德」。又云，「天，仁也。天覆育於物，既化而生之，既養而成之」。凡此於理學家所說無所發明。本來康氏可以其仁即力也之說，加強其生機活動，出乎宋儒之上。而乃並未至此，殊為可惜。仁為創化生機之觀念，程氏兄弟發揚之。程頤（一〇三三—八五）曰，「萬物之生意最可觀。……斯可謂仁也」。程頤曰，

「心猶種焉，其生之德是為仁也」。其徒謝良佐云，「桃杏之核可種而生者謂之桃仁杏仁，言有生之意，推此仁可見矣」。朱子（一一三〇—一二〇〇）亦曰，「仁流行到那田地時，義處便成義。……都有生意在裏面，如穀種桃仁杏仁之類」。康氏於此諸說皆忽略之。康氏之世，西方生物學與意志哲學盛行，且已東漸。同時佛家唯識種子轉識之說，經南京內學院歐陽竟無等復興。而對於康氏仁為生生思想，絕無影響。究竟彼與科學唯識接觸仍屬有限，故未能利用之，生生之說更進一步。

㈦仁出於天。此實董仲舒說董云，「人之受命於天也，取仁於天而仁也。」又云，「仁天心」。康氏重述之，無所發揮。

㈧仁有差等。儒家傳統論愛，皆有差等。人應汎愛眾，「四海之內皆兄弟也」。唯愛由親始，故「親親而仁民，仁民而愛物」。故「孝弟也者其為人之本與」。「仁之實，事親是也」。「人者仁也，親親為大」。蓋由近及遠，差等有殊，而仁之為愛，實無異也。宋儒謂一本萬殊。仁，一也，所在皆然。然施之不同，以故萬殊。此為平面看法。康氏鼓三世之說，變平為直，以時間言仁，謂「亂世親親，升平世仁民，太平世愛物。此自然之次序無由躐等也」。釋之曰，「孔子之三世之法，撥望世仁不能遠，故謂親親。平世仁及人類，故能仁民，太平世眾生如一，故兼愛物。仁既有等差，亦因世為進退大小」。即是說須至太平之世人類乃能將仁完全實現。故云，「我於平世而後能仁，蓋太平之世行大同之政，乃為大仁。小康之世猶未也」。又云，「凡世有進仁，仁有軌道。世之仁必有大小，即軌道有大小。未至其時，不可強為」。簡言之，「仁雖極廣博而亦有界限也」。此界限不是儒家傳統親疏之界限，而是歷史進程之界限。至於何以在撥望之世不能全仁，則康氏並未說明。

總言之，康氏承儒家遺產，以仁為至德，而致大同。又因受佛教與西方科學之影響，配以悲苦、以太、電等思想。為因以仁為其大同主義之道德根據，乃以仁為不忍之心，為愛同類，為攝引之力，於是繫仁於科學而伸之於客觀世界。仁至於此，上峰極矣。

原刊廣東文獻二卷三期

戊戌後的康有爲

——思想的研究大綱

徐高阮

序說

康有為早期的一個烏托邦社會主義理想，他對於傳統儒家經典的一大部分之真實性的大膽懷疑與判斷，他對於孔子精神的一種革命性的解釋，都是中國現代學術史不能省略的題目。戊戌年（光緒二十四年，一八九八）的百日維新當然與有為的名字是分不開的。流亡以後的有為成了保皇的領袖，入民國後他還保持他舊有的立孔教的主張，一次失敗的復辟中他是主謀一份子，都是明白的歷史事實。

但是有為還有他生前和身後大不受人理會的方面。他在戊戌後的長期海外生活裏還為中國的再造作了新的建設性的思想，嘗試擬定了他有維新運動中還不能設想的成系統的計劃。他這些計劃是為他心目中的一個立憲或虛君制的帝國預備的，然而他在辛亥革命後也曾鄭重對國人陳說他宿備的種種意見，只在局部上略加變動，作為鞏固新建的民國的必要方法。他雖然在看到民國的破裂時枉作了一個失敗的復辟的主謀一份子，但在這悲劇性的一幕之後他還熱心再提出他的建設性的救國理論，那在他看來是民國必須採取的。有為的這一切思考和計劃，他的一切說明這些思考和計劃的努力，在當時和以後幾十年來都簡直得不到一般人的理會。這一切事實在當代人的心裏彷彿連一點影子也不存在。

有為在戊戌後約七年（光緒三十年，一九〇四）已有了一整套的關於中國改造的新意見，這套意見的中心要點就是斷言中國改造的真正關鍵在於「物質」建設——就是一個迅速的、高度的、全面的工業化。但有為的這套意見當時就受了他的親密的學生和同志梁啟超的輕視與懷疑。十幾年後（民國八年，一九一九）有為重提他的「物質救國」的理論，而梁在同時則發表他的對質文明失望的論調。民國十六年（一九二七）上半年梁先後為他的先生作七十歲壽序與公祭文，都只肯定有為領導戊戌維新的地位，絕不提他後期的建設性思考。這正表示梁對有為的後期思想始終完全沒有理會，也沒有同情，甚至於取了完全抹殺的態度。

梁啟超對有為後期思想的這種態度又標示出同時的一般知識份子的態度。與梁同樣有歷史癖的胡適在有為死後幾年替美國「社會科學大辭書」（Encyclopedia of Sociences，一九三二，民國二十一年）寫「康有為」一題，也只寫有為的領導戊戌維新，寫他的大同學說與新學偽經考，沒有一個字說到有為戊戌後的思想。胡適在晚年承認他曾誤信有為自己所說二十八歲以後，即成立大同學說以後，思想沒有再進步（註一）。但他在替社會科學大辭書寫稿時的態度還可以代表當時一般知識份子對有為後期思想全不理會的態度。

與有為同時而在思想上與後期的有為能夠相通的人只有一個。這就是通常說來在政治上站在與有為正相反的一端的孫中山。中山與後期的有為關於中國改造的思考的範圍幾乎相等。他們兩個可以說考慮到相同的幾個基本問題，而且他們思考的方法也十分相近，只是有些地方中山的思考更有深度，有些問題在有為還不能解決的中山可以說在理論上已經解決。然而也有些地方有為想得更細，作了更多的說明。這兩個通常說來政治立場正相反的人在精神上的可以相通也許是夠使人驚異的。把有為後期的思想與中山的思想對照起來，可以使兩人的思想的相通之處以及各自的特色都顯現得更清楚。

有為的後期思想包括了一種歷史見解，就是關於中國文明與西方近代文明的差別的歷史解釋。有為的這種歷史見解與中山的歷史見解也是相通的。而作為歷史家的胡適，儘管他也曾幾乎抹殺了有為的後期思想，卻與有為對於中西文明的差別提出了可以說是幾乎完全一致的解釋，因此有為與孫中山及胡適可以說有一種共同的歷史見解。這是胡適晚年有機會親自承認的（註二）。

有為的海外觀察與思考

有為在戊戌時期關於中國改造的主張只是一個「變」字，只是儘量模仿西方國家的「變」，不能說有真正具體的計劃。他在戊戌後的思考可以說才深入而具體，有了很大的進展。這就得力於他長期流亡中在許多國家的廣泛的觀察。但有為不是單純靠旅行與觀察，他還靠他的不平凡的思考力。他在所到的不同國家往往得到特別的啟發；他又比較不同的國家而得到啟發；他又因啟發而能夠深深思考。

自戊戌出亡到民國三年（一九一四）歸國，有為在外共十六年。他在維新失敗後就經香港到日本，第二年（一八九九，即光緒二十五年）到加拿大，由加拿大到英國，又由英重經加拿大回到日本（註三）。光緒二十六、七年在新加坡、檳榔嶼；二十八、九兩年在印度。光緒三十年（一九〇四），他從香港開始一次往西的旅行，經過了阿拉伯、埃及，訪問了意國、法國、瑞士、奧大利、匈牙利、丹麥、瑞典、比利時，荷蘭、德國、英國；然後由歐洲重到加拿大。第二年他由加拿大到美國，在洛杉磯小住，年內遊覽全美。

光緒三十二年他又從美洲赴歐洲，在瑞典、法、德等國暢遊，然後仍回美。三十一年、三十三年他曾訪問中、南美。三十四年，他離美到歐，經北歐及法、德、奧、匈等國，訪問了東歐的塞爾維亞、布加利亞、希臘、土耳其，然後回到東方；以後二三年間在檳榔嶼、香港、新加坡；辛亥年（一九一一）到日本，住到民國三年回國。

有為自己十分重視他在各國的觀察。光緒三十二年他寫歐洲十一國遊記序（註四），感謝新世界的交通工具使他能夠遍遊大地，吸取近百年歐，美的新文明，並且採取許多國家不同的成就，「考其性質色味，別其良楛，察其宜否」，為中國求得再造的「神方大藥」。

光緒二十八、九年在印度的長住使有為深思印度滅亡的原因。他注意到莫兀兒統治末期印度各省獨立而個別被英國吞併，最後導致全印的滅亡；這使他特別感到國家統一的重要。他又注意到印度人極端崇重宗教的道德而不講求物質的力量，因而不能抵抗侵略；這是使他開始用力思考物質建設的一個因素。戊戌後散在海外的保皇黨人對清廷的態度漸漸趨向於激烈，有為也曾支持唐才常在內地那次失敗的起事（光緒二十五年，一八九九）。後來反滿的革命運動始動，保皇派也有各省自立的主張，梁啟超也是其中一人。有為則在光緒二十八年從印度寄信給梁，以印度各省獨立而終於滅亡為證，極力駁斥「自立」。這個後來稱作「壬寅政見書」或「印度政見書」的文件（註五）對當時唱「自立」的保皇份子發生了警戒的作用。但是有為後兩年主張用一統國家的全力講求物質建設，則得不他的同志們的理會。

光緒三十年四月從香港出發向西，經西歐十一個國家，大約在第二年初到達美國西岸的旅行，是有為的十幾年海外生活中觀察最豐富，思考最有收穫的一段。有為的後期思想的綱領可以說是在這八、九個月的旅途中形成的。

有為所到的第一個西歐國家是意大利。他的「意大利遊記」寫他的觀察和新思考十分生動詳細。他在所到的第一個大城奈波里（Na-ples）就看了貧困。（註六）他從當地旅遊公司人員的不誠實，從他的譯員在旅舍中的被竊，從他自己所見旅舍管事婦人的形色，從一個英國商人與他後來雇用的一個西籍僕人的經驗談，知道了意人「至貧多詐，而盜賊多有」，「行客過此不可不慎，與（中國）內地風俗略相近而甚。」（意大利遊記，下同）他在遊火山時又遇到「乞兒數十，追隨里許，此與印度無異。」然而這些又不是意國一個城市的現象，而是西方國家都不免的現象。因此他感覺到西方稱為新文明的國家不是完善的，夠理想的國家：

「……此皆吾所親見者。若其襤褸之情，顛連之狀，各國所同有，又不止奈波里也。未遊歐洲者，想見其地若皆瓊樓玉宇，視其人若神仙、才賢，豈知其垢穢不治，詐盜偏野若此哉？故謂百聞不如一見也。吾昔嘗遊歐、美至倫敦，已覺所見遠不若平日讀書時之夢想神遊，為之失望。今來意甫登岸，而更爽然。」

但有為並不是因此而漫然輕視西方的國家。他是在看出西方國家的不完善、不夠理想，看出西方國家與東方國家有相似的不良風俗之後，將要進而探察西方國家的真正長處究竟是什麼，以及東西文明的差別究竟是什麼。

有為是對於藝術有會心的人。他對於西方各國王家的與宗教的名建築，對於各大城的博物院的收藏，都特別細心觀察記錄。他在羅馬和巴黎各博物院中的古物，繪畫最留心，而對拉飛爾（Raphael）的畫尤其傾倒。他的「意大利遊記」中說對羅馬幾處畫院「日覽之而心醉」，在幾家大畫店也「無不心醉」，而「每入畫院，輒於拉飛爾畫為流連焉，以其生香秀韻有獨絕者……清水照芙蓉，乃天授非人力也。」但有為絕不僅是這樣流連讚嘆。他在觀察和欣賞中注意到了西歐的藝術以及物質製造品的精進是近代突起的事，「偏觀各國博物院皆於十二、三世紀後乃有精巧之物」（「法蘭西遊記」，註七）。歐洲繪畫的大進步則只在近四、五百年。「抵飛爾與明之文徵明、董其昌為同時……若以宋、元名家之畫比之歐人拉飛爾未出之前畫家，則我中國有過之無不及。」只是有為更承認，近四、五百年來歐洲的畫「求真，我則不求真」，「宋、元寫真之畫反失」，「以此相反，而我遂退化。」

有為在實際鑑賞中看到了歐洲文明在近代的突起，於是領會了歷史書中所說的歐洲因十字軍戰爭輸入東方文明才有文藝復興。這也就是得了文明移植的觀念：文明的種種因素是由具體的種種歷史條件在一定地域造成的；這些因素，單個的或相連的，又可以賴種種具體的歷史條件而傳入另外的地域，促成新的文明。有為在法蘭西遊記中「法國創興沿革」部份敘法王路易第九的三次十字軍，特別總論十字運開啟近代歐洲文明的功績。這也就表示出有為對文明移植的領會。

「阿剌伯自摩訶末後文明大啓，久與中國、印度交通，收集其華實，天文、地輿、物質、算學皆分設科於學校甚盛。十字軍屢起，乃大轉輸其學術、物巧以入於歐，玻璃亦自是入，築室法亦得而效法之，畫理、詞詩皆有感益。索格底（Socrates）、柏拉多（Plato）、亞里士多圖（Aristotles）之哲學書亦自是得譯本以復還歐，哲學乃漸啓。「故九次無功，而東方文明皆賴十字軍多次以輸入，歐土文明曙光實自是啓。今偏觀歐土各國博物院皆於十二、三世紀後乃有巧之物，可以覩歐人進化之序。而今者歐人以製造物質之精橫掩大地，孰知其原因則十字軍之屢敗啓之？天下之得失進退固難言哉！」

文明移植在有為不只是一個歷史的題目。這個歷史的看法使有為看出一個民族儘有採取外國文明一種或多種因素的具體機會，一個一時或長期落後的文明儘有賴採取外國因素而突起猛進，後來居上的機會。歐洲在十二、三世紀以後才有「精巧之物」，而終於「以製造、物質之精橫掩大地」，就是賴文明移植而後來居上的實例。

有為在「意大利遊記」中寫光緒三十年四月他從埃及渡地中海往西歐，他乘的船曾在希臘群島間穿行，使他領略了那個古國「群島延迴，峰巒秀聳」的地貌和「四面臨海，舟船四達」的形勢，因而認識古希臘的貴族議政制度的產生乃是具體的地理條件使然。多島多山使希臘小邦分立而難統一。希臘東、南兩方都是文明古國，希臘人有通商遊學的便利，因此財富與知識發達。國少而有「智民富族」，這就是產生議院的條件。有為在意大利憑弔羅馬元老院的殘蹟，追想到羅馬原來也只是海邊一城之地，元老院也只是羅馬都中貴族代表組成。因此有為領悟歐洲的「港島槎枒，山嶺錯雜」，「易於分國而難於統一」是議會制度的源頭起於歐洲的具體條件。

意大利遊記的「元老院舊址」條下的小題是「附論議院之制必發生於西不發生於中」。有為既看到小國分立是歐洲議院起源的條件，就自然看到中國平地遼闊，早成為廣土眾民的一統大國，是君權極尊而議院無從產生的條件。但有為並不因此得出中國不能行議會制度的推論。他的中、西議院之有無受地形使然的看法正要否認中國人智力或思想天然不能行民權的議論，所以他對於中國移植議院制度的可能正有樂觀的預期：

「（亞州）以大國眾民，君權久尊而堅定，無從誕生國會。惟歐洲南北兩海，山嶺叢雜，港以汊海繁多，羅馬昔者僅關地中海之海邊，未啓歐北之地，至歐北既啓，則無有能統一者。故至今小國林立，而意大利、日耳曼中自由之市若匪尼士、漢堡之類時時存焉。既無英國，此（議院）根不滅，必有大生廣生者矣。況有怪英者，延條頓部落軍議之舊俗，伏流千年而發於三島，又以三島之國會舊俗伏流萬里而起於美國，其反動力則剌觸於法而大播於歐，遂爲地球獨一無二之新政體，豈非歐洲憑據南北兩海，多島港而分立國爲之耶？故曰地形使然也。非中國人智之不及，而地勢實限之也，不能爲中國先民責也。……或以爲中國先民責，不論時地形勢而執一理以責人，妄也！及今移植而用之，人下種而我食之，豈不便易乎？何必俅他人之我先哉？……中國苟移植之，則亦讓歐人先獲我百年耳，何傷乎？後起者勝也。」

但有為不是只有樂觀的論調。他所說的移植也不是漫然的空談。他因為注意到小國寡民是議院發生的條件，所以切實考慮到中國民權、憲政的實現必須以地方自治為基礎，這是有為後期思想的一個重點。

有為在法國由巴黎到凡爾賽（微?喇）故宮，看到法京近郊人民稀少，茅屋卑陋，想到法國早稱霸歐洲而「京邑不過卑陋如此」，因此覺悟歐洲各國的繁華都只是「近百年驟長」的現象，是機器發明以來短時期內富力躍進的結果：

「……乃知歐土樓閣崇麗乃近百年驟長之俗，非歐土昔日所能然……則吾中國之卑陋亦不是異也。蓋機器未行之世，人民生計之程度有所限，欲爲壯麗而不可得也。故新世之生計享用，皆機器爲之超擢，今機器過人力者略三十倍，人民生計之程度亦三十倍，可以此推之。甚矣物質關於人世之重要也！」（法蘭西遊記）

有為看到意大利明顯的貧困，又看法國的物質力不但不及早盛的英國，也大大不及新興的德國。他在意大利遊記中作了意國與英、德、法等國的生產力及生活程度的比較。意國的蒸汽力只有英國的十分之一，德國的六分之一，法國的四分之一，俄、奥的二分之一；運貨量是美國的二十分之一，英、德的十分之一，法國的六分之一，奥國的三分之一；製造業是英國的五分之一，德國的四分之一，法國的三分之一，俄、奥的二分之一。意國人民每人的入息比英、法國都差一半，所以食用比各國減半或減三倍。意國的農產物總值約為法國的一半，人民的穀類消費也減半；肉類產品不足以養生，每人每年僅得肉二十七磅。人民因營養不足而死者比英國多百分之三十八。

他的法蘭西遊記則有更周詳的法國與英、德兩國生產力及生活程度的比較，包括了蒸汽力、鐵路馬力、汽船馬力、鋸解馬力、礦產、鐵路貨運、汽船貨運、牧畜、金工、革工、食品、衣服、綿布、織蔴、織絨、鐵路里程、汽船噸位、國債額、公債額、出生率、肉類消費、飲品消費、乳品消費、用品消費等。在生產力方面，除了酒類和絲業法國超過英、德，織蔴、織絨德、法相等外，法國各項都遠不如英國，也不及德國。法國的國債比英、德均多一倍，公債多於英國不到一倍，而比德國多十倍以上。出生率則法國低於英、德。肉類、飲品、乳品用品的消費則法國均低於英、德。

有為的實地觀察，加上他從統計資料得到的知識，已使他認識物質——機器——在歐洲新文明中的地位。他已知道蒸汽力大小是一個富貧強弱的標記。他已知道物質力的大小決定一個人民的健康與生命。他可以說已了解什麼是工業化。有為在光緒三十年對工業化的了解不但是當時國內一般泛然談論西方之富強的人所不能有的，甚至於是後二十年的中國所謂新知識份子還不能及的（參看後文第九節）。

光緒三十年，有為在西歐十一國的旅行中使他得到最大感發的一程，是這八月末（公元一九〇四年九月二十四日）到荷蘭京城阿姆姆士德丹（鴿士道大，Amsterdam）附近的海口小鎮山泵（Saandam）參觀了十七世紀俄國沙王彼德為學造船住過的一座舊屋。有為在戊戌年已用彼得「變政」作說動皇帝的種種題目之一，但他自己真正受了彼得故事的感動還是在親見了彼得住過的矮小敝陋的板屋，看了彼得的遺物和圖像之後。不過他的感動又不僅是因為親見了動人的歷史遺跡，而是因為他在西歐旅行中正一步步更注意各國的物質力量，所以彼得當年到西歐學造船和取得其他技藝知識的抱負在這個時候恰好會合他的心意。有為在戊戌時期已知道彼得「微服作隸，學船於荷、英。」（「進呈俄羅斯大彼得變政記序」，註八）但似乎到了這山泵的小木屋才領略彼得在遠遊西歐及回國後的改革事業中的精神全凝聚在物質——工藝。意國的窮困使有為深思，法國的不如英、德使他警惕，德國的工商後來居上使他欽佩。而只有彼得以帝王之尊，從本身做起，盡全國力量振興物質——首先學習一切關於物質的知識、技藝——的榜樣使他得到激勵。

光緒三十二年（一九〇五）二月有為在美國寫「物質救國論」（註九）就以在山泵的觀感作引端的一章（彼得學船工）。這一章的結語也就是有為在第一次的西歐旅行中最重要的收穫：

「彼得蓋深知彼己之短長，極校國力之厚薄，乃知強弱之故，不在人民之多寡，土地之大小，而在物質、工藝之興盛與否也。故徧觀各國，有物質學者盛強，無物質學者衰微，是故彼得聚精會神，降志辱身，不憚勞辱，竭國力而爲之，而即及身收其效也。俄本野蠻，政法皆無，所乏非獨物質也。若中國則數千年之政法本自文明，所乏者獨物質耳，若能如彼得之聚精會神，率一國之官民，注全力以師各國之長技，則中國自盛強，遠過於俄彼得，又可斷斷也。」

有為憑弔意國的古蹟，追溯羅馬的歷史，承認羅馬帝國有兩件事為中國所不如。一件是廣闊的大道，一件是國家銀行。有為因羅馬史上的銀行而覺悟中國幾千年只將金銀存在府庫而不懂得設立銀行，不知道取息和流通。他在羅馬博物院見了一幅十三世紀的威尼士部市全景，留意到威尼士因十字軍東征所過的繁榮及開始鑄金錢，開銀行。他看到歐洲的小國如荷蘭、比利時、丹麥、挪威，城市如威尼士、佛羅鍊士（Florence）、漢堡、不來梅的歲入，和用費浩大，都靠銀行的運用得當（註一〇）。他在意大利留心到他們的公債過多與發鈔過多，在法國則留心到現金銀多而融通力小。他在巴黎和柏林等地都參觀銀行，看到規模的宏大（註一一）。他在美國參觀華盛頓的造紙幣廠函費城的藏金銀庫，為所見造紙幣及藏金銀的數量之大感到震驚，因而領會藏金銀不動與大量流通紙幣的作用（註一二）。他到紐約的股票交易所，懂得了資金盡量流通的方法和益處（註一三）。他在東歐的新國布加利亞（光緒三十四年），也注意到工農和公共建設的興起靠新開的銀行的支持（註十四）。這些觀察的心得使有為深刻地感到理財的重要，更感到穩固的銀行與健全的紙幣政策是理財的要點。

有為特別注意歐洲一些小國與小邦的繁盛。這些小國的繁盛使他漸漸推想歐、美許多國家富強的一個因素是行政的細密——做到一種「至纖至悉之治」。有為在辛亥前寫「裁行省議」在民國二年發表「廢省論」（註一五），都說一個確立小單位的行政區的主張，都鼓吹這個「至纖至悉之治」的觀念。幾種材料合起來使有為得到這些觀念：㈠荷蘭、比利時、丹麥、挪威這樣的小國只當中國的一府，但「政治之密，官吏之多」比中國一個行省不止千百倍；德國的小邦如薩遜、威瑪也彷彿如此。㈡一些小國邦和較大的國的地方行政區都分劃得細小。如荷蘭分十六州，比利時分九州，德國的百數十里的小邦也分幾個州縣。英、法、意等國大小不過當中國一省，高級地方行政區分作幾十個。美國聯邦的構成單位雖大，但他們的地方自治最發達。㈢富強的國家對殖民地的統治，如英國在南洋和香港，德國在膠州，都在數十里的彈丸之地設大官，設無數官職，設極細密的條理。

有為看出這「至纖至悉之治」的兩個主要特色：㈠地方行政區域小。有地小易治的好處。㈡小的行政區域在國家的地位高，行政長官位秩高，設的官職繁多，種種設施的名義和標準也高，使人民的「才氣知識」受「飛揚蹈厲」而光美富貴。這又正好映照出中國的「疏闊之治」的兩個特色：㈠中國的行省區域太大，長官（督撫）權重而無從作到細密的治理，㈡府縣長官地位甚卑，屬官太簡，設施太省，因此人民的「才氣知識」受「抑遏掩閉」而「幽苦困窮」。

於是有為主強中國廢、省、道，只存府、縣。府縣的長官地位都要提高。府長官的地位要近於巡撫；縣長官要從舊時的七品提到四品至三品，屬官也提高。這個主張是有為後期改造計劃中的一個要點。

有為在美國曾長住並作廣泛的旅行，看到最大的富力，他在美國西部看到物質力所造成的最迅速的開發。但他認為歐、美各國中只有德國在一個短時期內從一切方面落後的地位進到一切方面在世界領先。他在光緒三十三年寫的補德國遊記序（註一六）自稱曾「九至柏林，四極其聯邦，頻貫穿其數十都邑。他贊美德國從三、四十年前的小國雜亂，百政不修驟然進到武備、政治、文學、醫學、電學、工藝、商務、宮至、道路乃至音樂和「邑野」（城市與鄉村）都居世界第一，「飆舉驟進，絕塵而奔，天下萬國進化之驟且神未有若德國者。」

德國這樣進步神進，有為推測理由之一是德國在憲政體制中有強大的君權。他又根據德國君權的例與墨西哥及美國總統權的例推論治權的強化是國際的競爭強烈時代的一種新政治的趨勢。

「……以憲法之民權爲體，而以英絕之君權爲用，或亦國競時一最新政體耶？自吾嘉、道五十餘年間，彼爲君民爭政之時也，又五十餘年，餘波蕩及金亞，近二十餘年威廉以英辟專制德，爹士（Diaz）以英辟專制墨，兩國遂大治。若法爲自由之太祖，敗績不振，乃至英爲憲政之先師，亦瞠乎其後，或者自由太甚，則痿而難舉耶？甚者美至平等，而近者麥堅尼（Mc-Kinley）、羅斯福二總統亦日收其權，嶄嶄起頭角。豈非新式之治法又將出世耶？」

反對過分自由，注意政府的治權（不必是君權）的強化，也是有為在清末及入民國以後不變的觀念。

有為早就重視法國革命後八十年政治不安定，他的法蘭西遊記用了大篇幅講說這個教訓。他在美洲十分注意中、南美許多個共和通見的軍人爭總統的禍亂。只有墨西哥的爹士在國家混亂中當選作總統，連任幾乎近三十年，造成中、南美國家不曾有的安定和進步，所以深得有為的欽佩。光緒三十三年夏季有為到墨西哥，曾謁見爹士，後來有詩記見他的事（一六），更在補德國遊記序裏舉他作在憲政體制中用強力治國成功的一個實例。但爹士終於不能避免被武力驅逐（辛亥年，一九一一），墨西哥又回到爹士以前的混亂——為爭總統而起的反覆變亂。因此有為更堅持他的共和國家不易得到政治安全的理論。

民國二年有為在國內發表「擬中華民國憲法草案」（註一七），表示了他竭力為民國謀政府地位安定的意思，但他承認他沒有夠好的貢獻，同年內他發表「論中國難逃中南美之形勢」，預言民國不能免於長期的混亂。後來他主謀復辟，本意是要用一個「虛君共和」代替「民主共和」，在理論上就是為了使中國避免中、南美式的爭總統的變亂。

「物質救國論」大意

有為在光緒三十二年寫的「物質救國論」是他以後一切關於中國改造的思考和計劃的基

礎。這篇約三萬字的論文，加上一篇短序，包含以下十點基本見解：

㈠人的生存都不能離開形體；衣食居處是生存的必需條件。這些條件有了有餘和不足，社會就有了貧富、貴賤、權勢、利害，有了依仗和畏避，欲望和爭奪，有了貪詐、盜殺、機巧、變詐、壓制、苦惱這些社會病狀。中國人與歐、美各國的人的生存必需條件和種種社會病狀在基本上都是一樣的。歐洲是近代文明的發生之地，但並不是一個理想的世界；歐洲的人情、風俗，事勢「與中國全同合化而無有少異」。美國號稱最富盛而且最好自由的國度，但美國的犯罪率甚高。社會的道德風俗優劣與物質文明的發達程度不是成正比的。中國有幾千年的教化，所以社會的尊重仁讓、孝弟、忠敬、氣節，不重奢靡、淫佚、爭競，儘有勝過歐、美的地方，即令說不然也只能說中國與歐、美社會的風俗「互有短長」。中國的不如歐、美不是在道德方面，只在物質方面，只在近一、二百年來的物質方面，只在近一、二百年來新發明的工藝和武器方面。歐洲人百年來「橫絕大地」所靠的是工藝、武器，都是物質；工藝、武器所牽連的政治、法律以及種種科學，都是關乎物質的學問。

㈡中國人自同治時期以來謀改造的思想有一種由淺到深的趨勢。曾國藩、李鴻章代表的傾向是注重模仿歐美的軍隊和武器；甲午對日本作戰失敗以後的傾向是模仿歐、美的學校；戊戌變法失敗以後再進一步的傾向是羨慕西方哲學的精深，要採取他們的思想，尤其是他們爭「自由」的觀念。——這是許多人從日本的書受了些歐、美的「政俗」和「學說」影響的結果。但那個最初的傾向失於所得太淺，不知道歐、美武器優勝的根源。模仿歐、美的學校也作得過於浮淺，沒有作到有實際的用處。羨慕西方的哲學文「求之太深」而趨向空談，「自由」的口號只等於中國歷史上講義理的人愛說的簡單的，片面的標榜。而且「自由」的口號本身是可批評的，在中國更是不適用的，因為中國早脫離了封建和宗教的壓制，中國人已經過分自由，中國若模仿歐、美，法律和教化只有加密。學校的空名和自由的空談都使中國謀改造的工作走錯了道路。

㈢魏源在道光時期已說對於西方要「師其長技以制之」，就是要學歐、美物質的長處。自曾國藩、李鴻章以下若干人都追隨魏源的話，但是幾十年裏沒有人在這方面有深入的認識和盡力的工作。

㈣中國人不知道物質的建設每一件必須作到規模列國相當，標準與列強相等，才有用處。龐大的中國只有一兩個造船廠便「雖有若無」，一個製造廠一年造槍二千枝便「須二百年乃給中國之用」。荷蘭、丹麥、瑞典，都只當中國的一府，所以中國即使有了這幾國那樣的偉大船廠也還不夠，槍砲只靠從外國購買，不但隨時可以遭受禁賣，而且永遠只能買得舊式的。而武器不如人，槍砲的發射「人遠我近，人速我遲，勢必求敗」，「勝負立決，無可為言。」運船、商船的型式因各國競爭而不斷變化，任何一國用大款造的軍艦若型式不如別國便是「虛糜巨帑，如投海中。」因此凡物質的事業必須「與歐之列強相等而後可」。「不動則已，動一事必較於萬國而欲其必勝，而復可為。」聘用外國的專家來做教習，則應當不惜重費，只要求得有最新方法的人才。「苟非其人，則以舊廢之法來教，不如不學之之為愈。」

㈤中國人不知道物質的建設事業必須是全面的，物質建設所賴的種種科學的獲得也必須是全面的。造一艘軍艦所需要的大量鐵板、鐵釘、和轉動的大砲，都是簡單的事物，但講求軍艦的型式便是很複雜的學問，用鋼的「生熟厚薄」和製造砲的機軸的「滑敏堅久」便大有技術的高下。造船與製鋼便是直接相關連的。「一物之能成，備萬物而為之用，苟有一缺乏，卒不能成。」單就軍備而論，便必須「合治物質種種科學，偏收其用，而後兵艦，槍砲乃可致精。」浩大的軍費要倚賴財政，財政要靠農工、商、礦、轉運事業，這些事業要靠物質之學。

㈥中國人更不知道物質的事業及物質的科學的振興所必需的一個時間要素，因此不知道何以物質的振興要急急進行。議院可以在一天之內成立；官制可以在幾個月內改定；新的法律可以在一年之內大致草成；譯書可以在一二年內作到好書略備；理財雖難，也可以在一二年內作到使國用大致可以支付。只有物質的事業每一樣都要有長期的工作才能建立。在英國、德國一艘一萬噸的大艦最快要三年才能造成，四千噸以上的最快也要十九個月，而一個廠一年只能造幾艘軍艦。造一座大砲要十個月。學習操縱軍艦的人必須在廠四年，在艦三年，最快也要在廠、船各兩年才能畢業。學製砲的人學練鋼要兩年，製砲也要兩年。因此物質的事業和學問絕不同於種種政治制度和空論。「凡百政制皆可吾欲之則為之，惟物質之工業則非欲之即得之，旋至而立效。」「空言可期月而學之，此物質者不預蓄數年前，而欲得之於我欲為之時，不可得也。」

(七)各國的強弱不繫於其他條件，只繫於物質力的盛衰，物質的盛衰繫於物質學問的精進不精進。英國是發明汽機的國度，所以居強國的領袖。比利時雖是小國，但靠機器和製鐵成為強國。荷蘭海船發達，所以先在南洋稱霸。德國勝過法國，因為能在短期間內全力振興工業學校。法國的學校和工廠聘請外國專門人才，總要計較費用，德國則不惜重金，不多謀慮，所以兩國的成就不同，國勢也不同。美國也是用豐厚的酬報吸引歐洲人才。美國的哲學、文學還未興起，但工藝精進，所以國力宏大。美、德兩國在世界的地位都必將超過英國。列國的富強不靠「道德、哲學空論之說」、「一切空論之學皆無用，而惟物質之為功。」

(八)物質力不但決定國勢的強弱，也決定一個人民的「苦樂、文野」。一國的動力多少是強弱的標記，也是人民的衣服、飲食的程度，享樂求學的機會多少，健康、壽命的高下、長短的標記。一個用機器的識工比用手工的生產力多幾十倍，他的收入和衣服、飲食、享樂也多幾十倍。新世界生產的貨物比古時增多千萬倍，人的享受也增多千萬倍。種種新發明使人的勞作減少，閒暇增多，食肉增多，求知識機會增多，精神開暢，壽命延長，後代康強。美國的富豪大量捐款，建立圖書館和學校，都是憑著機器時代的工業的財力，不是只憑個人好施的美德。美國的工人男女「皆若有士君子之儀容」，鄉民的衣服、住宅「皆若有公侯之都麗」。連落機山的荒僻高峻區域的貧民也是「家鋪地毡，牆表花紙，士女服用無異都人，童嫗言動有類學士。」這全靠工藝發達，交通便利，收入增多，用品價賤，以及教育和知識的普及，也就是全靠物質的「媒介橋航」，不是靠任何「空論」。

㈨物質的發達與求得種種物質的學問是不可分的。中國最急要的就是用全國之力求得物質的知識；這個求知識的工作處處不離開一個求物質的發達之目的。求知識有兩個主要方法：一個是「大派遊學」，是用全國各省各縣的力量派大批學生——一時要派到一萬人——分別到各國求各種物質的學問。一個是「廣延名匠」，是不惜重金，大量聘請外國人才來中國傳授專門知識技術。派留學生要作得範圍廣大而目標精確。學機器要到蘇格蘭，學電學要到美國康奈爾大學、紐奧連大學、或加州大學。職業專門學校以德國最好，陶器以法國最好。圖畫、雕刻也是文明的實際工具，學這兩門都要到意國。音樂也不可少，學音樂可到德、意兩國。造船學、造砲要到英、德兩國的名廠。日本也有許多種新開的實用學校，可以加派學生。在國內要普遍開實業學校，用重金請外國高等人才作教師。小學校要一律練習仿造機械縮型。學校以外，要普遍設新器物的博物院，遍收各國新器物，凡新出的隨時要收入，還要請外國專家擔任解說。又要設型圖館，收集各種工藝的縮型與藍圖。設立製造廠也是求知識的工作的一部份，也要不惜重金聘請外國人才。

㈩救國的方法萬緒千條，缺一不可。這些條緒互相牽連，這一條不能作到則另一條無法作到。要謀物質的學問的發達，得靠辦好財政；辦好財政得靠改好官制；改革官制得靠人民自治，靠地方各級成立議院。因此謀物質的學問的發達也還是一個整套的救國方法的一部分。凡是議論事理「而偏舉一事者皆不全不備之道」；凡是發明一個主張必須顧到「本末、內外、大小、精粗，完備不漏」，萬不可以「舉一端偏致之論」。但是建設物質的力量還可以說是最急的藥方。

黃遵憲梁啟超對「物質」的漠視

有為在他的第一次貫穿西歐各國的旅行中漸漸得到了「物質救國」的觀念。光緒三十年末他從美國落機山中發信把這個新觀念告訴湖南的黃遵憲。但這個維新派人物對有為的新觀念完全不能理會，不能同情。有為給黃的這封信沒有公開過。但黃在光緒三十一年一月十八日寫給在日本的梁啟超的信裏說到有為的信，梁任公先生年譜長編初稿裏有黃這封信的全文。信中關於有為的那份很清楚地說出對有為的新觀念的反應：

「近得南海落機山中所發書，囑以寄公（啓超），今遞來一閱，他日仍以還我。前歲獲一書，言事事物物與吾同，無絲亮異者，所著官制考，屬索評題，如所謂保國當中央集權，保民當地方自治，此眞所見略同者（原註：二十年來吾論政體即堅持此見，壬寅（一九〇二）所寄緘曾略表之），即聖賢復起亦必不易此語。惟此函所云中國能精物質之學即霸於大地，以之箴空譚則可，以此爲定論則未敢附和也。渠謂民主革命之說在今日爲芻狗，在歐洲則然，今之中國原不必遽爭民權，苟使吾民無政治思想，無國家思想，無公德，無團體，皮之不存，毛將焉附，物質之學雖精，亦奚以爲哉？」

有為從落機山中發信給遵憲，不是偶然的事。遵憲寫信給梁啟超在光緒三十一年一月十八日，有為給遵憲寫信應當在三十年末，正是他經過了西歐十一國的旅行初到美國的時候。

落機山區的觀察是他在美國初步旅行中的一程。他的物質救國論序署光緒三十一年二月，在落杉磯，是他才在美國西岸定住下來之後。他在物質救國論裏特別舉落機山的「荒僻高峻之地」的「貧人」的整潔雅麗的生活，作為美國感物質力創造文明的例證，並且由此推想中國內地得到開發也可以像美國一樣的文明，「點蒼、峨嵋之巔豈有以異於落機山頂」？可見有為在落機山得到的物質造文明的印象很深刻，加強了他在西歐以及美國別處得到的「物質救國」的觀念。因此他在山中就寫信給遵憲，說了中國「能精物質之學即霸於大地」，也許還說了「物質救國論」所包括的大旨，尤其是從落機山所得到的感想。隨後他到落杉磯定住，便寫了「物質救國論」。

梁譜長編初稿沒有載啟超覆遵憲的信稿。梁也沒有別的可見的文字表示他對遵憲這封信中關於有為的思想的評論取什麼態度。但梁對於有為的思想確是與遵憲的態度完全相同，因此有為後來寄給他的「物質救國論」原稿竟被他擱置不印——經過有為再三的催促才印。民國八年（一九一九）有為作物質救國論後序，很嚴肅地寫出他這本小書當年的遭遇：

「當吾昔欲發布此書時，吾門人梁啓超以爲自由、革命、立憲足以爲國，深不然之，擱置久不印刻，宜國人之昧昧也。」梁譜長編初稿裏有兩件材料足以使人看出梁當年擱置不印以及有爲催促印書的情形。一件是光緒三十二年五月二十日有爲給維新黨的廣智書局（上海）負責人何天柱（擎一）的信，其中有這樣的質問：

「物質救國論何尚不刻？（原注：吾最注意此事，餘皆妄耳，乃竟擱之兩年，可恨！）

吾欲刻一書尚不能，何須廣智乎？」

另一件是光緒三十三年六月七日何天柱給梁啟超的信，有這樣的報告和請求：「南海來書責問物質救國論何以不刻，今將原函寄呈，務乞即速覆之，今年來書次追問矣。即寄滬印之，更佳」。有為在光緒三十一年二月寫成的論文，遲到三十三年六月他還在催促本黨的機關書局印刷。何天柱對梁建議「即寄滬印之」，可見這篇論文原稿一直在梁的手裏，所以擱置不印的責任在梁。梁對物質救國論的反應雖然沒有梁自己的文字可以考察，但有為在十幾年後還鄭重說梁「深不然之，擱置久不印」，自然是真實可信。

梁的新民業報以鼓吹新的道德為主要標榜，若用有為的眼光看來正是對於中國改造的方法「求之過深」，是認為歐、美的長處在於「哲學之精深」。梁依日本的資料在叢報上介紹西方的知識，也似乎如有為所見的中國當時的新學校，只說些歐、美「政俗之粗略」。因此當時梁的思想與物質救國論中所表示的有為的思想可以說方向正好相背。黃遵憲給梁的信裏對有為的新觀念表示了那樣明顯的不同情梁的態度大概正與遵憲相同。

孫中山早期的高度工業化觀念

當有為的物質救國理論實際上遭到他的兩個維新同志的輕視和拒絕之時，中國的新興人物裏與有為的觀念相接近的只有一個人，就是在政治上站在與有為正相反的一端的孫中山。中山早在光緒二十八年（一八九四）年上李鴻章書裏所說的「人盡其才，地盡其利，物盡其用，貨暢其流」便是發展科學和工藝的教育，應用科學和機器於農業，謀工業和礦業的全面發展，建立應用機汽交通運輸系統——這就至少可以說是一個中國工業化的初步觀念。等到約十年後中山在歐洲確定了三個大主義的基本綱領，更可以說一個中國高度工業化的觀念成了中山所講的主義之一——民生主義——的綱領中一個構成的部分。

光緒三十二（一九〇六）年十一月二日中山在東京的民報創刊十年慶祝大會上作主要的演說，給革命的三大主義作了首次公開的口頭解釋。這篇演說裏的民生主義部分雖然只說到預謀解決中國「文明進步」後的「社會問題」沒有說謀中國「文明進步」的方法，但中山已明確地說「文明進步」的特徵是個人能利用「天然力」多過「體力」，是個人能利用「比起人的體力要快千倍」的「電力、汽力」，——這就是指一個工業化的境地。中山所說的預謀解的「社會問題」只是指隨著社會工業化而發生的地價激漲所引起的貧富不均問題。

中山這次演講引起了梁啟超對民報的一次關於民生主義的爭論。民報的辯駁文字正好托出中山的一個中國高度工業化的觀念。

中山的演說記錄發表在同月的民報（第一號）上。梁接著在新民業報（第四年第十四號）（註一九）上發表「社會革命果為今日中國所必要乎」（註二〇），專對民生主義發動攻擊。他的主要論點之一就是中國只可談保護資本家，不可談社會革命；要保護資本家的大理由是中國的憂患在於外國資本家，不可談社會革命；要保護資本家的大理由是中國的優患在於外國資本的侵入。「使他國資本勢力充滿於我國中之時，即我四萬萬同胞為馬牛以終古之日。」

隨著民報（第十二號）（一九〇七年月）上發表了署名民意的一篇「告非難民生主義者」，全面反駁梁的論點，並且特別用力反駁他對外國次本的恐懼。

「民意」據考訂是胡漢民的筆名（註二一），他這篇文字可以推想是在中山的指導下寫的（註二二）。這文字裏對恐懼外資的反駁正好托出中山的一個利用外國資本來實現中國高度工業化的主張。

中山在上李鴻章書裏已提到水力發電「近又有人想出新法、用瀑布以水力生電，以器蓄之，可待不時之用，可供隨地之需，此又取之不盡，用之不竭者。」

民報駁梁的文字則舉在長江峽谷建大水電廠的構想為例以說明外資輸入的利益。這大水電廠的構想不是孤立的，因為巨大的電力正足以助成廣闊的區域（長江各省）中的和種工業，而水電廠本身也正靠工業普遍發達，電力可以銷售，才能得利，才能存在。一個大水電廠的構想便表示中已有了中國全面，高度工業化的觀念。

「今夫西蜀夔峽之水，其倒瀉而下者幾百尺，其可發生之電不知幾萬匹馬力，有則外國最大之資本家，投資數萬萬而蓄之……工成而以視美之那雅華拉（Niagara）瀑布爲用且十倍焉，遂以供吾國東南諸省所有通都大邑一切製造機器之用，則梁氏必驚走告人，謂『他國資本勢力充滿於我國中，我四萬萬同胞爲馬牛以終古』矣！

「……竊梁排斥外資之深心，亦惟懼此公司能獲利所謂以百萬雄資伏已而其腦也。曾不知此公司之獲利愈豐，則其爲利於我國也必愈大。蓋彼非有貿易外之奇術以攫我資而入其囊也，必其所經營生產足以使我有利，而彼乃得以取償於我。例如以一紡織公司，每年所抑給公司者爲十萬元之費，則其爲效用於紡織公司者必不止十萬元之費也。「而水公司所生之電力若能更勝煤氣之用者，則其事尤顯。如紡織公司前用煤，一歲消費十萬，今用電力，可省五萬……用之生產則歲能多資本五萬，其他公司所省生產費額如是，即同時增加資本額亦如是。而其餘有以用煤而生產費過巨，不敢投資以從事各業者，今亦得此省半費之電力而群起，是於社會增加生產的資本爲不可勝算也。」

民報上這樣托出中山的全面高度工業化的觀念，正當有為還在催促物質救國論的出版之時。這兩個政治上站在兩極端的人的觀念可以說全不相謀而十分相接近。只是九為的觀念大半根據他在歐美的觀察和他所想到的中國的實際需要，中山的觀念則顯示出含有經濟的理論。有為說造軍艦要顧到鍊鋼，只是說兩者有技術上的關聯。中山說大水電廠的經營與工業普遍發達互相依存，則已暗示一個經濟全面發展的定律（註二三）。但這兩個人確是同時有了中國應當謀全面高度工業化的觀念。

有為在民國元年的建設性網領

有為在民國三年才從日本回國，但民國二年這一年內（二月到十月）他已由一個學生（麥孟華）在上海出了八期不忍雜誌（月刊），發表他一個人對民國的建設性意見。這八期不忍中的文字大部分是革命前幾年內容的，是為了一個立憲或虛君制的帝國預備的，但有了局部的修改以適應民國。有為在這一年中發表的新舊論說表示了他盡力幫助謀劃鞏固新建的共和。他的意見有五個要點。

㈠為了鞏固民國，最急需的是有強力的中央政府。這就是有為在不忍第一號發表的新作中華救國論和隨後在第三至第六號發表的擬中華民國憲法草案（改光緒三十四年，宣統元年間的舊作）（註二四）裏的主要問題。有為在這兩篇文字裏都一面極力反對各省獨立，一面反覆研究如何使政府（行政權）在憲政體制中有穩固地位，只是不能得到他自忍為滿意的答案。瑞士的部長合議制在中國絕無法施政；英國的虛君和責任內閣當然不能用於民國；美國的民選總統有一定的歷史條件，條件不足的國家仿效美國便要有中、南美式的爭亂；法國以總統代替虛君，但議會選出的總統與內閣領袖不是一黨也是政治不安定的根源。中國只有仿法國制度，但要稍加強總統的地位，總統選舉的基礎要比法國擴大；要由議會兩院的議員加上每縣選出的一個議員合成一個「國民大議會」，有修改憲法，變更國土和選舉總統這三項最高權力。要有國務員代總統負責，但總統仍有領導國家的聲勢。有為並不覺得這是最好的方法，所以在擬憲法草案、發凡的結尾鄭重說：「或有聖哲別創新中國共和良憲法，以為萬國師，固所望也，鄙人思之而未得也」。但他在救國論和憲法草案的發凡中已盡力申說了強化政府的必要。

㈡民國承繼了晚清的貧困，袁世凱政府像晚清一樣倚賴外債，為了一筆大債款而幾乎接受列國監督用錢（註二五），借款不成則一切施政沒有憑藉。因此民國的生命實在繫於財政。

有為在海外寫物質救國論之後已寫成了理財救國論，「與物質救國論並行」（註二六），但這篇論文遲到不忍出版才發表（第一、二號）。有為的根本見解是國家的窮困立刻可以解除，只要有「理財」的方法。理則方法就是「善用銀行」；銀行的原理是「無而能為有，虛而能為盈，約而能為泰」；這個原理的具體表現是建立有可靠基礎的紙幣與公債政策。要有一個在複雜銀行系統裏居樞要地位的國家銀行；國家銀行要以全國多種銀行以及當押、金銀店應共同擔負的資本為資本，又要借用一筆外資，不作行政和生產之用，只保存不動，作為準備；國家銀行以如上的憑藉發行紙幣，收當時一切舊幣，同時發行無期公債；國家銀行要鑄行金主幣，同時大量搜買金銀，勸導人民改變貯藏金銀和以金銀作飾品的習慣而出賣金銀，使國家銀行的準備擴大，使發行可以擴大。估計國家銀行可籌得的初步資本可有一萬萬兩（金）；借外債可到二萬萬兩；發行紙幣八萬萬兩，輔幣二萬兩；公債五萬萬兩。總計一萬萬的紙幣中以五萬萬買公債，四萬萬收回舊幣，預計虧墊二萬萬，另以二萬萬作勸業、興業銀行的資本，還餘一萬萬足夠政府的用費，於是國家已不復感受窘困，民間也靠紙幣和公債的流通而有了營運的資財。同時要普遍建立國民銀行，省府縣市的組合銀行，宅地抵押銀行，盡力發展金融業務。國家銀行則可以再擴大準備，再增加發行，有無窮的前途。

㈢有為的改變地方區行政的主張也是早預備的，廢省議的發表則與理財救國論同時。廢省、道，只存府、縣的極意義是要實現「至纖至悉之治」。而多層級的行政區尤其不利於地方自治。省區內的「人民層級太隔，議局太疏闊，而興利除害難。」但廢省的主張也是為了增加中央政府的權力，為了兵權和財政權這兩大項的統一。一面提高小行政區的地位，一面加強中央的持定權力，是有為的一個重要觀念。

㈣有了理財的方法，建立了銀行、紙幣、公債，財力已散布在民間，然後才可以有迅速開發起來，這是中華救國論的一要點。這事業的開發又與求物質的學問是分不開的。有為在不忍第六、七號發表中國顛危誤在全法歐、美而盡棄國粹說，批評革命以來自法律、制度以至禮俗、習慣、衣服、飲食、談話樣樣模仿西方的趨向，指出中國真正需要學習的不是這些，而只是西方的物質之學。有為在這篇論文裏又把物質學的範圍作了一個總括說明。物質學包括科學和工藝的種種部門，而理財學、哲學也與物質學相連着；物質學關涉「實物」的是電學、化學、機器、工程等等，有「貫通」意義的是物理和數學，「文美」方面的是畫學，著色學、樂學，「器用」方面的是水壓力，天然煤氣、電線之類，「兵事」方面的是槍、砲、汽船、飛船、兵船之類，「農機器」方面是芟草、刈稻、播種以及紡織、製膠、造玻璃之類。這一切不是只是「新世界軍國民萬事之用所賴」，乃至「物體、知識、道德、風俗、國政、悉因以剖析變動，由腐朽而神奇」。這些學問才是國家強弱存亡的決定要素，都要極力從歐、美採取。

㈤有為在中華救國論裏又指出強力的政府要靠有健全的政黨組織一黨的內閣，而養成「良政黨」要靠兩個方法：一個是「輸進通識」，一個是「崇獎道德」。道德在民主共和國比專制國或立憲國更重要，因為自治的人民更必須有道德心，能自己約束。美國人能運用民主制度函正是因為有「恭敬、愛法、守法」之念。崇獎道德的一個方法是立孔教，作為國教。這本是有為在戊戌年已提出的建議，但他在民國更把立教看作培養民德，輔助政黨政治的要件。他強調說孔子的大同觀念，變通觀念。變通觀念與共和政體正配合；孔子的寬博精神、入世精神使孔教比任何其他宗教最宜於作國教，全不妨礙信教的自由。

有為與孫中山民初政見的比較

民國元年的領神人物裏懷抱著建設性綱領的，只有孫中山和康有為。這兩個人對三個重要問題的意見的有基本上的相似；對照他們的思考上的相似與差別正可以使兩人的思想都顯現得更明白。

㈠中山和有為都站在政府之外而都認為使政府（行政權）穩定有力是鞏固民國的第一要務。

中山在元年辭卸臨時大總統後的立場是盡力支持袁世凱。新成立的國民黨的領導者不是中山而是宋教仁，這個黨憑國會與袁爭權的路線是中山所不贊成的。南京臨時政府原是總統制，後來的臨時約法才採取內閣制。中山到民國十年還表明那個約法除了第一條的「民國主權屬於人民全體」之外全不是他的意思。他自己到北京去接受袁總統任命作鐵路督辦，並且表示支持袁任十年總統。

民國四年中山的信徒陳其美寫長信給黃興，列舉同盟會舊同志在革命後反對中山政見而造成失敗的教訓，其中的第三點就是他們反對中山「盡讓政權於袁氏」。

「其後中山先生退職矣，欲率同志爲純粹在野黨，專從事擴張教育，振興實業，以立民國國家百年根本大計，而盡讓政權於袁氏。吾人又以爲空涉理想而反對之，且時有干涉政府用人行政之態度。卒至朝野冰炭，政黨水火，既惹袁氏之忌，更啓天下之疑，而中山先生謀國之苦衷，經世之碩畫，轉不能表白於天下而一收其效。」

其美的話說得這樣不含糊，當然已可代表中山當時的立場。中山在民國八年出版孫文學說，已在袁自己背叛民國，失敗後兩年，還把其美原信附帶發表，更可見盡力支持袁世凱，使憲政體制中有強固的政府，曾是中山的一個重要的主張，並不是一個虛浮的表示。這與有為在民國二年以強化政府的穩固還沒有自認為滿意的答案，中山則本已創立「五權憲法」的觀念，主張權力很大的總統。

㈡中山與有為同樣深切認識理財有辦法是一切施政的前提；他們又同樣主張採取紙幣，他們的方法雖有差別，卻正可以互相說明。

中山在民國元年六月將從上海到北京去會見袁世凱，曾對民立報記者指出政治困難的根源在於「經濟」——政府財政的窘困。

「我國之現象，時人之意，皆隱隱以爲缺乏人才，故未能一致進行。以吾觀之，頗不爲然。吾覺現在無論政府議會及各處政界軍界皆有極有本領之人主持其間，儘足以奠安吾國而有餘。所以意見分歧，有才莫展者，皆爲經濟問題所窘，間接直接遂生困難，因困難而督過，因督過而參差，甚而至於因參差而詬譏，局外之人又因部份之詬譏而生全局之恐怖，始成最近不靜穩之現象，其實多有所誤會也。故我國之經濟問題若不能解決，甚難得一致進行之效果。

「惟經濟問題每當急迫之時，祇能捨本而圖末，因本務每乏近效，而末法可以應急，此亦處於無可如何之勢。然非本末並舉，將永無手足寬閒之日，必繼續而陷於應急之地矣。我政府近日所居之地位，即日夜迫促，止能用末法聊以應急，爲最可憫者！吾人悠然處於民間，若復從而議其後，即或言之成理，恐不免於隔靴搔癢。」

中山以在野地位這樣體貼說出政府的窘困，正如有為在海外作理財救國論，是由於確切深刻認識財政的一切施政的根本。

中山在同年的十一月，已從北京回到南方，發出一個「錢幣革命」通電就是主張建立紙幣，廢除一切金銀幣。中山所提的方法比有為的法更進一步，不是銀行憑金銀及其他準備發行紙幣，不是由政府憑賦稅收入，人民憑金銀、貨物和勞力向銀行兌取紙幣。實際上這與有為所提的依劇列國常規的方法一樣要建立可靠的紙幣，銀行先有準備而發紙幣與政府及人民以一定的憑藉兌換祇幣一樣是使紙幣代表一定的財富。不過中山對金錢為「貨物之中準」的原理看得更透澈，所以有廢除金銀幣的辦法，不同於有為的仍要鑄金幣為紙幣的標準；中山又知道貨物究極只是勞力的結果（註二六），所以更承認人工和賦稅、金銀、貨物一樣可以兌換紙幣。

有為的理財論較近於常識，正可以幫助人了解中山的錢幣革命論；中山指出錢幣為貨物之中準與貨物為勞力的結果，正可以使有為所說的銀行原理在於「無而能為有，虛而能為盈，約而能為泰」得到深刻的根據。

㈢中山與有為同樣有一個工業化目標；他們所說的著手的方法不同，但所求的是全面的、高度的工業化正相同；他們對知識與人才法的重視也正相同。

中山願接受袁世凱的任命作鐵路督辦，他主張借外資修築全國鐵路，又主張澈底開放門戶，讓外資來幫助一切實業的開發，他的目標正是中國全面的高度的工業化。這也就是有為的物質救國論的目標。似乎有譏刺（註二七）。但有為注重的是首先用大力量發展科學和工藝的教育，他所說的派遣遊學生和聘請外國人才都要有極大的規模。中山的外資政策裏也包括了同樣的對知識與人才的重視。

中山在元年九月的一次演講（在安慶）這樣解釋開放門戶政策的理由：

「……我們既採用西法，即不能不借用外國人才，倘不借外國人才，我們中國國富要先派十萬留學生到各國去留學，玉少亦要學十年能回國，辦理建設各種事業。試問此十萬留學生之經費，現在能籌不能籌，試問此建設事業等到十年後再辦，能等不能等？款既籌不出，等又等不及，我們就祇可用此開放主義……凡是我們中國應興事業，我們無資本，即借用外國資本，我們無人才，即用外國人才；我們方法不好，即用外國方法。」（註二八）

中山對知識與人才的重視正與有為相似。兩個人所主張的方法雖然不同，但他們對知識和人才的這樣同等重視正表明他們對工業化所需要的條件的理解相同。

有為的虛君共和論與梁啟超的開明專制論及孫中山的革命方略

梁啟超的公祭康南海先生文有一段似乎是替有為的主謀復辟作一種辯護：

「復辟之役，世多以此爲師詬病，雖我小子，亦不敢曲從而漫應。雖然丈夫立身，各有本末，師之所以自處者，豈曰不得其正？恩報先帝之知於地下，則於吾君之子而行吾敬。栖燕不以人去辭巢，貞松不以歲寒改性。寧冒天下之大不韙，而毅然行吾心之所靖。斯正吾師之所以大過人，抑亦人紀之所攸託命。」

這段文字是說有為主謀復辟是為了報答「先帝」光緒的知遇。但這對有為不能說是一種真實的辯護。有為在袁世凱稱帝敗亡之後參與一次復辟，他的行動卻是出於他對民主共和的基本懷疑——長期的懷疑。

有為在辛亥革命發生之際寫成一篇救亡論，斷言革命以後中國不能免於中、南美式的爭亂，主張建立中華帝國，但他所設想的帝國不但是立憲的，而且是純然英國式的「虛君共和」。他的基本主張只是要有一個「土偶」式的君主作國家的象徵，以免除民主共和國爭總統的禍亂。民國二年下半年他還把這篇救亡論發表在不忍上。

有為的虛君共和論，與啟超在革命前的開明專制論，在他們個人一樣是謀一個大帝國從專制轉到憲政的途徑。梁在光緒三十二年批評孫中山的軍法、約法、憲法三階級的革命方略，同時主張以開明專制作達到君主立憲的預備。

有為、啟超、中山在事實上有共同的一個中國如何建立憲政的難題，不過三個人的解答不同。而只有中山能夠知道難題是共同的，所以他對於反對民國而謀恢復帝制的人雖然敵視，卻能有同情的了解。他在孫文學說裏詳細說的革命方略，還替鼓勵袁世凱稱帝的美國人古德諾說出他的理由：

> 「中國人對於古德諾氏勸袁帝制一事，頗爲詫異，以爲彼乃共和國學者，何以不在共和而揚帝制，多有不明其故者。予廉得其情，惟彼爲共和國人，斯有共和國之經驗，而美國尤飽嘗知識程度不足之人民之害也。……是以彼中學者一聞知識程度不足之人民欲建設共和，則幾有痛心疾首期期以爲不可者，此亦古德諾氏之心理也。」

中山沒有批評有為的虛君共和論，但他為古德諾說的話應該也可以代替對有為的一部份批評。

歐戰後有為與梁啟超對物質文明的不同態度

復辟失敗後兩年，即歐戰結束後一年（民國八年，一九一九），有為重印他的物質救國論。他的後序說明他重印的動機是在歐戰中更看到了「物質」的大力量。他重提到「門人梁啟超」對他的理論的不同意，也慮到眼前人對「物質」仍然不肯重視。

「康有爲發布物質救國論十有六年矣，中國國事百變，醫雜藥亂，而中國不救，其貧弱益百千倍，日墜益危，皆由病論誤之也。今經歐洲大戰之效，物質之發明益威。五十六生的之巨礮可轟二百餘里，飛天之船可十六時而渡大西洋。德之強而欲吞全歐，以物質。英、法之能力抗四年，以物質。美之富甲全球，以物質。凡百進化，皆以物質。此既成效彰彰較著矣。然當吾昔欲發布此書時，吾門人梁啓超深不然之，宜國人之昧昧也。近者吾國上下紛紛知言實業矣。而不得其道之由，亦猶之沙漠而行迷途，盲人瞎馬，夜半臨池猶昔也。而不得其道之由，亦猶之沙漠而行迷途，盲人瞎馬，夜半臨池猶昔也。今復重印此論，舊者未遊涉外國，未見及此，新者或輕爲歐、美至粗淺之事，未知肯服此方不？若猶未也，吾中國以貧弱坐亡，無可救也。」

有為這樣嚴肅地重提他這個「門人」「深不然之」的往事，可見他是確切知道梁與他的思想相背。但有為的這一筆又有層他自己恐怕料不到的歷史意義。梁正是民國七年底出國，八年整一年在歐洲。在才經過戰爭大破壞的西歐各國聽了一些「科學」與「物質文明」「破產」的論調，他在九年回國後發表的?遊心影錄（註二九）便傳播了這種失望的論調。

「當時謳歌科學萬能的人，滿望著科學成功黃金世界便指日出現。如今功總算成了，百百年物質的進步比從前三千年所得還加幾倍，我們人類不惟沒有得著幸福，倒反帶來許多災難。好像沙漠中失路的旅人，遠遠望見個大黑影，拼命往前趕，以爲可以靠他嚮導，那知趕上幾程，影子卻不見，因此無限悽惶失望，影子是誰，就是這位『科學先生』，歐洲人做了一場科學萬能的大夢，到如今卻叫起科學破產來，這便是最近思潮變遷一個大關鍵了。」

梁自己不免加上一個註解，「讀者切勿誤會，因此菲薄科學，我絕不承認科學破產，不過也不承認科學萬能罷了。」但這不能掩去他對科學失望的態度。這種態度不單表示他從一時旅行見聞所受的影響，而正好證明有為在八年點破他的思想的話，證明他與有為對科學與物質文明的態度絕然不同。

有為死後十年內中國一般知識份子對工業的認識

有為在物質救國論後序裏慮到舊派的人對於物質文明根本看不到，新派的人又「輕為歐、美至粗淺之事。」這表示他很了解同時代中國一般知識份子的思想。從有為死後第一個十年內（民國十七—廿六年，一九二七—一九三七）一些思想很進步的人對於物質——對於工業化的認識程度可以估量一般知識份子的認識程度。

胡適在民國十六年從美國使館一位商務參贊（安諾德）得到三張經濟圖表：第一表是中國人口分配表，第二表是中、美經濟狀況的比較，第三表是美國在世界上的地位。他看了這三張表，在第二年發表一篇「請大家來照照鏡子」，要國人醒悟中國的物質力的不如人。

第二年，民國十八年，胡適發表他在十六年往歐洲去的旅途中的感想（漫遊的感想）。他說他到了哈爾濱，得了一個「絕大的發現」：發現了「東西文明的交界點」——「人力車文明與摩托車文明的界線」。

再過了五年多，到了民國二十三年，一住後起的學者，吳景超，發表了一篇「我們沒有歧路」，說出他研究中國要不要工業化的結論：

「總之，生存在今日的世界中，我們只有走上工業化的路，才可以圖存。我們只有一條路，是活路，雖然這條活路上的困難是很多的，大家不要在歧路上徘徊了。」

十六、七年的胡適和二十三年的吳景超——這兩個例夠使人推測中國一般知識份子是多麼遲緩才有了一點點工業化的觀念。

有為與孫中山及胡適的歷史見解的比較

有為的後期思想包含了一種歷史見解，就是關於中國文明與西方近代文明的差別的解釋，有幾個要點：

(一)中國人與歐、美各國的人的生存必需條件和種種社會病狀在基本上都是一樣的。

(二)一個文明的種種因素是種種具體的歷史條件造成的，有地理的條件，如地形對歐洲憲政起源有關係；有文明移植的影響，如十字軍東征使歐洲近代文明突起。

(三)複雜的歷史條件使各個文明的得失進退有難測的變化，不可用「偏致」的片面理由解釋。如中國未發生憲政不是中國「人智之不及」，不可「執一理」來責備。

(四)中國文明若干方面的不如西方只是近代的事。

㈤文明種種因素移植的可能使一個一時或長期落後的文明儘有「後起者勝」的機會。

孫中山的「知難行易」學說就是一種歷史觀。中山的見解與有為的見解大部分相近：

㈠知難行易學說最着重知識的傳授在人類進化中的作用。這就有了有為的文明移植觀觀念。

㈡中山着重文明的各種質素的進步是不齊一的，如歐、美政治的進步不及物質的進步（民權主義演講），這與有為說的文明得失進退不可用偏攻的片面理由解釋相近。

㈢中國文明若干方面不如西方只是近代的事。這一點中山與有為完全相同。

㈣中山最著重研究文明「後來居上」「迎頭趕上」的可能。這一點中山比有為更強調。

歷史家胡適的見解與有為的見解有更明顯的相似，尤其可以幫助說明有為的見解。

㈠胡適相信「民族生活的樣法是根本大同小異的，這個道理，就叫『有限的可能說』（The Principle of limitedpossibibilies）（讀梁漱溟先生的東西文化及其哲學，一九二三）這正可幫助說明有為所見的各國的人生存必需條件與社會病狀基本一致。

㈡胡適相信「東方人和西方人的知識、哲學、宗教活動一切過去的差別只是歷史造成的差別，是地理、氣候、經濟、社會、政治，乃重個人經歷等等因素所產生、所決定、所塑造雕琢成的」（中國哲學裏的科學精神與方法，一九五九），這正好幫助說明有為所見的若干具體歷史條件造成文明種種因素的實例。

㈢胡適認為「文化不能裝入簡單整齊的公式裏去」，不可以拿任何「簡單的抽象名詞來概括某種文化各種文化的『過去種種經過』與各種民族『去的路的遲速的不同』都不能用簡單的公式來解釋。」（讀梁漱溟）他又認為西方近代在科學上的發達是許多歷史因素「一次非幸運的湊和自然結果」（中國哲學裏的科學精神與方法）。這些見解正幫助說明不可「執一理」，用「偏致」的片面理由來解釋歷史。

㈣胡適也著重中國的落後於西方是近代的事。

㈤胡適不說「後起者勝」，但相信一個「向來有偉大歷史的民族」，一時落後，儘有「感發興起」，「急起直追」的機會（讀梁漱溟）。

這種比較似乎很可以使有為的後期思想顯現得更清楚。論戊戌後的有為，似乎必須把他放在一個思想的大趨勢裏面看。

（編者案：此文為徐高阮先生遺著，附註原缺）

原刊於《廣東文獻》四卷三期

康有爲與萬木草堂學風

林光灝

一

自十九世紀以來，廣東以地緣關係，匯合了中原（黃河流域）文化、長江文化而孕育出其奮發踔厲的珠江文化。這一新興的珠江文化最具體而有力的表現，則莫過於清光緒十七年庚寅（公元一八九一）間，南海康有為氏在廣州長興里，創立萬木草堂，招收天下有志之士，聚集一堂，講新學、倡變法。從學者有梁啟超、歐榘甲、韓文舉、徐勤、葉覺勵等，皆後來維新健將。在這六十年間，中國文化思想，直接間接與康氏在「草堂」時代所倡導的求仁主義學風有關。其流風遺韻，如波瀾壯闊，無可涯涘。

康氏原名祖詒，字廣夏，號長素，南海人，時稱康南海，又以有志聖人，故有康聖人之稱，生於清咸豐八年（一八五八）卒於民國十六年（一九二七），年六十九。

萬木草堂創立時，正當鴉片戰爭後之五十年（道光二十一年），這五十年間，在中國歷史上言，真是遭逢亘古未有之奇變，中又疊經英法聯軍入侵，而有北京和約，而增闢山岸。太平軍反清之役，歷時十六年，糜爛十九省，死亡二千萬，殘破六百城。及甲午中日之戰，海軍幾盡，遼東幾亡，韓國獨立，臺灣割讓，償金二億，閭埠四處，內江自由通航，內地從事製造，皆為從前軍事所未有，交涉所未有，所謂內憂外患，紛至沓來，國將不國，人民亦失安身立命之所。清之朝野上下，始覺感受非常之痛苦，而病舊制之不適合矣。未幾，而英、俄、德、法諸國踵起，強迫立約，割我土地，定彼範圍。（見劉彥中國近時外交史：光緒二十四年，列國對中國形勢一變，英結揚子江不割讓與他國之約，德結租借膠州灣之約，俄租旅順大連，日本約福建不割讓與他國，法亦租借廣州灣。）於是一班深受儒家求仁取義思想薰陶之知識份子，處當時那種危疑震撼社會環境之下，自然難安緘默，南海康有為氏固為此中之表表者。有為初從九江朱次琦先生學，日治宋儒之書及經史、小學、詞章，然以為未足，乃辭歸，轉而攻陸王心學，並及西學，公羊，以至亭林顧炎武經濟之學，卓然成家。

原來那時科舉未廢，八股文猶盛行，士子仍視之為正學。羊城除學海堂、菊坡精舍、粵華書院、粵秀書院、廣雅書院五大書院外，當有老師宿儒設館授徒，專課八股制藝，時稱「大館」。著名者有梁輯嘏、凌孟徵、石星巢等老師。這種「大館」冬至前後即放年假，士子乃利用此段時間另請別人講授八股制藝以外之功課，以求廣智，名之為「冬館」。康有為即曾任石星巢冬館的老師。康氏雖以一介布衣，然而學問淵博，才氣磅礴，上下古今，無所不談。平日不特為士林所傾服，且因數次上書德宗，力請變法維新，早已名動公卿，震驚時流。茲錄其上皇帝第一第三第四書與請開制度局疏，以見一斑。

（第一書）「所欲言者：曰變成法，通下情，慎左右而已。」

（第三書）「乞及時變法，富國養民，教士治兵，求人材而慎左右，通下情而圖自強。富國之法有七：曰鈔法、曰鐵路、曰機器、曰輪舟、曰開礦、曰鑄銀、日郵政。養民之法：一曰務農，二曰勸工，三曰惠商，四曰恤窮。教育及於士，有逮於民，有明其理，有廣其智。治兵之法：一曰汰冗員而合營勇，二曰起民兵而立團練，三曰練旗兵而振滿蒙，四曰募新製以精器械，五曰廣學堂而練將才，六曰厚海軍以威海外。凡此富國養民教士練兵之策，所以審端致力者，則生於求人才而擢不次，慎左右而廣其選，通下情而合其力而已。」

（第四書）「今當以開創治天下，不當以守成治天下，天當以一統無為治天下。」

（請開制度局疏）「立制度局以總其綱，十二局以分其事。一曰法律局，二曰度支局，三曰學校局，四曰農局，五曰工局，六曰商局，七曰鐵路局，八曰郵政局，九曰礦務局，十曰游會局，十一曰陸軍局，十二曰海軍局。」

後「學海堂」高材生南海陳千秋（禮吉），新會梁啟超（卓如）輩，聞康氏上書不達，自京歸粵，即雀躍相告，偕往問業。此事，據梁任公在其三十自述有云：「通甫（禮吉字）相語曰：『吾聞南海康先生，上書請變法不達，新自京師歸，吾謁焉。其學為吾與子所未及，吾與子今得師矣。』於是，乃因通甫修弟子禮，事南海先生。」任公又在其清代學術概論中云：「啟超年十三，與其友陳千秋同學於學海堂，治戴段王之學，千秋所以輔之者良厚。越三年，而康有為以布衣上書被放歸，舉國目為怪，千秋啟超好奇，相將謁之，一見大服，遂執業為弟子，共開館講學，即所謂萬木草堂也。」又康有為自編年譜，於三十三歲（己丑）

時亦云：「三月，千秋來見，六月來及門。八月，梁啟超來學。」年譜並自述其開堂講學之經過云：「光緒十七年始開堂於長興里講學，大發求仁之義，而講中外之故，救中國之法。來學者多志士，若韓文舉、梁朝杰、曹泰……既明而起，講貫至深夜。……新學偽考刻成，陳千秋、梁啟超助焉。……十八年，移講堂於粵城衛邊街鄺氏祠。十九年，遷草堂於府學宮仰高祠，以梁啟超（卓如）、陳禮吉充學長焉。」

從上看康梁師弟記述，萬木之創立，實醞釀於光緒十六年（己丑）康氏自京放歸後。翌年（庚寅）乃草創於長興里。十九年（任辰）大盛，來學者日眾，因遷入府學宮仰高祠，始正名為萬木草堂。而陳千秋、梁啟超二人為草堂最早之學生。大抵有為當日上書不達，鎩羽南歸，佗傺抑鬱，無以復加；深漢其道之不行，大有夫子自衛返魯的心情，思得天下英才而教育之，以傳其道而廣聲氣，此亦懷道君子不得已之苦衷。厥後更得陳禮吉、梁啟超二人來學之鼓舞，因此，康氏之開館講學，良有以也。

二

康氏為儒家學者，開堂訓士，其學綱與學科，當然以孔子之四教：「文行忠信」為鵠。且又嘗從九江朱次琦先生遊，次琦先生立「四行五學」之教，所謂四行，曰：「敦行孝弟，崇尚名節，變化氣質，檢攝威議」；五學則為「經學、史學、小學、掌故、詞章。」所以康氏撰長興學記之學綱與學科，除了小部份為適合時代潮流，接受泰西學術思想之研習者外，餘則多仍其師門之遺意。梁任公之長興學記表，曾分列其為三項如下：

甲、學綱

㈠志於道：格物、克己、勵節、慎獨。

㈡據於德：主靜出倪、養心不動、變化氣質、檢攝威儀。

㈢依於仁：敦行孝弟、崇尚名節、廣宣教令、同體飢溺。

㈣游於藝：禮、樂、書、數、圖、槍。

乙、學科

㈠義理之學：孔學、佛學、周秦諸子學、宋明理學、泰西哲學。

㈡考據之學：中國經學史學、萬國史學、地理學、數學、格致學。

㈢經世之學：政治原理學、中國政治沿革得失。萬國政治得失。政治實用學、群學。

㈣文字之學：中國詞章、外國語言文字學。

丙、科外學科

㈠校中：演說（每月朔望課之）劄記（每日課之）

㈡校外：體操（每間一日課之）游歷（每年假日課之）

右所記萬木草堂之學綱與學科，體備大用，幾可與今日大學課程相埒。然而單憑這點，在教育效果而言，還是不夠的。因為一切學制學科，都是教育事業之軀殼，倘沒有奮發向上的學風與乎剛健渾雄的精神為其靈魂，則必奄無生氣，自難望收養士之功。只惜數十年來我國言教育者，惟知汲汲於學制之改革，學科之新訂，而恒忽略學風之培養，人云亦云，今日倡「道爾頓制」，明日又侈談「動的教育」，結果一無是處，卒使邪說紛乘，釀成眼前禍亂相尋之局！抑尤有可哀者，國家文化因之日趨衰落，人才日漸凋零而無為繼，學者徒成一技之長，競為如梓匠輪輿之求食，或只為自己之富貴利祿而營心，對國家社會事，則曰「干卿底事」，避之惟恐不及！父兄以諭其子弟，師長以此詔其學生，迨一旦禍變遽來固乏肆應長才，更無殉國烈士，欲國不亡，種不滅，寧有是理？

我國儒家的精神就恰恰與此相反。他們講仁與義，一開頭即以天下為己任，故曾子曰：「士不可以不弘毅，任重而道遠，仁以為己任。」流風所及，范希文（仲淹）乃有先天下之憂而憂，後天下之樂而樂的偉大襟懷，以垂範後世。所以，良好學風之培養，當為教育之第一要義，已屬無可置疑。正如莊子所謂「風之積也不厚，則其負大翼也無力。」此理至為顯然。萬木草堂師弟們，既上承儒家思想精神之培育，則其學風與精神，自與今日西方式教育的只重個人發展者，迥然不同。

三

至於康氏講學情形，已如其自編年譜所云：「與諸子日夕講業，不發求仁之義，講中外之故，救中國之法。」而梁任公撰南海先生七十壽言，對當日講習情形，更有生動感人之描述，任公云：

「吾儕初侍先生於長興里，徒侶不滿二十人，齒率在十五六乃及十八九之間，其弱冠以上者，裁二三人耳。皆天眞爛漫而志氣踔厲向上，相愛若昆弟，而先生視之猶子。堂中有書藏，先生自出其累代藏書置焉。……嚮晦則燕見，率三四人入旅謁，亦時有獨造者，先生始則答問，繼則廣譚，因甲起乙，往往遂及於道術，至廣大精微處，吾儕始學耳，能質疑難者蓋尠其有之，則先生大樂，譚益縱，而所以誨之者益豐。每月夜，吾儕則從遊焉。粵秀山之麓，吾儕舞雩也，與先生相期焉，或不相期焉。而春秋佳日，三五之夕，學海堂，菊坡精舍，紅棉草堂，鎭海樓一帶，其無萬木草堂師弟踪跡者蓋寡。每遊率以論文始，既而雜遝於宇宙萬有，芒乎沕乎，不知其所終極。」

由此可見他們師弟為學之心，已至好之樂之的程度。無怪這班人在近代中國政治文化史上多有良好表現和成就。

在康氏講學時代，還有一點特別值得提起的，就是他們師弟間在學問上的啟發與研討，絕不似其他讀書士子之虛應苟且，而學生對師長也甚少抱有偶像之心，而肯終日不違如愚。往往詰難大半天，卒至各得其所，問者心誠悅服而後已，有為自編年譜記陳禮吉之初謁，謂「以客禮來見，凡三與論詩禮，泛及諸經。」梁任公在三十自述中，寫其拜師經過，亦寫得淋漓盡致，如聞其聲，如見其人，文云：

「因通甫修弟子禮事南海先生。時余以少年科第，且於時流所推重之訓詁詞章學，頗有所知，輒沾沾自喜。先生乃以大海潮音作獅子吼，取其所扶持數百年無用舊學，更端駁詰，悉舉而摧陷廓清之。自辰入見，至戌始退。冷水澆背，當頭一棒，一旦盡失其故壘，惘惘然不知所從事。且驚且喜，且怨且艾，且疑且懼，與通甫聯牀，竟夕不能寐。明日再謁南海，請爲學方針，先生乃教以陸王心學，而並及史學西學之梗概。自是決然捨去舊學，自退出學海堂，而間日請業於南海之門。」

可見當日康有為確有一套令人欽折的學問，自非純盜虛聲之士可比，而以至誠感人，尤令那一班有抱負之青年景然風從，甚而有人為之慷慨赴義，或終其身死守善道者。此即昔賢所謂「唯天下至誠為能化」甯有我欺？

廣州府學宮，原有好幾位老師宿儒在那裏設館的，通常非有舉人進士之資格是不得在此開堂講學。可是那時康有為假仰高祠立萬木草堂，他還未中式舉人，只是一名蔭生，可稱一布衣身，自然這種破例之舉，未免大遭廣府一班士紳非議。但以他的盛名高才，非議者亦無可如何。且他當日生徒中固不乏舉人秀才之輩，故康氏亦常以此解嘲。

四

正式列名萬木草堂的學生，據說只不過四五十人左右，齒最尊者為崖州舉人林纘統，五十多歲，其次為王鏡如，年長於康，最穉為梁朝杰，當時不過舞勺之年。康升座講學時，特具風趣者，乃係先使人撾鼓為號，四鄰學子聞聲畢至，往往逾一二百人，座為之滿。康大樂，論益縱，旁若無人。因此，當時詆之者斥為怪，譽之者曰「康聖人」。但康雖縱論如此，然其儀表端莊，從無文人不修邊幅的陋習。盛暑見客，亦必肅整衣冠而出。他講學，御長袍小褂，學生亦人人穿矮領藍布長衫（大衣）入座。當時所著矮領藍長衫，亦為萬木草堂師一特色。草堂學費之徵收，亦從無規定額，大抵每人送修金十兩至二十兩不等，此與他館亦有異。

時簡朝亮（竹居）亦在廣州城設館，簡康二人俱出朱九江門下。惟二人為學各有所立，簡主靜守常；康主動求變。守常則崇古，求變則務新。因此，兩家弟小亦各持門戶之見，每相逢多辯難不已。然亦足覘當日學風之純良，絕不似時下學生浮泛膚淺，嘩啦終日，而言不及義也。

戊戌政變後，萬木草堂隨之被查封停辦。然康氏風教之被，固有人間關萬里，棄家相從，雖顛沛而不移者：亦有人懷抱利器，欲五步流血以殉道死義耳。其感人之深有如此。烈哉！

五

萬木草堂以後，一脈相承之發展，如：梁啟超在湖南辦時務學堂；徐勤等之在日本橫濱辦大同學校；韓樹園之在粵辦南強公學及其晚年於廣州城西設覺是草堂講學。都無不因康門此一遺風精神而施教，以故濟濟多士，人才輩出。

時務學堂正式成立於光緒二十三年八月，熊希齡為總理、王先謙、張祖同、黃自二為學董、梁啟超充總教習，並偕其同門韓文學、歐榘甲、葉覺頓等同往當分教習。時務學堂，設在長沙城衡陽會館，另在長沙北門外侯家壠，購地數百畝，籌建新舍，學額暫定一百二十名。

所立之學約十條，則其能培養出剛健如蔡鍔（松坡）、篤志如范源廉等豪傑之士，當非偶然倖致。其學約十條如下：

一曰立志：立志如下種子（朱熹語），須先有知識然後有志（陸象山語）。志既定之後，必求學問以敷之。當師孟子、范仲淹、顧亭林。

二曰養心：孟子一生得力在不動心，故能成大丈夫，反此則為妾婦之道。曾文正百不回，故能以大儒定大亂。養心為治事之原，須先破苦樂，次破死生，再次破毀譽，始不至心灰意冷，身敗名裂。養心之法，不外靜坐與閱歷。學生無閱歷，不妨虛構一艱苦之閱歷。學生日日思之，以期訓練成熟。

三曰治身：當於每日就寢之時，默思一日之言行。失檢者幾何，而自記之。始而覺其少，苦其不自知也，既而覺其多。然不可自欺，又不可自餒，一月以後，自日少矣。

四曰讀書：非讀萬國之書，則不能讀一國之書。然必須數年之力，使學者於經史大義，悉已通徹。根柢既植，然後以其餘日，肆力於西籍。顧載籍浩繁，精要不及什一，又必有上下古今，從橫中外之學者，始能提要鈎元。苟學識不及，雖三復若無睹。今分經史子西籍四科，間日為課，凡學者每人設箚記一冊、分專精、涉獵二門，每日必就所讀之書，發新義數則。其有疑義，則書而納之「待問匭」而待條答。

五曰窮理：今格致之書，略有譯本。功課舉後，由教習隨出數道問題，使精思以對，然後教習乃將所以然之理示之。

六曰學文：每日課卷一次，當以詞達為主，力求條理細備，詞筆銳達，不必求工。苟學無心得，而欲以文傳，亦足羞也。

七曰樂群：每月以數日為同學會講講期。並各出劄記，互相問難。

八曰攝生：七日來復，中西同俗。起居飲食，皆有定時，以上八條，每日功課所當有事。以下二條、學成以後所當有事。

九曰經世：經世必深六經周奏諸子為經，以求治天下之理。必博觀掌故治革興泰西古史為緯，以求治天下之法。

十曰傳教：孔子之教，非徒治一國，乃以治天下。當共矢宏願，以傳孔子太平大同之教於天下。

他們這一班萬木草堂出身的青年學者，不但學問又新又好，而且朝氣勃勃，做起事來勇猛精進，自然博得學生們的群相擁戴，也頓使湘省學風為之丕變。雖然他們留在時務學堂為時甚暫（據說不夠半年，因招當道之大忌，斥梁等為會匪，於是不得不離湘而歸），但他們給予三湘人士之影響，亦深亦遠。有人說梁任公此次之來湘，「不僅為時務學堂總教習，且為湖南全省總教習」，言非無因。

原刊廣東文獻五卷一期

說先父（康有爲）晚年的政治主張

康同環

首先我須說明題旨，「晚年」是指從民國二年年底，先父結束了十六年的流亡生活回到國內，一直到民國十六年逝世為止。「政治主張」是指「虛君共和」，也就是一般不察事實的人所說的「保皇復辟」。我寫本文的目的，是針對那些對先父的事蹟任意譏彈，而態度頗為輕薄者，提出我的抗議。

在先父的一生中，他所懷的遠大理想，是大同社會；所抱的實質目的，是實現民權；處世的態度，是捨己為人。但他的心跡，一般人多不甚了解；尤其是晚年的表現，常為人所詬病。很少人能夠詳考事實，深入觀察。多半是盲目學舌，歪曲醜化。因此，我寫本文，是就我個人所知，為先父的心跡作一簡單的概說。

我曾分析過，先父的心跡所以不易被人了解者，主要原因有三：第一，如梁啟超所說，先父是個「先時」的人物，不是「應時」的人物。好像大隊人馬所派出的尖兵，他所發現的情況，大隊的人尚未覺察，更說不上了解了。第二，他是懷著宗教家的熱情，如同一估天外來客的化身，專為人間掃批糠的。別人卻以世間常情窺察他，自然不得要領。當他正以己身為犧牲，獻到為國為民祈福的祭壇上時，人們在震驚之餘，還懷疑他有不可告人之心。第三，先父的心靈非常接近西方，當時對他了解較多的，反而是略通中國國情的西人，以及瀕海而居或僑居國外的華人。他的真正知音者，除了和他最為接近的「康黨」外，只有　孫中山先生。　孫先生與先父最談得來。（在我記憶中，有不少先父與孫先生往來的故事，得閒時我會把它寫出來。）先父居留日本時，　孫先生常在我家吃飯，實際上是借吃飯的時間進行談話。他們初期的思想大致相同，到晚節出現了大同小異。大同者，所嚮往都是大同社會，所求其實現的是民主主義。小異者，先父不排滿，想建立一個有民主之實的多民族大帝國。這小異部分的思想根源是中國的春秋之義。先父以為建國之道以一統為大，華夷之分當視文化交流的程度而有其彈性。並且相信公羊家的「三世」進化之說，以為登高自卑，不能躐等。當專制的世襲之君推翻後，應代以虛有其名的世襲之君，在安定中獲得較快的進步，以免群雄逐鹿，造成分裂的局面。

先父的心跡表現於史冊之上的，有兩個突出的事件。一個是「戊戌變法」，一個是「丁巳復辟」。前一件事情的發生，在他四十一歲的時候，足跡未出國門；後一件事情的發生，在他六十歲的時候，已在國外考察政治十六年，回國後又留心國事四年之久。時間上相差二十年。這兩件事，先父都是以平民身份推動的。（戊戌時名為工部主事，實未就職。）失敗之後，都成為被通緝抄家的罪魁禍首。（戊戌時被抄的有三處，一處在南海縣，一處在廣州城內，一處在廣州隔珠江與沙面相對的芳村。到民國二年時都由政府發還。丁巳時芳村的房舍又被抄，宅中的什物全失，被改為學校。後來在名義上發還了，但學校並未遷出，實際上到陳濟棠主粵時才收回。）究竟時代是進步的，後一次未殺先父的親友，又未挖掘祖墳，算是輕多了。現在，前一罪狀，早經平反，且獲得普偏的讚揚；而後一罪名，還在不白之中。

我在光緒丁未年（民國前五年）生於瑞典，次年隨父母移居檳榔嶼，辛亥年移居日本，民國三年移居上海。到民國十六年，先父逝世。在這段時間中，我一直和先父生活在一起。當移居上海時，我已九歲；丁巳復辟時，我已十二歲。對於當時的情形，有很深刻的記憶。我現在以歷史見證人的身份，將世人最不了解的「保皇復辟」的真相，就我的記憶和理解，記述下來。

依我所知，先父一生的政治思想是始終貫一的。就如前文所說，他所想的是大同社會，做的是推進民權。他的行為常是革命性的。（我國人多知「湯武革命」為革命，日本人用此詞常指一切破舊立新的事業。）在他一生中都保持不斷閱讀的習慣。他讀的書多，速度又快。他經常採購新書，甚麼書都讀，純粹科學的書也讀。他個人的思想決不會停滯落後。他常留意時勢，常隨時代的進展提出不同的口號。在戊戌變法時，主張君主立憲；辛亥革命後，主張虛加共和。

所謂「虛君」，便是虛設一君，只取門第，不取才能。使他只能享受禮儀上的尊崇，生活上的豪華，共做象徵性的元道，而沒有絲毫政治上的實權。如同冷廟裏的土偶，號稱為神，並無顯赫的威靈，只有迎神賽會的時候，才有一番風光。這種戲劇化的排場，並非浪費國帑，實在對國家起著很大的作用，無形中消弭了野心家「彼可取而代也」的不軌之心。國家的權力在於內閣，內閣由民主方式產生。權力的轉移，視乎民心的向背，公民投票就可解決。縱有意外的爭執，訴諸法律，多半不致相砍相殺。縱有砍殺，多半不致動搖國本。這是歐洲各國在無數次的政權爭奪之後，付出不知多少生命財產的代價，才慢慢試驗出來，而且行之有效的成法。這個成法，有時便附上一個妙計，便是這個虛設之君，常是迎自外國異族，入籍本國而立為國加的。有一點像入贅的女婿一樣，孤立無援，不能為患。這是先父流亡十六年，環遊世界，考察政治的一個心得。這在歐州是陳穀子爛芝蔴，不值甚麼。但在中國，卻是件希罕的新事，一般人還想它不通。只有孫中山先生所講的劉阿斗和諸葛亮的故事，作為權能分開的比喻，懂得的人還多一點。當時先父為多民族建立為一整體的中國打算，認為維持滿人做個虛君，是最恰當不過的。只有這樣，才便於團結邊彊各民族，使遼、蒙、新疆、西藏各地，不致脫離中央而獨立，招致俄人的覬覦，釀成永無寧日的邊患。但是若不通過革命，使漢人掌握權力，想把一個專制的君主轉變為一個虛君，是辦不到的。這就是先父發動唐才常漢口起義的根源。當時海外僑胞踴躍捐輸，單是先父的好友僑居星加坡的邱菽園，一次便捐獻了十餘萬元作為軍餉，可見這次武裝起義是如何地振奮人心了。到了辛亥革命，清帝遜位的前後，由於漢族受壓迫過久，革命志士的民族激情特別高張。先父知道大清必不能保，不得不順應時勢，主張立衍聖公為文宣帝，子孫世襲，作為中華帝國的虛加。這是因為衍聖公一姓傳家，綿延二千四百餘年。若把一個世襲的公爵，改為世襲君主，較有歷史上的憑藉的緣故。可是當時能了解「虛君」為何物的，畢竟太少。盡管先父寫文章盡力宣傳它，也無他人起來附和。事實上在那時想實行「虛君共和」的理想，一切條件都不具備。即使是最先進的各會各黨的革命志士，大多數不曾留心歐洲各國的政治，不了解「虛君共和」的來龍去脈。多以為推翻滿清便是革命成功。至於建立民國之後，如何團結國內各民族，如何鞏固與他國接壤的漫長邊疆，相信能考慮到這些問題的人一定不太多。況且先父所設想的「虛君」（冷廟裏的土偶），是徹底地虛有其表，完全不食人間煙火。他不是中國的劉阿斗，不等於歐洲的虛君，更不同於日本的天皇，尤非一般人所能了解。但是先父認為只有這種「虛君共和」制，最適合於我國國情，最能夠使國家穩步地走上富強之道。雖然一時得不到多數人的了解，並不妨創造條件去實現它。因為民智的啟發，往往即在革命進行之中，或革命成功之後，這是要爭取時間，不能等候的。

當民國三年，先父住在上海以後，他的習慣是只要自己在家，每天下午，便在門口掛會客牌子，接見客人。他又喜歡到各地遊歷，接觸到人很多。便發現有一批被時代遺棄的人物，不甘心放棄失去的特權，陰謀復興清王朝，重現舊社會。其中包括一些滿蒙的舊王公，清末新軍餘孽的北洋軍閥，以及食古不化的遜清遺老。他們多半曾與先父相識，也最尊敬先父。先父想到可以運用自己的影響力，把「虛君共和」的思想灌輸給他們，使他們轉為己用，變為現實自己理想的力量。但是這種移花接木的方法雖巧，卻有很大的漏洞，後來也吃了這個虧。這個漏洞是：被先父說動而心服人固然有一些，相信口服而心不甚服的還是居多數，首鼠兩端投機取巧的也不少。不過，不管「虛君」也好，「實君」也好，都想把廢帝再扶起來，是這一批人一致的意見，終於組織了以張勳為主帥鬆散的同盟軍。張氏雖是一個粗人，但比起戊戌政變時的袁世凱，總算可靠得多了。同時先父也不願陷入現實的機括裏，損及自己的理想。只想從旁指導，功成身退。

不料到民國四年底，反動透頂的袁世凱，竟然不恤人言，出賣國家權利，以換取列強支持，要從大總統的寶座上再高升一步。於是惹起父憤怒聲討，又發動門人徐勤率領十九隻兵艦攻粵，以與蔡鍔相呼應。先父將香港亞賓律道一座三層樓的產業抵押借款二萬元，以助徐勤軍餉。那時各地討袁軍聲勢浩大，袁氏的帝制根本動搖。先父於是檢討他的「虛君共和」主張，覺得君主的名稱所含的封建毒素尚未清除，不如仿效法國的「虛總統」制，較為適當。便提出袁氏倒臺後的善後意見，主張使當時的副總統黎元洪繼任為終身任期的「虛總統」，子孫可以世襲。以「虛總統」作掩護，實現真正的民主政治。這個提議，也未引致任何反響。後來，袁氏死後，黎氏雖然繼任大總統，但不是先父所說的「虛總統」。到民國六年，黎氏與段祺瑞的國務院爆發了「府院之爭」。若是如先父所說的「虛總統」，那裏還會有這一場於國於民都有不利的爭執呢？

這次「府院之爭」，加上北洋軍閥的陰謀詭計，雖打開了復辟行動的大門，卻也隱伏著復辟失敗的危機。先父明知情勢複雜，但想乘機實現「虛君共和」的心太切，便繼張勳帶兵入京之後，也帶著預先起草的十餘道詔書，入京協助。不料張氏自己專管治兵，主持復辟大計的卻是幾個亮無識見的幕僚，他們那裏能理會得先父的意圖。因此，先父預草的詔書中應頒布的事項，如定國號為中華帝國，行虛君共和制，召開國民大會，融化滿漢畛域，親貴不得干政，免跪拜，不避御諱等，一概摒棄不用。反而紛紛改定名稱，如大清國、大清門、大清銀行等。這些倒行道施，無異自取滅亡。當反復辟的群眾怒潮涌起時，那些時代的渣滓固然被潮流席捲而去；先父的虛君共和的理想，也隨著化為泡沫了。一般不分青紅皂白的人，把先父誣為復辟罪魁，不是別有居心，便是犯了張冠李戴的錯誤。其實復辟者自有其人，而不是先父。先父主張「虛君」（不是「惟辟作福，惟辟作威」的「辟」），又主張定國號為「中華民國」，不是恢復舊王朝的統治，與「復辟」之名不合。我認為還應該正名為「反復辟」才是。至於張勳等進行復辟時，為先父加上一個「弼德院副院長」（一種顧問性質的虛銜。）的偽職，這只是在當時勢下，從權接受的，也沒有正式拜官的禮儀。人人都知道先父的素志是「一生不入官」，他也沒希罕一個甚麼副院長的，也不過是逢場作戲而已。先父所主張的「虛君共和」，實是不折不扣的共和。雖然有一個名義上的君主，只能對共和有利，不會有害。有人斥責先父想恢復君主制，是政治上的倒退。試問表相與實質那個重要呢？

基於上述理由，先父決不是復辟倒退的人。再看當時　孫中山先生致黎元洪電，勸他把反對民國的帝制犯張勳、段祺瑞、馮國璋、梁啟超等捉起殺掉，其中並未提到先父。從無字處也可以看出一點消息，在賊營中的未必是賊，喊捉賊的可能是賊。馬廠誓師組織「討逆軍」的段祺瑞，　孫先生認定他原是帝制犯，並不冤枉，可見研究歷史是一件多麼細緻的事。

最後，我還想表達一下我自己的看法。我認為先父的一生都是想用一己的影響改造時勢，而終於吃了形勢比人強的大虧。儘管他的影響力我們不能低估，而他工作再遭失敗卻是事實。他在戊戌變法時所的劣勢，人所共知，不用多說。而丁巳復辟的情勢相當複雜，應該分析一下。我認為主要的形勢是北洋軍閥間的爭權奪利。當初積極支持清帝復辟的是北洋軍閥，後來見復辟的大勢已去，又扯起偽裝反復辟的大旗的，還是那一批北洋軍閥。只有先父倡「虛君共和」，不爭任何權利，卻陷入這個形勢的夾縫中，糊裏糊塗頂替了一部分復辟的罪名，而偽裝的反復辟者段琪瑞、馮國璋等既贏取了英雄之名，又奪取了政治利益之實。現在「復辟」事件已過去了整整一個花甲，而這段史實的真相還未大白於世。我希望歷史家能不為歷史假象所蒙蔽，而把他的真面目揭露出來。

恭述 先祖南海先生二三事

康保延

歲月推遷，今距民國開國六十有六年，痛國運之衰頹，哀人才之零落，撫今追昔，感慨萬分。先祖南海公逝世迄今適為五十年，其一生事蹟，早已有人發表於報章雜誌，然其內容則毀譽參半，究竟誰是誰非？藉此加以說明：

先祖諱有為，又名祖詒，字廣廈，號長素。戊戌維新後，歷經九死一生，取號更生；民國六年，復辟後又經一難，改更生為更甡。戊戌事敗後，在南洋庇能時，化名大庇，別署西樵山人（西樵山為吾鄉之大山）。晚年因築居遊存廬，而曰遊存及游存老人；後復建天游堂於滬，並創辦天游學院，又曰天游化人；因籍廣東省南海縣，世稱康南海或南海先生。

先祖天資穎悟，見識卓越，遂招人之忌怨，而朝野為之側目，漸為眾矢之鵠。謂其自名「有為」，又號「長素」，其意「欲有所為而為之。」甚至謂其寓有「富有」、「貴為」之義。即謂「富有四海」、「貴為天子」，含有帝王思想。至於「長素」，則曰「目無孔聖，長於素王」之謂。故葉德輝曰：「其自稱長素，僭擬素王，欲奪尼山一席。」此皆穿鑿附會，幾近羅織，則「欲加之罪，何患無辭」。

先祖之諱「有為」，「有」乃兄弟排輩用，實則其名，為其伯祖國公（諱懿修）所命。

當其誕生時，先高祖述之公（諱贊修）方為欽州學正，得報喜甚，即賦詩一律：「久切孫詒望眼穿，震雷未發巽風先。漫將璋瓦猜三索，忽報桑孤晝一乾。宦況孤燈官獨冷，書香再世汝應延。可憐大母纔朝露，空話含飴慰九泉。」並取名有欽，藉以紀念，惟書信抵家前，伯祖已命名「有為」矣。（見康有為之自編年譜頁二）其弟名「有溥」，字廣仁，號幼博，為戊戌六君子之一。可證其名，確屬輩分稱謂，並無他義。

「祖詒」之名，緣先高祖於連州以水災殉職，先祖獲賜廕監生，其赴試名祖詒者，殆取義於此，蓋紀念祖德也。「長素」，先祖嘗謂「思入無方，行必素位，弱不好弄，長實素心，生平最愛用素之義，故以長素自號。」（見康同家著康有為與戊戌變法頁十五）且先祖研修佛典，冥心孤往，恍悟眾生同源，萬物一體，於是戒殺素食，修養魂氣之靈，求達證聖之境。其說若信，則先祖之號乃「長（ㄔㄤˊ）素」，而非「長（ㄓㄤˇ）素」也。

光緒十七年辛卯（公元一八九一年）先祖著「新學偽經考」刊行後，轟動士林，譽毀不一。開明之士，咸表欽佩，備致推崇；頑固之徒，則認為非聖叛道，有甚於洪水猛獸。故光緒二十年甲午（公元一八九四年）七月，給事中余晉珊（聯沅）奏劾先祖為「惑世誣民，非聖無法，同少正卯，聖世不容，請焚新學偽經考，而禁粵士從學」等言。幸蒙翁常熟（同和）、沈子培（曾植）、盛伯熙、文芸閣（廷式）、曾重伯（廣鈞）等之營救，有電與徐學使花農（琪）；時李源章胞兄潮章總督兩廣，奉旨交廣東學使徐琪查辦，而得徐學使覆奏：『長素之號，乃取文選陶徵士誄「弱不好弄，長實素心」之意，非謂長於素王，其徒亦無超回軼賜等號』云云，為之辯解，卒令自焚「新學偽經考」而休。此固由於名與號之引伸，而聯結於著作之結果（見康有為著之自編年譜頁廿八及康同家著康有為與戊戌變法頁十五）。

說到「新學偽經考」一書，尚有一趣聞，時有四川井研廖季平（平）者，硬說「偽經考」係抄襲其所著之「古學考」。但余閱廖氏之「古學考」（洪謂川校之民國五十七年五月華聯出版社）其序文如下：（書中未列何人所作，疑為張西堂所作，因見書末小注，後文說及。）『井研廖季平先生，是清末的一位經學大師。他在一八八六年（清光緒十二年丙戌）刊行所著「今古學考」；隔了八年的後，在一八九四年（清光緒二十年甲午）因為他的「今古學考」「歷經通人指摘」，他又作成這部「古學考」來「辯明古學之偽」。這書主張「今學傳于游夏，古學張于劉歆；今學傳于周秦，古學立于東漢；此今古正變之分，非秦漢以來已兩派兼行也。這樣子一反其舊說，其態度略與康有為學偽經考相同，（康書刊行于十八九一年）且有兩處（本書頁十九、廿九）明用康氏之說的。」又是書末廖跋有：『廣州康長素因「古學考」而別撰「偽經考」牽涉無辜，持論甚固，殊知左傳已不祖周公，而周禮今亦符契六藝乎？丁酉仲冬，井研廖不自識。』後有小注『西堂案：康有為偽經考撰于清光緒十七年辛卯，而廖氏此書則撰于光緒二十年甲午，康書之成明在廖書之前。且古學考中明用康氏說（頁十九），又已用偽經考說稱左傳為國語（頁四八等處），而廖氏必謂康氏「因古學考而別撰偽經考，」殊非事實。讀者心知其意可也。』由上文可知事實如此，但卻有好事者，喜舞文弄筆，大做文章，顛倒黑白，未悉居心何在？

先祖慷慨成性，急公好客，仗義疏財，尤以辦黨辦報，動輒以屋或所愛之字畫古物抵押，絕無吝嗇。頗有「千金散盡還復來」之概。故身後負債累累，家中債券當票不足奇，連居住在上海愚園路（天游學院在內）房屋，早已典抵他人，「人在人情在」，先祖逝世後，債主紛紛臨門，唯有將屋及古書字畫等物，變賣還債，真是「身後蕭條」。

有謂：「南海先生一生救國救民，深為人所敬仰，唯民國六年復辟十事，殊為憾事也。」此則太冤也，此為外間多造謠毀謗。欲知真相，可查當時之夢蝶叢刊，內有「丁巳復辟真相」一篇，比較詳實，茲摘錄其要語如左：

『因黎段之間，齮齕日甚，於是徐州會議之事發生，徐州會議者，張勳召集各省督軍密議復辟之事。當時各省督軍皆派代表，簽字贊成，徐樹錚亦代表段祺瑞簽字焉，其後段氏否認，謂未嘗授權於樹錚，此則二人內情，其真相非外人能判斷矣。徐州之義既定，張勳將入京，始請教康南海，南海告之曰：「辛亥之役，吾主張虛君共和制，非為滿清，為中國也。今若復辟，亦當行虛君共和制，萬不可復大清舊號。為虛君，政權當歸內閣，內閣對國會負責任，加主無責任。虛君共和制所以勝於總統制者，避免總統而頻革命，且避免府院之爭也。既為國家起見，自身不宜攬政權，國務總理一職，宙請徐世昌任之，各省軍政首長皆宜仍舊，切不可妄便動。徐州現有兵三萬宜調一萬入京，調一萬守濟南德州之間，握津浦路，留一萬在徐州，再調馮麟閣一師入關，握京奉路。段在天津，當挾之入京，萬不可留之於外。遺老知識缺乏，不明世界大勢，清朝之亡，實由此輩，今次用人，宜認真審慎。張勳皆唯唯聽命，南海復為之草定詔書，凡數十道，關於興革大計，鉅細無遺，但其無一言聽南海者。張勳為人忠義有餘，智謀不足，左右多庸碌無用之人，劉廷琛尤為迂謬。張勳將南海擬定之詔書稿交萬繩栻，萬繩栻交廷琛，廷琛謂不可用，今日復辟，宜尊君權，康某講立憲，主共和，不宜聽信，故五月十三所頒詔書，皆為廷琛手筆，盡翻南海原議。十三夜，伍憲子（莊）走謁南海於南河沿張宅，力勸南海離京，請：「少軒無一事從先生策者，先生囑其調重兵入京，兼扼守律浦京張兩路，今彼入京軍隊，祇帶三營，津浦路放棄，京奉更不管，徐州遠隔，調度不靈，猝有緩急，如何應付？七議政大事不知所謂，如此辦事，直同兒戲，不特違背先生主張，兼貽害皇室，先生何必代彼等妄人受過？」憲子再三敦勸南海速離京，南海正色曰：「與人共事，不能如此，我今日尚求人原諒乎？成則居功，敗則諉過，此小人所為，少軒不聽吾言，為左右所惑，一子下錯，全盤皆輸，矧今日全盤皆錯耶！我知必敗，但罪魁之名，無論如何辯白，亦不能免，我已置生死於度外，更何於毀譽。少軒雖負我，我不忍負少軒，不必再言。」（見伍憲子著中國民主憲政黨黨史頁一〇八—一一〇）上述關於復辟內情，可稱信史，然而外間毀謗者，竟將先祖與劉廷琛一體同視，則殊失實也。

在祖在清末主張君權，或有感德完知遇之恩，入民國後仍執此成見，不絕其君主立憲及虛君共和思想，鮮有能為之諒解者。然如其前後言論及政策以徵之，實不難一言解，曰「實行復辟，亦惟欲實施其虛共和之主張而已。」其救亡論謂：「立憲君主既為彈壓不爭亂而立，則莫若立衍聖公，其屢次建，議皆非絕對立宣統帝不可。此次舉行宣統復辟，不過因虛君共和之制無法實現，不得不藉此以行之耳，不過欲留此虛君，存此空名，便全國人之精神有所統繫，領土不至分裂，免如南美諸國為爭總統致變亂，故認為虛君共和是為良策。」又謂：「凡可以救中國之藥方無美惡，惟救國是宜。」「苟有以起死回生者，雖糞壤亦服，苟不能起死回生者，雖千金重寶之人參必棄之。」（中國以何方救危論）又謂「吾自游墨而敢言民主共和，自游印度不敢言革命自立焉。」（不幸而言中不聽則國亡）其政見皆由考察研究得來，並非其固有之成見也。

茲再舉一實例：從事研究政治思想史名教授蕭公權先生，現任教於美國西雅圖華盛頓大學。其於民國六十年七月份之傳記文學（第十九卷第一期頁五十）發表萬里寄蹤——問學諫往錄之十八中，談及其到美後，從事「康有為研究」，其最後結論，頗有價值，今特錄如下：『二十多年前草寫「中國政治思想史」的時候，我所看見康氏的著作不過是現在所看見中的一小半。他的思想，我既不能有全面的認識，也不曾作深入的剖析。因此我的論斷不免有舛誤的地方。例如我說，「康氏以立憲為保皇之手段，故其所號召者為假民權。記孔子以為變法之口實，故其所號召者為假維新。」多看他的著作，細研他的思想之後，我發現這個論斷幾乎與真相恰相反背。現在我認為這兩句話可以改為「康氏以保皇為立憲之手段，其所號召者為漸進之真民主。謂孔子為改制之聖人，其所企求者實為制度與思想之一體維新。」我現在看法也未必果然正確。但就我再思所得，發我今日所見，藉以糾正前此的若干誤解，或者可以說是遵行「過則勿憚改」的古訓。』

由此可證，先祖之思想超常且廣博，非一二言可斷語，唯盼欲寫有關先祖事蹟之先生敬請先多研讀其著作而後動筆，此為余朝夕馨香以求者也。

康有為先生著述繫年表

康保延

紀年	公元	年齡	著述書目
光緒二年	一八七六	一九	新舊五代史史裁論。
光緒五年	一八七九	二二	老子注、老子評議。
光緒六年	一八八〇	二三	何氏糾繆。
光緒十年	一八八四	二七	人類公理又名人身公法、禮運注（大同書前身）。
光緒十一年	一八八五	二八	萬身公法、實理公法。
光緒十二年	一八八六	二九	韻學言、康子內外篇、公理書、教學通議、政學通議。
光緒十三年	一八八七	三〇	延香老屋詩集。
光緒十四年	一八八八	三一	第一上書記，周漢文字記。
光緒十五年	一八八九	三二	廣藝舟雙楫（後改名為書鏡）。
光緒十六年	一八九〇	三三	王制議證、婆羅門教考（案）、毛詩偽證、周禮偽證、爾雅為證、說文偽證。
光緒十七年	一八九一	三四	長興學記、新學偽經考。

光緒十八年	一八九二	三五	孔子改制考（初稿）、史記書目考、國語原本、魏晉六朝諸儒杜撰典故考。
光緒十九年	一八九三	三六	三世演孔圖、時務芻言、孟子為公羊學考、論語為公羊考、墨子經上注。
光緒二十年	一八九四	三七	保朝鮮策、桂學答問。
光緒廿一年	一八九五	三八	公車上書記、三上書記、四上書記、強學會、上海強學會章程、汗漫舫詩集。
光緒廿二年	一八九六	三九	日本書目誌、孔子改制考、春秋董氏學、春秋（學）鄭、讀書分月課程。
光緒廿三年	一八九七	四十	俄大彼德變法記、日本變政考、五上書記、春秋考義、萬木草堂詩。
光緒廿四年	一八九八	四十一	文七上書記、列國比較表、奉詔求救文、戊戌奏稿。
			自編年譜（我史）、保國會演講辭、日本明治變政考。
光緒廿五年	一八九九	四十二	光緒聖德記、光緒聖政記、明夷閣詩集、君主立憲之憲法。
光緒廿六年	一九〇〇	四十三	駁后黨張之洞于蔭林偽示，駁張之洞勸戒文，致劉坤一書。
光緒廿七年	一九〇一	四十四	中庸注、春秋筆削大義微言考、大庇閣詩集。
光緒廿八年	一九〇二	四十五	大同書（由禮運注引申）論語注、大學注、孟子微、政見書、六（烈士）哀詩、答南北美洲諸華僑論中國只可行立憲不可行革命書、印度遊記。
光緒廿九年	一九〇三	四十六	官制議、須彌雪堂詩集。

光緒三十年	一九〇四	四十七	義大利遊記、歐洲十一國遊記、羅馬四論、消遙遊詩集。
光緒卅一年	一九〇五	四十八	物質救國論、法國遊記、廖天室詩集。德國遊記。
光緒卅二年	一九〇六	四十九	法國革命記、補法國遊記、補德國遊記、奧國遊記、瑞士遊記、補比利時遊記、滿地加羅遊記、布告百七十餘
光緒卅二年	一九〇六	四十九	埠，會眾丁未新年舉大慶典告藏保皇會改為憲政會文。
光緒卅三年	一九〇七	五十	避島詩集、海外亞、美、歐、非、澳五洲二百埠華埠中華憲政會民公上請願書。
光緒卅四年	一九〇八	五十一	漪漣詩集、突厥遊記、塞耳維亞遊記、保加利亞遊記、威廉頓遊記、希臘遊記、西班牙遊記、羅馬尼亞遊記、楞伽遊記（即錫蘭遊記）、上監國攝政王書、討袁世凱檄、金主幣救國論、論自治。
宣統一年	一九〇九	五十二	南蘭堂詩集。
宣統二年	一九一〇	五十三	共和救國論、憩園詩集、宣佈奕劻賣國罪狀書。
宣統三年	一九一一	五十四	救亡論、共和政體論、致黎元洪等書。
民國元年	一九一二	五十五	擬中華民國國代議院議員選舉法案、中華救國論、理財救國論、孔教會序、大借款駁議、蒙藏哀詞、廢省論。
民國二年	一九一三	五十六	中國以何方救危論、中國不能逃出中南美之形勢、保存中國名蹟古器說、擬中華民國憲法草案、憂問、孤憤、中國還魂論、哀烈錄、不忍雜誌。

民國三年	一九一四	五十七	致李提摩太四書、孔祥霖曲阜碑碣考、中國學會報題詞、問吾四萬萬國民得民權平等自由乎？
民國四年	一九一五	五十八	納東海詩集。
民國五年	一九一六	五十九	中國善後議，致國會議員書、致薩門司總領事書、致袁世凱退位電文、致七省督軍書、為國籌安定策者、祭蔡松坡文。
民國六年	一九一七	六十	開歲忽六十壽詩、與張紹軒將軍書、致馮國璋書、共和平議、不幸而言中不聽則國亡、與徐太傅（世昌）書、康氏家廟碑、祭待郎致靖文及墓銘、美森院詩集、畫鏡。
民國七年	一九一八	六十一	重跋戊戌遺筆、萬木草堂藏書目。
民國八年	一九一九	六十二	致日本犬養木堂（毅）轉達日本內閣撤兵交還青島、吳彥復（保初）墓誌。
民國十年	一九二一	六十四	祝徐君勉五十壽詩、粵二生詩詞集序。
民國十一年	一九二二	六十五	覆趙恒惕論聯省自治書、一天園記、覆曹仲珊（錕）書、邱菽園詩集序、張夫人墓誌銘。
民國十二年	一九二三	六十六	癸亥各省遊記、開封琉璃塔記、陝西遊記、致張敬輿書、新濟南記、祭德宗皇帝文、唐烈士才常墓誌銘、長安演講錄。
民國十三年	一九二四	六十七	覆吳子玉書、蔣叔南之雁蕩山志序、覆朝鮮朴君箕陽書。
民國十四年	一九二五	六十八	告國人書。

民國十五年	一九二六	六十九	諸天講、天游盧講學記。
民國十六年	一九二七	七十	游存盧詩集、七十賜壽謝恩摺。

附註：先生著作眾多，除上表外，尚有散佚及知其書目，但不知何年所著？今一併列出，以便各位參考：禮類篇、大戴禮記補注、毛詩禮徵、弟子職集解、大易微言、春秋公羊傳注、荀子微、樂記注、今文易學、今文禮學、今文詩學、春秋三世義、民功議、十住記、續十住記、七日考、澹如樓筆記、應制文、神明書、文鏡、美書、人己書、顯微書、電通、中國活字印機、十六字母切一切音、鶴歸亭不忍記。

原刊於《廣東文獻》七卷二期

康南海先生書學異聞記

李雲光

我對於書學，一向不甚留意。大約因為我這一代的人完全脫離科舉時代文人習氣的影響，不再耗費時間去習字的緣故。我寫這篇有關書學的記敘文，只是說故事、作考證的性質。

記得民國五十九年四月間，我協助我的岳母康文瑞（名同環，南海先生的第七女，一九〇七年生於瑞典。）籌備「康有為、何永樂丈壻書畫展覽」。展出的地點是香港大會堂，時間是五月一日至三日。所展出的南海先生的遺墨是八十多幅字，和我的岳父何永樂的遺墨八十多幅畫。當然在展覽中最引起社會上重視的是南海先生的字。在即將展覽的消息傳出時，麗的電視公司就請我岳母在電視上預先展示一部分書畫，並作一些說明。此外又引起了幾位新聞記者的訪問。為了岳母在電視上與藝員的問答，以及我陪同岳母答覆記者的詢問，預先作好準備，我曾筆錄了岳母說出的有關南海先生寫字的故事，又閱讀了南海先生表現書學理論的廣藝舟雙楫，參考了近人論南海先生書學的著作。又過了幾年，我岳母把她珍藏多年從不示人的南海先生的大批手札，交給我研究，準備發表。我從這批手扎裏也看到幾處有關書法的資料。

在撰寫本文之前，又造訪了麥健增先生，他是南海先生長女康文僩（名同薇。一八七七—

一九七五。）的長子，生於一九〇〇年，曾在南海先生指導下習字，下過一番功夫。他曾任香港中文大學高級講師，早已退休。我到他家中談了三個小時，都錄了音。他談話的內容，基本上和我岳母所說相同，可以互相印證。

我現在就把數年來所見所聞的有關資料作為基礎，在這個基礎上，我又作了些考證。記錄於下，使它不致湮沒。

一、執筆的訣竅

南海先生所著的廣藝舟雙楫述學篇記述自己的執筆法，是由黎二樵、（名簡，廣東順德人。一七四八—一七九九。）謝蘭生（字佩士，廣東南海人。嘉慶進士。）到朱九江（名次琦，學者稱九江先生，是南海先生的老師。一八〇七—一八八一。）一路傳授下來的。這個執筆法的原則是「平腕豎鋒，虛拳實指。」練習起來很不容易。先生曾下幾個月的苦功，「晝作勢，夜畫被。」才始而勉強，終於自然。

我岳母證實了這段記載，她自己學執筆也下過苦功。練習的方法，基本上和廣藝舟雙楫執筆篇所說的相同，就是「先求腕平，次求掌豎，後以大指與中指相對擫管。令大指之勢倒而仰，中指之體直而垂。名雖曰執，實則緊夾其管。」至於南海先生主張的「四指掙力」的執筆法，書上也解釋得很詳細，這裏不必多說。我岳母曾在電視上表演過執筆法，隨即有英文中國郵報（China Mail）記者作了專訪，又把執筆法拍了照片，刊登出來。訪問時我也在場，親眼見到執筆時腕上放了一個水碗。岳母說：廣藝舟雙楫上說的「杯水置上而不傾」，不是一句形容平的狀態的空話，我岳母練習執筆時，真是放一杯水在手腕上的。我問執筆有何訣竅？岳母強調運腕而不轉指。最近我問麥健增，他也是這樣說。（馬宗霍書林藻鑑說南海先生「誤法安吳，運指而不運腕。」和潘博嬰書法雜論（見藝林叢錄第四編）說南海先生贊同轉指法，都是對廣藝舟雙楫的文意有所誤會。只有視嘉的康有為和他的廣藝舟雙楫一文（見藝林叢錄第六編）說南海先生駁斥轉指法，才是說對了的。）我問還有甚麼特別訣竅？岳母要我仔細觀察她的執筆就行，至於說出來也很簡單，但她向來不說，要習字人自己體會。

二、筆墨紙的選擇

在康何書畫展覽舉行時，曾展出了南海先生用過的三枝筆，一管刻「騰蛟起鳳廣捷元精製」，一管刻「遊天戲海曹素功精選」，另一管刻「元岩鎮曹素功精選」。都是筆毛一寸多長的羊毫筆。

潘博嬰的書法雜論說：「軟毫則以羊毛雞毛為主。雞毛是最軟的，用的人極少。……友人周南陔先生曾告我，昔在洛陽吳佩孚大營中遇到康有為。康先生主張他用雞毫，他說沒有，康即時贈他兩枝。次日康的弟子某君來訪他，即說你不要上先生的當，先生自己平日並不用雞毫。」（見藝林叢錄第四編）我以此故事問過岳母和麥健增，都說羊毫很好用，未曾聽過南海先生說雞毫可用。

關於用墨，不曾聽說南海先生用甚麼好墨，甚至偶而也用過從街上買回來的瓶裝墨汁。單從南海先生留傳下來的字來看，很少見有墨光如漆的，從這裏可以推測他所用的是膠輕煙細的一種。再從南海先生的字體看，他的字突出了強烈的個性，有人形容為「如刷如掃」，正好和當時官場柔應試流行的「館閣體」反其道而行。這種「館閣體」相傳是歷相乾隆嘉慶道光三朝的曹振鏞創始的，字體的特色是方、光、烏。方是正方，像算盤子一樣地排列整齊。光是筆劃光圓，不能「如刷如掃」。烏是烏黑，就是廣藝舟雙楫干祿篇所說的「黝然而深」。這種字四平八穩，不許有任何個性的表現。用之於科舉的試卷上，叫做「楷法」。南海先生在戊戌四月（先生的詩文和墨蹟上所紀年月都用夏曆，本文照舊引用，以下同例。）所上的請廢八股試帖楷法試士改用策論摺中，曾說：「其楷法，方光烏之尚，尤為費時。」便是視為時弊而提出的，是先生自己不尚烏黑的一個旁證。我岳母常說南海先生在高興時，也畫幾筆水墨畫，只是興到之作，從來不曾流傳外間。作畫時是多用淡墨的，也可能與寫字時用淡黑色的墨有點兒關聯。又往往就在作畫之後，一連寫幾幅字。通常都是由一個傭人用機器磨墨。磨墨機是鐵製的，有一個鞦韆形的架字，從架子上伸下一個鉗子，夾著墨錠，硯臺就接在下面。機旁有輪子，裝上一個柄。手握柄轉動起來，磨墨較快而省力。這種磨墨機結構簡單，當時上海人用它的很多。磨出的墨汁，既作畫又寫字，也是不尚烏黑的一個旁證。

南海先生在用紙方面也很隨便，自己寫字、作詩、寫家信時，最常用的紙是日本製的捲成圓柱形的那一種。這種紙大概是屬於生紙一類，不大吸墨，寫字時掠捺部分如揮筆稍快，就有飛白的效果，並不是用枯筆在紙上掃過去而形成的。南海先生的字墨色不濃，與這種紙的質地也有一點兒關係。至於別人來求他寫字，一般是甚麼紙張都可以用。我們從他的「鬻書例」上看，只規定泥金箋加倍收費，單宣不用，扇不書。「單宣」是單層的宣紙，先生不喜用的只是這種紙而已。

這裏還附帶提一下南海先生的硯。他用過的硯很多，現在多已散失。我岳母保存下來的只有一方小硯，十年前已送給我使用，但我捨不得用它。它是用古磚精雕細琢而成的。硯底刻有銘文，分為六行，文曰：「固是漢魏物，得諸漳河濱。勿謂瓦礫類，還與端溪倫。染翰和且順，勝墨細亦醇。既遺加子愛，允稱玉堂珍。」下面還刻有較小的「元吉」二字。

三、書體的自成面目

南海先生平生所接觸的碑帖和名家真蹟多得不計其數，他博觀約取，刷新變化，而後卓然自成一家。馬國權說得好，他說：「康有為自己的書法，意態寬博而瀟灑自然，能創造了獨自的面目，不失為大家。」（見藝林叢錄第四編，康有為書學試評。）南海先生所著的廣藝舟雙楫述學篇，已敘述了自己貫通各家書體的經過。我又見到兩個廣告描繪先生的書體面目，那是見於民國六年出版的不忍雜誌第九、十冊合刊本。廣告縱非先生自擬，也必定是經先生同意的。在出售書鏡（即廣藝舟雙楫）的廣告中說：「康南海先生集南帖北碑之大成，更合篆隸鐘鼎一爐而冶之。故書法恢奇瑰偉，有龍跳虎躍之觀。」又有一個南海先生鬻書潤格的廣告，說：「康南海先生書法集漢隸北碑南帖之大成。」（雖是廣告，用字極有分寸，也是在這本雜誌上，有出售梁任公鈔寫的南海先生詩集的廣告，形容梁氏的書體是「渤海九成智永千文高逸駿拔之筆」。我常聽說南海先生的學生多學先生的書體，只有梁氏自成一格，這本雜誌的編輯人是潘其璇，是南海先生第六女的夫壻，這些廣告，有可能出於潘氏的手筆。）近來我研究南海先生的手扎，發現有先生寫信時裁下的字條，有三條是可能寫同一封信時裁下來的，一條寫「出京詩三章可刻，秋風詩不刻亦可，宋侍御謂（下缺）。」一條寫「出京詩三章可刻，秋風詩不刻矣。宋侍御芝棟謂吾詩（下缺）」。另一條寫「承示宋芝棟侍御謂吾書似楊少師（下缺）」。第二條最後的一個「詩」字當作「書」字，涉上文兩個「詩」字而誤，有第三條作「書」字可證。據說南海先生常用成捲的日本紙寫信，有字句錯誤或不滿意時，就裁下來重寫，我岳母的母親梁隨覺夫人（一八八〇—一九六九。又名婉絡，康家上下人都稱她為「二太」，曾在海外隨待南海先生十五年，回國後常住上海，主持家務）對這些片紙隻字，也常謹慎地收集起來，其中有一部分是交給我岳母保存。這件殘存的信中的宋芝棟（一八五四—一九三二。）名伯魯，陝西醴泉人。在遜清時歷任翰林苑編修、御史等職，民國後任參議院議員、陝西通志局編纂、通志館館長等。曾是南海先生變法維新時的積極擁護者。信中說的「出京詩三章」作於民國六年十月，「秋風詩」共有二章，作於同一年九月。都收入康南海先生詩集卷十四裏面。根據這兩首詩可以推測寫信的時間大約在民國六年年底或七年。這時的宋芝棟可能正做參議員，他評論南海先生書體的話，被先生的友人寫信告訴先生。信中說的「楊少師」是五代時的大書法家楊凝式，字景度，曾任少傅、少師、太子太保之類的官，被人稱為「楊少師」。又因他處於亂世，佯狂避禍，又被人稱為「楊風子」。他最喜在寺觀的牆壁上寫字，容易損毀，真蹟傳下來的很少，我曾在一本文物雜誌上見過影印的他寫的夏熱帖和神仙起居法兩種。後來承莊申兄特地向故宮博物院託人攝了一張楊氏真蹟的照片送給我，是盧鴻草堂圖後的楊氏的題跋。這三件都是草書，而以後一件保存得最好，從照片看來還很清楚。經過仔細與南海先生的兩百多幅真蹟相比較，覺得特別形似的地方很少，後來細讀後人對楊氏書法的評語，才參出一點兒玄機來——黃庭堅有詩云：「俗書喜作蘭亭面，欲換凡骨無金丹。誰知洛陽楊風子，下筆便到烏絲欄。」這首詩是稱讚楊氏善學蘭亭，能遺其貌而取其神。黃氏又說：「少師書，口稱善而腹非也。」趙孟頫也說：「楊景度出於人知見之表，自非深於書者不能識也。」這兩則評語的意思一樣，是說楊氏的書法不媚於俗，除非書家老手不能欣賞。因此我想到南海先生信中所說：「宋芝棟侍御謂吾書似楊少師」的下文，應該還有「善學碑帖而能得傳神」，或是「每被俗眼所白」的意思。其次還有一個可能，是說兩家有一共同之點，皆「有縱橫奇宕之氣」。（馬宗霍書林藻鑑於楊凝式條引康有為云：「少師變右軍之面目，而神理自得。蓋以分作草，故能奇宕也。」於康有為條引向燊云：「更生書法，有縱橫奇宕之氣。」）

關於南海先生學碑帖能遺其貌而得其神這一點，我還可以舉出一個學張裕釗（一八二三—一八九四。字廉卿。）字的例子。慶如禮山東塾與康梁一文（見藝林業錄第三編）說南海先生晚年「忽然對張裕釗佩服得五體投地，天天在臨摹張書。」其實我岳母和麥健增都說：南海先生晚年不常寫字，平均二十幾天才寫一次，一次寫兩三個鐘頭。往往是求字的人送來的紙積多了，梁隨覺夫人看到先生高興了，正在唱曲子，或作水墨畫，就乘機說：寫幾張字吧。才會動筆寫的。先生落筆極快，一口氣就把積下來的紙寫完，或是所賸無幾。他每天必定抽空看書，不管是哲學、文學、社會科學及自然科學的書（一般是新書）都看。學碑帖和看普通書一樣，只是仔細欣賞，絕不執筆臨摹。他學張字，有兩副屏寫得非常滿意，寫完之後還自跨一番，這是平時寫字很少有的現象。前一副屏寫於民國九年正月，後一副屏寫於民國十一年正月。寫前一副字時，我岳母不在身邊；寫後一副字時，正是我岳母給他拉紙。寫完之後，哈哈大笑，大叫「成功了」。這一副屏就歸我岳母所得。是擘窠大字，寫的是鮑照書勢銘，分寫八個條幅，並掛起來可以遮滿大廳的一面牆。先生在寫完銘文之後自跋云：「張廉卿寫此銘。庚申正月曾寫之，與廉翁比並流傳海內。壬戌正月復寫此，似遠過前書也。」庚申年所寫的不知流傳到何處，但我在十年前曾看到香港中文大學新亞書院中國文學系年刊的封面底版，是淡色影印的南海先生所寫的書勢銘。當時和我在聯合書院同書的夏書枚先生就送了一張與那個封面底版相同的照片給我。這副字在銘文後也有南海先生自跋，文云：「張廉卿書寫此銘甚奇偉，試戲書之。廉老善作勢，吾則雍容。付籛藏之。（先生的長子名同籛，字壽曼。）後面又有一行較小的字云：「韶覺弟好之，屬題。更甡。」（先生署名，在戊戌後常用更生，丁巳後用更甡。）是這副字後來送給韶覺了。在這一行字下又有一行更小的字云：「是為南海書第一。韶丈以之見賜，用記所感。壬寅冬至克耑記于香海岷雲堂，時年六十有三。」

這是曾克耑所寫的。南海先生在這副屏上未紀年月，難道就是庚申年所寫的那一副嗎？我們拿這兩副屏對比一下，它是面貌已不相同，若能找到裕釗所寫的書勢銘三副對比，可能就差得更遠了。

四、晚年賣字的故事

南海先生自戊戌政變之後，流亡海外十六年，到民國二年底回廣東，以教主（當先生未返國前已被推為孔教總會會長。先生所倡「新孔教」有宗教意味。在光緒年間便有人說他「欲為民主教皇」，「要做世界古往今來的大教主」。先生所作孟子微自序便說：「一王之起，……一教主之起，……」康文佩女士曾告訴我，南海先生的中心思想寄託於孟子微。說到為王，也非奇談怪論，先生從朱次琦學「濟人經世」之學，據說洪秀全也出於朱氏之門。先生在萬木草堂講學時，早有革命思想。）和黨魁（「康黨」之名甚早，後來又有保皇黨。）的身份，自然只能主持名教，宣傳救國，是不能屈就任何官職的。（先生嘗說「平生不入官」。）從民國三年六月起，他就把救國工作的總部設於上海新閘路十六號的辛家花園（又稱為辛園、沁園、申嘉園和新嘉園），那是一所中式園林的建築，佔地十畝，是盛宣懷家的產業，月租大洋一百二十元。在這裏住了八年，到民國十年冬至，自築的游存廬落成，才遷入這所位於愚園路地字三十四號（後又改為一九二號）的新居，這一所西式園林的建築，也佔地十畝。這先後兩所住宅常住上先生的親屬、食客、傭工等六十幾人，這些人的生活費用，平均每月一千元左右。另有一項同樣大的開支，是電報費，平均每月也是一千元左右。這時有一項近於固定的收入，平均每月也是一千元左右，那就是先生賣字的所得。另外常有巨款收入，但非經常性的。因此在比例上賣字的收入雖少，卻有它的重要性。

賣字的價格，我所見到的有兩件廣告，一件是民國六年十二月出版的不忍雜誌上登有長興書局啟事中的南海先生鬻書潤格，一件是我岳母所藏的民國十三年六月康公館鉛印單張的鬻書例。時間相差六年半，而訂價大致相近。這兩件廣告，都分列許多項目，如楹聯、條幅、橫額、中堂、斗方、榜書和碑誌雜體等。今只舉楹聯（條幅同價）為例，前者的訂價是「八尺者二十元，每減一尺減一元」；後者的訂價是「四尺者二十元，每加一尺加二元」。（都另有磨墨費加一成的規定，是經手人所得。）後者訂價雖高，卻有「照例減半」的附註，就不相上下了。

此外，我又從我岳母所藏南海先生的家信（都是寄給梁夫人的）中看到兩件提到「賣字」的，一件是民國十一年閏五月八日寫的，上面說：「若各款交迫，賣字告白未見，一切無如何，則不得已商長榮。」（長榮姓周，是聽差。）一件是民國十四年七月十一日寫的，上面說：「滬亂如何？至念！書悉，寫字報不登可也。」滬亂是指「五卅慘案」後，上海發生罷工、罷課和罷市，抵制日貨和英貨等事。這時先生住在青島福山路舊德國提督樓避暑，（是先生租用的的官產，作為別墅。）知道即使在報上登廣告，也無效果，所以說「寫字報不登可也」。可見平時是常登報的。

一般向南海先生求字的人，要按例送上潤筆；有面子的人求字，可能送潤筆更多；白送人情的，大概不多。何以見得？我只知道有兩個例外，一個是博侗。先生給梁夫人的一封家信中說：「侗公日間將歸，賀詩及彼所求書切記交與。」據我岳母說「侗公」就是溥侗，是廢帝溥儀的兄弟，是個京戲名票，號紅豆館主，宗譚派，唱打漁殺家最為擅長。又會吹笛子。我曾在香港的一個展覽會上，看到溥侗與沈尹等四人合寫的一副屏，可見侗公也善書法。家信中所說的「賀詩」，是賀溥儀大婚的詩，曾收入康南海詩集卷十五中，詩云：「龍潛閶闔五雲開，五鳳樓前鳳輦催。萬國衣冠瞻玉步，九天日月照金臺。乾坤北極居縣口，袍笏東華入仗來。青瑣朝班嗟未點，湖山高處望徘回。」我岳母藏有這首詩的底稿，「萬國」作「百國」，「居懸」下面一字作「正」，可補詩集上的空圍。溥侗所求的字，上面所書的可能是民國五年先生贈他的詩，收入詩集卷十四。題為「贈侗公」，詩云：「落花流水帶平蕪，天上人間春盡無。國土華嚴猶可致，家居口壞抑何愚。每懷先帝慚衣詔，哀念王孫泣路隅。鬱鬱五陵佳氣在，五孃畫好且堪娛。」我岳母藏有一幅字，寫的正是這一首詩，「家居」下是「撞」字，可補詩集上的空圍。南海先生喜歡看戲，也喜歡自己唱曲子，早在民國五年時已與這位王孫相識。現藏的這一幅字，未題上款，可能是同時寫兩幅，選一幅寫得較好的題了上款送給他，這幅就留下來了。

另一個破例是「止公」，此公可能是瞿鴻禨（一八五〇——一九一八。）字子玖，號止庵，湖南善化人。在清末歷任工部尚書、軍機大臣、政務大臣、外務部尚書、辦理京津榆關一切鐵路事宜及會辦路礦大臣等官。我查到康南海文鈔卷二，有給沈曾植的一封信，是民國三年十二用寫的，題為「為亡媵謝唁致沈乙老書」。（亡媵是指何旃理女士，是美國華僑，十七歲時慕名歸先生，卒年二十四。康家稱她為「三太」。曾和先生同遊列國，擔任翻譯和秘書的工作。）信上說：「承唁至感。……昨辱公與止庵相國嘉招合宴，悲來哽咽，未能承也。……即問乙老四兄興居，善化相國並此致意。」又查到康南海先生詩集卷十三，有作於民國六年二用的一首詩，題為「座主顧漁溪先生別二十三年，相見滬上，用善化相國韻寫呈兼介壽。」可證瞿氏與先生常有來往。這裏順便提一下，這位「座生」，可能就是光緒十九年先生應鄉試，中式第八名時的考官或房官。當時先生不奉考官房官為師，曾引致「謗言宏起」。（見先生自編年譜）但看這首祝壽詩，可知先生對座主並非不恭敬的。我岳母藏有兩封先生給「止公」的信稿，一寫「天寒，伏惟百福。僕忙甚，實不能供各處之書傭，此次為公破格一為之。復請止公道安。」一寫「前日之饌，累公不能下箸，至歉。明日治齋筵，蔬荀之供，或可一飽。不殺生固是愛物之至也。望惠然。敬請止公大安。」這兩封信大約寫於民國四年至七年的一段時間內，瞿氏已是六十餘歲，齒、德、爵三者俱尊，先生於請他吃一次飯之後，又特別為他治齋筵，可見對他是相當敬重的。即使如此，為他破格寫一幅字，便連忙聲明「下不為例」之意，可見先生寫字白送人情的是多麼稀少了。

原刊於《廣東文獻》七卷四期

談康有爲的藝術觀

蔣 勳

康有為生在一八五八年（咸豐八年），正當清代末季。歐洲資本主義高度發展的列強，挾其堅船利砲一波一波地湧到，鬆動了中國這個還停留在農業封建形態的古老帝國的社會基礎。因此，鴉片戰爭以後，道光、咸豐、同治、光緒四朝，整個社會為了應付這突來的變局而做的各種反應，就成為這一時期知識份子集中思考和行動的主題。

正是康有為在「書鏡」中所說的：

「總署全披舊疏章，
道、咸、同、緒牘連床；
名臣如鯽嘉言入，
壘艦砲兵圖自強。」

康有為當時正是這時代中肯負責任，有膽識的知識份子的典型。一八九五年，甲午戰敗，卅七歲的康有為，為了抗議李鴻章簽訂馬關條約，割讓台、澎、遠東，慨然號召一千三百個赴考舉人，在北京上「萬言書」，要求光緒帝「拒和，遷都，變法」；這也在「書鏡」一詩中提到了：

「馬江敗後私憂國，
日覲朝鮮俄覬遼；
首請救危先更法，
萬言伏闕舌唇焦。」

從這些詩裏看得出來，康有為首先關心的是民族存亡的問題，是政治革新的問題；至於藝術，則是從屬於這首要主題之後的，這在他政治失敗以後的兩句詩中說得很清楚；

「上書不達賦歸休，
攤碑屬草日風流。」

這樣，康有為的藝術論就延續著中國儒家「志於道、據於德、依於仁、遊於藝」的一貫美學傳統。在「廣藝舟雙楫」卷一（攤碑第三）中，他更極端地發展了這種相對立於「為藝術而藝術」的美學觀。他說：

「夫學者之於文藝，末事也。書之工拙，又藝之至微下者也。學者蓄德器，窮學問，其事至繁，安能以有用之歲月，耗之於無用之末藝乎？」

從這樣的基礎出發，康有為可以不同於明朝兩代許多專營技巧的形式主義藝術家，能以較開闊的眼光，看清時代趨向的全局，因而使他的藝術論具備了較進步的歷史觀。

廣藝舟雙楫是康有為一八八九年（光緒十五年）三十一歲時完成的一部著作，裏面已經比較了中國和其它民族文字構成的差異。「中國用目，外國貴耳」的分法雖然籠統，但也指出了中國發生於形象為主的文字結構，與西洋發生於聲音為主的文字之不同。

而最可提出的，是康有為確立了以「變」為基礎的藝術論。他說：

「人限於其俗，俗趨於變，天地江河，無日不變。」（廣藝雙楫卷二，體變第四）

基於這樣一個以「變」為基礎的藝術觀，康有為總結了清代「道光之後，碑學中興」的書法趨向，把魏碑立為「帖學大壞」以後新興書法藝術的極則。

從這裏面，我們看到了藝術和社會一切有機發展的諸條件間極微妙的關係。鴉片戰爭發生在道光年間，藝術史上「道光之後，碑學中興」，這或許並不是巧合，卻說明了：在變革時代，不僅是政治、經濟、社會的活動要變，同時也必定牽動著全面的文化活動配合著往一個方向發展。

康有為所亟稱的南北朝碑是漢代隸書解體向唐代楷書過渡時的書法，是變革時代的書法。我們可以在南北朝碑的書法中明顯地看到隸書的波磔逐漸消退。而字的間架結構一旦從謹嚴的書中解放出來，總覺得有點放不穩妥，那裏面舊有秩序、紀律、法度的成份都被破壞了，但是，正如當時中國參加了更多異族文化的社會情況一樣，充滿了新的組合的可能，充滿了無限發展的前途，因此，是樂觀的、樸實的、努力的精神在震動著我們。

康有為自己所面臨的是一個變革的時代，雖然他後來由於許多限制，沒有抓住時代的主流，但是在革命的前期，代表了理想主義者「托古改制」的憧憬。他的極力推崇魏碑和他求變的政治觀因此是有著密切關係吧！

在變革的時代，首要的工作是清除腐朽、不能再生的東西，而重新尋找生命力旺盛的東西來替代，反映在藝術上，往往就是去除「纖弱娟好」，而尚「雄強」。清道光以後政治上的變局促使許多知識份子起而革命，即使在書法藝術上，從包世臣到康有為的提倡魏碑也同樣具有革新進步的意義。康有為說：

「南碑絕少，以帖觀之，鍾王之書豐強穠麗，宋齊而後，暇即纖弱，梁陳娟好，無復雄強之氣。」

又引歐陽條集古錄的話說：

「南朝士人氣尚卑弱，率以纖勁清媚爲佳……」

康有為不但確立了「變」的藝術論，並且也給予這「變」的藝術論一定的方向，那就是要恢復雄強，而去除纖弱，這不僅是他的藝術論，也和他的政治觀合而為一，和整個時代的需求合而為一了。

台灣在釣魚台事件以後，政治上的變局在藝術上的反映已經非常明顯；總括來說，七〇年代的藝術觀也同樣趨向於提出雄強、剛健、樸實的路線，這在文學上的表現最為明白。我們幾乎看到了所有革新時代的藝術觀都有著同樣的本質，而一切偏安的、保守的、沒落的時代就必定崇尚著纖柔、清媚、卑弱的氣味。

原刊於《廣東文獻》八卷三期

康有爲一生的言行和他創立的大同教

李雲光

康有為（一八五八—一九二七），字廣廈，號長素，晚年號天游化人。廣東南海人。

近人說有為是社會改良主義者，但比一般的改良主義者要進步得多。有人說他的學說可稱為民主共產思想，是介乎烏托邦社會主義與強調鬥爭的馬克斯主義之間的一種思想（註一）。有為的親人告筆者，有為基本上是一宗教家。他反對暴力革命，是為了怕殺生和引起長期的動亂。有為的母親說有為是和尚投胎，生時有紅光。這種夢幻之言，可能在有為的心版上投下深刻的陰影。有為常懷有世俗的各種迷信，常宣稱自己專為救世而來，要為中國創立一個宗教來救世人。他的教可稱為大同教。教義是以不忍為出發點，以大同為所修到的天堂。他著作「實理公法」是為了進入大同社會而作的人際關係的安排。「大同書」是人類免於毀滅浩劫的方舟。他認為科學威力能毀滅世界，必須通過國際聯盟的方式，調整世界經濟，發行國際鈔票。以經濟的息息相關來減少國界的限制，逐步進入大同社會，可躲避世界大戰、人類自我毀滅的劫難。這兩部書是大同教的經典，是要信徒時常討論和不斷修改的。有為的其他著作，多是追求人民的安定富足。以為人民富足極了，便不重視產，因而進入大同社會（註二）。

一、求知修道

康有為生於十三世為士人的家庭中，除接受家學外，又從名師朱之琦習「濟人經世」之學。但這些學術，不能滿足善於獨立思考的康有為。他就隱居西樵山白雲洞，專讀道佛二教的書。「常夜坐，彌月不睡，恣意游思，天上人間，極苦極樂，皆現身試之。」若有所悟。一八七九年，有為第一次到香港遊玩，見到英人所建立的殖民地秩序，大為驚奇，便開始閱讀關於外國的書籍。一八八二年，又到過上海，看到西人租界的繁華，堅定了學習西方的信念。購買了幾大箱翻譯本的西書，對西方的自然科學和人文科學有初步的認識。便取用古今中外的雜家之學融和而成他的救世妙道。

二、開辦學堂

一八九一年，有為開學堂於長興里，最先收到了陳千秋、曹泰、梁啟超、韓文舉、徐勤、梁朝杰、陳和澤、林奎、王覺任和麥孟華，號為「長興十大弟子」，他們自比孔門的大賢，取了超回、軼賜、乘參、逾路、越伋、駕孟等別號。因為宗教家必須超凡，乃能入聖。當時有為正著「大同書」，有了奇妙的構想，便和弟子們討論，大家爭吵一番，直到竟見一致為止。就是「男男女女」的事，也直言無諱。他們公認大同之世，天下為公，減少私產；一切平等，不分階級。陳和澤曾戲言充公徐勤的綢褲，大家共穿。後來有為的學堂規模逐漸擴大，遷移新址，稱為萬木草堂。有為晚年又在上海愚園路的住宅裏開辦天游學院，專門研究為天下國家身心之用的學問。此外，於一八九七年，在日本横檳創辦了大同學堂，是最早的華僑學校。

三、著書立說

康有為的一生，勤於著述，以為救世之計。他的著作如同治病救人的藥石，雖有治標治本之分，總是治病的醫案，當然是補偏救弊的，有強烈的針對性，不宜任意輕薄譏笑。與有為齊名的梁啟超評有為是自信家、冒險家和理想家。筆者看有為的文如其人，也多包涵有自信、理想和冒險犯難的戰鬥性。筆者最欣賞的有三種：「實理公法」和「大同書」，有很高的理想；「新學偽經考」和「孔子改制考」，有偏執的自信；「物質救國論」和「理財救國論」，有務實的自信。其中「新學偽經考」特別有戰鬥性。有為在世時出版的書，約有三十幾種。卒後，積有文稿三十箱，由梁隨覓夫人交梁啟超整理，不幸啟超多病，二年之後逝世，文稿轉到有為次女同璧手中，同璧生前，僅編選了「康南海萬木草堂遺稿」（油印本七冊，共分九卷）等油印的書四、五種。同璧的女兒羅儀鳳自以為「力薄身單，無能繼之整理，全部獻給了「國務院」。筆者見到油印的（一共十一頁）「送交『國務院』有關康有為先生文稿目錄」列有編號的箱子十五個（可能等於當初的三十箱），另有同璧保存的有為著作的各種不同的版本和其他藏品以及同璧編好的油印本數箱。這批文稿現存於「政協」的文史資料委員會。有為的孫子保延編有「康有為先生著述繫年表」，列出書籍及文章一百八十三種，表後附有著作年代不明的二十七種，共計二百十種。表中可能有同書異名重複出現的，也有著而未成的，而且必有遺漏。

四、委身國事

一八八三年，有為的長女同薇六歲，有為堅持不為她裹足，並且邀集同志，發起了中國第一個不纏足會。一八九五年，其弟廣仁組成了粵中不纏足會和上海不纏足會，又創辦了女學堂。戊戌維新時，有為專摺奏請禁婦女裹足，貫徹了他的婦女解放鬥爭。

為了請變法，有為曾上書七次，開了平民正式表達政見的先例。他的上清帝第二書，又稱為「公車上書」，是有為受馬關條約割地賠款的刺激，聯合十八省一千三百多人入京會試的舉人，共同上書，是知識份子第一次有群眾性的愛國運動。

一八九五年，有為為了打通變法思想上的關卡，和他的弟子創辦了名為「中外紀聞」的報紙，隨「邸報」分贈政府官僚。又在北京組織強學會，具備了政黨的雛形。又發展了上海強學會，發行了「強學報」，用孔子紀年。當時全國各地興起了類似的組織，形成了全國性的政治運動。後來，北京的強學會被封禁，改辦了翻譯西書的官書局，又改為京師大學堂。上海的強學會結束後，以餘款辦了「時務報」，請梁啟超為主筆。一八九八年，有為又聯合各省舉人和官員，成立了保國會，也迅速發展為全國性的帶有政黨性的組織。

一八九八年，由於有為及其同志們的勇敢推動，出現了「百日維新」的政治飛躍，那時推行的新政，約略說來，經濟方面，要保護及獎勵農工商業，開礦築路，舉辦郵政和取消滿人寄生的特權。政治方面，要定憲法，開國會，滿漢不分，君民合治，鼓勵士民自辦報紙，提倡士民上書言事。文化教育方面，要廣設學堂，廢除八股取士，翻譯西書及日木書，派人出國遊學。軍事方面，要力行保甲，舉辦團練，精練陸海軍，設廠製軍火等。但好景不長，官廷發生政變，英法二國分救康有為和梁啟超出國避難，他們的親密戰有「六烈士」付出了血的代價。

五、晚年政見

作為一個宗教家，有為早年的形象是一個極有神氣的大巫，有呼風喚雨的奇蹟；晚年的形象只是一個不走運的小巫，「泯然眾人」，失去了善信的膜拜。但是有為仍是一個宗教家，他的專為救世而來的自信心仍不稍減，但由於長期在外國的閱歷，使他從放言高論轉入對實際事務的興趣，他的句句切實的言論，再也不能像「偽經考」那樣一紙風行，再版五次，三次奉旨燬版了。現在將他晚年的政見約舉數例：

「裁行省論」和「廢省論」，主張確立小單位的行政區，行政長官的官要，高屬員要多，推行「至纖至悉之治」。「物質救國論」中強調西方的強盛，完全建立在物質文明上，中國的衰弱由於缺乏現代的科技，配合自己的非物質文化。「理財救國論」主張「善用銀行」，銀行的功能是「無而能爲有，虛而能爲盈，約而能爲泰。」具體的措施是建立有可靠基礎的紙幣與公債政策。「中華救國論」主張建立強有力的中央政府，反對各省獨立，要在憲政體制下穩固政府的地位。中國無美國民選政府的歷史條件，盲目仿效，便會慘遭中南美式的爭亂。要組織一黨的內閣，要輸進通識，崇獎道德，要培養優秀的。「共和平議」詳陳各種共和之害，強調虛君共和之利。以爲當時的中國求共和適得帝制，代議員不能代表民意。「救亡論」主張建立英國式的中華帝國，立一土偶式的君主作爲國家的象徵，以免除爭奪最高領袖的禍亂。

有為的苦口婆心，被群眾唾棄了。然而這正是他十六年於外，親嘗百草，為中國求來的「神方大藥」呀！

註釋：

註一：Hsiao Kung-chuan, "In and out of Utopia Kang Yuweis Social Thought, (II) Road to Utopia", in CHUNG CHI JOURNAL, Vol. 7, May, 1968.

註二：康有為第六女的婿潘其璇口述。

原刊《廣東文獻》十二卷一期

民國初年康有爲之孔教運動

陸寶千

辛亥武昌義旗之舉也，南海康長素方游日本，聞變，與梁啟超等謀行虛君共和之制，仍戴清主以統五族。及南北和議成，事遂中止。其後啟超等奮鬣鼓鰭於共和政體之內，與國民黨相漾相激，不復措意於遜國稚君。而長素持其志不變，乃有復辟之舉。虞淵落日，餘暉一瞬，徒供後人笑資。惟其時長素尚有一議，與此虛君共和之活動同時進行，同受漠視譏訕，同為長素所堅持而弗懈者，則孔教之倡立是也。長素既歿，所倡孔教，潛消寖歇，世亦淡然忘之，於長素當日大聲疾呼之深意，無復有人善會。然儒門雖似淡泊，實則醰而有味。邇年以來，中外學者之注心於五經四子者多矣，則當日提倡孔教者之所以強聒而不舍者，實不宜恝而置之。即其言而究其意，萬木草堂之真神情，猶煒煜可見焉。

尋長素之所以欲立孔教者，乃鑒於吾人之行為每受社會風俗之影響，而宗教為風俗之主，故視宗教為必需：

> 禮俗教化者，人所以行持云爲者也，人道以爲主宰，奉以周旋者也。何以立身？何以行事？何以云爲？何以交接？必有所尊信畏敬者，以爲依歸，以爲法式。此非一日所能致也，積之者數十年，行之者數萬萬人，上自高曾祖父。至於其身。外自家族鄉邑，

至於全國。習焉而相忘，化焉而不知，是所謂風俗也。風俗善則易歸於善，風俗惡則易歸於惡。苟不尊奉一教以爲之主，則善者安知其爲善，而惡者安知其爲惡也？故凡國必有所謂國教也。國教者，久於其習，宜於其俗，行於其地，深入於其人心者，是也（註一）。

此宗教之力量，超乎政治之外：

夫人有耳目心思之用，則有情欲好惡之感，若無道教以範之，幽無天鬼之畏，明無禮記之防，則暴亂恣睢，何所不至。專以法律爲治，則民作奸於法律之中；但倚政治爲治，則民腐敗於政治之內。率苟免無恥暴亂恣睢之民以爲國，猶雕朽木以抗大廈，泛膠舟以渡遠海，豈待風雨波浪之浩瀚洶涌哉！若能以立國也，則世可無聖人，可無教主矣。今之謬慕歐美者，亦知歐美之所以盛強，不徒在其政治，而有物質爲之耶？歐美所以爲人心風俗之本，則更有教化爲之耶？教化之與政治、物質，如鼎之足峙而並立。教化之與政治，如車之雙輪而並馬，缺一不可者也（註二）。

故各國不以政治力量干涉宗教：

歐美各國，政教分離，向不相屬，任其政俗猥佻新變，爭競百出；而篤信基督之教者，迂腐保守，尺寸不移如故也。故上者保守矜嚴，道德尊重；下者亦能敬天畏神，不敢狂蕩。故其政教並行，亦如雙輪並馳，一前一卻，一上一下，相牽相掣，而得其調和也（註三）。

若國家或亡而宗教不亡，則其國仍可藉宗教而復興：

夫印度雖亡而婆羅門教二萬萬人，守教之嚴毅如故。則印度人之政權雖亡，而教化未亡，他日印人即可從此而興焉。猶太雖亡，而猶太教不亡，故雖流離異國，奉之不移。乃至於今，猶太耆舊男女，當日之午，猶撫其大闢所羅門之城石而哭焉。則猶太人之政權雖亡而教化未亡，他日猶太人即可由教而興焉。嗚呼！耗矣哀哉！滅絕無餘者，墨西哥也。爲班所滅，並其古文字圖畫滅之。今墨人面目，雖爲墨之遺黎耶，而所述之聖哲豪傑，往訓遺徽，皆班人之聖哲豪傑也；則是全滅也。故滅國不足計，若滅教乎，則舉其數千年之聖哲豪傑遺訓往行而盡滅之，所祖述者，皆謂他人之父也，是與滅種同其慘禍焉（註四）。

然各國雖許其人民有信教之自由，而亦有國教之規定：

大地各國，於信教自由之外，多有特立國教者。意大利、瑞士，歐之一等文明國也。其意之憲法第一條，許信教自由，而以羅馬日特力爲國教。瑞士濡拿州憲法第八十三條，許信教之自由，而八十四條，以新教、羅馬舊教、基督舊教三者爲認定之國教；其教會許以民主政體編成之。若西班牙憲法，許信教自由，第十一條，以羅馬爲國教；其教及教士，政府特保護之。丹麥許信教自由，而其憲法第三條，以哀克利斯威安塞克利由德紐斯爲國教，政府特保護之。此二國亦文明之弱國也，而憲法特別護國教，而無礙其信教自由。即突厥憲法，許信自由，而第十一條，以摩訶末爲國教。既有教部，所在特立學、設博士，助以經費。甚至那威亦歐土文明國也，其憲法第二條，以路德福音教永爲國之公教，人民須以教其子弟，他教不得入國內。智利憲法第四條，以加特力教爲國教，而禁從他教及拜之者。暹羅憲法許信教自由，而以佛爲國教。凡此皆弱國，皆得自保其國教，甚且能禁絕他教，不肯徇各國信教自由之義，畏他教而自棄其教也（註五）。

長素以為中國昔日亦有國教，即孔教也。

或有愚妄之人，謂以孔子爲國教爲無據者。則徵之史記，秦以吏爲師，以法爲治，而立博士，諸生皆誦法孔子；則秦已立孔教爲國教矣。漢高祖人，以太牢祀孔子。至漢武帝罷棄諸子百家，定孔子爲一尊，立六經於學官，置博士弟子以甲乙科出身，天下郡縣置文學，於是公卿大夫皆孔教之徒。垂於今二千年，天子親祀於國學；郡縣設學；有司率諸生朔望上謁，歲時奉祀；科舉里選皆試以六經之文；行其治法，著於官書；雖時尊佛老，而其祭不以著於會典通禮。故太史公曰：「自天子王侯，中國言六藝者，折衷於孔子，可謂至聖矣」。非爲國教而何？又曰：「孔子布衣，傳十餘世，學者宗之」。今凡中聲教所至之地，凡讀書識字，孰不誦孔氏之書？其習於風俗，著爲成文，事實明徵，歷史具在，尚可不謂之國教乎？旁及日本、高麗、安南，皆以孔教爲國教。今高麗安南之亡久矣；若日本強盛，雖憲法不以孔教著爲國教，而舉國風俗，咸誦論語，奉其天皇誥效，以忠孝爲本，則不成文之以孔教爲國教云爾（註六）。

中國之所以能長久大一統者，即以行孔教故：

夫古文明國，若埃及、巴比倫、亞述、希臘、印度，或分而不能合，或寡而不能眾，小而不能大，或分國亡而種亦滅。其有萬里之廣土，四萬萬之眾民，以傳至今日者，惟有吾中國耳。所以至此，皆賴孔教之大義結合之，用以深入人心。故孔教與中國，結合二千年，人心風俗，渾合爲一，如晶體然，故中國不泮然而瓦解也。若無孔教之大義，俗化之固結，各爲他俗所變，他教所分，則中國亡之久矣。夫比、荷以教俗不同而分，突厥以與布加利牙、塞維、羅馬尼亞、希臘諸地，不同教而分裂，亦可鑒矣（註七）。

又以行孔教故，故人民自由而重德：

僕緣於大地之上，古今之國以萬數，語人曰：國不嚴軍兵，不設辯護士，民老死熙熙，不知律例，不識長官，而能長治久安數千禩，統一方里數千萬，孳衍種族數萬萬；則橫覽歐美，豎窮歷史，未之有也。聞者則竊竊笑之，疑其誣也。雖然，吾中國數千年之爲治實有然也。未嘗無法律，而實極闊疏；未嘗無長上，而皆不逮上；上雖專制，而下實自由；獄訟鮮少，賦歛極薄；但使人知禮義忠信之綱，家知慈孝廉節之化而已。嗟乎！何由而致是哉？昧昧我思之，豈非半部論語治之耶（註八）？

又以行孔教故，人民普皆平等：

自漢時行孔子撥亂之治，風化至美，廉讓大行。宋明儒學，僅割據其一體，或有偏矯，然氣節猶可觀焉。夫孔子定同姓不婚之義，故吾人最繁孳，過萬國焉。春秋譏世卿，故漢時已去世爵；而布衣徒步，可爲公卿。諸經之議，人民平等而無奴，故光武大行免奴，先林肯二千年。孔子法律尚平，瞽瞍殺人，則皋陶執之；故後世訟獄，則親王宰相，受法同罪，未以僞周禮議親議貴爲然也。孔子重民，尤多言薄稅歛，故輕減稅率；今天津畝田，稅僅十三錢。漢時學核，已遍全國，人民皆得入學。工商惟人民所習，無限制（註九）。

又以行孔教故，人民早有信教自由：

信教自由之大義，歐人以無量鐵血得之。自始篤信舊教，與外教爭，則起十字軍九次，死民數百萬。及與新教爭，則三十年教爭之戰；但德國三千萬人，已死千八百萬；而英法之焚死新教者無算。而新教卒勝，乃始聽人民信教之自由。其獲得既備極艱難；故保守不能不鄭重，各國所由丁寧特別著於憲法爲此也。且推歐美立信教自由之義，非有盡排舊教之意，但欲免舊教之壓制，而令新思得以發生，俾國民易於進化耳。若吾國信教早聽自由。蓋孔子只言公理，敷教在寬，不立獨信之規條，不爲外道之排斥。故自漢武帝定孔子爲一尊，立六經於學官，立博士弟子誦之，與以甲乙科之出身，其諸不在六藝之科者，絕勿進；蓋定孔子爲國教矣。而明帝臨雍講學，尊儒最盛；亦即遣白馬馱經，迎僧竺法騰於身毒，而立白馬寺。謝安、郗鑒，皆服膺儒術；而皆受五斗米道。徐光啓、李之藻於儒學中學行並高，而先傳耶教。蓋千餘年中，孔教之君相士夫，多兼學佛理、崇老氏者。故回教景教入自唐世，久聽其立廟傳教於中土。蓋吾國於信教自由，既以爲公理，又久經實行，其有教爭，只以筆舌，未嘗流一人之血，而先得之於二千年以前，豈待今者模仿他人，而後著定於憲法哉。凡教主無不私，尸子謂孔子主公；誠哉以敷教在寬，免二千年爭教之巨禍，此孔子之大德，而爲今文明國之良法也（註一〇）。

孔教何以能造如是之偉蹟？長素以為此由於孔教合乎人情人性，易為吾人尊奉故。夫然，孔教且將不僅可行於中國而已：

夫孔子之道，本於天而不遠人。人之性出於天，故因人性以爲道。若男女食味被色別聲，人之性也，但品而節之，而不絕之。故至易至簡，而人不可須臾離也。苟非若婆羅門之去肉出家，墨子之非樂不歌，則普大地萬國之人，雖欲離孔教須臾而不能也。非惟中國也，凡人之爲人，必有生我我生者，有與我並生而配合同遊者，有同職事而上下者，則因而立孝慈友弟義順忠信篤敬之倫行。苟非生於空桑，長於孤島無人之地，則是道也，凡普大地萬國之人，雖欲離孔教須臾而不能也。非惟中國然也，惻隱羞國，知慮進取，人之性也，擴而充之，以爲仁義智勇之德，雖禽獸亦有一二焉，但不能合而擴充耳。則是道也，凡普大地萬國之人，雖欲離孔教須臾而不能也（註一一）。

抑且孔教既無方域之限，亦無時間之窮：

孔子既定六經，尚慮後世之泥於一端，而不能盡於事變也。故曰：書不盡言，言不盡意；又曰：觀其會通以行其典禮。窮則變，變則通，故爲運世之道，近則設三統，遠則張三世，以極其變通之宜焉。三統則有忠質文之異，親親、尚功、明鬼，時爲重輕；子丑寅之三正，赤白黑之三色，時爲建尚；乃至立明堂則三十六牖，七十二户，或高大圓侈，或橢圓衡方，或卑污方；爲衣服或長前衽，或長後衽，或前後長。而今各國正朔宮室衣服之制皆在焉，今非衣長後衽而玄冠緇衣耶？其春秋明三世之義，則有據亂、升平、太平之異。據亂內其國而刺大夫，升平內諸夏而貶諸侯，太平則內外大小若一，而去天子。其三世之中，又各自爲三世，親親、仁民、愛物，遞行達於無窮。故於詩：首文王以明立憲；書：稱堯舜以明民主；易稱：見群龍無首，爲天下至治；於禮運尤大暢其微旨，以公天下爲大同，以正君臣爲小康。故子思述祖德，以爲萬物並育而不相害，道並行而不相悖，如四時之錯行，日月之代明。善乎莊生尊孔子爲神明聖王也，曰：配天地，育萬物，六通四闢，本末精粗，其運無乎不在。嗟乎！此孔子之道所以爲大也（註一二）。

復次，長素又以為孔教未離天道，故曰：

諸教雖殊，皆以導民爲善。然多託神道，少及人治，故雖篤信至甚，而於經國不詳。惟孔子道兼天人。

尊天事上帝者，孔教最動勤，經傳最諄諄者也。詩書春秋不贅引，（中庸）開口言天命，終言天載。穀梁曰：凡物非天不生，非父不生，非母不生，三合而後生，故謂之天之子也可，謂之母之子也可。尊者取尊稱焉，卑者取卑稱焉。此爲孔子口說之微言，凡圓首方足之民，一一皆天之子也（註一三）。

長素復取孔子之說與他教相較，以孔教為最善：

佛、耶、回教皆全地大教，而久行於中國者也。回教既非宜於今進化之世矣。佛、耶二教雖美，而尊天養魂，皆爲個人修善懺罪之義，未有詳人道政治也，則於國無預也。惟孔教本末精粗，四通六闢，廣大無不備，於人道尤詳悉，於政治尤深博，故於立國爲尤宜。吾國三千年前廣土眾民，甲於萬國，實以孔教之故，不可以偏嗜口舌易也。假佛、耶詳及政治人道，則可以比較從違；無如佛以空妙，耶以神道，實不詳及政治人道，此又實事，不能以空言易也。然則爲中國立國計，即孔教非吾特產，亦當尊從之。德人夏德（Hjith）博士者，今爲紐約哥倫布大學教授也，其論孔教於人道密微，中正切實，必行於大地。每於孔子誕日，望聖像而三跪九叩禮焉。其他西士之尊孔者無數，德人花之安久遊中國，皆尊孔教行於大地。在外人於孔教猶特尊之，乃吾國人於自產之教主，受晶體之遺化，乃不思保全之乎（註一四）？

孔教既為最善，又久為中國之國教，則今日何以復言立教？長素以為昔之孔教無制度儀式，今當列國競爭之世，不足以自堅其門戶：

昔者吾國人人皆在孔教之中，魚相忘於江湖，人相忘於道術，則勿言孔教而教自在也。今者各國皆有教；而我獨爲無教之國。各教皆有信教奉教傳教之人，堅持其門戶，而日光大之；惟孔教昔者以範圍冠大，不強人爲儀式之信從。今當大變，人人雖皆孔教而反無信教奉教傳之人。夫人能宏道，非道宏人。無人任之，不殖將落。況今者廢教、停祀、毀廟之議日有聞；甚至躬長教育之司，而專以廢孔教爲職志者；若無人保守奉傳，則數千年之大教將墜於地，而中國於以永滅，豈不大哀哉（註一五）！

故孔教之制度儀式為必需。按長素之意，首應以孔子配天。乃轉輾牽引曰：「公羊以王者孰謂為文王；王愆期解公羊，以文王為孔子。孔子撥亂改制立人道教，曰：文王既沒，文不在茲乎。則直以文自任矣。孝經曰：宗祀文王于明堂，以配上帝。蓋以教主之孔子配上帝也」（註一六）。以孔子配上帝，既於典籍有據矣，長素乃建議曰：

> 昔之專制之君主，以其無功無德之祖宗配上帝，今共和之國民，以神明聖王之孔子配上帝，不猶愈乎？故宜復崇天壇，改祈年殿或太和殿爲明堂，於冬至祭天壇，上辛祭明堂，以孔子配上帝。義之至也，禮之崇也，無易之者也（註一七）。

天壇、明堂之祭，由「總統率百官行禮」。中央政府以外：

> 其在地方鄉邑，則各立廟祀天，而以孔子配之。其學宮因文廟之舊，加上帝於中，而以孔子配可也。聽立奉祀生，宣講遺經，民無男女，皆於來復日釋菜而敬禮焉。凡入廟而禮天聖者，必行跪拜禮，以致其極恭盡敬（註一八）。諸民家祠龕供祖先主者，亦可聽之，惟皆令供上帝、孔子主于最高處，聽歲時祀奉以興感其心（註一九）。

立廟以外，各級學生皆須讀經：

立學設學位，大中小各學皆誦經。大學立經科，授以學位，俾經學常入人心，其學校特助以經費（註二〇）。

於組織則立孔教會及講師：

今在內地，欲治人心，定風俗，必宜遍立孔教會。選擇平世大同之義以教國民，自鄉達縣，上之于國，各設講師，男女同祀，而以復日聽講焉。講師皆由公舉，其縣謂爲教諭，由鄉眾講師公推焉。其府設宗師，由縣教諭公推焉。省設大宗師，由府宗師公推焉。國設教務院總長，由太宗師公推焉（註二一）。

講師等所以皆公舉者，長素以為「今之人士，多有篤信好學，砥行尚節，不能適於新世之用者。彼不欲譁世競爭，則不入政黨，而選擇亦不能及焉；是亦有遺賢之憾也。若以任教，則不廢其才能，可益厲其學行。世道人心，獲益多矣」（註二二）。

如是，有廟宇、有經典、有講師、有教會，「三寶」俱全，孔教儼乎其真為宗教矣。

長素於孔教之主張，大略如是。吾人試問長素以儒為教之主張，起意何時？長素早歲作內外篇，曾曰：「今天下之教多矣，於中國有孔教，二帝三皇所傳之教也」（註二三）。是尚未以孔子為創教之主也。光緒十四年，長素至京師，上書請變法，格不達。次年回里，始言孔子創教。十七年，與朱一新書曰：「僕之急急以強國為事者，亦以衛教也。沮格而歸，屏絕雜書，日夜窮孔子之學，乃得非常異義，而後知孔子為錯教之聖。立人倫、創井田、發三統、明文質、道堯舜，演陰陽，精微深博，無所不包「（註二四）。次年，編孔子改制考，遂暢言之，以為「凡大地教主，無不改制立法也。諸子已然矣，中國義理制度皆立於孔子，弟子受其道而傳其教，以行之天下，移易其舊俗」。復指周官謂儒以道得民，漢書藝文志謂儒出於司徒之官，皆劉歆亂教到戈之邪說也。漢自王仲任前並舉儒墨，皆知孔子為儒教之主，皆知儒為孔子所創。偽古說出，而後曶塞掩蔽，不知儒義。以孔子修述六經，僅博雅高行，如後世鄭君朱子之流，安得為大聖哉。章學誠直以集大成為周公非孔子，唐貞觀時以周公為先聖而黜孔子為先師，乃謂特識，而不知為愚橫狂悖矣。神明聖王，改制教主，既降為一抱殘守闕之經師，宜異教敢入而相爭也。今發明儒為孔子教號，以著孔子為萬世教主。（註二五）改制之說，遂為學界所紛論。光緒二十一年，公車上書，長素曾建言立道學一科。略謂其有講學大儒。發明孔子之道者，不論資格，並加徵禮，量授國子之官，或學政之選。其舉人願入道學科者，得為州縣教官。其諸生願入道學科者，為講學生。皆分到鄉落，講明孔子之道，厚籌經費，且飭令各善堂助之。並令鄉落淫祠，悉改為孔子廟，其各善堂會館，俱令獨祀孔子。庶以化導愚民，抉聖教而塞異端。其道學科有高才碩學欲傳孔子之道於外國者，明詔獎勵，賞給國子監、翰林院官銜，助以經費，令所在使臣領事保講，予以憑照，令資游歷。若在外國建有學堂，聚徒千人，確有明效，給以世爵。餘皆投牒學政，以通語言文字測繪算法及為格，悉給前例。若南洋一帶，吾民數百萬人，久隔聖化，徒為異教誘惑，將淪左衽。皆宜每島派設教官，立孔子廟，多領講學生分為教化。將來聖教施以蠻貊，用夏變夷，在此一舉。且藉傳教為游歷，可詗夷情，可揚國聲，莫不尊親，尤為大義矣（註二六）。蓋是時長素心目中道學之科，僅為講學傳道而設，尚未議及保教也。

光緒二十二年秋，時務報刊行於上海，梁啟超等鼓吹師說甚力，蓋始向社會進行孔教也。

二十三年，長素於桂林開聖學會（註二七），假廣仁善堂供孔子。後移於彭公祠，設書藏、講堂、義學，規模甚敞。日與學者論學。則猶僅學術性質之書院而已，非宗教之組織也。

二十四年三月，長素於北京立保國會，章程中述其宗旨乃「為保全國家之政權土地，為保人民種類之自立，為保聖教之不失」（註二八）。蓋至是方言保教，然尚未議及立教會也。

政變既起，長素與梁啟超逃亡海外，從事於保皇運動。二十八年正月，啟超著論謂「保教非所以尊孔」（註二九），蓋針對其師國教之議而發。啟超自稱「自三十以後，已絕口不談偽經，亦不甚談改制。而其師康有為大倡設孔教會，定國教、祀天配孔諸議，國中附和不乏；啟超不謂然」（註三〇）。啟超三十歲，正光緒二十八年也。長素以巴拿馬、新加坡各埠會纔興起，責啟超此舉為「摧其萌芽」（註三一）。則在此以前不久，長素始在海外創孔教會也。其後此會在海外之成績如何，無從詳悉。僅知三十三年七月，長素門人陳煥章發起昌教會於美國紐約（註三二）。宣統元年，長素祭孔子文曰：「予小子執注陳奠，告夫成功，俎豆遍於海洋」（註三三）。則國外華埠，似已甚多孔教會矣。

長素既流寓於外，觀政各國，斟酌古今，作官制議。主張增司集權，擬議所增之司，有教部之設。以為各國憲法，信仰各教，雖聽人自主，而本國之政治人心風俗，則各有其國教之宜，不可失墜；故皆設教部以統之。中國宜改禮部為教部；各省學政皆改為提督教事；各府各縣皆立教長；各鄉皆立掌教；教生即以舉人秀才之耆宿有德望誠心者充之。教長由各掌教公舉；提督教事由各教長公舉；教部長由各提督教事公舉。自軍旅獄室皆置教生以教化之。其各縣鄉淫祀皆改為聖廟，立教生以司之（註三四）。此蓋由公車上書中之意見發展而來，即為民國初年所擬孔教制度之本也。官制議之序文在光緒二十九年正月，則是書之作，實與海外孔教之推行同時也。

民國既立，長素創立孔教之主張，吾人前已舉之矣。元年，孔教會「遍數百縣」（註三五），以孔禮霖為總理。五年，長素被推為孔學會長，謁聖闕里，議決請以孔教為國教（註三六）。次年，復辟失敗，辭總會長（註三七）。十二年，曾為總會募捐（註三八）。其後孔教活動似漸式微。然長素本人篤信弗衰，晚歲息影滬濱，創天游學院，院內設三本堂，供上帝、孔子及康氏列祖之神（註三九）。終身堅持所信，獨行其志，誠特立卓犖之士也。

吾人茲所問者，長素之以儒學為孔教，其動機何自起乎？曰：此可以梁啟超之言答之。梁氏曰：「保教之論何自起乎？懼耶教之侵入而思所以抵制之也」（註四〇）。證之長素自稱：「近日風俗人心之壞，更宜講求挽救之方。蓋風俗敝壞，由於無教，士人不勵廉恥，而欺詐巧滑之風成；大臣託於畏謹，而苟且廢弛之弊作。而六經為有用之書，孔子為經世之學，鮮有負荷宣揚。於是外夷邪教，得起煽惑吾民。直省之間，拜堂棋布，而吾每縣僅有孔子一廟，豈不可痛哉」（註四一）。可知啟超所言為不誤。然長素於民國初元所以大聲疾呼以孔教為國教者，尚有內激之因緣，則政府之明令廢孔是也。

元年正月，教育總長蔡元培頒「普通教育暫行辦法」，規定「小學讀經科一律廢止」。二月，發表「對於教育方針之意見」，據清季學部所定忠君、尊孔、尚公、尚武、尚實等五項宗旨而加以修正。以為忠君與共和政體不合，尊孔與信仰自由相違，予以刪除。改為軍國民教育、實利主義、公民道德、世界觀與美育主義（註四二）。長素時在日本，聞掀痛詰曰：鄙人遠處絕國，闇無聞知，逖聞風聲，聞自共和以來，百神廢弛，乃至上帝不報本，孔子停丁祭，天壇鞠為茂草，文廟付之榛荊，鐘篾惰頓，絃歌息絕，神徂聖伏。頃乃聞部令飭各直省州縣將孔廟學田充公，為各小學經費。既已廢孔，小學童子未知所授，俟其長成，未知猶得為中國人否也？抑將為洪水猛獸也（註四三）？厥後長素屢為此事憂惶不已，曰：中國立國數千年，禮義綱紀，云為得失，皆奉孔子之經。若一棄之，則人皆無主，是非不知所定，進退不知所守，身無以為家，是大亂之道也（註四四）。又曰：廢孔以後，必至上無所畏於天神，中無所尊夫教主，下無所敬夫長上。紀綱掃地，禮教土苴。夫云上無道揆，下無法守，猶有禮俗存焉；今乃至無為教俗，則惟暴戾肆睢，蕩廉掃恥，窮凶極惡，奪攘矯虔，以肆其爭欲而已（註四五）。及至丁巳復辟，其理由之一，即為：「自民國以來，革皇清之命，乃至革中國數千年禮樂典章風化之命。日夕攻孔，及至廢讀經、輟祭祀、禁拜跪，停上帝之祀；是併欲革上帝孔子之命。慢神廢教，古今天下之不道，未有甚于斯時者也（註四六）」。故曰：長素於民國初年之殫心竭力以倡孔教，亦內有所激而然也。其反對民國，與曾國藩之反對洪揚，同一心境也。

然以長素當日聲華之盛，門人之眾，大力以倡孔教；及其身也，並未大盛；迨其歿也，聲光漸歇。其故安在？或曰：此以當日倡教之士，或簠簋不飭，或擁戈自重；行既為人所輕，言遂為人不重；社會群眾於孔教之共信，不能經由內心而建立。孔教既不能植根於社會，一旦乏人汲水灌溉，自然枝枯葉萎也。吾人以為任何宗教信眾中，皆有不潔之士，此與宗教本身之價值無所增損。苟孔教之真價值不與世而推移，則洙泗之流，足潤杏壇，自有龍象為之扶持，何來末法之懼？尋孔教之終不因長素而加，實由長素之不善紹述尼山聖學之故也。

大凡宗教之所以能感動群倫者，以其能安頓吾人之心靈也。或肯定一遠離人間之未來樂土，供身後靈魂之安息。或肯定一神或多神之存在，視神有超人之力，可為吾人解厄消災；視神有超人之智，可為吾人決疑解惑；視神為至善所在，可為吾人行為之準則。由儒家言之，窮理盡性以至於命，盡人道以合天道，即視天為至善所在也。然長素之倡孔教，於此數者皆罕言之。抑不乏神化孔子之言，如以孔子能前知之說，則尤非所以取信於科學昌明之世矣。長素之視孔子也，乃一思想家。謂孔子之政治思想及倫理思想曾影響於吾人之歷史，將來亦可指導吾人之政治與社會，如此而已。充其所論，孔子僅為一先賢而已，起吾人崇敬之心則可，起宗教之情則未也。

長素主張以孔子配天，試問此「天」之性質如何？為一人格神乎，抑僅哲學上之設準乎？如為一人格神，則孔子與之有何關係乎？與天為一乎？與天為異乎？不論是同是異，苟天為一人格神，則直接以「天」為教即可矣，何必拜此「配天之孔」乎？如視「天」為一哲學上之設準，則何以能成為人類崇敬之對象乎？

抑長素之思想有一絕大之矛盾在，則其在哲學上及一澈底之唯物論者也。其言曰：

地載神氣，神氣風霆，庶物露坐。有電則必有光，電光則有力，以生萬物，神氣即電氣也（註四七）。

此謂萬物由電氣而生也。又曰：

鬼，從人從腦，魄氣上升之形。神、從列星上示，電氣屈伸之義。……總而言之，凡兩間靈氣，昭明充塞，雖在人道之外，而體乎物氣之中（註四八）。

此謂鬼神即電氣也。又曰：

萬物分天地之氣而生，人處萬物之中，得天地之一分焉，故天地萬物皆同氣也。風霆流行，庶物露生，乾坤爲父母，萬物同胞體。電氣流徙，無有遠邇，莫不通焉（註四九）。

此謂人亦電氣也。又曰：

性者，生之質也。稟於天氣，以爲神明；非傳於父母以爲體魄者。故本之於天。易曰乾道變化各正性命也（註五〇）。

此謂人之性即氣也。又曰：

仁、從二人。人道相偶，有吸引之意，即愛力也，實電力也（註五一）。

此謂仁即電也。又曰：

不忍人之心，仁也、電也、以太也，人人皆有之，故謂人性皆善（註五二）。此謂心亦電也。凡此皆孟荀以降，董、何、馬、鄭所未言，程、朱、陸、王所不知，誠可謂非常異義矣。然信如長素之所謂，身也、心也、性也、仁也，鬼神也，皆電也，以太也。斯皆物也，何以起吾人崇敬之情乎？何以能為吾人崇拜之對象乎，何以能謂之善乎？言之不能成理，實不足以奠為孔教之理論基礎。是故長素所嘵嘵者，所齗齗者，所舌敝而口瘖者，既不能供學者以理論之追索，遂不能使人由解生信以安頓其身心性命。立教之根抵不固，徒倡其儀式何益？此孔教之所以不能條暢而葉茂而終於萎折者也。

然則長素之所為，果無一當乎？曰：是又不然。此人心中實能真切體會一「客觀的民族生命之存在」，「客觀的文化生命之存在」。提倡孔教，乃欲藉孔教以維持此民族生命、文化生命也。長素名此民族生命、文化生命曰「中國魂」：

夫耶路撒冷雖亡，而猶太人流離異國，猶保其教，至二千年，教存而人種得以特存。印度雖亡，而婆羅門能堅守其教，以待後興焉。若墨西哥之亡也，教化文字並滅，今人種雖存，而所誦皆班文，所行皆班化，所慕皆班人之豪傑；則墨人種面目雖有存乎，然心魂已非，實則全滅也。今中國人所自以爲中國者，豈徒謂禹域之山川、羲軒之遺胄哉！豈非以中國有數千年之文明教化，有無量數之聖哲精英，融之化之，孕之育之，可歌之泣，可樂可觀，此乃中國之魂，而令人纏綿愛慕於中國者哉（註五三）！

此中國之魂，由孔教陶鑄而成，是以深疾廢孔之說：

彼以孔教爲可棄，豈知中國一切文明，皆與孔教相繫想因。若孔教可棄也，則一切文明隨之而盡也。即一切種族隨之而滅也（註五四）。

於是大聲疾呼曰：

嗟乎！皮之不存，毛將焉附？今欲存中國，先救人心。善風俗、拒詖行、放淫詞、存道揆法守者，舍張孔教末由已（註五五）。

故長素之倡孔教，理雖未圓而其情可感。其倡教動機之後實另有真精神為之支持。此精神、吾人可名之曰「文化的民族主義」。長素之所以能聳動聽聞者在是，能奔走賢俊者在是；未可以其言之違俗而漫視之也。「文化的民族主義」乃長素思想之驪珠，持此以釋長素之行為，當無矛盾之感。如問：長素何以倡孔教？曰：為尊孔也。何以尊孔？曰：孔子之思想合乎人性，已成為中國之魂，已結為種種制度習俗而與國人生活不可離也。何以主虛書共和？何以主復辟？曰：使議院之權力限於政治，俾傳統之制度、習俗、文物，凡不背共和者，能在君主制度之下得以保存也。何以不排滿？曰：維繫遼、蒙、回、藏而不使脫輻也。凡此，皆「文化的民族主義」一念之所致，故曰吾人未可以其言之違俗而漫視之也。昔錢賓四先生於長素持論之前後矛盾，頗為困惑，今如能以「文化的民族主義」為燃犀，藉以燭長素一生之議論，其亦有朗豁之樂乎！

（本文傳載自『中央研究院近代史研究所集刊』第十二期抽印本七十二年六月）

註釋：

註 一：康南海文集（蔣貴麟編：康南海先生遺著彙刊本，臺北宏業書局印行。）頁六〇，以孔教為國教配天議。
註 二：同上，頁五四、孔教會敘(二)。
註 三：中華救國論（彙刊本）頁二二至二三。
註 四：同註二。
註 五：萬木草堂遺稿外編（上）（蔣貴麟編，民國六三年臺北成文出版社刊），頁四一六，擬中華民國憲法草案。
註 六：同上，頁四一六至四一七。
註 七：同上書，頁四一五。
註 八：同註二。
註 九：同註二。
註一〇：同註五，頁四一四。
註一一：同註二。
註一二：同註二。
註一三：丁巳要件甲手稿釋文（彙刊本），尊孔教，頁七。
註一四：同註五，頁四一五。

註一五：康南海文集，頁五一，孔教會敘㈠。

註一六：萬木草堂遺稿（成文出版社印行，民六七年、臺北）頁三二五，致某督軍書。

註一七：同註一，頁六八。

註一八：同註一，六八至六九。

註一九：同註一六。

註二〇：同註五，頁四一八。

註二一：同註三，頁五八至五九。

註二二：同上。

註二三：萬木草堂遺稿外編（上），頁十四至十五，性學篇。

註二四：同上書（下），頁八一五，答朱蓉生書。

註二五：孔子改制考（彙刊本），頁二六三至二六四。

註二六：七次上書彙編（彙刊本），上清帝第二書，頁三二。

註二七：康南海自編年譜（彙刊本）頁三八；萬木草堂遺稿外編（上），頁五六三，聖學會緣起。

註二八：萬木草堂遺稿外編（上），頁四七二，保國會章程。

註二九：飲冰室文集（中華書局，乙丑重編本）卷廿八，頁五十六。

註三〇：梁任公先生年譜稿（世界書局版），頁一五二。

註三一：梁啟超：清代學術概論（中華版），頁六三。

註三二：同註三一頁二二九。
註三三：萬木草堂遺稿外編（下），頁四九三，祭孔子文。
註三四：官制議（彙刊本），更三十八（二一六）。
註三五：萬木草堂遺稿外編（下），頁五一一，清故二品衔河南提學使孔君墓誌銘。
註三六：同註三五：
註三七：同註三五，頁六四四。
註三八：萬木草堂遺稿外編（上），頁四八九。
註三九：康南海未刊遺稿（蔣貴麟編，六十八年，臺北，文史哲出版社刊）頁二二六，蔣貴麟：追憶天游學院。
註四〇：同註二九保教非所以尊孔論，頁五十八。
註四一：同註二六。
註四二：蔡元培先生全集（孫常煒編，五七年，臺灣商務版）頁一〇四三；頁七〇三。蔡元培年譜（上）（陶英惠著，六五年近代史研究所出版）頁二三三。
註四三：康南海文集，頁七〇。
註四四：同上書，頁五二。
註四五：中華救國論，頁二五至二六。
註四六：丁巳要件甲手稿釋文（彙刊本），頁七。

註四七：中庸註（彙刊本）頁三二。
註四八：同上書，頁三〇至三一。
註四九：同上書，頁九。
註五〇：同上書，頁五。
註五一：同上書，頁四五。
註五二：孟子微（彙刊本），頁一〇八。
註五三：康南海文集，頁五二至五三。
註五四：同上書，頁五七。
註五五：同上書，頁六〇。

原刊於《廣東文獻》十四卷一期。

從「孟子微」看康有爲對中西思想的調融

黃俊傑

一、前言

近年來，關於中國近代思想史的研究文獻都一致指出：十九世紀的最後一年是中國近代思想史上的重要階段。此時，中西思想的激盪甚為激烈。在一八六〇至一八九五這三十五年的自強運動期間，中國傳統思想當未崩解，還能保持它原有的格局；然而一八九五年甲午戰敗，西方思想隨著翻譯西書、留學海外、設報館、興學校之助大量湧進，中國傳統文化遭到前所未有的衝擊，中西思潮相互激盪而起狂瀾。一八九五年至一九一一年，可說是為近代思想大變局正式揭開了序幕（註一）。

康有為（字廣夏，號長素，一八五八、三、十九—一九二七、三、廿一）是中國近代史上一個重要人物。他不僅在政治史上是戊戌變法運動的主腦（註二），亦且是學術史上舉足輕重的思想家。其弟子梁啟超（任公，一八七三、二〈三—一九二九、一、十九〉曾說，康有為是近代中國思想家中致力於建設：「不中不西、即中即西」的哲學體系的第一人（註三）；

蕭公權（迹園，一八九七、十一、廿九－一九八一、十、十一、四）師嘗稱康有為為「儒家思想的現代化者」（註四），他們都點明了康有為在思想史的特殊表現。我們若就康氏著作觀之，則康有為一生著述宏富，除了政論文章外，對於傳統儒學之重要經典，舉凡「春秋」、「論語」、「孟子」、「大學」、「中庸」……等亦皆有註釋刊行。在這些著述裏，康有為融通新舊、兼攝中外，陶鑄涵泳、自成一家。他一方面既以新時代的精神闡述儒學舊傳統，另一方面又以舊學問的立場析論現實問題。換句話說，康有為是二十世紀中國思想史上，一位從折衷中西思想中從事儒學現代化偉業的思想家，也是一位從儒家新解釋中努力調融中西思潮的學者。「孟子微」這部書面可用來證明康有為在歷史上的地位。

這篇論文的撰寫，即欲以康有為的「孟子微」為中心，來探索三個問題：㈠、在晚青中西思潮的激盪之中，究竟何種西方思想對康有為及清末中國思想產生了吸引力？㈡、做為清末思想界之一代表性人物的康有為，如何在「孟子微」書中進行儒家思想的創新轉化工作？易言之，康有為如何透過對孟學的再詮釋來調融中西思想？㈢、康氏的「孟子微」一書在中國儒學思想史上具有何種歷史意義？以上這三個問題，不論是從中國儒學發展史之立場，或從中國近代思想史觀點，甚至從康有為本身思想的發展歷程來看，都深具重要性。本文撰寫的初衷，就是以「孟子微」為基本資料，試圖針對上面的問題提出若干初步的解答。

二、「孟子微」的著作背景及其基本立場

㈠、「孟子微」的撰寫及其背景

誠如梁啟超所云，康有為治學「太有成見（註五）」，年十九學於同縣朱次琦（九江先生，即奠定為學之根基，其中「禮運」『大同』及「春秋」「公羊」三世之說尤為其思想核心。綜觀康有為之一生，其思想發展雖有階段性的變化，然此一中心思路則似無根本之改變。「蓋康氏自幼深受孔學薰陶，先入為主。朱九江漢宋兼融之家法，遂成為其全部思想之主幹。其後旁覽西書，雖多掇採，不過資以補充印證其所建造之孔學系統。非果舍己從人，欲逃儒以歸於西學（註六）。」康有為所撰儒學的一系列註釋，皆以闡揚光大儒學傳統為宗旨，使儒學在中西思潮激盪的時代中獲得新的意義與價值。「孟子微」一書即為具有代表性的作品之一。

從康有為的「自序」看來，「孟子微」的撰寫乃是為了闡釋孔孟思想之「真義」於「微言大義」不明的時代。他如此表達他的信念（註七）：

> 孔子不可知，欲知孔子者，莫如假途於孟子。蓋孟子之言孔道，如導水之有支派脈絡也。……吾以信孟子者知孔子。惜秋數千年注者雖多，未有以發明，不揣愚謬，探原分條，引而伸之，表其微言大義。……

很顯然地，康有為認為歷代「孟子」註釋皆未能探得孟學真義，故著手撰寫「孟子微」，以「表其微言大義」。此書所發明者是否即為「孟子大道之全，孔學之要（註八）」，我們不能起孔孟於地下而問之，此問題只能懸於天壤之間，存而不論；然康氏以絕大之自信注孟此一事實，則極具有思想史之意義，此點殆無疑問。

從歷史觀點來看，「孟子微」的撰寫背景玉少有以下兩項值得我們加以注意。一是「孟子微」的著成正值康有為的思想面臨轉變之際。蕭公權師嘗指出，康有為對儒家思想的研究可以分為三個階段（註九）。第一個階段起自幼年發蒙，止於一八八三年左右，康氏興趣由經學轉入「漢學」；第二階段約始於一八八八年，從古文學派轉移興趣至今文學派，並以「春秋」公羊學為其研究焦點；第三階段始於一八九二年或一八九三年而止於一九〇二年左右，康氏在此期間以「春秋」三世之說及「禮運」大同之旨為基礎建立其社會哲學，同時也對儒學經典展開重新詮釋的工作。康有為在一九〇一至一九〇二年之間所完成的作品共有五部：「禮運注」（一九〇一—一九〇二年）、「中庸注」（一九〇一年）、「孟子微」（一九〇一年）、「大學注」（一九〇二年）、「論語注」（一九〇二年）。這五部作品，代表了處於思想發展第三階段中的康有為重建儒學所下的努力；也在相當程度內反映了戊戌變法受到挫折後，康氏亡命海外、浪跡異邦的生活經驗；此外更彰顯了康氏以儒學為基礎綜羅佛學與西學，而自成一家之言的胸襟。簡言之，包括「孟子微」在內的這五部著作可視為康有為透過注釋先秦儒學經典來落實「南海聖人」這個稱號的作品（註一〇）。這是此書撰寫的第一個重要背景。

第二項值得我們注意的背景是：「孟子微」的著成正逢中國危機日深一日之時。戊戌變法在保守勢力的阻撓下終於功敗垂成，康有為亡命海外，歷十六年之久、遍卅一國之多；而中國國內則清廷立憲施拖延策略，國外列強之蠶食鯨吞日甚一日。一八九八年三月，俄國強租旅順大連二十五年。英、法、日各國也不甘示弱，紛紛跟進，如一八九八年四有，日本以福建為其勢力範圍；七月一日，英國租借威海衛；一八九九年十一用十六日，法國租借廣州灣，為期九十九年；一九〇〇年三月廿日，美國國務卿海約翰（John Hay）的對華門戶開放政策獲列強之贊成。中國真可謂處於「人為刀俎，我為魚肉」的境地。一九〇〇年，義和團事變起，八國聯軍政佔北京城。一九〇一年九月七日，辛丑條約的簽定實無異正式宣告中國為「次殖民地」。這種危急存亡之秋的時代背景，使得康有為的「孟子微」成為一部在危機時代中以血淚鑄成的作品——它絕不袖手空談心性，卻處處充滿了強烈的經世乃至救世的思想。這種強烈的危機意識在「孟子微」書中有俯拾皆是的「內證」，例如：康有為痛惜當日清政之失修，曰：「頃者萬國交逼，而我猶移海軍鐵路之費以築頤和園，則臺灣、旅順先失矣。日本之小，改紀其政，則大國畏之；有天命而不力配之，有多福而不求之，馴至分危，是自作孽不可活也。某於十年之前，上書言及，今變法為未雨之綢繆，僅可為之，過是不及，卒至大禍，每讀是篇，不能不掩面流淚也。夫桓靈早戒，何至有黃巾之亂？徽欽早備，何至有金人之禍？後之視今，猶今之視昔，念我邦族、哀我種人，何為不可活若是乎（註一一）？」康氏又為中國國力之窳弱而深致慨嘆：「如今萬國爭於自存，德俄且窮國力為之，舉國為兵，刻日可備；而我聞警，乃募老弱乞丐充之，豈能幸勝？徒喪師失地、自戮其民而已。此所謂殃民者乎（註一二）？」康有為在詮釋孟子思想時，隨處不忘對中西現狀作比較，以加強國人對時代危機的認識。他在說明「孟子」中所見的貢法後，接著列舉歐美諸國的貢法，惟中國之稅極薄：「然不足以立國、養兵、興學、勸業、修道、衛生、恤貧（註一三）」。他又指出，歐美各國皆無乞丐，中國人則人眾而奇貧（註一四）。諸如此類憂國濟世的例子，全書所在多有。這是康有為撰寫「孟子微」時的第二個背景。

㈡、康有為釋孟的基本立場

在分析康有為於「孟子微」中對中西思想的融合之前，我們有心要對他闡釋孟學的基本立場，先做個初步的討論。第一，漸進的改良主義（meliorism）是康氏思想中一條很重要的線索。依康有為看來，人間一切變化以漸不以驟，因此，所有政治社會問題的改革也必須着意於其特殊的時空性，來對症下藥，徐圖改進，切不可躐等。我們細繹康有為的思想內容，這種改良主義至少有兩個源頭：其一是「春秋」公羊三世之說。「三世」即所謂「據亂世」、「升平世」、「太平世」，源出何休（邵公，一二九－一八二）之「春秋公羊解詁」。康有為取之而與「禮記」「禮運」篇的「大同」思想相結合，以「太平世」當「大同」，以「升平世」當「小康（註一五）」。這是康氏思想的根本基礎，不僅見於其所著的「大同書」（一九〇二年（註一六）），也見之於他的其他著作中，「孟子微」亦不例外。康氏改良主義的第二個源頭是近代西方的演化論（evolutionism）。梁啟超嘗謂（註一七），康有為曾經因為他緣故，而獲讀嚴復（又陵，一八五四、一、八－一九二一、十、廿七）所譯赫胥黎（Thomas H. Huxley, 1825-1895）的「天演論」（Evolution and Ethics），因此對「生存競爭」、「優勝劣敗」的說法知之甚詳。「孟子微」全書皆可發現演化論思想的投影。例如康有為認為「由諸鄉而兼并成部落，由部落兼并而成土司（註一八）」乃是「進化自然之理」。他又說：「人道競爭，天之理也（註一九）」。這種演化論思想，又與他的「春秋」公羊三世之說結合，成為一種歷史進化論的觀點，貫徹在他所有的經史著作及疏傳、政論和「大同書」等專書中（註二〇）。這種歷史進化觀點是他漸進的改良主義的基礎。這是他釋孟時所採取的第一個立場。

第二個立場則是：康有為基本上是站在政治、社會、經濟的立場而不是從德性主體（monral autonomy）的角度來詮釋孟子。換句話說，康氏撰寫「孟子微」時，對社會、政治、經濟等問題的重視遠超過對德性問題的注重。因此我們可以說，他重視孟學思想體系之「外在範疇」遠超過其「內在範疇」。在這裏我們須對孟學體系的「內」、「外」範疇作最簡略的說明。筆者嘗於別文指出，先秦孟學原有「內聖」及「外王」二面。孟子所關懷之基本問題在道德自我之建立，其理想乃是道德主體性的世界，此一道德主體性世界之呈現則有內外兩面——內而根於仁心，外而發為仁政。「仁義禮智根於心（註二一）」故孟子所謂性，一貫是指性善而言；主政者推此仁心於天下，乃為仁政，是故仁心仁政並非截然不相聯屬之敵體，實為一物之兩面。吾人如謂仁心是其本根，則仁政乃其枝葉。本根不存，則枝葉無所附麗；而枝葉繁茂正所以顯其本根之固。「徒善不足以為政，徒法不能以自行（註二二）」，孟子最善言「內聖外王」之精義。然歷代思想家或註疏家於疏通孟學之際，則畸輕略重各有所長，如漢代趙岐（邠卿，公元一〇八?—二〇一年）、康代林慎思（生卒年代不詳，見於公元八六九年之記載）及宋代王安石（介甫，一〇二一—一〇八六年）均側重其「外王」面，多就孟子之政治經濟思想發揮，彰顯其時代意義；而朱子則側重在孟學內部之哲學問題上，尤其是知識與道德問題，發揮得最多（註二三）。那麼，何以康有為注孟時特重其「外在範疇」呢？

這個問題可能有兩個答案：一是康有為對人性的看法與孟子性善說不相契，因此對於孟子建立在性善說之上的德性主體思想亦不甚同情。上文說過，孟子思想的「內在範疇」以性善說為中心，由此而開展德性自主之道德氣象，在精神上達到上下與天地同流的境界，在現實上則以德與齒、爵相頡頏。康有為對人性的看法與孟子大異其趣。在「孟子微」卷二，「性命」第二裏，康有為曾於「孟子」「告子曰：性無善無不善」章之後特撰長文，析解此一問題。我們細繹康有為對人性的分析，可以發現他所謂的「性」是指人生而具有的自然的稟賦，他說：「性者，宜知名矣。無所待而起，生而所自有也。善而所自有，則教誨已非性也（註二四）。」所以，他認為：「性本自然，善惡有質，孟子之言情性，未為實也（註二五）。」他明白指出，他的人性觀與孟子的性善論不同，他說：「吾質於命性者異孟子，孟子下質於禽獸之所為，故曰性已善；吾上質於聖人之所為善，故謂性未善。善過性，人過善（註二六）。」這種看法實近於荀子而遠於孟子（註二七）。

除了人性論的根本差異之外，康有為重視孟子「外在範疇」超過「內在範疇」的另一個理由則是由於時代的刺激。上文的討論已指出，「孟子微」成書之日正是中國危機日深之時。「南海聖人」心意所關注盡在經世濟民，而不在冥思玄想，故特重孟學之外在面。康氏大力闡發孟學的現代意義於國勢蹇迫之際，實欲拯生民於既溺中也。

三、民主、自由與平等：中西思想在「孟子微」中的調融

孟子生於戰國季世，在當時政治權威多元化發展的時代裏，他的思想寓有相當濃厚的民本色彩，強調政權轉移的根源應以民意為依歸（註二八），這是孟子對孔子所遺留懸而未決的政治理論問題所作一大貢獻。但是，秦漢以後，大一統帝國完成，政治權威一元化的局面完全建立，孟子在戰國季世所提倡的民本思想，遂成為「針對專制虐政之永久抗議（註廿九）」。孟子此種政治思想在傳統中國帝制的格局之下雖鬱鬱而不發；但歷代儒者在注孟釋孟之同時，莫不針對所處時代中的秕政或虐政重申孟子貴民重民之主張，並賦予新義。如趙岐注孟雖係「述己所聞，證以經傳，為之章句（註三〇）」，以校輯古義、考覈故訓為其主要目的，但是趙氏於客章之末亦為之章旨，發揮義理良多。我們通讀趙氏注孟之文字，可以發現趙氏解析義理多取政治觀點，此實與漢儒講求通經致用、注重經國濟民之一般取向相合，也與當時思想界政治先於德性之思潮相一致。例如孟子曰：「大人者不失其赤子之心」，趙注云：「大人謂國君，國君視民，當如赤子，不失其民心之謂也（註三一）。」「孟子」中的「大人」一詞實具有更普偏的涵義，故「大人者，言不必信，行不必果，惟義所在（註三二）」；趙氏則專就特殊義言之。再如孟子特尊孔子，推為「聖之時者也」，所重的是孔子的德業；趙氏注孟則以孔子為「素王」，重其事功。不僅如此，趙氏更以周公為歷史的分界

線，「古者，謂周公以前（註三三）」，「中古，謂周公制禮以來（註三四）」，特重周公在政治上之功業。凡此都可以反映出趙氏注孟時，對問題的抉擇及義理的發揮，均與其所處時代的政治關懷有密切關係（註三五）。這種現象固不僅中國本土如此，日本儒者詮釋孟子思想，亦復呈現類似之現象，如德川時代的伊藤仁齋（維楨，一六二七－一七〇五），他所面臨的是德川時代的封建制及其對思想的制約，朱子學一變而成為封建體制辯護之思想體系，仁齋因此乃起而以注孟為手段達到反對朱子學的目的（註三六）。而戴震（東原，一七二四－一七七七）所面對的則是「今既截然分理欲為二，治己以不出於欲為理，治人亦必以不出於欲為理，舉凡民之飢寒愁怨、飲食男女、常情隱曲之感，咸視為人欲之甚輕者矣（註三七）」的社會政治背景，所以東原著「孟子字義疏證」乃特就當時政治社會中「以理殺人」的狀況大加攻排（註三八）。凡此種種皆反映出孟學傳統與政治現況之間具有互相激盪的關係。

「孟子微」這部書在上述經典以新義的學術傳統中佔有穴分突出的地位。康有為在對「孟子」作新解時，極力以西方近代重要思潮來調和詮釋傳統中國的儒家思想，使先秦孟學中許多隱而不彰的觀念至此而發揚光大，取得了二十世紀的新意義。經過此一創發性的轉化，古與今乃不至斷為兩橛，而傳統儒學與現代生活復得以融為一體。細繹康有為在「孟子微」中對中西想想的調融，大約可分屬於兩個主要範疇：一是政治思想方面，二是社會經濟思想方面。本節先討論政治思想範疇內的幾個重要觀念。

孟子政治思想的範圍既廣、觀念亦多，然歸元鉤要則不外乎「民本」這個中心思想。康氏注孟，特取孟子「民本」及其相關思想以與近代西方的民主、自由、平等等觀念互闡發，顯其隱微。茲分論如下：

㈠民主政治及其時空性：康氏釋孟首先最值得我們注意的事實就是，他以西方的民主政治觀念來闡發孟子的民本思想，並特重民主政治實踐上的時空性。這一條思想線索與康有為整個思想體系互通聲氣，兩者之間構成一種有機結合的關係。「孟子微」全書中有許多證據可以說明這項事實，例如康氏解釋「孟子」「所謂有故國者非謂有喬木之謂也」章之涵義時，說（註三九）：

> 此孟子特明升平、授民權、開議院之制。蓋今之立憲體，君民共主法也。今英、德、奧、義、葡、比、荷、日本皆行之。左右者，行政官及元老顧問官也；諸大夫，上議院也。一切政法以下議院爲與民共之，以國者國人公共之物，當與民公任之也。孔子之爲洪範曰：「謀及卿士。謀及庶人」是也；堯之師錫眾曰：「盤庚之命，眾至庭」。皆是民權共政之體，孔子創立，而孟子述之。

「孟子」此段經文中所謂「國人」是近數十年來中國上古史研究的重要問題之一。論者嘗指出，中國古代社會的中堅是「國人」，國人在貴族政治上產生舉足輕重的力量，可以參與國君廢立、左右城邦外交，甚至可以決定和戰。但國人與政亦有其限度，因為國人皆係被統治者（註四〇）。筆者亦嘗於別文檢討先秦典籍三十二種所見之「國人」詞稱一六四次，並取之以與古典時代（公元前第八至前第四世紀）雅典城邦之「市民」（citizen）互作比較。

就現存文獻看來，「國人」一詞不見於殷商甲骨，亦不見於周代銘文。「尚書」虞、夏、商三書中有用「邦」字而絕無用「國」字者。周書始見「國」字，但仍「邦」字（註四一）。「左傳」記載「國人」是城邦時代社會之中堅，內用與聞國政，外而過問外交，是當時政治活動之主力。「國人」與希臘「市民」在參與國政上雖有相似之處，但其間亦有極大之差異。一是在城邦政治結構中，「國人」僅有參政權，而「市民」則除參政權外，另有立法及司法權，因此「國人」在城邦政治中雖然活躍，但所發揮的功能並不與「市民」相等。另一項重大差別殆在於希臘「市民」之與政，是法理上（de jure）也是事實上（de facto）之定規；而春秋戰國時代「國人」之與政似乎僅有事實上之基礎而無法理上之明確根據。希臘城邦市民權之認定有成法，市民與政亦有定規，不易含混不容含混。西周以降，「國人」與政實以氏族遺制及軍事力量為其後盾，然此時政權仍操於君王及貴族手中，所以當政者雖然「請待於郊，以聽國人」（左昭十三年），「盟國人於大宮」（左襄廿五年、左成十三年）；但子產作丘賦，國人亦只能「謗之」（左昭四年）。基本上，「國人」仍是屬於被統治者（註四二），但因其實力強大，故統治者常須採取種種措施「以靖國人」。總而言之，先秦時代之「國人」與古典寺期希臘城邦之「市民」雖有若干貌似之處，如淵源於氏族遺制與宗教信仰，如參與國政等，皆有相似之處；但其間之差異亦極大，如政治功能不同、如與政程度之限度等，兩者之間實不可混淆（註四三）。

根據以上的分析，我們可以說「孟子」書中所謂的「國人」，實不可與古代希臘史所見民主政治中的「市民」混為一譚；但康有為從這段經文中汲取他和他的時代所需要的精神——民主政治的精神，並加以創造變化，認為係「孟子特明升平、授民權、開議院之制」此雖與史實不合（註四四），然亦自有其「新酒裝舊瓶」的思想史涵義在焉。

然則，康有為所謂「授民權、開議院」之民主政治的成立基礎果何在哉？欲回答此問題，我們必須從康有為所持的「社會契約說」談起。康有為認為統治者之合法性（legitimacy）乃基於被統治者之委任，故統治者與被治者之間實具有一種類似契約的關係。他解釋「孟子」「民為貴，社稷次之，君為輕」章云（註四五）：

此孟子立民主之制、太平法也。蓋國之爲國，聚民而成之，天生民而利樂之，民聚則謀公共安全之事，故一切禮樂政法，皆以爲民也，但民事眾多，不能人人自爲，公共之事，必公舉人任之，所謂君者，代眾民任此公共保全安樂之事，爲眾民之所公舉，即爲眾民之所公用。民者，如店肆之東人；君者，乃聘雇之司理人耳。民爲主而君爲客，民爲主而君爲僕，故民貴而君賤，易明也。眾民所歸乃舉爲民主；如美法之總統。然總統得任群官，群官得任庶僚，所謂得乎丘民爲天子，得乎天子爲諸侯，得乎諸侯爲大夫也。今法、美、瑞士及南美各國皆行之，近於大同之世，天下爲公，選賢與能也。孟子早已發明之。

這種說法與洛克（John Locke, 1632-1704）解釋人類政治社會源起時所持的社會契約（Social contract）說略有近似之處（註四六）。孟子政治思想中的「民本」信念原無「社會契約」之主張，但康有為取西方此一觀念來釋孟，使孟子「得乎丘民而為天子」一詞獲得新詮，確為傳統儒學別開生面。康有為對「社會契約說」持之甚篤，屢次加以強調，例如他解釋「孟子」「殘賊之人謂之一夫」章云：「民者，天所生也；國者，民共立也。民各營其私業，必當有人代執其公事，如一司之有千萬分，不能不一司理人以代理焉。君者，國民之代理人也（註四七）。」由此可見康氏對「社會契約說」持論前後一貫，成為他以西方的「民主」觀念解釋孟子「民本」思想的重要基礎。

分析至此，我們應再進一步追問：民主政治的理想復如何實踐？這個問題引導我們進入康有為援引西方民主政治觀念以解釋孟子思想的另一個層次裏—民主政治的時空性。康有為釋孟，時時指出民主政治之進展絕非一蹴可幾，民主之實踐有其階段性的進展，亦即有其時空性，「程度未至而超越為主，猶小兒未能行而學踰墻飛瓦也（註四八）」。由於康有為極端強調民主政治的時空性，因此他十分提倡漸進的民主，「苟非其時而妄行之，享鐘鼓於爰居，被冕繡於猿猱，則悲優眩視，亦非見其可也（註四九）」，這是他主維新變法而不主革命的根本原因。康有為解釋「國人皆曰可殺」章云：「此孟子特明升平、授民權、開議院之制（註五〇）」；又解釋「民為貴，社稷次之，君為輕」章云：「此孟子立民主之制太平法也（註五一）」，以「升平」、「太平」之階段進化來說明民主進展之不可躐等。前文所云康氏釋孟之基本立場為「漸進的改良主義」在此彰顯無遺。蕭公權師嘗言：「康氏以保皇為立憲之手段，其號召者為漸進之真民主。謂孔子為改制之聖人，其所企求者實為制度與思想之一體維新（註五二）」，此誠為確切不移之的論。

但是，何以康有為要以「漸進的真民主」來闡釋孟學？要思考這個問題，我們必須先釐清康有為對先秦儒學傳承的看法。本文第二節曾指出，康有為思想的核心是「春秋」公羊家「三世」之說。他以此說作為孔學總綱，其傳承序是自孔子而子游，再由子游而子思而孟子。康有為說：「春秋本仁，上本天心，下該人事，故兼據亂、升平、太平三世之制；子游受孔子大同之道，傳之子思，而孟子受業於子思之門，深得孔子春秋之學而神明之（註五三）。」康氏並推許孟子為「孔門之龍樹、保羅（註五四）」，因此「欲知孔子者，莫若假途於孟子。……通乎孟子，其於孔子之道，得門而入，可次第升堂而入室矣（註五五）。」但孟子所傳究為何物？康有為一再強調，孟子所傳乃「春秋」公羊之學（註五六）。他解釋「孟子」「禹稷當平世」章說（註五七）：

春秋要旨分三科：據亂世、升平世、太平世，以爲進化，公羊最明；孟子傳春秋公羊學，故有平世、亂世之義，又能知平世、亂世之道各異。然聖賢處之，各因其時，各有其宜，實無可如何。蓋亂世各親其親、各私其國，只同閉關自守；平世四海兄弟、萬物同體，故宜飢溺爲懷。大概亂世主於別，平世主於同；亂世近於私，平世近於公；亂世近於塞，平世近於通，此其大別也。孔子豈不欲即至平世哉？而時有未可治難躐級也。如父母之待嬰兒，方當保抱攜持，不能遽待以成人之禮；如師長之訓童蒙，方用夏楚收威，不能遽待以成學之規。故獨立自由之風、平等自主之義、立憲民主之法，孔子懷之，待之平世而未能遽爲亂世發也。以亂世民智未開，必當代君主治之、家長育之，否則團體不固、民生難成。未至平世之時，而遽欲去君主，是爭亂相尋，至國種夷?而已。猶嬰兒無慈母，則棄擲離以成人；蒙學無嚴師，則游戲不能成學。故君主之權、網統之役、男女之別、名分之限，皆爲亂世法而言之；至於平世，則人人平等有權、人人飢溺救世，豈復有閉門、思不出位之防哉？若孔子生當平世，文明大進、民智日開，則不必立網紀、限名分，必令人人平等獨立、人人有權自主、人人飢溺救人，去其塞、除其私、放其別，而用通、同、公三者，所謂易地則皆然。

康有為又強調，以上所說的政治制度演化的時空性，正是「孔子第一大義，六經皆當以此通之（註五八）」。我們可以說，「春秋」公羊三世進化之說正是康有為以「漸進的民主」來詮釋孟子「民本」思想及其相關觀念的基礎。在此種詮釋下，康有為認為：「舜為太平世，民主之聖；文王為撥亂世，君主之聖。皆推不忍之性，以為仁政；得人道之至，以為人矩者。……後世有華盛頓，其人雖生不在中國，而苟合符舜、文，固聖人所心許也（註五九）。」康氏舉華盛頓以與舜和文王相提並論，闡釋孟子所謂「不忍人之政」，頗見其融會中西政治思想之用心。

㈡平等觀念及其人性論的根據：康有為透過詮釋孟子政治思想而引入的第二個西方政治觀念是「平等」。雖然早在古希臘的斯多噶（Stoics）學派就已提出人生而具有自然平等的道德稟賦之看法；但是，在西方政治思想史上，則要到十七世紀以後，平等主義

（egalitarianism）的理念才廣泛為人所接受。在傳統中國哲學裏，雖然許多哲學家也都認為人生而具有相同的自然秉賦，例如人生而自然平等看法即為儒道兩家所同具（註六〇）；但是政治思想史上政治意義的「平等」觀念則並不發達。最近的研究成果指出，近代中國思想界開始熱烈討論「平等」觀念，大約始於一八九二年，樊錐、皮嘉裕以及康有為等都是重要人物（註六一）。

孟子「道性善，言必稱堯舜」，以惻隱、是非、羞惡、辭讓等四「善端」為人性之所同然，以仁、義、禮、智為人心之所固有，因此，人皆可以為堯舜：「舜何人也；予何人也？有為者亦若是（註六二）」。凡此種種主張皆隱寓着平等主義的涵義。但是，在傳統中國市制的侷限之下，孟子的平等主義思想始終停頓在哲學思想的層次上，未能落實到政治思想領域，或在實際的政治制度上開花結果；而在歷代注疏家的疏解中，孟子的平等主義精神亦多鬱而未發，直到康有為著「孟子微」才大暢其流，這一點可視為「南海聖人」對孟學傳統的一大貢獻。

康有為釋孟，層次指出「平等」是孟子思想中的重要觀念。他說：「人人可為堯舜，乃孟子特義，令人人自立平等，乃太平大同之幾，納人人於太平世者也（註六三）」，顯然以平等為太平世之境界。康氏釋「孟子」「與民同樂」章云（註六四）：

> 獨樂不如與人樂，少樂不若眾樂，實是人情。故非地球太平大同，人人獨立平等，民智大，盡除人患而致人樂，不能致眾樂。孟子一通仁說，推波助瀾，逢源左右，觸處

融碎。今泰西茶會動至數千人，賽會燃燈至數百萬人，其餘一切會皆千數百人，皆得衆樂之義。孟子爲平等大同之學，人己平等，各得其樂，固不肯如暴君民賊，凌虐天下，以養一己之體，而但縱一人之欲，亦不肯爲佛氏之絕欲、墨子之尚儉，至生不歌、死無服，裘葛以爲衣、跂蹻以爲服，使民憂、使民悲也。

康有為引述他浪跡異國所見之社會習俗為例。為孟子「與民同樂」之說加上「平等」的新義。我們如果把康有為此項解釋與唐林慎思的「續孟子」互作比較，則尤能彰顯我們所謂的康氏「新義」之所在。林慎思生於晚唐懿宗（在位於八五九—八七三）僖宗（在位於八七三—八八八年）之衰世，目睹晚唐禍亂相因，論政以存養百姓、除煩去苛為旨（註六五）。所以，林氏發揮孟學，特重仁政，以均賤役於人民，闡明孟子與民同樂之旨（註六六）：

吾所謂與民同者，均役於民，使民力不乏；均賦於民，使民用常足，然後君有餘而宴樂，民有餘而歌詠。夫若此豈不謂與民同邪？

林氏注孟時心神之所關注特在晚唐人民稅賦之沈重，故以除煩去苛解孟子「與民同樂」之義。而康有為生於晚清中西思想激盪、傳統文化開始遭到根本的動搖之際，解釋「與民同樂」時，特引西方政治思想中之「平等」觀念加以闡發，一方面既使先秦孟學所蘊涵但沈埋二千年的「平等」精神重見天日，另一方面則以西方新知詮釋先秦舊學，使孟子學說得新意義，並將傳統儒學中哲學層次的「平等」觀念轉化為政治層次的「平等」思想。就此種思想的融合轉化而言，唐有為確已成功地完成了他的時代所賦予他的歷史性任務。

但是，如何證成「平等」必然性？這是我們必須再進一步追索的問題。康有為處理這一個問題並不求之於社會結構、經濟活動或政治制度，而是從人性上找根據。最足以說明康氏此項看法的是他對「孟子」「萬物皆備於我」章的解釋，他說（註六七）：

人之靈明，包含萬有：山河大地，全顯現於法身；世界微塵，皆生滅於性海。廣大無量，圓融無礙，作聖作神，生天生地。但常人不識自性，不能自信自證自得，舍卻自家無盡藏，沿門托鉢效貧兒耳。如信得自性，亮無疑惑，則一念證聖，不假修行，自在受用，活潑潑地。程子識仁篇所謂：識得此理，渾然存之，不勞防檢，不勞披索也。記曰：清明在躬，志氣如神。人之精爽神明，有此境界。此固人人同之，不問何教。禪者養其靈魂，秘爲自得，後儒不知，斥爲異氏之說。豈知孟子特發秘密之藏、神明之妙，以告天下學子；後世儒者何太愚割此天府腴壤於人而不認哉？今特發明之，以恢復舊地，與天下有性善種者，共證此樂焉。至於推行太平道，則推己及人，莫如強恕，則人己不隔、萬物一體，慈憫生心，即爲求仁之近路。曾子言孔子之道，忠恕而已；仲弓問仁，孔子告以己所不欲勿於人；子貢問終身行，孔子告以恕，故子貢明太平之道曰：我不欲人加諸我，吾亦欲無加諸人。人人獨立、人人平等、人人自主、人人不相侵犯、人人交相親愛，此爲人類之公理，而進化之至平者乎。此章孟子指人證聖之法、太平方方。內聖外王之道盡於是矣，學者宜盡心焉。

又說（註六八）：

人人性善，堯舜亦不過性善，故堯舜與人人平等、相同，此乃孟子明人人當自立、人人皆平等乃太平大同世之極，而人益不可暴棄自賊，失其堯舜之資格矣。此乃孟子特義。

康有為在上引這兩段文字中從人的天然秉賦自然充足飽滿、不假外求上來證成「平等」的理論基礎。從這項論述裏，我們可以看到康有為很巧妙地把側重外在意義的政治觀念與傳統倫家特重內在根據思想融合為一。

(三)自由觀念與民本思想的接榫：康有為釋孟第三個值得我們討論的現象是他以西方的「自由」觀念契入孔孟傳統的「民本」思想之中。康氏認為孔子乃不世出之聖人，囊括萬有，不僅持升平之說，且有太平之道，「大醫王藥籠中，何藥不具（註六九）？」他進一步說：「獨立自由之風，平等自由之義，立憲民主之法，孔子懷之，待之平世未能遽為亂世發也（註七〇）。」因此，在康有為看來，西方之「自由」觀念早已蘊涵於孔子思想中，而孟子師承孔子，故以「自由」觀念注孟，乃順理成章之事。

康有為注「孟子」「桀紂之失天下也失其民也」章云（註七一）：

> ……凡一切便民者皆聚之，故博物院草木禽魚之囿、寶珍之會，凡遠方萬國之物、四方快意奇異之事，皆置之於都邑以樂之。民樂則推張與之，民欲自由則與之，而一切束縛壓制之具、重稅嚴刑之舉、宮室道路之卑污隘塞，凡民所惡者去之，民安得不歸？故仁政不必泥古，仁政不限一端，要之能聚民所欲，去民之所惡者是也。

從這段文字的脈絡中，我們可以發現康有為所使用的「自由」一詞的涵義，帶有近代歐洲個人主義者及自由主義所持的「自由」色彩—認為「自由」是來自他人強制狀況的排除，因此康氏此詞的實質涵義，多半是指「消極的自由」（negative freedom “freedom from”）而言。在上面引文裏，康有為云：「民欲自由則與之」，這種說法固可以接得上儒家思想中以民為本的觀念，但是他在無形中卻把統治者的地位置於「自由」之上。因此，「自由」的來源仍不能免乎統治者的施捨。康有為並未從儒學傳統中「德性自主」的觀念展開出積極性的「自由」義來，此點至可惋惜。

以上我們以政治思想為主要範疇，分析康有為以孟子「民本」及相關觀念為基礎，來整合西方的「民生」、「自由」、「平等」等觀念，俱見其會通中西的用心。

四、社會進化與經濟發展：中西思想在「孟子微」中的調融

康有為以注孟為手段調融中西思想的第二個範疇，屬於社會經濟思想方面。通讀「孟子微」全書，我們發現康有為深受「社會達爾文主義」（Social Darwinism）的洗禮，並且透過對孟學的詮釋而努力地把社會達爾文主義與先秦孟學整合為一。這是康有為在社會思想方面最重要的貢獻之一。

康有為注孟常假孟子之說以申己意，殊不為孟學舊軌所範圍。他出入百家，綜羅中外，自成一家，這種作法給予他自己極大的迴旋餘地，使他在中西思想激盪衝擊之中找到容身之

處，並進而對雙方做折衷調整之工作。他對社會進化的解釋最能說明我們以上的看法。康有為注解「孟子」「有為神農之言者許行」章從戰國諸子託古改制，談到民心歸仁，再談到「今歐洲之人多遷於美國，德、英欲極禁而不可得，亦可見滕文公得民之盛矣（註七二）」，接著一轉而暢談社會進化的程序說（註七三）：

> 草昧初開，爲大鳥獸之世，及人類漸繁，猶日與禽獸爭，今亞、非洲中央猶然。且大獸傷人尤多，今印度歲死於虎狼者數萬計。可知人獸相爭之劇。中古，人與人爭地，故以滅國俘虜爲大功；上古，人與獸爭，故以烈山澤、逐禽獸爲大功。堯舜之時，獸蹄鳥跡之道交於中國；至周公時，尚以兼夷狄、驅猛獸爲言；今則中原之地，猛獸絕跡、田獵無取；此後人道大強，獸類將滅，蓋生存競爭之理，人智則滅獸，文明之國則併野蠻，優勝劣敗，出自天然，而所以爲功者，亦與時而推移。野蠻既全併於文明，則太平而大同矣；猛獸既全併於人類，惟牛馬犬羊雞豕豢養服御者存，則愛及眾生矣。此二民愛物之等乎！

在上以這段論述中，「生存競爭」、「優勝劣敗」等觀念顯然來自十九世紀晚期的社會達爾文主義，而不見於先秦儒家思想傳統。在分析康有為以社會達爾文主義詮釋孟子思想之前，先讓我們對社會達爾文主義作一個最簡略的討論。

一八五九年是西方思想史上的重要年代，因為在這一年裏，達爾文（Charles R. Darwin, 1809-1882）發表影響深遠的「物種原始」（*On the Origin of Species by Means of Natural*

Selection, or the Preservation of Favoured Races in the Struggle for Life）一書。誠如杜威（John Dewey, 1859-1952）所說，「物種原始」的出版大大地改變了人類的思想，創造了一種用之於心靈、道德與生活方式的新邏輯（註七四）。這個新羅輯是以「生存競爭」（Struggle for Life）及「自然淘汰」（Natural Selection）為中心觀念而發展開的。所謂「社會達爾文主義」就是把達爾文「物種原始」中生物演化的原則，應用到社會演化的現象之上，所形成的社會思想系統——雖然達爾文生物學說中的「自然淘汰」並未有任何社會應用的涵義。論者嘗指出，社會達爾文主義者結合了達爾文關於動植物界生物進化的理論和馬爾薩斯關於人類社會生存競爭的觀念。雖然社會達爾文主義者所提出的人類社會不可避免的進步原則（史賓塞的適者生存）和馬爾薩斯及達爾文對人類社會的看法互相牴牾，但是他們仍舊樂於把他們所提出的原則當作是達爾文的科學理論所導致的必然結果。對於那些不能分辨生物演化與社會演化的人說，達爾文的理論實在提供了共同的科學威。他們依靠這種權威可以把對人類進化的私見加以合法化（註七五）。這種社會思潮對於南北戰爭以後的美國思想界影響極為深遠，霍夫斯塔德（Richard Hofstadter）就認為十九世紀後半葉，美國那種競爭性的社會，正是達爾文主義「自然淘汰」說法的印證，所以社會達爾文主義乃成為當時之思想主流（註七六）。這股思潮在清末進入中國，強有力地沖擊着中國思想的海?，成為清末主張變法及革命兩派人物的重要思想根據。一八九八年至一九〇五年之間，中國知識份子對社會達爾文主義信持最篤，嚴復尤為其代表人物（註七七）。康有為也深受這股思潮的洗禮。

康有為最社會達爾文主義「自然淘汰」之觀念與「春秋」公羊三世進化之說結合，認為由「多」演化為「一」乃人類社會進化的定理。他解釋孟子所云「定於一」之旨說：「孟子此言，可謂深切，足為萬世法矣。若天下之定於一，此乃進化自然之理：人道之始，由諸鄉而兼併成部落；由諸部落兼併而成諸土司（古之侯國，即今之土司也）；合諸土司必有雄長（「宋史」「南蠻傳」所謂都大鬼主，即方伯也）；合諸大長即為霸；其文明有法治者，四夷皆服，是即中國之天子。故禹時萬國，湯時三千國，武王時千七百國，春秋時兼併餘二百餘國，孟子時七國，卒并於奏。漢時開隴、蜀、粵、閩、交趾，通西域三十六國；至元時奄有印度、波斯、天方、西伯利亞而一亞洲。即泰西亦自亞歷山大兼并希臘十二國，埃及、波斯、羅馬繼之，乃成大國。凡大地皆自小併至大，將來地球亦必合一，蓋物理積併之自然。……孟子此言蓋出於孔子大一統之義，將來必混合地球，無復分別國土，乃為定於一大一統之徵，然後太平大同之效乃至也（註七八）。」這一段論述貫通中西思想，亦與康氏所著「大同書」所謂「破除九界」以建立「大同之世」的政治思想互相呼應（註七九）。

那麼，我們要問：何以康有為惜釋孟以融合中西思想時，會特別強調社會達爾文主義中的「自然淘汰」觀念呢？儘管我們可以從康有為所信持的「春秋」公羊三世之說中意到這個問題的部分答案；但是我們認為，比較具有決定性影響的因素，恐怕仍是康有為所處的時代背景。十九世紀末的中國在列強侵逼之下，危機日益深刻，就康有為所見：頃者萬國交偪而我猶移海軍、鐵路之費以築頤和園，則臺灣、旅順先失矣（註八〇）」，「近者鳳凰城破而傳戲稱壽不休，臺灣賠割而泄沓怠傲如故（註八一）」，中國之沈淪如是；而世界的狀況則是：「如今萬國爭於自存，德俄且窮國力為之，舉國為兵，刻日可備（註八二）」，兩者構成強烈對比，「南海聖人」凜國難之將至，哀生民之迷惘，不禁「掩面流涕」，長嘆「念我邦族，哀我種人，何為可活若是乎（註八三）。」康有為眼觀世界之競，胸懷國族之優，所以對社會達爾文主義特別感到興趣，認為係中國所急需，因此取之以詮釋孟子思想。

在康有為對社會達爾文主義與孟子思想的調融之中，最值得我們注意的現象是他以「目的論者」（Teleologist）的立場來注解孟子所持的「道義論者」（Deontologist）的觀念。在這種詮釋之下，孟子學中的道德本身已非目的，而成為追求國族富強的手段。就這一點來說，康有為紹述社會達爾文主義的立場與嚴復引介自由主義的立場殊無二致（註八四）。「孟子微」中許多例證都可以用來支持以上的論點。先秦孔門以「仁」為其哲學之中心，孔子「祖述堯舜，憲章文武（註八五）」，集周代文化之大成，因襲創造，賦「仁」以德性自主之涵義（註八六），使之成為諸德之總稱，為功厥偉。孟子以仁義並稱，其性善論尤為孔子仁學提供了理論根據。「孟子」中「仁則榮，不仁則辱」章亦多從「德性自主」而非從「道德效益」之立場立論。但康有為釋曰：「此明仁不仁之榮辱。人道競爭，天之理也。不仁而般樂怠敖，人將侮之（註八七）」，其着眼點顯然落在道德之「效用」上，而非以道德自身為目的。再如康有為釋「孟子」「天下有道，小德投大德」章云：「此明仁不仁之敵不敵。人道競爭，強勝弱敗，天之理也（註八八）」。從上引例證中，我們可以看出，康有為之調融社會達爾文主義與孟子思想，有一個基本的哲學前提，這就是以目的論的眼光來重新詮釋先秦儒學的道義論思想。

在社會思想領域裏，除了以上所分析的社會達爾文主義之外，康有為解釋「孟子」書中的井田制度也呈現出相當模糊的西方近代的社會主義的觀念。他說：「田產平均，人人無甚富貧，升平之制也。……英人傅氏言資生學者，亦有均民授田之議。傅氏欲千人分十里地以生殖，千人中士農工商之業通力合作，各食其祿，此則孔子分建之法，但小之耳，終不能外孔子之愚矣，蓋均無貧，安無傾。近美國大倡均貧富產業之說，百年後必行孔子均義，此為太平之基哉（註八九）。」關於社會主義這個問題，「孟子微」書中僅偶而提起而未及細論，因此我們亦無法再深談。

接着，我們轉而討論康有為在「孟子微」中對中西經濟思想的調融。

在經濟思想領域裏，康有為透過注孟為先秦儒家君入的第一個新層次是西方的注重商業思想。先秦儒家之思想原與農業社會背景有密切關係，孔孟皆視農為本務，而以商為末業。孟子既重視「王道」政治的經濟基礎，也非常注意道德修持如義利之辨的經濟基礎，他說：「明君之民之產，必使仰足以事父母，俯足以畜妻子，樂歲終身飽，凶年免於死亡。然後驅而之善，故民之從之也輕。……五畝之宅，樹之以桑，五十者可以衣帛矣；雞豚狗彘之畜，無失其時，七十者可以食肉矣；謹庠序之教，申之以孝悌之義，頒白者不負戴於道路矣。老者衣帛食肉，黎民不飢不寒，然而不王者，未之有也（註九〇）。」孟子這種說法使先秦儒家的道德信念不再止於一種抽象的道德要求，而更落實在現實的社會經濟基礎上，這對於孔學而言，不能不說是一大突破；但細繹孟子所說的經濟活動，卻都是指農業活動而言，這當然與孟子所處時代的侷限有關，我們亦不能苛求。康有為注孟以新酒裝舊瓶，為孟子思想添加注重工商營利活動的觀念。康氏注解「孟子曰五霸者三王之罪也」章云：「古者地荒，以農立國，故專言農事。今則當增工商矣。此皆撥亂之論；今近升平世，亦少異（註九一）。」揆康氏之意，蓋以「春秋」公羊三世之觀點看社會進化，認為古代據亂之世以農立國，故專言農事；現今趨近升平之世則必增言工商，此乃社會進化之必然趨勢。從這個論點，我們可以清楚地看見康有為以「春秋」公羊之說為基礎，援西方重商思想入孟學體系中。

根據近人研究，注重商業的思想在一八六〇年左右已成為中國知識份子之固定概念。如黃遵憲（一八四八—一九〇五）、鄭觀應（一八四一—一九二三）、陳熾、薛福成（一八三八—一八九四）、王韜、嚴復等人都大力鼓動重商思想。這對傳中國不言利且輕商的觀念而言，實為重大變革，極具歷史意義（註九二）。康有為深受這股思潮的影響，大力引申孟子思想中重視道德修為的經濟基礎這一觀念，他解「孟子曰易其田疇，薄其稅斂，民可使富也」章為：「此言富民民自仁，即富而後教之義。倉廩實而後知禮節，衣食足而後知廉恥也，此乃定理（註九三）。」可見廣開利源、追求財富正是得民心之不二法門，因此他釋「孟子曰桀紂之失天下也，失其民也」章云：「民之欲富而惡貧，則為開其利源，厚其生計，如農工商礦機器製造之門是也（註九四）」。這一段話很能說明康有為對經濟活動的看法。

更值得注意的是，康有為除了提倡注重工商活動的思想外，他還注意到經濟利益公平分配的問題。我們在上文的論述中已經說過，康有為論社會進化亦對西歐近代之社會主義思想付予相當重視，此種卓識亦見於他的經濟思想中。康氏解釋「孟子」中的井田制度云（註九五）：

> 據亂世人少，專於農田；升平世人繁，兼於工商。然均平之義，則無論農工商而必行者也。井田什一而藉者，亦孔子先縣農者一影耳。若以工商大公司爲一封建，則督辦司事即君、公、士夫，而各工即其民也。人執一業，量以授俸於公司之中，飲食什器衣服備矣。休沐游之，立學教之，選舉升之，力役共之，非一農田之小封建哉。歐美之大農及大製造大商，參於議院，引於宴會，則以諸侯入爲天子、大夫矣，備於禮樂。故孔子井田封建之制，施以據亂世而準，推之太平世而準者也。

康有為從「孟子」中找出「平」的觀念，取之以與他所理解的西方的社會主義互相比附。他解孟子所說「君子平其政」章時進一步發揮「平」的概念（註九六）：

> 孟子明平政之義。天生人本平等，故孔子患不均；大學言平天下，不言治天下；春秋、孟子言平世，不言治世，蓋以平爲第一義耳。平政者，行人人平等之政，如井田其一端也。孔子孟子欲天下之人無一夫失所僅、濟一人非所尚也，故借子產而明之。

這種新詮釋對傳統儒學而言，均可謂寓開新於守舊，雖不無比附之嫌，然亦能使古今融為一體，而中西亦不斷為兩橛也。

五、「孟子微」在儒學思想史上的歷史意義

在前文裏，我們已經從政治、社會、經濟等三方面探了康有為在「孟子微」中調融中西思想所下的努力；現在，我們轉而思考另一個問題：康有為的「孟子微」在中國儒學思想史上有何歷史意義？這個問題，我們可以分別就兩個不同的角度來思考：

第一，「孟子微」代表儒學傳統中「外王學」的新開展。本文第二節嘗指出，先秦孟學原有「內聖」、「外王」二面，兩者互相依存——一方面具有互補性，一方面又具有緊張性。從歷代儒者詮釋孟子思想之側重點看來，「內聖」與「外王」交相迭起，形成一種辯證性發展的關係。後漢趙岐注孟特重其「外王」面，着重於以政治角度來理解孟子；唐代林慎思的「續孟子」承襲此風，特於晚唐亂世中重申孟子仁政之理想；王安石對孟子之推尊，實亦多就政治面發揮。逮乃南宋，此種發展始有轉變，最具代表性者當推朱子（一一三〇—一二〇〇）之「孟子集注」，特就孟學之內聖面予以推衍；但朱子本「大學」以釋「孟子」，採取重知識的立場詮釋孟學之德性主體思想，所完成的卻是拔趙幟立漢赤幟的工作。自公元十三世紀以降，朱子學成為官學而為統治者所利用，引起學者不滿，所以從十七世紀起遂在整個東亞學界激起反朱攻朱的思潮，其中尤以清儒戴震、德川儒者伊藤仁齋及朝鮮李朝晚期儒者丁若鏞（茶山，一七六二—一八三六）最足為代表。戴東原、伊藤仁齋及丁茶山三氏皆為東亞近世儒學史之大儒，著述宏富，於先秦儒學舊籍闡述甚豐，而最引入注意者則是三氏於孟

子之學皆有所論述。東原著「孟子字義疏證」（一七七七年）、仁齋著「語孟字義」（一六八三年）、茶山著「孟子要義」。三氏於疏解孟學之同時，莫不極力排擊朱子對孟學以及儒學傳統的解釋。十七、十八、十九世紀，中日韓這三位儒者注孟皆重其「外在範疇」，此一潮流足以反映孟學解釋之側重點又由「內聖」面轉回「外王」面，而康有為的「孟子微」正是此一轉折之後的一個高潮。據本文分析，康有為對人性的看法與孟子實不相契，故於孟學中植根於性善說之內聖面略有扞格。康有為生於清季中國危機日深之時代，求國族之富強乃當時知識份子共同關懷所在，而「南海聖人」尤允為此中翹楚。所以，在國際風雲變幻日亟的歷史背景中，康有為自然特重孟學的外王面，並努力以孟學中原有的觀念或制度如民本、均平、井田等作為融通中外的契機。「孟子微」全書引介近代西方的自由、民主、平等以及社會達爾文主義、重商思想等，確為孟學傳統別開新面，發前人之所未發。

第二，「孟子微」呈現了清末經世思想的多面性與複雜性。早在先秦時代，「經世」一詞便以具體的思想觀念出現：「莊子」「齊物論」有「春秋經世，先王之志，聖人議而不辯（註九七）」之語；「外物」篇又云：「飾小說以干縣令，其於大達亦遠矣。是以未嘗聞任氏之風俗，其不可與經於世亦遠矣（註九八）。」在先秦諸子中，經世尤為儒家一實的抱負，孔子栖栖遑遑，席不暇暖，以平治天下為急務；孟子後車數十乘，從者數百人，以傳食於諸侯；荀子勸學隆禮尊君，在在皆發自強烈的經世動機，思以其學易天下、濟百姓。漢代大一統帝國建立之後，儒者得以用世，經世思想遂獲得充分發展之機，漢儒追求的「通經致用」，未儒教學之以「經義」與「治事」並重，清儒所提倡的「經世致用」，都是這種思想在不同時代的呈現。

但是，我們討論近代中國的經世思想，則至少應注意以下兩項事實：一是經世思想具有多面性。先秦時代的經世思想僅釐定了大方面，未及分論其內部細節與相關問題；宋代以降，經世思想日趨成熟，其所涵蓋內容之豐及包羅層次之多，已非「經世」二字的表面意義所能範圍。誠如張灝所指出（註九九），宋明以後的經世思想至少包括三個不同的層次——㈠價值取向的層次：經世思想代表儒家入世的精神；㈡治道的層次：經世思想特重道德與政治的關係；㈢治法的層次：經世思想家常在治道的基礎上討論典章制度的問題。這三個不同的層次均在不同的程度之內出現在康有為的「孟子微」中。從「孟子微」的內容看來，康有為的經世思想確實表現了強烈的入世精神，所以他駁斥「老楊之學」，視為「中國之大禍（註一〇〇）」；他胸懷故國，但放眼世界，目睹列強侵凌，深懼中國日趨沉淪，而大興「念我邦族，哀我種人，何為不可活若是乎？」之嘆，充滿了儒家一貫的救世熱誠。其次，「孟子微」書中也呈現了強烈的伯（Max Webber, 1864-1920）所謂「價值理性」（Value rationality），對屬於「治道」層次的問題作充分的析論，面對社會、政治、文化建構中的思想基礎付予高度注意。復次，「孟子微」也觸及到「治法」問題，但這個層次似乎不是康有為所特別看重，因此未作深入發揮，例如他對封建、井田等制度雖也有長篇論述。但其焦點終究落在考鏡源流、辨章制度之上，其所涵蘊目「工具理性」（Instrumental rationality）之意義極為淡薄。

我們討論近代經世思想時所應注意的第二項事實是：經世思想在清末所以蓬勃發展，寖寖然蔚為主流，其直接的刺激，乃來自西方勢力的衝激。雖然以「中國對西方的反應」這種說法來解釋中國近代化的歷程不免失之太簡（註一〇三）；但晚清經世思想的迅速發展，與西方勢力的入侵和中國危機的日深有相當密切的關係，卻是無可否認的事實。

從思想史所表現的事實看來，經世思想是宋明清新儒家思想傳統中極為突出的重要觀念。這個觀念與傳統儒學中「修己」、「治人」兩人觀念有密切關係。「修己」觀念之成立乃基於兩項假設：一是在道德上足以擔當治國重任者僅係少數優秀人才；二是社會上道德秩序之建立有賴於聖賢典範之領導。由「修己」觀念而衍生新儒學傳統中經世思想亦有其側重實際政務的一面，這就是所謂「制度性的途徑」（Institutional approach）。這兩種途徑的思路代表宋代以後經世思想的兩大重要取向（註一〇四）。經世思想在宋代以後的發展，每與政治情勢有密切的呼應關係，而在明末清初達到令人側目的高潮。這段時期的經世之學約可分為三大派別：一是「實踐派」，反對記誦之學及性理空談，以孫奇逢（一五八三—一六七五）、李顒（一六二七—一七〇五）等人為代表；二是「技術派」，特重西洋的天文曆算、水利農務等，以徐光啟（一五六二—一六三三）、王錫蘭（一六二八—一六八二）、梅文鼎（一六三三—一七二一）及宋應星等為代表；三是「經濟史學派」，以黃宗羲（一六一〇—一六九五）、顧炎武（一六一三—一六八二）及王夫之（一六一九—一六九二）等為代表。這些學者之提倡經世致用之學，均可說是起於對明末政治變局的反省。而清末經世思想的大興，更源於西方勢力入侵的挑戰。這項事實在康有為的「孟子微」中以很深切著明的方式呈現出來。康有為乃以注孟為手段，以調融中西思想為目的，因此全書在釋孟注孟之同時，每將中國與歐美的現況作對比，以提醒國人的自覺而求中國之富強。康有為所面對的正是排山倒海而來的西方列強在物質、精神、文化、思想各方面所施予的壓力。這種壓力促使他回歸儒學傳統，深入孔孟說中求取經國濟民的藥方。我們甚至可以說，「孟子微」這部著作，在思想史上可以看作是中國知識份子在面對西方的壓力時所產生的一種回應。

六、結 論

本文開宗明義便揭櫫三個問題作為討論康有為思想的起點，其中第一及第二個問題已在本文第三及第四節的分析之中作了初步的解答，而第三個問題也已在第五節中作過討論。根據這些分析，我們可以發現，康有為以入世的精神，透過注孟來調融中西思想，此點與其師朱九江融通漢宋的學風確有一脈相承之處（註一〇六）。康有為的思想世界廣大悉備，中西兼採、新舊會通，誠為「去種界、同人類、之理想在思想史上的具體實踐。本文以「孟子微」為中心，分析中西思想如何在清末的中國思想界「化合」成新的觀念與思潮（註一〇七），發現西方近代的民主、自由、平等、社會達爾文主義、重商思想等觀念，均可與孟學傳統互相融合折中，「化合」成新的思想質素。

現在，我們的問題是：本文的分析能帶給我們何種思想史上的啟示？關於這個問題，我們可以從兩個角度來思考。第一，我們可以說康有為是近代中國歷史上「儒家思想的現代化者（註一〇八）」。儒家思想源遠流長，傳承繁衍，具有日新又新的持色，其主因就是歷代儒者皆能面對時代環境的變化而調整儒學舊規模，開創思想的新局面。十九世紀中葉以後，中國歷經「三千年未有之大變局」，許多知識份子殫精竭神地思考傳統與現代的關係，圖謀改革，康有為正是其中一位傑出人物。「南海聖人」力倡循序漸進的維新而不主張一成不變的復古。他援西學入儒家，使先秦孟學獲得它在二十世紀的新生命，為儒家思想傳統注入新血輪。這一番創新工作，使康有為足以擔「儒家思想的現代化者」之名而無愧色。

第二，晚近學界對於儒家思想傳統與東亞國家之近代化究有何種關係，紛紛付予高度關切。晚近學人對這個問題的意見可以大別為兩大陣營：一派認為儒家思想是中國乃至東亞近代化的阻礙因素，因此欲求大步邁向近代化，必以揚棄儒家思想為前提。此派看法雖可上溯到韋伯的「中國的宗教（註一〇九）」這部鉅著，然而更晚近的發言人則推已故的美國之中國近代史學者瑪莉・萊特（Mary C. Wright）及日本的思想史大師丸山真男（一九一四—）。萊特認為同治中興之所以失敗，是因為儒家對社會安定秩序的一向要求與近代化不能相容（註一一〇）；丸山真男則認為儒家思想是封建社會有力的意識型態（註一一一）。除了他們兩位之外，其餘如埃森西塔（S. N. Eisenstadt）、勒文遜（Joseph R. Levenson）等人也都直接或間接地表示了類似的看法（註一一二）。

第二派的看法基本上是對第一種看法的批判。這種看法認為儒家傳統對清末的維新運動並未構成阻礙，而且儒家思想還正是近代化的重要契機。呂實強就曾指出：「儘管一般知識份子對於列強的入侵，深懷憂懼或憤怒，但對西方學術文化以至政教制度，能夠作客觀饌賞並對其優長深具欣羡與嚮往的傾向者，大都是一些受儒家傳統浸潤薰陶的人（註一一三）。」呂先生並舉戊戌變法時期的康有為、梁啟超等人為證。其說極具卓識。狄百瑞（William Theodore de Baby）近年來對宋明理學的研究更一再指出，宋明新儒家思想傳統中，孕育着許多近代性的因子如自由主義、民主政治等理念（註一一四）。因此，儒家傳統與中國近代化發展並無扞格。

當然，誠如張灝所指出，「傳統思想內容繁複，因此它與近代化精神之間的關係也是很複雜的，很難一概而論（註一一五）。」但是以上所說的兩個不同陣營的研究成果，對我們思考這個問題仍是有很大助益。從我們對康有為「孟子微」的內容所作的分析看來，可以發現，孟子學傳統中許多隱而未發的思想質素，例如民本、平等、主體自由等觀念，在與近代西方思潮接觸之後，獲得了充分的舒展。經過康有為的努力融貫中西，這些舊觀念都與新思潮化合，而以嶄新面目的現，為中國的近代化提供了思想上的基礎。就這點而言，我們大致可以說，儒學傳統對中國近代化的正面貢獻遠大於其負面影響。這項結論對於我們今日的處境來說，其意義將何止於學術的啟示而已！

註釋：

註一：晚近學界對於這項事實所持看法頗為一致。例如張灝就主張「甲午前後毫無疑問是晚清思想的一個轉捩點；從甲午到辛亥，由思想在『量』方面的變化去看，最重要的是西學的散播；由思想在『質』方面的變化去看，最重要的是：儒家的社會倫理，因新思潮的激蕩而在基礎上動搖。」見張灝，「晚清思想發展試論—幾個基本論點的提出與檢討」，「中央研究院近代史研究所集刊」，第七期（民國六十七年六月），頁四七五—四八四，引文見四八四。另參考：郭廷以，「近代科學與民主思想的輸入——晚清譯書與西學」，收入：「大陸雜誌史學叢書」第一輯第一冊，「史學通論」，頁一〇二—一一一；Kung-Ch'uan Hsiao, A Modern China and A New World: Kang Yu-Wei Reformer and Utopian (Seattle and London: University of Washington Press, 1975), p: 6855ff. 此書以下簡稱K.C. Hsiao, K.Y.W.；小野川秀美著，林明德、黃福慶譯，「晚清政治思想研究」（臺北：時報文化事業出版公司，民國七十一年）。

註二：參考：黃彰健，「戊戌變法史研究」（臺北：中央研究院歷史語言研究所專刊之五十四，民國五十九年六月）；K.C. Hsiao, K.Y.W.

註三：梁啟超，「清代學術概論」（臺北：臺灣商務印書館，民國五十六年八月臺二版），頁一〇〇。

註四：K.C. Hsiao, K.Y.W. p. 96.

註五：梁啟超，「清代學術概論」，頁九十二。

註　六：蕭公權師，「中國政治思想史」㈤（臺北：中華文化出版事業委員會，民國五十四年十月四版），頁六八七。

註　七：康有為，「孟子微」（臺北：臺灣商務印書館，民國五十九年八月臺二版），「自序」，頁三，上。

註　八：同上書，卷一，「總論」，頁一，上。

註　九：K.C. Hsiao, K.Y.W. p. 56.

註一〇：Ibid. p. 79.

註一一：「孟子微」，卷三，頁十三，下。

註一二：同上書，卷三，頁十九，上—下。

註一三：同上書，卷四，頁二，下。

註一四：同上書，卷四，頁十，下。

註一五：同上書，卷一，頁十三，下—頁十四，上。

註一六：康有為撰寫「大同書」之年代為一值得探討之問題。康氏「禮運注」「序」自云「禮運注」成書於光緒十年（一八八四年）甲申冬至。康氏在「自編年譜」中文云同年秋冬始演大同義，次年撰「人類公理」，後乃擴充為「大同書」。錢穆先生考訂康氏「大同書」必著成辛丑壬寅（一九〇一—一九〇二）之間，康氏避居印度之時。見：錢穆，「中國近三百年學術史」（下冊）（臺北：臺灣商務印書館，民國六十一年十月臺五版），頁七〇一。蕭公權師亦同意錢先生之說，見 Kung-Ch'uan Hsiao, K.Y.W.,P. 51.

註一七：見：梁啟超，「與嚴幼陵先生書」，收在「飲冰室文集」(一)（臺北：中華書局，民國四十九年臺一版），頁一〇六—一一一，此事見頁一一〇。

註一八：「孟子微」，卷三，頁二十，下。

註一九：同上書，卷三，頁十三，上。

註二〇：參考：吳澤，「康有為公羊三世的歷史進化觀點研究——康有為史學研究之一——」，收入：存萃學社編集，「中國近三百年學術思想論集」（香港：崇文書店，一九七一），頁五三三—五七八。

註二一：「孟子」（四部叢刊初編縮本），卷十三，「盡心章句上」，頁一〇九，上。

註二二：「孟子」，卷七，「離婁章句上」，頁五五，上。

註二三：見：拙作，「東亞近世儒學思潮的新動向」，收入：拙著，「儒學傳與文化創新」（臺北：東大圖書公司，民國七十二年二月），頁七七—一〇七，尤其是頁一〇三；Chun-chieh Huang, "The Synhesis of Old Pursuits and New Knowledge: Chu His,s Interpretation of Mencian Morality," New Asia Academic Bulletin, No. 3(Hong Kong: July,1982),pp. 197-222.

註二四：「孟子微」，卷二，頁四，上。

註二五：同上書，卷二，頁五，上。

註二六：同上書，卷二，頁三，上。

註二七：K.C. Hsiao, K.Y.W. p. 58 ff.

註二八：勞思光，「中國哲學史」（臺北：華世出版社，民國六十四年六月），頁一一二—一一五。

註二九：蕭權師，「中國政治思想史」㈠，頁九〇。

註三〇：「孟子」，卷八，「離婁章句下」，頁六五，上。

註三一：同上註。

註三二：同上註。

註三三：「孟子」，卷四，「公孫丑章句下」，頁三六，下。

註三四：「孟子」，卷四，「公孫丑章句上」，頁三四，上。

註三五：參考：拙作，「儒學傳統中道德政治觀念的形成與發展」，收入：拙作，「儒學傳統與文化創新」，頁一—三八，尤其是頁二三，及 Chun-chieh Huang, "Mencian Morality in a Political Form: Chao Commentaryoon the Mencius and Its Place in Later Han Scholarship," Chinese Studies, Vol. 1. no. 1. (Taipei: June, 1983), pp. 219-258.

註三六：伊藤仁齋，「語孟字義」，收入：井上哲次郎、蟹江義丸編，「日本倫理彙編」（東京：育成會，明治三十四年十二月），卷五，古學派の部（中）。

註三七：戴東原，「孟子字義疏證」（臺北：藝文印書館，無求備齋子學十書，標點排印本），頁五八。

註三八：參考：拙作，「東亞近世儒學思潮的新動向」，收入：拙著，「儒學傳統與文化創新」，頁七七—一〇七，尤其是頁一〇五。

註三九：「孟子微」，卷一，頁十二，下。

註四〇：杜正勝，「周代城邦」（臺北：聯經出版事業公司，民國六十八年），第二章及頁一三二—一三三。

註四一：金兆梓，「封邑邦國方辨」，「歷史研究」，第二期（一九六五），頁八七。

註四二：杜正勝，前引書，頁一三二—一三八，對國人與政之限度申論特詳。關於先秦典籍所見之「人」與「民」的問題，近代熊十力先生嘗云：「古代所謂『民』者，即指天下勞苦眾庶而言」，並認為「人」字多指統治者，見熊十力，「原儒」（臺北：明儒書店影印本，一九七一），頁一二六。此意日人松本光雄論之最精，松本氏認為西周至春秋初期中國社會結構之基本單位是「邑」，其支配者就是古文獻中所見的「人」，而皮統治者就是「民」。見松本光雄，①「中國古代の邑と民、人との關係」，「山梨大學學藝部研究報告」第三號（一九五二），頁八一—九一，尤其是頁八一、八八；②「中國古代社會に於ける分邑と宗賦について」，「山梨大學學藝部研究報告」第四號（一九五三），頁七一—八〇，尤其是頁七一。關於「國人」之問題，松本氏認為「國人」是指國的「支配者層」（前引文①，頁九十，註三），換言之，松本氏認為「國人」即是統治者。松本氏之說恐有進一步商確之必要，先秦典籍中所見之「國人」雖有極大之政治力量，但恐仍非統治階級，因其有參政權，而無立法、司法權也。增淵龍夫氏亦以為國人並不能決定國事，國事之決定權在公卿。參看：增淵龍夫

「春秋戰國時代註四二　國家」，收入：「岩波講座世界歷史4」（東京：岩波書店），頁一五六及頁一六一—一六二。

註四三：參考：拙作，「古代希臘城邦研究主要趨勢及其方法學上的問題」，收入：拙著，「古代希臘城邦與民主政治」（臺北：臺灣學生書店，民國七十年七月增訂三版，頁一—八〇，尤其是頁四六—四七。

註四四：蕭公權師嘗指出，康有為治學頗涉主觀，對「客觀性」一節並不重視。其言甚是。見 K. C. Hisao, K. Y. W, P. 76.。

註四五：「孟子微」，卷一，頁十三，下—下。

註四六：John Locke, Two Treatises of Government (New York: The New American Library, Inc., 1965), "The Second Treatise," chap. VIII, &95, pp. 374675.

註四七：「孟子微」，卷四，頁廿一，上。

註四八：康有為，「康南海文集」（臺北：文海出版社影印本，民國六十二年），卷二，「國會歎」，頁五六，上—五七，下。引文見五七，下。

註四九：「孟子微」，「自序」，頁二，上。

註五〇：見註卅九。

註五一：同註四五。

註五二：蕭公權師，「問學諫往錄」（臺北：傳記文學出版社，民國六十一年），頁二十七。

註五三：「孟子微」，「自序」，頁一，上—下。

註五四：同上書，「自序」，頁二，下。

註五五：同上書，「自序」，頁三，上。

註五六：同上書，卷一，頁十三，下；卷三，頁六，下。

註五七：同上書，卷一，頁十三，下—頁十四，上。

註五八：同上書，卷一，頁十四，下。

註五九：同上書，卷一，頁七，下。

註六〇：Donald J. Munro, The Concept of Man in Early China (stanford: Stanford Univ. Press 1969), Ch. 1.

註六一：王爾敏，「十九世紀中國士大夫對中西關係之理論及衍生之新觀念」，「清華學報」，第十一卷，第一、二期合刊（一九七五年十二月），頁一八六—一八七。

註六二：「孟子」，卷五，「滕文公章句上」頁三八，下。

註六三：「孟子微」，卷一，頁九，上。

註六四：同上書，卷四，頁十六，上—下。

註六五：參考：蕭公權師，「中國政治思想史」㈢，頁四一三。

註六六：林慎思，「續孟子」（知不足齋叢書本，第一集），「樂正子三」，頁三，上。

註六七：「孟子微」，卷一，頁十五，上—下。

註六八：同上書，卷一，頁八，上。

註六九：同上書，「自序」，頁二，下。

註七〇：同上書，卷一，頁十四，上。

註七一：同上書，卷三，頁十六，上—下。

註七二：同上書，卷八，頁七，上。

註七三：同上書，卷八，頁七，下，

註七四：cf. John Dewey, The Influence of Darwin on Philosophy (Bloomington: Indiana Univ. Press, 1965), pp. 8-9.

註七七：參考 James Allen Rogers 著，拙譯，「達爾文主義與社會達爾文主義」（臺北：臺灣學生書店，民國六十六年），頁廿一。

註七八：參考：Richard Hofstadter, Social Darwinism in American Thought (New York: George Breziller, Inc, 1959) pp. 203-204.社會達爾文主義在十九世紀最後二、三十年間廣為美國思想界所接受，此係不爭之事實。Bert James Loewenberg 研究此一問題之結論與 Hofstadter 之看法若合符節。（參看：Bert James Loewenberg, "Darwinism Comes to America 1859-1900, "The Missipi Valley Historical Review, XXVIII: 3(Dec, 1941), pp. 368）然其原因是否因為當時美國社會生存競爭日趨激烈，故社會達爾文主義易於流佈，則尚不易斷言也。Irvin G. Wylie 曾詳細分析此時代若干大金業家之書信、演說……等，證明此時成功的企業家對其事業成敗之解釋，多取自基督教道德作品，而非取自達爾文或史賓塞。參看：Irvin G. Wylie, "Social Darwinism and the

Bussinessman, "Pro. Amer. Phil. Soc., 103.5(1959)pp. 631-634.

註七七：參考：小野川秀美，「清代の思想と進化論」，「東方學報」（京都）第二十一冊（一九五年三月），頁一－三六；伊藤秀一，「進化論と中國の近代思想」，「歷史評論」第一二三號（一九六一年十一月），頁三三－四五，第一二三號，頁四五－五〇；張朋園，「社會達爾文主義與現代化－嚴復、梁啟超的進化觀，收入：「陶希聖先生八秩榮慶論文集」（臺北：民國六十八年十二月），頁一八七－二三〇。

註七八：「孟子微」，卷三，頁二十，下－頁廿一，上。

註七九：蕭公權師，「中國政治思想史」㈤，六九一－六九九。

註八〇：「孟子微」，卷三，頁十三，上。

註八一：同上書，卷三，頁十五，下。

註八二：同上書，卷三，頁十九，上－下。

註八三：同上書，卷三，頁十三，下。

註八四：關於中國近代思想史上的嚴復，請參看：Benjamin Schwartz, In Search of Wealth and Power: Yen Fu and The West(Cambridge, Mass. Harvard University Press,1968)乃小野川秀美，前引文。

註八五：「中庸」（四部備要本），第三十章，頁廿一，下。

註八六：Yu-sheng Lin, "The Evolution of the Pre-Confucian Meaning of Jen 仁 and the Confucian Concept of Moral Autonomy, "Monumenta Serica, Vol. XXXXI(1974-1975) pp. 172-183.

註八七：「孟子微」，卷三，頁十三，下。
註八八：同上書，卷三，頁十五，上。
註八九：同上書，卷一，頁九，下；頁十一，下—頁十二，上。
註九〇：「孟子」，卷一，「梁惠王章句上」，頁十一，上—下。
註九一：「孟子微」，卷三，頁廿三，下。
註九二：王爾敏，「商戰觀念與重商思想」，收入：「中國近代思想史論」（臺北：民國六十六年，自印本），頁二三三—三八〇；李陳順妍，「晚清的重商主義運動」，「中研院近史刊」，第三期（一九七二年七月），頁二〇七—二二一。
註九三：「孟子微」卷四，頁十，上。
註九四：同上書，卷三，頁十六，上。
註九五：同上書，卷一，頁十二，上。
註九六：同上書，卷五，頁十一，上—下。
註九七：「莊子」（四部備要本），卷一，內篇，「齊物論第二」，頁十九，上。
註九八：同上書，卷九，雜篇，「外物第廿六」，頁二，上。
註九九：參考：張灝於民國七十一年八月四日下午三時至五時，在中國社會經濟史暑期研討會會議紀錄，頁五七—六五。
註一〇〇：「孟子微」，卷八，頁十，下。

註一〇一：同上書，卷三，頁十三，下。

註一〇二：同上書，卷五，頁三，上—頁八，上。

註一〇三：參看：Mary B. Rankin, "A Ch'ing Perspective on Republican Studies," Chinese Republican Studies Newsletter, II: 1,(Oct., 1976),pp. 1-6.對於這種說法所作的檢討。

註一〇四：參考：Chang Har, "On the Ching-shih Ideal in Neo-Confucianism," Ch'ing-shih Wen-t'i, Vol. 3, No. 2(1974), pp.36-61.

註一〇五：參考：山井湧，「明末清初に於ける經世致用の學」，「東方學論集」第一號（一九五四年二月），頁一三六—一五〇。

註一〇六：參考：小野川秀美，林明德等譯，「晚清政治思想研究」，頁九二。

註一〇七：參考：張灝，「晚清思想發展試論—幾個基本論點的提出與檢討」，頁四七七。

註一〇八：同註四。

註一〇九：Max Weber, The Religion of China: Confucianism and Taoism (New York: The Free Press, 1951,1964).

註一一〇：Mary C.Wright 在其書 The Last Stand of Chinese Conservation: The Tung-Chih Restoration, 1862-1874 (New York: Atheneum, 1966),頁九中曾謂「……」the Restoration failed because the requirements of modernization ran counter to the requirements of Confucian stability."

註一一一：見：丸山真男，「日本政治思想史研究」（東京：東京大學出版會，一九五二，一九七六），頁一八四。此書英譯於一九七四年出版：Maruyama Masao, Studies in the Intellectual History of Tokugawa Japan(Tokyo: University of Tokyo Press,1974).

註一一二：參考：蕭欣義，「美國研究儒家文化的幾個主流」（臺北：淡江大學出版部，民國六十九年），頁一二—一四。

註一一三：呂實強，「儒學傳統與維新（一八三九—一九一一）」，收入：張灝等著，「晚清思想」（臺北：時報文化事業出版公司，民國六十九年），頁三五—八三，引文見頁五五—五六。

註一一四：狄氏於一九八二年二月十亡日至二月廿六日，在香港中文大學新亞書院之「錢賓四先生學術文化講座」，以「人之更新與新儒家的自由精神」為主題，發表一系列演講，對此節頗有闡發。該演講包括下列四項分題：①人之更新與道的重獲；②新儒家教育的自由精神；③新儒家之個體主義與人道主義；④明代新儒學與黃宗羲的自由思想。這些內容已由李弘祺等譯為中文，並集為一書：「中國的自由傳統」（The Liberal Tradition in China）（香港：中文大學出版社，一九八三）。

註一一五：張灝，前引文，頁四七八—四七九。

原刊於《廣東文獻》十四卷一期　十五卷一二期

康有爲主持下的萬木草堂

蘇雲峰

前言

清朝末年，在廣州城裏，有一所特殊的學塾，叫做萬木草堂。它的創設人就是後來領導戊戌變法的康有為。

康有為是一位理想家，亦是一位教育家，（註一）萬木草堂是他的政治運動的起點。草堂設於光緒十七年（一八九一），被關閉於戊戌政變之後，數年間，憑康氏一人之熱忱與努力因陋就簡，慘澹經營，培養了一批青年學子，對清季的政治與學術，發生了波瀾壯闊的衝擊與影響。其故何在？值得探討。

清代正統教育以書院為主體，然書院自始即為科舉之附庸，專課八股，不講有用的學問。迄兩廣總督阮元創設學海堂（一八二四），專講經詁實學，不課八股，發生了一次變革。以後亦有少數學者起而效法，然而由於政治上的禁忌，他們所講的「實學」與實際政治社會所需尚有很大的距離。這種趨勢，迄張之洞創設尊經（一八七五年）、廣雅（一八八七）、兩湖（一八九〇）等書院，講授經世之學，為國家培養人才，才又往前推進了一步。張氏日後復設自強、農務等學堂，講授中西實學，並仿效日本，建立學制，清代教育至此始踏進現代的里程。然而張氏之貢獻多在於制度與科技，而於政治學術，則因缺乏自由開放精神，未曾發生深遠的影響。康有為創設萬木草堂，倡導討論批評，講解中外政治學術，又極力主張學術領導政治，教育改造社會，教育思想，至此而大放光芒。故研究萬木草堂，可助我們了解近代教育思想之發展。

萬木草堂是康氏推進中國現代化的起點。美教授布拉克氏現代化的動力一書中指出，一國之現代化過程大致經過四個階段：一、現代性的挑戰，二、現代化領導階層的鞏固，三、經濟與社會的轉變，四、社會結構的重組與整合。此一發展程序，是由政府之改革而導致經濟社會的變遷。布氏強調，一個現代化之成敗關鍵，在第二階段，即能否將權力由傳統領袖轉移到現代化領導階層手中，並將之鞏固（註二）。準此以觀，則自康氏創設萬木草堂至戊戌變法的一段時期中，均屬於此一模型的第二階段。萬木草堂是康氏培養現代化政治幹部的場所，數年間，造就了一批人才，康氏就以之為骨幹，向外發展，影一般知識分子和政府官吏再進而打動光緒皇帝，企圖由此而形成一堅強的領導階層，以推動全國性之政治革新。故研究萬木草堂，對了解戊戌維新運動，亦有所幫助。

一、康氏創設萬木草堂的動機與背景

康氏前設草堂的動機，直接係因不滿道光以來的政治學術風氣而起。他的目的是想建立一積極進取，平等博愛的學術思想體系，以負起領導政治革新的責任。同時培養學問淵博，思想自由，胸懷開闊，眼光遠大，勇於犧牲，能擔當大任的政治幹部，以從事實際政治改革，促進中國之富強康槃為最高境界。

康氏此一動機，與他的家庭、教育、遭遇、及其社會思想之背景有密切的關係。

康有為（一八五八～一九二七）是廣東南海縣銀塘鄉人。他出生在一個書香門第的士紳家庭。祖父名贊修，是道光舉人，做過欽州、連州教諭。父親名達初，做過江西補用知縣，亦在銀塘教過書。其他叔伯輩多人亦以教書為生。他在這樣一個「以教授世其家」的環境中，從小就表現出優異的領悟力，受到諸長輩的稱許。他早年的生活與教育，受祖父的影響甚大。十一歲那年，父親逝世，他離開家，赴連州隨祖父讀書，三年中共計讀了綱鑑、大清會典、東華錄、三國志與明史等書籍，對歷史與政治發生濃厚的興趣。此外，還閱讀邸報，知道一些政治消息。由於他天資聰穎及其祖父的社會地位，而在連州官場與知識界中享有神童之名，在這種令人鼓舞的情景下，他日以繼夜瀏覽群書，而與八股疏遠。（註三）

康有為自十三歲返回銀至十八歲的五年間，由於家庭的壓力，學習八股，準備鄉試。但他厭惡時文，無甚進步。因之三次鄉試者名落孫山，屢遭祖叔輩之譴責。（註四）這是他一生中最痛苦的經驗。他後來極力主張廢除八股，亦係種因於此。

康氏因受三次考試失敗的刺激，曾有放棄考試的念頭，俾專心研究實用的學問。這是影響他的，一是他的老師朱次琦，一是京官張延秋。朱次琦給他經世主義的思想；張延秋引導

他進入實際政治。（註五）

康從十九歲（一八七六）那年起，去禮山草堂從次琦（一八〇六～一八八一）讀書。次琦號九江，道光丁未（一八四七）進士，廣東大儒。其講學主經世致用，不尚空談，破為學漢宋門戶之見，而歸宗於孔子。曾曰：

讀書者何也，讀書以明理，明理以處事，先以自治其身心，隨而應天下國家之用。（註六）

九江以四行五學教弟子。四行即：敦行孝悌，崇尚名節，變化氣節，檢攝威儀。五學即經學、史學、掌故、性理與辭章。（註七）這些教育主張，都被康氏所採用，而成為日後萬木草堂教育綱領的主要成份。

九江的學問思想與講學時的方法與神采，對康有很大的影響。他回憶九江在禮山草堂講學的情形說：

〔先生〕日一登堂講學，諸生敬待，威儀嚴肅，先生博聞強記，不挾一卷，而徵引群書，貫穿諷誦，不遺隻字，學者錄之，即可成書一卷。……至夫大義所關，名節所繫，氣盛頰赤，大聲震堂壁，聽者悚然，爲才質無似，粗聞大道之傳，決以聖人爲可學，而盡棄俗學，自此始也。（註八）

康氏在九江的教導下，勤奮攻讀三年，進步神速，孕發了獨立思維的能力。故在某些學術問題上，所見常與九江相左。如九江極稱韓愈，而康則謂韓愈道術淺薄。他認為韓愈「但能言耳，於道無與」。他亦常批評宋明清諸文學大家，謂「皆空疏無有」。再者，九江喜程朱，「尚躬行，惡禪學」，而康特好陸、王與禪宗。自謂一日在堂中「絕學捐書，閉戶謝友朋，靜坐養心，……忽見天地萬物皆我一體，大放光明，自以聖人則欣喜而笑，忽思蒼生困苦，則悶無而苦。」（註九）充分表現了茲後獨立獨行的精神。

由於喜愛禪宗，康於二十二歲那年（一八七九），離開禮山草堂，到西樵山修佛學道，幾與人世隔絕。幸識朝士張延秋，深受其鼓勵而復有經世之志。並從此專心研讀中西經世實用書籍，四年間他讀了：周禮王制、太平經國書、馬端臨文獻通考、經世文編、顧炎武天下郡國利病全書、德人金楷理口釋西國近事彙編（按係一八七三～一八八一世界新聞摘要）、李摘環遊地球新錄（一八七八）、魏源海國圖誌（一八四七）、徐繼畬瀛環志略（一八四八）與美傳教士林樂知等萬國公報（一八七四～一八八三）。各國史志，及聲、光、化、電重學等書報，莫不一一瀏覽。此外 並到香港、北京、上海等地旅行一次。對香港與上海二地市政之美，表示驚異。認為西人治理之善，必有其本，不能以夷狄視之。（註一〇）

自廿七歲至卅歲（一八八四～一八八七）的四年是康氏奠定社會思想基礎的重要階段，他四年中的主要工作是將過去對儒佛道的研究心得、四年來的閱讀與見聞，一一加以消化整理，融會貫通，著作成書。其化表作有二：一是康子內外篇（一八八六），一是萬身公法（一八八七）。前者講天地人物之理，政教藝樂之事，是小康社會的理想，書中還提出一個具體的政治網領及其完成目標。（註一一）後者倡導西方博愛、自由、平等、民主等觀念，（註一二）是他後來發展大同社會理想的基礎。綜合二書，可知他這時的社會思想，雖有些互相衝突興矛盾之處，但顯然有下列幾個特質：

㈠進化的觀念：三世之義的見解，此時已形成。（註一三）所謂三世之義，即認為社會進化必經過據亂世、升平世、太平世三個階段。進化的程度以文明與財產所有制為準。據亂世是「文教未明」的野蠻社會，升平世是「漸有文教」的私有制小康社會，太平世是「文教全備」的社會主義大同社會。（註一四）

㈡自由平等的觀念：康氏在萬身公法導論中，打破五常的傳統，主張「人有自主之權」，主張君臣平等，父子平等，長幼平等，男女平等。而對二千年來的學術與政治權威主義加以嚴厲的抨擊。

㈢博愛的觀念：康氏認為孔教的兼善與佛教的普度眾生，皆由仁愛慈悲之心出發。由於仁愛之心，而不忍見江河破碎，人民痛苦，出而積極救國家、救人類，將此愛心推及天下。

㈣人性可塑的觀念：康氏認為人性為惡，其成材全賴後教育的塑造。他說食色、喜怒哀樂，皆人類自然的賦性。這些賦性，如令其自然發展，則必產生互相爭奪、弱肉強食、喜怒哀樂無節的惡端。教育的目的在節制，或甚至轉移此一自然的稟性，滌去其惡端，長養其善端並充實其智慧與才能，俾為人群服務。他在康子內外篇「性篇」中說：

凡言乎學者，逆人情而後起也。人性之自然，食色也。是無待於學也；人情之自然，喜怒哀樂無節也，也不待學也。學所以節食色喜怒哀樂也。聖人調停於中，順人之情，而亦節人之性焉。惟佛則不然。人好食則殺禽獸，不仁甚矣。聖人知其不可，陰縱之而陽遠庖廚以養其仁心，歎矣。佛則戒殺生不食肉焉；人好色則爭奪殺身忘親，聖人知其不可，陰縱之而陽設禮教以束縛之。夫色心之盛，豈能束縛？必至不義矣。佛則戒淫以絕之。……故佛者逆人情悖人性之至也，然而學之至也。（註一五）

以上所列是康氏三十歲（一八八七）以前的社會思想要點。康的社會思想，於三十歲時已成定型，以後雖略有變動，實則不出此範疇。（註一六）

光緒十四年（一八八八），康氏應張延秋之邀，帶著這些理想與抱負前往北京。時值中法戰後，國勢日蹙，又親見北京官場之腐敗，乃憤而上書，呼籲改革。因書中嚴厲批評京朝風氣，無人代奏。大失所望，乃決心返粵，從事教育與學術工作。萬木草堂，就在這樣的背景下誕生。

二、沿革

康有為返粵後，初在廣州城徽州會館協助石德芬（註一七）講授詩文課程，因而得與左近學者接觸。光緒十六年（一八九〇）三月，陳禾秋聞康上書請變法事，嚮往康氏，遂來請見。康氏「告之以孔子改制之意，仁道合群之原，破棄考據舊學之無用。」千秋折服，六月拜為弟子，是為康氏的第一位及門者。八月千秋介紹梁啟超來見，亦折服於康的學問而離開學海堂，拜康為師。由於陳、梁二人的建議，康氏乃於十七年（一八九一）在長興里設堂講學，是為萬木草堂之始。康氏著「長興學記」，他為教育綱領。初時學生不多，除陳千秋、梁啟超，又加上韓文舉、梁朝杰、徐勤、麥孟華（原在學海堂）、曹泰、王覺任、韓銘基等人。（註一八）康氏一面講學，一面著書，忙於充實草堂。七月，得陳千秋與梁啟超之協助，完成「新學偽經考」。此書認為凡東漢晚出之古文經傳皆劉歆偽造，主張經學面目應恢復到西漢時之舊觀。（註一九）出版後雖遭到廣雅書院院長朱一新駁斥，但仍在各書院流傳，引起政府的注意。十八年（一九九二），遷講堂於衛邊街鄺氏祠，或因學生增多之故。「孔子改制考」一書之雛形亦在這時形成。此書大旨「以六經皆孔子所作，堯舜皆孔子依託；而先秦諸子，亦罔不託古改制。」（註二〇）托古改制的理論基礎於是時奠定。是年於草堂以孔子紀年，恢復古禮，仿製古樂，並設立學長，而以陳千秋任之。十九年（一八九三）冬，再遷講堂於府學宮仰高祠，懸匾額正式稱為萬木草堂。學生每人酌收束修金十至二十兩不等，（註二一）而陳、梁二生則資助康氏租用仰高祠十年。（註二二）陳千秋與梁啟超同為學長。草堂成立時，康曾捐贈「累代藏書」供諸生使用。是年因欲改草堂為書院，擴大組織，延聘名學者講授中西之學，乃以一千二百元交由陳千秋選購圖書，充實典藏。後書院之議雖不成，草堂藏書卻相當完備。約於同時，南海縣「團練局」官盜勾結案發，陳千秋主張干預，康氏重其言，而採取行動。是萬木草堂經世主張的第一次試驗。此事後節將作介述。

光緒二十年（一八九四）二月，康、梁師弟二人入京應試，但因「新學偽經考」一書被指為「惑世誣民」，「非聖無法」而遭到焚燬的處分，粵士亦被禁從學，康乃於六月返粵。同時梁啟超在北京，運動京官營救，進行困難，而草堂學生亦多不安，「咸言進呈」，為梁所阻。梁云「原奏語甚辣，若有人從而媒蘖，亦可召大禍」，康見事態嚴重乃暫避風險於羅浮山，迄九月始再回草堂。不二月，又與龍澤厚赴桂林講學。後得「免被追究」。（註二三）次年，康又偕梁啟超與梁小山二人入京應試，而有四月公車上書之舉。光緒二十二年（一八九六）康氏重返草堂講學，時徐勤與王覺任為學長，翌年（一八九七）正月，康氏復往桂林，六月返粵，「學者大集，乃晝夜會講」，不遺餘力。光緒二十四年三月，草堂曾一度「徒侶雲集」，聲勢浩大。八月，變法失敗，二十日，草堂被查封，王覺任、徐勤等均被通緝，情勢危急，王乃率諸生避居香港，徐則助康之家眷遷居澳門，幸免於難，惟所藏圖書三百餘箱均被毀棄。（註二四）草堂至此結束。

計萬木堂自成立迄封閉，為時凡六年三個月，康氏實際在堂講學時間約四年零八個月，餘皆風塵僕僕於南北道上。其離粵期間，課務先後賴弟子陳千秋、曹泰、徐勤、王覺任等代理。梁啟超在追思陳千秋時說，陳千秋與曹泰二人，「萬木草堂之龍象也。〔康〕先生講學數年，門人日進受業，苦不徧逮，而兩君實為都講，答問析疑，悉當師說，草堂後進，受其裁成者過半。」（註二五）可惜二人命短，皆卒於光緒二十一年前。此後，則賴徐勤、王覺任等之協助。康亦曾說，王覺任於丁酉戊戌，「在萬木草堂為學長，代吾講授領眾」。（註二六）諸種記載，反映出萬木草堂的發展，多賴得力弟子之承先啟後精神的表現。

三、組織及教育宗旨

草堂之經營既不受政府資助，亦未得紳商捐獻。其創辦經費。多係康氏自籌。學生不但沒有膏伙，而且還要繳費，有的還自動捐助租賃費用，出資刻書。由於經費短缺，所以組織非常簡單。康氏一人獨兼總教授與總監督之責，下設學長三至六人，選高材生兼任，助理教授與行政。此學長制度，計分為博文科學長（協助教授與分校功課），約禮科學長（助勤勉品行，糾檢威儀）與干城科學長（主督率體操）。另設書器康監督一人，負責管理圖書儀器。（註二七）這時廣州有二所官辦的書院頗稱完善，一是學海堂，一是廣雅書院。學海堂不設山長，而設分科學長八人，由各科學者擔任，享有優厚的待遇。學長的職權相當於今日的科（系）主任，負責該科的教學、考試與膏伙等事。至廣雅書院，則在院長之下設分校四人。分校待遇甚高，每人月薪銀多達四十兩，另加伙食補助銀十兩。學海堂與廣雅的學生，每月均有膏伙，每月至少二課，每課均有獎銀。相形之下，草堂至為遜色。不過，一所學堂的成敗，經費、組織設備固為要素，教育宗旨、教學內容與教師的熱忱尤為重要。草堂的教育則以宗旨與精神為其特色。

草堂的教育宗旨在重整學術、培養政治幹部、改造政治、拯救國家。

不像當時的一般書院，以準備科學考試為專務；不像學海堂，以培養考據家為目的，亦不像廣雅書院，以培食維持傳統社會秩序的人才為標的。

康氏認為學術、人才與政治有密切的關係。正確的學術思想，可以培食優秀的人才；有了傑出的人才，始有完美的政治。十九世紀下半葉的中國，是一個內治不安，外禍頻多的國家。際此之時，學術以考據為重。作為社會中堅的知識分子，不埋頭於考據，使醉心於八股，對國計民生，無所關心。康氏認為，歸根結底是學術走錯了方向。他認為二千年來的學術，不論是漢學與宋學，都走入了歧途，而忘記了孔子春秋經世的大道。其罪魁禍首，就是劉歆。因劉歆偽造毛詩、周官、左傳，且謂六經非孔子所作，貶黜孔子素王的地位，使學術不能領導政治。孔子的經世精神，改制主張，因此湮沒而不明。他說：

自戰國至後漢八百年間，天下學者無不好孔子爲王者，靡有異論也。自劉歆以左氏破公羊，以古文僞傳記攻今學之口說，以周公易孔子，以述易作，於是孔子遂僅爲後世博學高行之人，而非復爲改制立法之教主。聖王祇爲師統而不爲君統，詆素王爲怪謬，或且以爲僭竊，盡以權歸之人主，於是天下議事者，引律而不引經，尊勢而不尊道，其道不尊，其威不重，而教主微，生民不嚴不化，益頑益愚，皆去孔子素王之故。（註二八）

康氏認為欲振興學術，非打倒劉歆之說，恢復孔子的地位不可。他主張六經皆孔子所作，欲明孔子的大道，唯有直接探究六經，而尤以易與春秋二書為最。

康氏認為，孔子的學問分為義理與經世二類。弟子中得其全者僅顏子、子貢二人，其他弟子僅各得其部份。

義理方面，可以易與論語為主要代表，大學、中庸、孟子為次。不過，曾子主張修身寡過，子夏倡導守約之言，均不得孔子開闊的氣魄。故閱讀時，應取其積極進取的一面，而摒棄其消極保守的一面。讀孟子時，亦應摘取其捨生取義的恢廓精神，而揚棄其窮則獨善其身的狹窄觀念。（註二九）

經世方面，以春秋公羊、穀梁為代表。他說，漢時公羊學以董仲舒為師，穀梁以劉向為師，史記與兩漢政議，皆以此為本。但春秋三統之義，漢儒亦「罕有心知其意者」。漢以後，荀學居于統治地位，演變至清朝，學者專以訓詁名物為務，更迷失其方向。康氏主張直接讀易經與春秋公穀二傳，以知孔子經世之意。（註三〇）

康氏認為孔子為哲學有下列幾個特點：

進步的，非保守的；兼愛的，非獨善的；

世界的，非國別的；平等的，非專制的；

強立的，非懦弱的；重魂的，非愛身的；

孔子哲學的最高表現為求仁行仁。而草堂的教育宗旨，亦在兼愛行仁，行仁的層次，自孝親睦鄰至救國救民，陽類天下。康氏在「長興學記」中說：

其仁小者爲小仁，其仁大者爲大仁，故孝悌于家者仁之本也；睦婣于族者仁之充也；任恤于鄉者仁之廣也；若能流惠于邑，則仁大矣。能推恩于國則仁益遠矣；能陽類于天下，仁已至矣。（註三二）

就一國政治而言，能為大多數人謀最大幸福的政治，方為仁政。萬木草堂所要培養的，就是具備這種政治抱負的青年學者與政治人才。

四、課　程

前面說過，康氏相信人性為惡，欲其成才，非加塑造不可。他的教育原則是以孔教調節其性，而以佛教悖逆其情，使之去惡遷善，並以西學充實其智慧與才能，以為人群謀幸福。康氏又認為人性是平等的。故就個人而論，其後來的成就，全視其逆于常緯的程度及其所學習之範圍而定。在「長興學記」中，他說：

夫勉強爲學，務在逆乎常緯，順人之常，……則有聲色起居之慾，非逆不能制也；順人之常，……則有私利隘近之患，非逆不能擴也。……故其逆彌甚者，其學愈至，甚遠于人愈高。（註三三）

在學習範圍方面，康氏主張通材教育。他說：

同是學人也，博學則勝于陋學矣；同是博學，通宇宙合則勝于一方矣；通于百業則勝于一隅矣；通于天人之故，極陰陽之變，則勝于循常蹈故，拘文牽義者矣。（註三四）

基于上述通材教育的理論，草堂的課程，範圍廣博，內容豐富，融會儒、佛、中西學于一爐，而以「孔學、佛學、宋明學為體，以史學、西學為用」，其目的在「激厲氣節，發揚精神，廣求智慧」，以為救世之用。（註三五）

草堂的課程可分為哲學思想、史地學、數理化學、政治學、語言文字學與體育音樂六種，每種內容梗概如下：

㈠哲學

孔學：講授春秋、詩、書、禮、樂、易六經大義，發揮春秋三世之義，孔子改制之意。康說：

必知孔子改制六經，而後知孔子之道，所以集列聖之大成，賢于堯舜，法于後王也。（註三六）

又說：「必知春秋為改制而後可通六經也」。故先讀春秋，次及禮、詩、書，最後讀易。他認為「易者易理之宗，變化之極，孔子天人之學在是，精深奧遠，經學于是終焉。」（註三七）梁啟超說康曾著「孔子民權義」一書，專門發揮孔子平等主義的精神。（註三八）此外，還講授論語、大學、中庸與孟子，亦以發揮其微言大義為主，而揚棄其考據訓詁，如講孟子時，強調其民貴君輕的民主思想，擷取其講仁義、誅暴君、除污吏的積極精神以切合實際政治社會改革之需要。對少數高材生，則加講大同書，以建立其遠大的理想，展拓其眼界。（註三九）

佛學：在康氏的哲學思想中，孔教與佛教，二者始終相乘，有無相生，關係密切。他說：

今天下之教多矣，……然予謂教有二而已。……孔教率其始，佛教率其終；孔教出于順，佛教出于逆；孔教極積累，佛教極頓至。……人治盛則煩惱多，佛乃名焉，故舍孔子教無佛教。……然天有毀也，也有裂也，……國有亡也，家有裂也，人有折也，皆不能外佛教也，故佛至大也。是二教者終始相乘，有無相生，陳西上下，迭相爲經也。（註四〇）

在教育理論上，康氏似乎傾向於採用佛教悖逆人性的辦法。佛學中，康氏尤好華嚴宗。故常對學生講授華嚴，發揮其積極入世，不惜犧牲，普度眾生，救人救世的精神。

周秦諸子學：發揚諸子創教改制的精神。

宋明學：講授朱熹、陸象山、王陽明的哲學與宋、元、明、清四朝學案。宋明哲學中，康氏猶好陸、王，以其「直捷明誠，活潑有用」。康氏將陸、王思想與華嚴宗融合，作為學生精神教育的工具，以培養艱苦奮鬥，殺身成仁的勇氣。（註四一）

泰西哲學：講西方哲學思想。

㈡史地學：

中國史學：講史記、漢書、後漢書、三國志、晉書、南北朝史、隋唐書等，于其制度文章，經義史裁之美，一一摘出發明。

萬國史學：講世界各國歷史，以政治史為主，習俗與史事為輔。

地理學：講世界地理與測量學。

㈢數理格致學：

講乘除、開方、幾何、代數、微積分與淺近物理化學原理。數學後由三水何易一（字樹

齡）講授，但常在堂上談嚴譯天演論。（註四二）

㈣政治學：政治原理學：講春秋、公羊、穀梁，發揮進化的理論。

中國政治沿革得失：講司馬光資治通鑑、馬端臨文獻通考、鄭樵通志中的二十略（如禮、樂、職官、選擇、刑法、食貨等）與清代掌故。

萬國政治沿革得失：講世界政治與風俗。

政治使用學：

群學：講合群之道。鼓舞學者負起「先覺之任」，四出講學，結合「忠肝熱血」之人，組成團體，以「推行仁道，期易天下」。

㈤語言文字學：

中國文字詞章學。

外國語言文字學。

㈥體操、禮儀、音樂：

體操間日二次，又在庭前曠地上放弓弩石砧等器物，令學生課餘自由練習。另有兵操，在春秋二季舉行。習禮于初一、十五二日行之，分朝廷、祭祀、賓客禮節。習禮畢，師生共同學樂。樂分樂音、樂器、樂舞三種。草堂收集仿製鐘、鼓、磬、琴、瑟、筦等多種古樂器。案開元詩譜唱時，或唱詩經，或唱清朝樂章，而以管笙和之。樂畢，作投壺的遊戲，遊戲畢，開會討論平日聽講柔讀書箚記。（註四三）

此外，學生每日尚有自修課程七種：讀書（分精讀、瀏覽）、養心（精神磨練）、治身（反省）、執事（草堂勤務）、接人、時事（國內外新聞）、夷務（洋務書籍）。（註四四）

由上述課程看，草堂學生學習的範圍非常廣泛。但康氏講課時採用綜合論述的方法，將各科性質相關者加以融會發揮，而歸結于救國救民的總課程目標。

在課程時效方面，康氏有一個進步見解。他認為學術與時俱進，今天的新理新制，明日或將成為過時黃花，不足以適應新的需要，為了使青年學生，在學術上成為時代的先導，他主張國家應將全球各國有用的書籍編製成目錄，供學堂參考。至各學科之教科書，則應每五年召集各科專家審議一次，推定新的教科書，無學堂採用。（註四五）

五、入學試

康氏于收弟子時，不用筆試，而採用彈性很大的面試法。面試的人數，每次只能一、二人；面試的次數一次或二次。每多長談，有談至十二小時者。康氏與準弟子面談時，除直接了解學生的身世與學問思想外，同時又告以自己的中外學術政治知識與主張，以探測學生的反應。如與陳朱秋晤談時，他批評考據，讚揚孔子改制，並告以人類進化之理，合群之原，天文地理，政治禮俗教育，以及三世之義，大同思想等。千秋折服，遂拜康為師，為康門之第一入室弟子。

關于與陳千秋晤談的情形，康氏記云：

〔光緒十六年（一八九〇）〕三月陳千秋來見，六月來及吾門。……陳通甫又字禮吉（即千秋），時讀書甚多，能考據，以客禮來見，凡三與論詩禮，泛及諸經，吾乃告以孔子改制之意，仁道合群之原，棄考據舊學之無用，禮吉恍然悟，首來受學，語及身世家難，哀感涕下，因以生死之理告之。禮吉超然，蹈道自在矣。凡論今古天下奇偉之說，諸經眞假之故，聞則信而證之。既而告以人生馬，馬生人，人自猿猴變出，則信與證之。乃告以諸天之界，大地之界，人身之界，血輪之界，各有國土，人民、物類、政教、禮樂、文章，則信而證之。又告以大地界中三世，後此大同之世，復有三統，則信而證之。天才亮特，聞一知二，志宏而思深，氣剛而力毅，學者之所未見也。（註四六）

再者，與學生晤談時，康氏應用禪師卻祛「我執」的原理而以「嚴重迅厲之語，有棒大喝，打破其頑舊卑劣之根性。」換言之，他希望學生在心理上先否定「舊我」，然後才有接受新知識新觀念的可能。這是一項嚴重的心理考據，因此不能接受者「一見便引退，其能受者，終身奉之，不變塞焉。」

如梁啟超記其與康面談時的感受說：

時余以年少科第，且於時流所推重之訓詁詞章學，頗有所知，輒沾沾自喜，先生乃以大海潮音，作獅子吼，取其所挾持數百年無用舊學更端駁詰，悉舉而摧陷廓清之。自辰（上午八時至十時）入見，及戌（下午八時至十時）始退，冷水澆背，當頭一棒，一旦盡失其故壘，惘惘然不知所從事，且驚且喜，且怨且磬，且疑且懼，與通甫（陳千秋）聯床，竟夕不能寐。明日再謁，請學方針，先生乃教以陸、王心學，而並及史學西學之梗概，自是決然舍去舊學，自退出學海堂，而間日請業于南海之門，生平知有學自茲始。（註四七）

康氏之多得得力弟子，理由在此。

六、師生教學研習活動的特色

草堂師生的教學研習活動，包括講課、著書、討論、自習、習禮、學術等多種，雖無考試制度，緊張而活潑，繁忙而愉快。歸納這些活動，有下列數項特色：

㈠講學認真：康有為講學的方法與神情，多模仿其師朱九江，每日上堂講課不下三四小時，講課時非常認真，「每論一學，論一事，必上下古今，究其沿革得失，又引歐美以比較證明之。又出其理想之所窮及，懸一至善之格，以進退古今中外。」使「學者理想之自由，日以發達，而別擇之智識亦從生焉。」（註四八）課外，學生或三、四人，或一人入室請教，亦往往由一問題論及另一問題，廣泛討論，深入分析。學生能質疑問難者，康氏更樂，談益起勁，而學生獲益尤豐。康氏曾經他在草堂「常既明而起，講貫至夜深，（註四九）正說明了他課內課外熱心講學的實情。

㈡研究與教學密切配合：康有為一面講學，一面研究，研究的成果即是講學的部份內容。

他不僅自己作研究，而且鼓勵學生參與其事。師生合作無間，怠情融洽。他在草堂的第一部著作，是新學偽經考，此書于光緒十七年由草堂出版。學生陳千秋、韓文舉、林奎、梁啟超等或協助編纂，或為審校。（註五〇）十年編書達八、九種之多。孔子改制考即于是年開始撰稿，康氏曾「選同學高才（陳千秋等）助理編纂」。此書于四年後出版時，協助校勘者，又增加王覺任、張伯楨等五人。（註五一）此外，康氏又令韓曇輯逸周書、穆天子傳、山海經以證劉歆作偽；令其女同薇據廿四史編各國風俗制度考，「以驗人群進化之理」。（註五二）又選其他同學分葺古今禮說，編史記書目考，孟子大義考等書。十九年著孟子公羊學考，論語為公羊學考。二十年著春秋董氏學，學生王覺任、康同勳、梁應騮與陳國鏞為校勘。（註五三）二十二年著手日本政變考與日本書目志。（註五四）大同書之一部份雖迄民國二年才問世，然其初稿，則成於光緒十八年。陳千秋曾參與商榷。（註五五）稿成，康曾令梁啟超等數人傳閱，從此「萬木草堂學徒，多言大同」。

由上列著述目錄，可見草堂師生研究的重心駁斥劉歆，發揮春秋三世之義，孔子改制之意，贊揚日本明治維新與建立大同主義的理想。

(三)討論、辯論與批評：如同第一節所述，康氏在禮山草堂讀書時期，已有懷疑與批評權威的精神。在萬本草堂，即運用此種方法，教導學生。草堂每月初一、十五，定期舉行學術討論會，討論內容為學生平日聽講筆記與讀書劄記。討論時，康氏鼓勵學生辯論與批砰，不但同學之間可以互相批評，即對古聖先賢，清朝學者，亦可批評，無須顧慮。他認為學術隨時代而進步，知識隨時代而累積，「後人知識必勝于前人」。又基于人權平等的原則，他打破權威主義，而將真理與偶像分開，主張對古今言論，以理為衡，不以聖賢為主。他在實理公法一書中說：

聖不秉權，權歸于眾。古今言論，以理爲衡，不以聖賢爲主，但視其言論何如，不得計其爲何人之言論。（註五六）

據此，聖賢亦可批評。就個人求學而論康氏認為唯有敢于懷疑與批評，始有進步。梁啟超回憶在草堂時的生活，謂其與陳千秋，學到這種精神，常到母校學海堂去批評舊學，與「長老儕輩辯詰無虛日」。他們每逢春秋佳日，十五月夜，常到粵秀山麓，菊坡精舍、紅棉草堂、鎮海樓一帶漫遊。梁說，「每游率以論文始，既乃雜以汎濫于宇宙萬有，芒乎，乎不知所終極。先生（康）在，則拱默以聽，不在，主客論難鋒起，聲往往振林木，或聯臂高歌，驚權上棲鴉拍拍起。」梁後來在北京與夏曾佑、譚嗣同等人知交，亦每見面即談學問，爭辯不息。但爭辯的結果，雙方都有進步。（註五八）後來即令在患難之中，梁仍認為互相批評與辯論，可以保持團結。如光緒二十六年二月他于致康有為書中勸康說：「萬不可以為在患難之中，當互相涵溶，憚于爭辯也。」（註五九）

總之，在草堂裏，學生享受了相當程度的學術自由，精神解放了，學問自然進步，身心自然愉快。梁啟超說他們在草堂時，「無日不樂」，理由在此。

㈣採用陸、王主靜與禪宗坐禪的，陶鑄品行，培養毅力：草堂日課七事中有「養心」、

「治身」二項。「養心」的目的，在培養「獨立不懼，遯世無悶」，「稱譏苦樂，毀譽得失」，置之度外的意志，以為將來負起救國的重任。「治身」的目的於自我反省，改正錯誤。前者在早上舉行，後者則在晚上就寢前為之。「養心」的方法，是靜坐時「將死生患難體驗在身，在有如無，視危如安，至于臨深崖足二分垂在外，從容談笑」的程度。（註六〇）這種方法，梁啟超等後來在湖南時務學堂等處，加以推廣，方法更加具體。據湖南時務學堂學約，「養心」的功課有二：一、靜坐之養心，二、閱歷之養心，每日作三十分鐘至一小時，「一歛其心，收視返聽，念不近，使清明在躬，志氣如神。一縱其心，徧觀天地之大，萬物之理。或虛構「他日辦事艱難險阻。萬死一生之境，日日思之，操之極熟，亦可助閱歷之事。」（註六一）

至于「治身」的方法，長興學記言而不詳。據湖時務學堂學約，治身于每日就寢時舉行，「用曾子三省之法，默思一日之言論行事，失檢者幾何，而自記之，……不可自欺，亦不必自餒。……」（註六二）

這種思想訓練的結果，雖未必能與實際情況的訓練相提並論。但在無法獲得實際經驗的情況下，亦未嘗沒有裨益。梁啟超等後來從事實際政治活動，頗受此影響，而且偶亦復習此養心治身之功課。（註六三）

(五)合群的精神：滿清政府有見于明朝東林復社的教訓，一向嚴禁學者「立會結社」，以禁阻知識分子互通聲氣，結成團體，批評朝政。而諸學者亦明哲保身，顧全生命于亂世，不敢有合群的觀念。康有為認為這是知識分子自私自利的結果，他為救國救民的工作，需要許多有抱負有熱血的人參加，才能推動，所以強調合群的精神。他在「長興學記」中說：

> 仁爲相人偶之義貴于能群，羊能群者也，……犬不能群者也，……吾既爲人，非斯人之徒與而誰與，曰孤曰獨，惟鬼神之道，非人道也。嚴處奇士之行，賓過獨善之能比于木石乎？故胡文忠曰，今所難得者是忠肝熱血人，……即佛氏空寂，亦言若不度眾生，誓不成佛，未有以自了爲美者。（註六四）

為了培養合群的精神。康勉諸生要「相救相賙相親相葬，任于朋友，恤于鄉黨」，以產生利害相共的精神。草堂中的活動如討論、習禮、學樂、遊戲、兵操、郊遊等都是促進合群的方法。救國的事業非常艱鉅，單憑草堂的力量是不足擔當的，必須擴大影響，以求結合更多的「同志」，共赴國難。康又勉諸生說：

> 今上原周孔之意，推行仁道，期易天下，使風氣不變。先覺之任，人人有之，輾轉牖人，即為功德，推之既廣，是亦為政，則志士仁人講學之責也。（註六五）

陳千秋「長興學記」跋中亦說，刊刻「學記」的目的，在：

> 廣告天下，庶綴學之士知所趨嚮，推行漸廣，風氣漸移，生民之託命，或有賴焉。（註六六）

草堂諸生，確是遵循此合群的教導，四出講學，去「廣宣教惠」的。梁啟超在湖南時務學堂學約中說：

他日合天下而講之，是謂大群；今日合一堂而講之，是謂小群。杜工部曰：小心事友生。但相愛，毋相妒，但相敬，毋相慢，集眾益，學有緝熙于光明。（註六七）

時務學堂的群育方法與草堂相似，但更為具體。梁說：

樂群之功課……每月以數日爲同學會講之期，諸生各出其劄記冊，在堂互觀，或有所問，而互相批答，上下議論，各出心得，其益無窮。（註六八）

徐勤在棋演大同學校亦提倡合群之道。他說：

美洲以合群而治，非澳群島諸生番，以離散而見滅，蓋合則勃興也若此，不合則敗亡世若被，合群之效，已可觀矣。今中國危于累卵，強敵迫于虎視，……瓜分之局，即在須臾，……然上下昏瘁，莫克振救。……瓜分之局，即在須臾，……然上下昏瘁，莫克振救。……自頃湘省有南學會之設，桂省有聖學會之舉，彬彬濟濟，士氣丕厲，……然以齊州之大，民類之繁，僅此區區，其亦九牛一毛，泰山之拳石耳。……凡我神明之胄，遠遊之民，其無同心乎？（註六九）

㈥關心國計民心：萬木草堂的教育宗旨在經世，在行仁，所以康氏在課堂所講皆「中外政治之故」，「中外政治之故」，「救中國之法」。他講課時的情形，梁啟超、歐榘甲均有描述，謂康氏在論及「國事杌隉，民生憔悴，外侮憑陵，輒慷慨欷歔，或至流涕。」（註七〇）「而學生聞之，早已泣不成聲，」（註七一）影響甚深。學生的抱負流露在彼此來往的贈詩中，表露在月夜郊遊的情懷中，與對現實不滿的言行中。如梁啟超赴北京與李端棻之妹結婚時（一八九一年十月），陳千秋贈詩一首，詩中充滿了仲淹先天下之憂而憂，後天下之樂而樂的氣概：

……

非無汁湖志，跌宕恣遊遣。

蒼生慘流血，敝席安得煖。

……

康有為則更明白地希望梁氏小心結交同志，以便從事救國事業。

小心結豪俊，內熱救黎元。

憂國吾其已，乘雲世易尊。

貫生正年少，跌蕩上天門。（註七二）

光緒十八年夏，梁啟超函汪康年，自稱「稟性熱力頗重，用世之志未能稍忘。」是年除夕，又告汪說：「半載以來，讀書山中，每與諸同志縱時變後，息慮而熟思之，竊以為今日時事，非俟鐵路大興之後，則凡百無可言者」（註七三）可見關心國事，已為草堂風尚。

更可貴的是他們並不以高談闊論為滿足，而能躍躍然欲付諸實踐。如光緒十九年（一八九三），南海縣銀塘鄉「同人團練局」主管巨紳與地方盜賊勾結分肥，搶家劫舍。康乃以此事問于學生。陳朱秋言曰：

吾窮天人之理已至矣。已無書可讀矣。惟未嘗試于事。吾等日講仁，何不假同人局而試之。是亦一個土地。行仁施愛，先自近始，開學以教之，闢蠶桑以富之，修道路以治之，一歲而化成，然後委之謹愿者守之，吾復可治吾學矣。」（註七四）

梁啟超曾「勸其留身以效于國」，千秋則曰：「但推惻隱之心，以行吾仁，不計禍患，不計大小，不計成敗。」（註七五）康氏贊其言，乃返鄉。畢竟書生論政，紙上談兵。陳千秋的抱負雖宏偉，因缺乏實際的經驗，所以鬥不過銀塘鄉的地方惡霸。結果康氏敗走，陳千秋因此致病，年餘後逝，沒有成效。但「不歆淨土，不畏地獄」的精神，使他們繼續奮鬥下去。光緒二十一年，他們在北京發動公車上書，陳論時局，二十四年在北京變法維新，此皆一本春秋經世關心國是的精神此一精神，在當時的一般書院中是少見的。

註釋：

註一：梁啟超：「康有為傳」，戊戌變法（上海，一九五三）冊四頁三六。

註二：C. E. Black, The Dynamics of Modernization : A Study in Comparative History (New York, Harper & Row, 1966), pp. 67-87。

註三：康有為：康南海自編年譜（臺北，文海，民六一），頁二—五。

註四：同上書，頁五—七。

註五：康說：「吾自師九江而得聞聖賢大道之緒，自友延秋先生而得博中原文獻之傳」。有詩懷之曰：「南望九江北京國，拊心知己總酸辛」（見同上書，頁一一）。

註　六：「朱次琦九江學案」，徐世昌編：清儒學案卷一七一頁六。

註　七：同上書，卷一七一，頁一—三，又康南海自編年譜，頁八。

註　八：康有為：「朱九江先生佚文序」（光緒三十四年），在康有為：不忍雜誌彙編初集（臺北，華文，影印本）卷五頁一五。

註　九：康南海自編年譜，頁九—一〇。

註一〇：同上書，頁一一—一五。

註一一：康有為：康子內外篇，「闔闢篇」，在清議報（臺北，成文，民五六）冊十一頁六九三—六九六。

註一二：康有為：實理公法（即萬身公法導論）。近史所藏膠捲。

註一三：康南海自編年譜，頁一七。

註一四：康有為：春秋董氏學（上海，大同譯書局，光緒二十三年）卷二頁四。

註一五：在清議報，冊一五頁九六二—四。

註一六：梁啟超：清代學術概論（上海，商務，民三六）頁一四九。關於康有為的社會思想的精闢分析，請參閱 Hsiao Kungchuan, "In and Out of Utopia: K'ang Yu-wei's Social Thought", Chung Chi Journal, Vol. 7, No. 1 (Nov, 1967) pp.1-13。

註一七：康南海自編年譜，頁二二。石德芬，原名炳樞，番禺人。同治十二年舉人，光緒元年學海堂專課肄業生（見學海堂志增頁二）。

註一八：張伯楨：「南海康先生傳」，在張伯楨：滄海叢書，輯二冊六頁一五—一六。

註一九：梁啟超：清代學術概論，頁一一。

註二〇：同上。

註二一：蔡俊光：記康南海與萬木草堂，在春秋雜誌，期八（香港，民四六。、一一）頁一〇。

註二二：康南海自編年譜，頁二五。此外，草堂刻書，亦多賴徐勤資助。

註二三：光緒二十年六月，康返廣東，梁啟超留在北京，迄十月返粵。十月給事中余晉珊劾新學偽經考，梁見勢不利，乃運動沈曾植、盛昱、黃紹基、文廷式等人電廣東學使徐琪營救，又謂張謇、翁同龢等相助。但沈電文抵粵後，總督李瀚章誤「伯熙」（盛昱字）為褚「伯翊」。因褚時正彈劾李瀚章，李畏懼之，遂令康自行焚毀其書，餘不追究了事（見康南海自編年譜，頁二八）。梁曾于二十年八月廿四日致康書，報告在北京營救的苦情（見近史所藏：諸家與康南海函札）。

註二四：康南海自編年譜，頁三八—七五；不忍雜誌彙編初集，卷六，詩，頁一九。

註二五：于文江：梁任公先生年譜長編初稿（以下簡稱梁譜長編）（臺北，世界，民四七）頁二九。

註二六：不忍雜誌彙編初集卷六，詩，頁一九。

註二七：梁啟超：「康有為傳」，在戊戌變法，冊四，頁一四。

註二八：孔子改制考（臺北，商務，民五七），卷八頁一。

註二九：康有為：長興學記（廣州，萬木草堂，光緒十七年二月），頁二二—二四。此書，近史所藏膠捲。原文又見葉德輝：「長興學記駁義」，在蘇輿：翼教業編（光緒二十四年八月）卷四頁三四—六三。

註三〇：同上書，頁二四。

註三一：梁啟超：康有為傳，在戊戌變法，冊四頁一五。

註三二：長興學記，頁四—五。

註三三：同上書，頁三。

註三四：同上。

註三五：梁啟超：康有為傳，在戊戌變法，冊四頁九—一〇。

註三六：長興學記，頁二六。

註三七：同上書，頁二七—二八。

註三八：梁啟超：「論支那宗教改革」，在清議報，冊二〇頁一三一一。

註三九：葉德輝：「長興學記校義」，在蘇輿：翼教叢編卷四頁五九；又梁啟超有「詩孟子界說」一文，發揮師說，謂孟子傳孔子大司主義。其讚春秋，講仁義，主經世，皆大同主義之精神與極致（見清議報冊二一頁一三七三—七六）。

註四〇：康有為：康子內外篇，「性篇」，在清議報，冊一五頁九六三—四。

註四一：梁啟超：康有為傳，在戊戌變法，冊四頁八。

註四二：蔡俊光：記康南海與萬木草堂，在春秋雜誌，期八頁一〇。

註四三：同上書，頁一八—一九。
註四四：同上書，頁三〇。
註四五：康有為：實理公法，「教事門」。
註四六：康南海自編年譜，頁二二。
註四七：「梁譜長編」，頁一五。
註四八：同上書，頁一七。
註四九：康南海自編年譜，頁二三。
註五〇：同上；又見康有為：新學偽經考（廣州，康氏萬木草堂，光緒十七年七月），卷終。
註五一：康有為：孔子改制考，卷終。
註五二：康南海自編年譜，頁二四—二五。
註五三：康有為：春秋董氏學，卷終。
註五四：康海自編年譜，頁三八。
註五五：「梁譜長編」，頁一六。按大同書共分十部份，第一、二兩部，曾刊于民國二年的不忍雜誌，民國八年發單行本，全稿迄民國二十四年才由其弟小錢定安交中華書局出版。見大同書（北京，新華，一九五六）頁2。
註五六：康有為：實理公法，「師弟門」。
註五七：「梁譜長編」，頁一六—一七。

註五八：同上書，頁一二二。
註五九：同上書，頁一〇九。
註六〇：長興學記，「養心不動」條，頁一一。
註六一：梁啟超：湖南時務學堂學約，在戊戌變法，冊四頁五〇一。
註六二：同上書，冊頁五〇二。
註六三：「梁譜長編」頁一二〇。
註六四：長興學記，「廣宣教惠條」，頁一四。
註六五：同上書，頁一五。
註六六：同上書，「跋」，頁三一。
註六七：在戊戌變法，冊四頁五〇四。
註六八：同上。
註六九：徐勤：「日本橫濱中國大同學校學記」，在戊戌變法，冊四頁五一九。
註七〇：「梁譜長編」，頁四〇。
註七一：李少陵：歐榘甲先生傳（臺北，民四九），頁一三。
註七二：「梁譜長編」，頁一八。
註七三：同上書，頁一九。
註七四：康南海自編年譜，頁二六。

註七五：同上書，頁二八。

原刊於《廣東文獻》十五卷三、四期合刊

康有爲《公車上書》的文化思考

馬鴻麟

一八九五用五月二日，由康有為起草一三〇〇名在京會試舉人簽名的《公車上書》，是一份以救亡圖存為主旋律的愛國文獻，也是近代中西文化聯結匯合的典型文化現象，它不僅在十九世紀二十世紀之交引起巨大轟動，而且因為具有真正的思想遺產品格，雖越過百年時空，其文化智慧仍為我們帶來新的思考。

思考之一：中國人接受西方文化的前提是發揚中國文化的人力。

人類文化是民族的也是世界的財富，它既有民族的特點又應為世界所共享。任何封閉性的民族文化是沒有生命力的，只有在交互吐納中才能煥發文化的青春。中國是世界文明古國，西方文化不可能對中國實現單向文化征服，而是在交流碰撞中發生一種相互作用，產生一種新的綜合的文化形態，這種新文化必須以發揚中國固有的傳統文化內力為前提。在《公車上書》充滿了中國文化的民本、尚賢和「大一統」的政治思想，「天下興亡，匹夫有責」的救世胸懷，「窮則變，變則通」的變易哲學，「先天下之憂而憂，後天下之樂而樂」的人格追求，「經世致用」的優良學風，「自強不息」的奮鬥精神。這些傳統文化的優秀成分，在近代思潮的沖擊下，激發出新的文化張力，成為西方文化在國落戶的文化環境和前提條件。

《公車上書》一開頭就說：「竊聞與日本議和，有割奉天沿邊及台灣一省，補台餉二萬萬兩及通商蘇、杭，聽機器洋貨流行內地，免其厘稅等款，此外尚有繳械、獻俘、遷民之說。閱《上海新報》，天下震動；聞舉人廷諍，都人惶駭。」（見《上清帝第二書》，下周）經過長期的文化歷史积淀，中國人形成了國家的統一、民族的和諧是中華民族最高利益的價值觀。台灣自古以來就是祖國的神聖領土，國家的統一包括台灣省在內是題中應有之義，如果允許日本侵略者割去台灣，當然破壞了中國的統一，更極大地刺傷了中華民族的自尊心，所以康有為等人議為反對割讓台灣是凝聚全國民心的焦點。他在上書中：大聲疾呼，棄台灣之事小，散天下民之事大，割地之事小，亡國之事大。台灣一割，民心先散，日本野心得逞，列強接踵而至，法窺滇桂，英窺滇粵及西藏，俄窺新疆及吉林、黑龍江，國家勢將土崩瓦解，「此中國所痛哭，日本所陰喜，而諸夷所竊笑者也。」雖然康有為沒有把清王朝的利益與中華民族的利益嚴格區別開來，但他把國家民族的利益放在王朝的利益之上，他不僅反對日本強占台灣，而且反對一切外國帝國主義的侵略，具有明顯的近代民族觀與國家觀的形態和性態，這是他在近代文化背景下「對封建國家觀念的突破。康氏把台灣的地位與祖國的整體利益和前途聯系起來思考的遠見卓識，至今仍不失其歷史價值和文化價值。

《公車上書》還體現了中華民族自強不息的文化傳統，並以之作為學習西方文化的思想基礎。古人「君子以自強不息」，大都以個人的「修身」功夫與「成名」之望為文化內涵，而康有為等人的自強精神則把傳統的進取精神與挽救國家民族的危亡聯系起來，他們所追求的已不是個人的功名利祿，而是整個中華民族的民富國強。《公車上書》要求光緒帝下詔鼓天下之氣，遷都定天下之本，練兵強天下之勢，變法成天下之治，就是敦促他振作精神自強不息的藥石。上書中提出的富國六法：發行鈔票、興築鐵路、製造機器和輪船、開礦、鑄銀圓、設郵政局，以及養民四法：務農、勸工、惠商、恤貧，這些從西方「拿來」的新觀念新方法，無一不被康有為植根于中國「自強不息」的文化土壤中。康氏省察到只要四萬萬人自強不息，又銳意向西方學習，就可改變祖國的困境，他信心十足地說：「今若百度更新，以二萬里之地，四萬萬之人，二十六萬種之物產，力圖自強，此真日本之所大患，華上麻克之所深忌，而歐羅巴洲諸國所竊憂也。以之西撻俄、英，南收海島而有餘；何至忍詬含恥、割地賠款于小夷哉？」

思考之二：中國人接受西方文化必須以轉變觀念促進社會變革為依歸。

從甲午到戊戌，是近代中國社會急遽變化的年代，也是中西文化兩極相逢的年代。康有為站在中國文人本體上，用中國人的語言和思維方式，及納西方進化論、民約論、功利主義、以商立國、重視教育等文化觀念，在中西文化的文匯處吐故納新，並把這些新觀念融合為中國近代文化的紅成部分，使之成為轉變觀念改造社會的文化支撐點。

康有為是今文經學家，但骨子裡是適用進化論向舊事物挑戰。在《公車上書》中有許多中國式的進化思想文化表述，他形象地把國家比作器物，而任何器物都必須用其新而棄其舊，只有革故鼎新才能具有生命力，對新陳代謝是宇宙萬物的普遍規律有明顯的文化認同。

他說：「水積于淤，流則不腐；戶閉必壞，樞則不蠹；炮燒則精瑩，久置則生鏽；體動則強健，久臥則委弱。」康有為舉起西方進化論思想的利劍，向「祖宗之法不可改：的封建國家開刀，所以他主張在思想上皇帝也要有更新觀念，下詔罪已，承認錯誤，振奮人心，同雪國恥；在用人上打破按資升遷的舊觀念，貴新不貴陳，用賤不用貴，因為」循資格者可以得庸謹，不可以得異材；用耆老者可以為守常，不可以為濟變。「在器物上用新不用舊，他認為在外國槍炮日新月異的情況下，中國既未能創新制，又囿于購舊械，器械不精，膽氣不壯，也是中國在甲午戰爭中失敗的原因之一。康有為接受西方進化論學說是多渠道的，從《公車上書》的內容可以斷言，康氏早在拜讀嚴復譯《進化論》書稿之前，已從外國傳教士辦的刊物和有關漢譯西書中呼吸到進化論的新鮮空氣，並飢不擇食地急忙用它來解釋自己的政治主張，在中西文會通中作出創造性的反應。

教育是文化的母體，有什麼樣的教育就造成什麼樣的民族。中國是世界文明古國，創造過燦爛的古代文化，但歷代統治者對上推行精英教育，對下施行愚民政策，雖然出現過一批著名的文化名人，但廣大民眾卻被剝奪了受教育的權利，中國仍是一個文盲充斥的國家。康有為在《公車上書》中比較中西得失，提出了「才智之民多則國強，才智之士少則國弱」的文化教育觀念，他認為土耳其天下陸師第一而見削，印度崇道無為而見亡，都是不重視文化教育的負面效應。他「嘗考泰西之所以富強，不在炮械軍兵，而窮理勸學」，從而在思想上突破了洋務派「中體西用」的藩籬。他認為要提高民族的文化素質，不能停留在只培養「士」

上，更要培養眾多的「民」，只有廣大民眾有了文化修養，不獨能淨化社會風氣，且可為農工商各業提供人才。所以他強調今日之教宜先開民智，各國優秀文化皆宜講求，凡天文、地礦、醫律、光重、化電、機器、武備、駕駛皆分立學堂，而測量、圖繪、語言、文字皆學之，對於能創著一書，發明新義，確有實用者，皆頒發專利證書和給以崇高的榮譽，這種文化教育觀顯然是對封建文化教育觀的超越。

思考之一：中國人接受西方文化應引向民主與科學的啟蒙。

在西方，民主與科學是以理性揭露宗教的黑暗發起來的，民主是科學的導體，科學是民主的基礎，它們是引導人類走出中世紀的火光。在中國，追求民主與科學是近代文化演進的總目標，到「五四」前後演變為近代文化的最強音，如果追根溯源，也可從《公車上書》中看出其思想端緒。康有為運用他初學的西方知識，兼容古今，吞吐中外，針對中國當時專制與迷信的現狀，漸次把學習西方文化的總體目標引向民主與科學的啟蒙。

把發展科學技術提高到關係國計民生的高度，是《公車上書》明顯的科技文化觀。康有為認為歐洲之所以驟強的原因之一，就是重視科技生產力的開發，英國人創造輪船，航行于世界五洲四海，俄國人修築鐵路，橫跨歐亞大陸，其餘電線、顯微鏡、德律風、傳聲筒、留聲機、輕氣球、電氣燈、農務機器，無一不關係國計民生的福祉。他建議在全國各州縣設立考工院，選擇外國制造之書，繪制新圖，研制新器；在城鄉設立農學會，考察土質優劣，比較牧畜農產品等級，推廣優良品種，實行科學種田；在中央設立通院，在各省設立商會、商學、比較廠（商品博覽會），統籌運營，研究商務，舉行　珍會，以廣見聞，發心思。辨良楛。對產品進行深加工，上海造紙，關東卷煙，景德制瓷，蘇杭織造，北地開葡萄園以釀酒，山東制野蠶繭以成絲，江北改土棉而紡紗，南方廣蔗園而制糖，「皆與洋貨比較，精妙華彩，務溢其上。」康有為認為中國人不僅有光復舊物的決心，還必須改變觀念，用科學方法做工、種田、經商，才能參與競爭而自立于世界民族之林。

梁啟超在《變法通議》中概括維新派的主張說：「變法之本，在育人才；人才之興，在開學校；學校之立，在變科舉；而一切要其大成，在變官制。」康有為在《公車上書》中抨擊清朝統治上下隔阻，缺乏民主氣息和人文精神，他主張從改革官制入手，在中央實行帶有議院性質的「議郎」制度，要求以府縣為範圍，約每十萬戶中，由士民公舉一個有學識有才能的「士」充當「議郎」，這些「議郎」不僅可備皇帝顧問，而且還可以「上駁詔書，下達民詞」，中央和地方重要政令都要由他們會議討論，「三占從二，下部實行」既反映資產階級企圖推進政治民主化與封建統治階級分享政權的願望，也標識着中國人對民主政治的嚮往和追求。

康有為起草的《公車上書》雖然沒有上達「天聽」，但卻風靡神州大地，其意義早已超出了上書的內容本身，應該是那時中國人愛國主義的宣示。當年為《公車上書》作《序》的袁祖志寫道：「正賴此禮闈一試，集千百餘人，成此萬千餘言，雖未及挽回和局之失，而使亞洲萬國天下後世咸不得謂秦無人，則此一書也，其關係固淺鮮耶？」（見《公車上書記》，一八九五年上海石印書局版，第一頁。）

　　中西文化結合是近代中國文化的主要形式，《公車上書》正是依托中國傳統文化的再生力和融合力，使西方文化中國化，同時借鑒西方文化改造中國固有文化，把傳統文化引入現代。這種中西文化的結合交融，既展示了中國近代文化熔鑄中外古今特殊風貌，又推起了先進中國人向西方學習層見疊出的愛國浪潮。

原刊《廣東文獻》廿五卷三期

康有爲之大同書

蔣貴麟

康氏三大著作　颶風火山地震

康有為先生著作很多，但其得意學生梁啟超卻在「清代學術概論」中，只提出康先生三大著作：㈠新學偽經考比之謂颶風，㈡孔子改制考比之謂火山大噴火，㈢大同書比之謂大地震也。梁氏特選出此三書為其師康先生代表作。前二書皆康先生整理舊之作，其自身所創作，則大同書也。

康先生從學於朱九江次琦先生，即以救人救世為己任，後出禮山草堂，獨居故鄉西樵山二年，專為深沈之思，窮極天人之故，欲自創一學派，而歸於經世之用，專研公羊，冥心思索，本不忍之心，原春秋「三世」之說，演禮運天下為公之義，為眾生除苦惱，為萬世開太平致極樂，心構人類理想之遠景。以公羊說之「升平世」配禮運篇之「小康」，公羊說之「太平世」配禮運之「大同」。禮運之言曰：

闡釋禮運篇　公羊三世統

大道之行也，天下為公，選賢與能，講信修睦，故人不獨親其親，不獨子其子，使老有所終，壯有所用，幼有所長，鰥寡孤獨廢疾者皆有所養。男有分，女有歸。貨惡其棄於地也，不必藏於己，力惡其不出於身也，不必為己。是故謀閉而不興，盜竊亂賊而不作，故外戶而不閉，是謂大同。

康先生指此為孔子理想之政治社會制度，所謂「太平世」者即此。並闡釋之曰：

天下為公，選賢與能者，官天下也。夫天下國家者，為天下國家之人公共同有之器，非一人一家所得私有。當公大眾公選賢能以任其職，不得世傳其子孫兄弟也。此君臣之公理也。講信修睦者，國之與國際，人之與人交，皆平等自立，不相侵犯，但互立合約而信守之。於時立義，和親康睦，只有無詐無虞，戒爭戒殺而已，不必立萬法矣。此朋友有信之公理也。父母固人所至親，子者固人所至愛，然但自親其親，自愛其子，而不愛人之親，不愛人之子，則天下人之貧賤愚不肖者，老幼鰥寡孤獨廢疾者，皆困苦顛連，失所教養矣。夫人類不平則教化不均，風俗不美，則人種不良，此為莫大之害，即中於大眾而共受之。且人人何能自保不為老幼鰥寡孤獨廢疾乎？專待於私親而無可恃也，不如待之於公而必可恃也。故公世人人分其仰事府畜之物產財力以為公產，以養老慈幼卹貧醫疾，惟用壯者，則人人無有老病孤貧之憂。俗美種良，進化益上，此父子之公理也。分者，限也。男子雖強而各有權限，不得陵抑，各立和約而共守之。此夫婦之公理也。

大同公理之要旨，大略如是。復衍其條理為「大同書」，以完成其「太平世」之理想社會。全書數十萬言，分為十部，今擇其要義，敘述如左：

世界觀眾苦　人生有六苦

甲部：入世界觀眾苦。先生謂人生有六苦：㈠為人生之苦：如投胎、夭折、廢疾、蠻野、遷野、遷地、奴婢等。㈡為天災之苦：如飢荒、蝗蟲、水災、火災、火山地震、屋壞、船沈、車禍、瘋癘等。㈢為人道之苦：如鰥寡、孤獨、疾無醫、貧窮、卑賤等。㈣為人治之苦：如刑獄、苛稅、兵役、國家、家庭等。㈤為人情之苦：如愚蠢、雙怨、愛戀、牽累、勞苦、願欲、壓制、階級等。㈥為人所尊羨之苦：如富人、貴者、老壽、帝王、神聖仙佛等。

苦之根源　出於九界

先生研人道求樂而受苦之根源，以為歸根在於不良社會制度。總諸苦之根源，皆因九界而已。九界者何？一曰國界——分疆土部落也。二曰級界——分貴賤清濁也。三曰種界——分黃白棕黑也。四曰形界——分男女也。五曰家界——私父子夫婦兄弟之親也。六曰業界——士農工商之業也。七曰亂界——有不平不通不同不公之法也。八曰類界——有人與鳥獸蟲魚之別也。九曰苦界——以苦生苦，傳種無窮無盡，不可思議。欲去諸苦，則唯有破除上述九界而已。全書主旨已揭明，而依次分別陳述其除苦求樂之道，春秋三世之法逐級而進，最終泯除國界家界種界等九界而臻太平。

乙部：去國界合大地。先生謂國因戰爭而產生，則永遠相爭併吞，只要國界一日尚存，則併吞未已而戰爭不息，戰爭既與國界並存，則欲去國界，必先強兵，然後可實行大同。大同之始，初設公議政府，維持國際和平秩序，即各國內政仍有自主，帝王統領有主權，但各選派議員，議定各國公律，按公法判決各國交涉之事，如平均關稅強兵制暴等。

強兵之法　由眾議決

強兵之法，謂各國現有兵額軍械戰艦等，皆應報告公政府。除其國必應自保外，有欲增者，公政府得干預之，太多者則嚴禁，並歲議減兵之法。各國若有破壞文明及大眾之安樂，違萬國之公法者，公議得以各國軍力止之，如不從則共伐其國土，改革其政府，此為弭兵制暴之法。

全球公議　共同合治

公議政府既行之有效，乃合全球經緯縱橫，劃為百度每名稱，則人人視帝王君主等名號為武夫屠伯強梁之別稱，皆自厭之惡之，亦不願有此稱號矣。公政府只有議員，無行政官、無議長、無統領，一切政事，多數決之。歲各國之兵，減之又減，以至於無。各國之兵既漸廢去，公兵亦漸淘汰及至於無國，然後罷兵也。全世界語言文字，立一萬國通行之語文。廢去各國市王及教主絕年，全世界均以大同紀元。廢君、廢兵，而同文共曆，此為先生理想中之太平世大同社會政治制度也。

人類平等　男人皆同

丙部：去級界平民族。先生認為人類之苦不平等者，莫若無端立級。其大類有三：一曰賤族，如印度之首陀，中國之倡優卑隸。二曰奴隸。三曰婦女。級界有礙於平等，不容長存於大同太平之世。破級界者宜去此三者而解放之。

欲使膚色平等　遷地雜婚改食

丁部：去種界同人類。先生認為欲造大同世界，須破種界，因人種有黃白黑棕等顏色之別，大小美醜形體之異，而稟賦不齊，爰生優劣，白人黃人才能形態相去不遠，可以平等。而黑人鐵面銀牙，目光瞶瞶，上額向後，下頦若前至蠢愚，望之可憎可畏，其與白人黃人資格之相遠也，至於棕色者，目光黯然，面色昧然，神疲氣薾，性懶心愚，幾與黑人近矣。然則欲泯形色，齊才能，誠為難能，然亦非不可致也。先生對此有消極和積極二法。消極者，以優勝劣敗之理，自然淘汰之結果，經千數百年，至大同之世，衹有白種黃種存，黑人棕人殆皆掃除盡矣。然消極之淘汰，費時很久，欲促大同之速成，不可不採人種改良法。先生曰其法有三：一曰遷地。徙印度非洲等地之棕黑人種於加拿大南極洲及瑞典挪威之北等地，氣候既殊，體色自變。二曰雜婚，黃白黑棕，相互雜婚，子孫之色，每變愈淺。三曰改食、易腥食者為熱食，去其昆蟲異草之不宜於胃腹者，則形色必變，變棕黑人之飲食，與黃白人同者，久之亦必為黃白人矣。三法並行則非洲奇黑之人，數百年後漸為印度之黑人，由印度黑人，數百年可進為棕人，不二三百年，又進為黃人，不數百年再進為白人，由此推之，速則七百年，遲則千年，黑人亦可盡為白人矣。服食既美，教化相同，形貌亦改，頭目自殊，行化千年，全球人種，膚色同一，狀貌同一，長短同一，靈明同一，是謂人種大同。

戊部：去形界保獨立。形界者政治與社會生活中種種之男女不平等也。人民者，不分男女皆平等，但卻有婦女不得仕宦科舉，充議員，不得為公民和預公事，為學者，這是在治政上不平等。婦女不得立門戶，存姓名，主婚姻，更有為囚、為刑、為奴、為私、為玩具，這是社會上之不平等也。夫男女之間，除雌雄異形外，既得為人，其聰明才智，性情氣質，德義嗜欲，身首手足，耳目口鼻，行坐執持，視聽語默，飲食衣服，遊觀作止，執事窮理，女子未有異於男子也。女子是人，則與男子同賦天權，女子有能，則與男子同勝職任，故以公理言之，女子當與男子一同之。以實效徵勝職任，故以公理言之，女子當與男子一同之。以實效徵之，女子當與男子一切同之也。為力矯斯弊，主張欲去形界以立平等，當開女學，許選舉應考，婚姻與社交，尤宜自由自主。男女聽其訂立交好之約，量定期限，期滿亦可續約，不得有夫婦舊名。男女之服裝同式，如此則公理實效，兩得之矣。

去家界非出家　實係無家之累

己部：去家界為天民。先生謂天為生人之本。人人皆天所生直直隸焉，凡隸天之下者皆公之，故不獨不得立國界，以致強弱相爭，並不得有家界，以致親愛不廣，且不得有身界以致貨力自為。故祇有天下為公，一切皆本公理而已。家之產生，基於人類天性及社會需要。然家族托根於私愛，私愛必妨公理。愛家之極，於是損人益己之反社會皆由以生。故家者據亂世升平之組織，太平世最妨害之物，不得不努力除去之矣。

去家之良法，在逐漸廢棄私養、私教、私恤，而代之以公養、公教、公恤。公養之制，立人本、育嬰、懷幼三院。人本者，婦女懷妊後，不必夫家私贍。育嬰者，嬰兒入育，不必其母撫育。懷幼者，幼兒入養，不必父母私鞠。所謂公教者，設公立蒙學、小學、中學、大學四學院。兒童自六歲至二十歲分年入學，不復由其父母私教。凡人老病苦死之事，皆歸於公，不復勞家人之私計私慮，人死則火葬。有功者，則立像以為表揚，如此使天下之人，無出家之苦，而有去家之樂，則大同可至矣。

去掉私產　人人皆公

庚部：去產界公生業。先生以國、家、形、級、種五界既去，人倫改造已臻大月石之域，而生業不加改造，社會猶未完全平等，亂階猶在，大同仍未備也。認為財產私有，生產私營之制度，徒釀紛爭。故謂「農不得大同，則不能均產而有饑民」。「工不行大同，則工黨業主爭將別成國亂。」「商不行大同，則人種生詐性而多餘貨以殄物。」是以舉凡農工生產之工具，均歸公有。其所生產之物質均由公配，一切商業均由公營，其目的在公益而不在利潤，均分均養，無所爭奪，無所私藏，則人人皆公，人人皆平，而大同至矣。

袪除亂世　力行太平

辛部：去亂界治太平。亂界者即人類有不通不同之律例制度，至為不便，先生主張以經緯為界，劃地分區，設立自治政府，各地交通等建設，皆歸公辦公有。太平之世，無帝王君長等爵號，祇獎勵智與仁之事。智以開物成務，有益於眾者；仁以博施濟眾，愛人利物，於是有智人仁人之榮銜以為頒賞。仁智並曰賢人，大智大仁並備者曰聖人，皆人尤卓絕者曰哲人，又有大人天人，天人聖人並推，合為神人。凡此等榮銜，皆以頒賞仁智之有功者。太平之世，化行俗美，行事有過失而無罪惡，故無訟而刑措。此時無他刑罰，以事先預防，勿使其發生也。

大同之治　普愛眾生

壬部：去類界愛眾生。所謂「去類界」者，推仁民以愛物也。大同之世，普愛眾生，動物之害人者消滅，無害者生存，推人之愛及於眾物。故亂世親親，升平仁民，太平愛物，至是禁殺絕欲，人與鳥、獸、蟲同等無別，是所謂絕類界矣。

去苦求樂　平等博愛

癸部：去苦界至極樂。所謂「去苦界」者，為發展物質以極人生之樂也。大同之世，生活之道，皆全公而無私，有苦而無樂。凡居室之適，舟車之利，飲食之精，衣服之美，器用之妙，沐浴以淨體，醫藥以除疾，皆去眾苦而為主樂，養神而遊無極。此時人無所思，安樂既極，惟思長生，而服食既精，憂慮絕無，去乎人境而入乎仙佛之境，蓋神仙者大同之歸宿也。

綜其大旨，大同思想之基本觀有二：一為平等博愛，一為去苦求樂，此為先生哲學之基本神所在。其所破除九界，在人生觀方面，為破苦惱，增快樂。在政治方面，為破國界進大同。

仁愛之本　和平共存

至於人與人間之不平等，因須除去，但先生認為中國自秦漢以後，社會已無階級存在。「貴族盡掃，人人平等，皆為齊民」。以是在其整個思想體系中，在在皆以仁愛為出發點，以為「世界之所以立，眾生之所以生，眾國之所以存，禮義之所由起，無一不本於仁。」根本無階級觀念存在其間。主張採取和平之漸進方式，以達大同世界。先生平生，最惡用兵，時誦子輿氏善戰者服上刑之說，故雖如俾士麥之流，斥之為民賊屠伯，蓋惡其窮兵黷武，殘害同胞也。

先生認為世間一切皆苦，而人類生存目的，在去苦求樂，欲求真正快樂，須從改造國家、家庭、社會入手。主張建立一大聯邦世界政府，將國界打破，又認為家庭乃人生眾苦之發源地，主張將家界破滅。而此所謂「破家」，非為出家之謂，乃謂人為國家所培植教育，父母不得而私之意。由於人類一切障礙所生之變亂，不能離去「界」字，以故主張將國界，種界以及家界一齊破除，然後人與人之間，無所隔閡，可共進於大同之域。此種思想，在今日歐美學術界，或不以為奇，因為當今社會形態已由資本社會走向社會主義，但絕非為蘇聯所標榜之共產主義，主張暗殺暴動，排除異己，剝奪個人自由，革資本家之命，打倒知識階級為目的。目前世界，應由各國聯合一個世界政府方向上前進，此為自然趨勢亦即先生所構想禮運大同與公羊太平世之實現，而大同主義之所以異於共產主義者也。

大同實現　世界太平

先生認為實現大同世界，係在太平世。此種構想，係為將來而設計，必須循序漸進，不可躐等逾越。自謂方今猛獸。以故大同書完成後，梁啟超曾請求付印，先生拒之。認為時機未至，如欲行之，則將招致禍害，深恐其思想尚有未臻完善也。

先生覃研經學，沈浸於公羊春秋孔子三世三統之說，憑其高超之理想，綜合墨家之兼愛，佛家之去苦求樂，參以西洋民主自由博愛之學說，融匯貫通，糅合一起，推演孔子改制與大同小康之新義，寫烏托邦理想社會之形態，思入窈冥，遊於諸天之外，而成一家之言，其想像力之高，創造力之大，縱肆瓌奇，則前所未有也。前人指大同書為揚高鑿深之言，或指為侈張不實之論，未免失之主觀。至近人有指其一部份為荒誕之詞，則又出之誹謗矣。不揣愚妄，爰略述全書要義，藉窺其大同思想之真諦云爾。

大同一書　版本眾多

大同書乃康先生重要著作，其生前未有刊出全部大同書，僅民國二（一九一三）年，甲、乙二部發表於《不忍》雜誌中。及後民國八（一九一九）年由上海長興書局，將甲乙二部合刊為乙冊。先生自序曰：「此書有甲乙丙丁戊己庚辛壬癸十部，今先印甲乙兩部，蓋已印《不忍》，取而印之，餘則尚有待也。」唯至先生辭世未見全部刊出，蓋先生在世時，曾囑告家人及弟子，大同書須俟其去世後，方得付梓行世。故至先生逝世後八年，民國廿四年（一九三五）由其弟子錢定安請中華書局印行大同書全部。

原刊於《廣東文獻》廿七卷三、四期